真宗山元派 本山證誠寺史

題字

本山證誠寺第二十五世

藤原光教

御本尊　阿弥陀如来立像（鎌倉時代）

山門

阿弥陀堂

御影堂内部

善鸞上人画像

山号・寺号（有栖川宮幸仁親王筆）

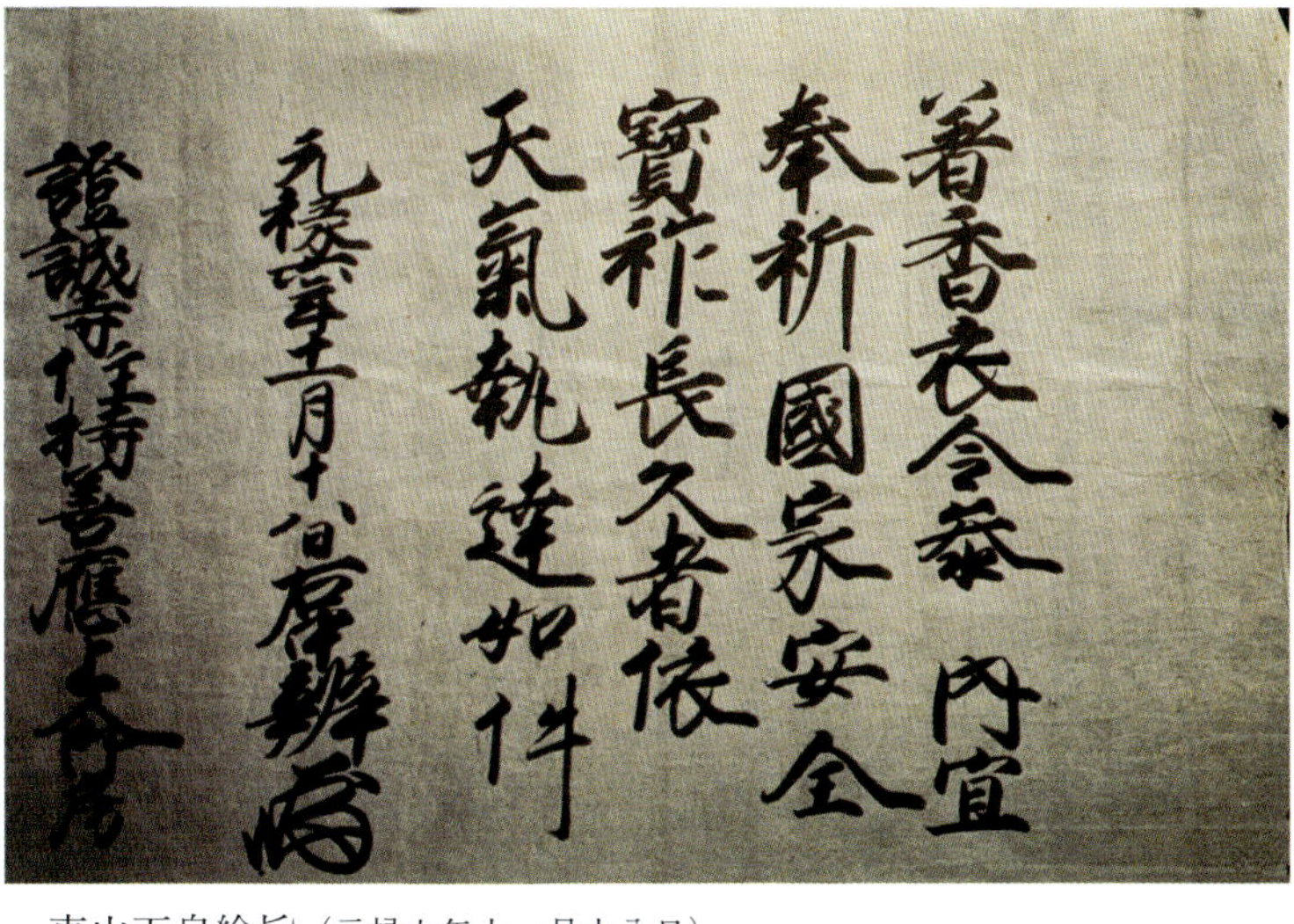

着香衣令參　内宜
奉祈國家安全
寶祚長久者依
天氣執達如件
元禄六年十一月十八日 [illegible]
證誠寺住持善應上人御房

東山天皇綸旨（元禄六年十一月十八日）

本山中興祖　善超（東溟）上人画像

東溟上人賛　聖徳太子画像

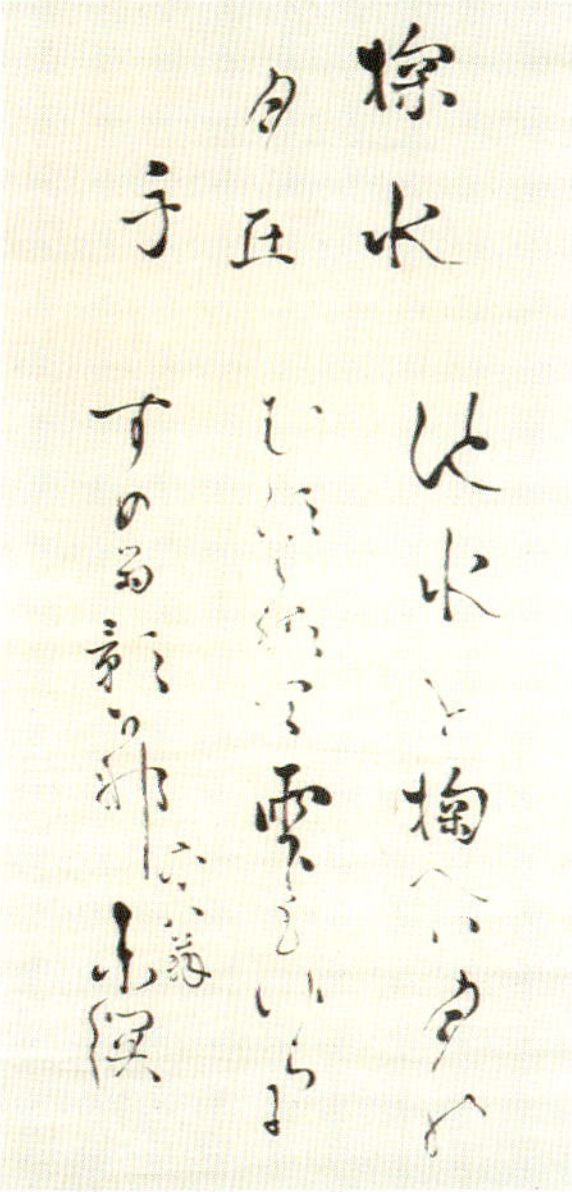

東溟上人和歌（六十八翁）

東溟上人百五十回忌法要記念　山門前にて

同上法要記念講演

序

このたび、善超上人（号　東溟）百五十回御遠忌法要の記念にと準備していましたところの『真宗山元派本山證誠寺史』が先生方のご協力を頂き刊行されることになりました。

当本山の中興の祖といわれる善超上人は、ご縁によって京の都の公家今出川家から本山に入られましたが、当時の世の混乱した中に於いて幾度となく焼け落ちた堂宇を建立する事が出来ましたのは、ご門徒の皆様の阿弥陀様に対する深い信仰と上人に対する信頼の心があったればこそと思います。

また、上人はそういう中においても歌人としての文才を大いに発揮され、多くの歌人達とも交流をもち、近世越前の代表的歌人となられたのであります。

上人示寂後、百五十年もの間、人の目に触れることのなかった文書・記録・日記・歌集などの遺稿を解読することにより、その時代の背景にある社会性・人間性、そしてその時代の風土、本山としての有り様などが、手にとるように私達に語りかけて、上人のご労苦あるいは喜び、悲しみなどを今に偲ばせて頂くことができますと同時に、この度の刊行は、当本山にとりまして後世に遺すべき貴重な資料となり財産になる事と存じます。

ご先祖に対するご恩と感謝を決して忘れることなく、残された遺産をなくすことなく守っていくのが今の私達の使命であると思います。

この刊行に当たりまして、ご繁多の中、文書の解読をはじめ五年余にわたる貴重なお時間を頂きました、監修者の橋本先生、編纂委員の諸先生方に心より御礼申し上げます。　合掌

平成十九年二月

本山證誠寺

第二十五世

藤原光教

監修のことば

越前（福井県の嶺北）は、真宗王国といわれる。越前全体の旧来仏教の寺院数は、昭和五十年代の数値によれば、全一三九二ヶ寺、そのうち真宗寺院は、実に六〇％を占める八四二ヶ寺。本願寺派（西派）が三六一ヶ寺、大谷派（東派）が二七七ヶ寺、その他が二〇四ヶ寺という内訳である。本願寺系二派の寺院が多いことは全国的な数からいっても奇とするに足らないが、その他の全体に占める割合が多いことは越前の真宗寺院の一つの特色であろう。

真宗は十派あり、本山は大半は京都に在り、近江と伊勢に各一ヶ寺ある他は、実に四本山が越前に存するのである。山元派本山證誠寺、誠照寺派本山誠照寺、三門徒派本山専照寺、そして出雲路派本山豪摂寺である。ことに證誠寺の横越門徒、誠照寺の鯖江門徒、専照寺の中野門徒は三門徒と総称され、戦国時代頃には深い関係を有し、本願寺顕如が諸国の門徒に檄を飛ばし織田信長勢力に徹底抗戦したのに対し、織田政権への協力方針を打ち出したことはよく知られている。

寺伝によれば、親鸞聖人が越後に流罪となり下向の途次、越前の丹生郡山元の地に留まり教えを説かれたことがあり、聖人が帰洛の後、教えを受けた人々が再度の下向を願うにより、代りに子息善鸞が越前山元に下向し、聖人相伝の和讃を以て弘道したのが、證誠寺の草創である、としている。

本山證誠寺二十世とされ、本山中興の祖とされている法主に善超上人（一七八五〜一八五五）がおられる。京都の公家の御出身で、和歌や書を能くされ、別号である東溟上人の名で多くの作品を遺され、いまに多くの人々に「東溟さん〳〵」と親しみを以て呼ばれ、敬慕されている。その東溟上人百五十回の御遠忌を平成十六年に迎えるということで、その準備が始ったのは、平成十三年のことであった。本書の刊行はこれに端を発する。

現法主の藤原光教管長は、予てより本山證誠寺の歴史を明らかにし、東溟上人の遺作・伝記を編纂したいとの意向を持たれ、自ら史料の整理などを推進されていた由にて、御遠忌を機にこの実現化を計るべく上坂紀夫氏等に相談されたとのことである。そして関係者の推挙により監修を小生にということであった。しかし、これまで仏教史には疎く、また神主が真宗本山の寺史に関わることなど例のないことであり、監修を依頼されるとは思いもしないことであった。

けれども、小生の六代前から四代前の先祖、政恒・政柄・政貞の三代に亘り、和歌の道において東溟上人の交誼を得たことによる御縁でもあるので、お受けすることになった次第である。

さて、本書は当初『真宗山元派本山證誠寺と東溟上人』と題して本文中心の冊子を刊行する方針で作業を進めて来たが、本山伝来の史料の解読等にかなりの時間を要し、予定をしていた東溟上人の御遠忌には間に合いそうもない状況になり、かくなる上は大幅に軌道修正し、寺史として万全なものをということで、本文も東溟上人伝にとどまらず全史に及ぼし、本山伝来の史料のうち主要なものを翻刻すべく史料篇を加え、更に「東溟家集」一冊を原本に忠実に翻刻して合せることにし、三部構成とした。

本文篇は第一章本山の歴史、第二章本山中興の祖東溟上人の二章構成とした。全体からいえば第二章により多くの頁が充てられているが、これは前述の如く偏に本書作成の経緯と史料の残存状況に拠る。また、主として本山の伝来史料に基づき出来るだけ平易に叙述する方針で纏められているので、学術研究上からいえば矛盾するところもなきにしもあらずである。ことに、真宗史の研究は近年新しい段階に入っており、越前の三門徒についても精緻な研究が積み上げられている。『福井県史』通史編2　中世（平成六年刊）、小泉義博著『越前一向衆の研究』（平成十一年刊）などである。寺や社の由緒等についてはまま粉飾があり、證誠寺とて例外ではない。本山の由緒書はいくつか存するが、いずれも近世に纏められたものである。由緒書については種々難しい問題があり、寺史であることに鑑み、これを紹介するのにとどめるところがあっても罷むをえないことであろう。それにしても、幾度かの災火をくぐり抜けてかくも貴重な史料がこれだけ今に伝えられて来たことは驚きである。かつて、小生が東京大学史料編纂所に在職していた頃の昭和五十六年九月、福井県下史料の悉皆採訪で菊地勇次郎教授以下四人にて證誠寺を訪れたことがある。前管長善教上人の時代で、火災によって史料は何も遺っていないことを沁み〳〵と述べられ、終始「南無阿弥陀仏」の称名を発せられていたことを想い出す。いま思えば、昭和二十三年の火災により失った御影堂以下の堂宇は漸く再建が成っていたが、身の廻りは赤貧洗うが如き状況にて、史料の閲覧に応ずる余裕も時間も無かったのであろう。いずれにしても、貴重な史料が残存していたことは慶賀にたえない。

　史料の掲載に当っては、内容により七項に分類して概ね編年順とした。また、上欄に内容を標出して理解しやすいようにした。多くの人に史料を直接読んで頂ければ幸いである。

平成十九年如月吉祥日

東京大学名誉教授
舟津神社宮司
橋本政宣

真宗山元派本山證誠寺史

目次

史料篇

東溟家集

本文篇

第一章　本山の歴史

第一節　草創の時代

一、宗祖親鸞聖人とその時代

真宗山元派本山證誠寺の旧跡の一つが、鯖江市水落町にある。そこには嶺北忠霊塔の北側にあたり、「西堂の庭、東堂の庭」という小字名で今に名残をとどめている。中世の水落は山元庄に属していたが、南に長泉寺山があって、山には千年杉の森があり、その中に白山神社が鎮座していたという。證誠寺の二十四世法主善敬上人は山元庄の旧跡を訪ねて次のような歌を遺している。

親鸞の宿りし跡の堂の庭昔の緑今おなじかも

承元元年（一二〇七）親鸞は専修念仏停止の法難に遇い、越後の国府に配流されたが、本山に伝わる『為本記』（史料篇二）は、北国街道での出迎えや山元での逗留について次のように記している。

爰ニ祖師聖人越後へノ御下向ハ北国海道御通リノヨシ、先達テ日限モ聞伝へ、則チ同行頭分今庄ノ目黒某トイフ者・府中ノ味噌屋ノ某・志津山内村ノ為義、其外有縁ノ男女老少今庄一里オモテへ出向、

聖人ヲヨリ〳〵待受タテマツル、

北国下向を聞いた信者有志は今庄まで親鸞聖人を出迎えた。聖人は人々の志に悦喜して盃をかわし、そのうえ名号を贈ったという。同行信者はあとを慕って府中を過ぎ、その頃の往還道である糠鍋《ぬかなべ》山（越前市本保・愛宕山）のふもとから、山元に近い道すじにあたる小黒町の方を通ったことを伝えている。丹生郡山元は閑静なところで景色もすぐれており、帰依する人達はここに仮に御殿をつくり聖人をお迎えしたという。

養和元年（一一八一）親鸞九歳の春、天台慈円のもとに出家し、以後、比叡山の横川《よかわ》常行堂の堂僧としての学問と修行を始めた。この時代は権勢を謳歌した平家が亡び、源氏が抬頭して鎌倉幕府を開いた時であり、政権交代に伴う戦乱が各地に起こり、そのうえ、地震と飢饉、戦乱による火災など度重なる天変地異や疫病の流行から、庶民は不安におののき、救いようのない生活を送っていた。鴨長明の『方丈記』には、夫婦の間でさえ我が身をあとにして相手にまれに得た食物を先に与えたために「愛情の深いものが先に死ぬ」というつらい世相を描いている。

このような時代の世相の中で、人々は世俗化し形骸化した寺院仏教に疑問を持ち始めるようになった。そのため人々は現世の諸問題への対応を重視した信仰を模索するいわゆる鎌倉仏教が登場する。親鸞の師法然《ほうねん》（法然房源空）はすべての人間が行うことの出来る易行《いぎょう》を求めて、称名念仏のみが人間を平等に救おうとする阿弥陀如来の意志にかなう行いであることを説いた。法然の教えは現実に立脚した実践的な立場に立っていた。それは中国の善導を通じて学んだ阿弥陀如来の真意を知った宗教的体験を核とするものであった。

親鸞の比叡山での厳しい修行は二十年に及んだが、真実を求める求道者の苦悩は解決されなかった。しかし、六角堂参籠で得た夢のお告げを期に吉水の法然《ほうねん》のもとに入り、ひたすら師法然の教えに従った。親鸞生涯の著作『教行信証』の末尾には「建仁辛酉《しんゆう》の暦、雑行《ぞうぎょう》を棄てて本願に帰す」とあるが、法然のもとで専修念仏に身を投じた親鸞は、建仁元年（一二〇一）二十九歳のとき、叡山以来行って来たさまざまの修行をすべて捨て去り、ただ一つ阿弥陀仏の本願に従うという、一生に一度の大転換を行うのである。法然に入門して四年の後、当時は師の著作への書写はほんのわずかな人にしか許可されなかったものであったが、元久二年（一二〇五）には法然の主著『撰択本願念仏集』の書写を許される。その冒頭に「南無阿弥陀仏、往生ノ業ハ仏ヲ先ト為ス」とあるが、まさに人間が救済されるのは念仏を根本とするという専修念仏の真髄にふれられたのである。

親鸞聖人画像

二、越後への配流と山元庄

吉水の法然門下にあって、親鸞は特に浄土教の研鑽につとめた。中国浄土教の善導の教えに傾倒し、他力念仏の境地を開いていった。しかし、法然を初めとして民衆の心をつかみつつある専修念仏に対して、これを快く思わない興福寺、比叡山など南都北嶺、いわゆる国家鎮護の仏教に属する僧徒の批判は激しく、時の権力に働きかけて公然たる攻撃を加えた。

その結果、承元元年（一二〇七）二月、太政官符によって法然は土佐へ、親鸞は越後へそれぞれ遠流の刑に処せられた。いわゆる承元の法難である。この時、専修念仏への公権力の弾圧により法然門下の住蓮、安楽ら四人が死罪となった。安楽は処刑に際して、後鳥羽上皇の面前で将来の戒めとして「念仏迫害の詩」を高らかに朗詠し、念仏を唱えながら静かに合掌し、死に臨んだといわれている。

三十五歳の親鸞は藤井善信という俗名が与えられ、流人として越後国府に赴くことになった。律令国家の基本法典律令の施行細目である『延喜式』によれば、当時の流罪人は身分の上下に関係なく、最初の一年間は食料が一人一日米一升、塩一勺が与えられ、それ以後は春に穀物の種子を植えて自活することになっていた。

越後下向途中の越前丹生郡山元での滞在は都に近く禁裏に情報が伝わり易いこともあり、一箇月程度にとどまったが、人々は親鸞の滞在中、本願他力の法問を聴いて阿弥陀如来の再誕と喜び、自力を捨て他力の真門に入る人々が巷にあふれたという。聖人は別離を惜しみながら、名残を慕う同行への形見として、正覚果満の尊像と光明無量の徳号を一紙にしたため、光明本尊として門徒衆に授けた。これにより人々は聖人のご座所を道場と定め、書き遺された光明本尊を安置し、聖人の教えを引き継いだ。これが今の山元山證誠寺の源として伝えられているのである。

親鸞は越後国府での五年の歳月を経て、建暦元年（一二一一）流罪を赦され、関東へ移られた。関東の地は鎌倉幕府を開いた源氏の根拠地でもあった。そこで働く農民の現実は、領主等の圧力による苦難に満ちたその日暮らしの生活であった。

同行信者に迎えられて上野国左貫《さぬき》から関東に入った親鸞は、下総（千葉県）、常陸（茨城県）、下野（栃木県）などを巡り、ひたすら関東での他力本願の布教につとめられた。このような聖人の民衆に対する苦悩に応える真実の教えは、やがて奥州にまでも及んだという。親鸞の北国と関東とを合せた滞在は二十五年に及んだが、貞永元年（一二三二）六十歳の時聖人は再び京都に戻り、関白九条教実の下屋敷に居住された。

京都での親鸞は専ら聖教の書写、注釈、著述に心血を注がれた。また和讃を作成し、門弟へは書状によって他力本願の教えを説き、如来の弟子と同様の立場で同行者に接した。このようにして他力本願への思想的深まりと円熟さを増大させていったのである。

三、善鸞の越前山元への下向

越前山元の同行衆は親鸞の上洛を期に、久しく教誡に預かった縁を慕い、京都の御座所を尋ね、今一度山元への下向を懇願した。聖人は念仏同行の厚い志を黙止できず、喜んで法義相続の旨を伝えた。しかし、聖人自身の下向は身体の衰えで遠路の歩行かなわず、代りに息子を差し下すと約束された。これにより、二代善鸞が越前山元に下向することとなり、ここに一向真宗讃門徒派を開くこととなった。

善鸞は、承久元年（一二一九）十三歳のとき比叡山にのぼり、西塔黒谷の尋有僧都の会下《えか》にあって顕密を修業した。父親鸞が関東から京都に帰ると、善鸞は比叡山を下り、聖人へ常随給仕をして孝養をつくした。そして他力易行の本願念仏の相伝をうけ、今迄の台家の執情をすべて捨て去り、専修一向の会得に専念した。

そして、文暦元年（一二三四）越前門徒の懇願により、二十八歳の善鸞が越前下向の運びとなった。善鸞は下向のため父に対する常随給仕が出来なくなることを嘆いた。しかし、親鸞は「汝越州へ赴キテ超世无上ノ本願ヲヒロメ、流転生死ノ迷道ヨリ本願一実ノ大道へ普ク引導シ玉ヒナハ、コレニマサレシ孝行ハ三千世界ニアルヘカラス、今ハ早ャ急キテ下向アルヘシトテ」（史料篇二）早急の下向をさとされた。そして、形見として鏡の御影と十字の名号を譲られた。

こうして善鸞はその後、越前山元にあって衆生に本願一実の御法を説いた。聴く人は親鸞聖人の再来と喜び、袖を連ねて山門に参集し、門前は市のように賑わったという。

かくて、善鸞は山元において親鸞相伝の三帖和讃の正意を以って安心相続となり、證誠寺の二代目としてこれを継いだ。善鸞は和讃三百六十首の称名のとき節を付けて勤行し、その時の節は松風節（松の木梢にさそう風音）が用いられた。このような念仏和讃の布教を行う法会はたびたび開かれ、その席を和讃講と称えた。その結果この一派を讃門徒ともいうようになった。ただし宗名は「一向真宗」と言い、その意味は浄土三部経の中に「一向専念无量寿仏」と説いた金言に基づいており、これによって真宗名としたのである。なお、宗祖親鸞はまた、浄土が「真実の世界」であり、真実の働きそのものであることを説いて、これを浄土真宗と言った。

善鸞上人画像

善鸞は久しく山元に在住した。善鸞には二人の子息がいた。長男を浄如、次男を如信といい、浄如は惣領として山元證誠寺の三代目を相続した。次男如信は善鸞の妹伊弥女《いや》（後の覚信尼）の養子となった。親鸞は伊弥女に譲状を送ったので、如信が本願寺二世を継ぐこととなった。また、伊弥女にも以前子息があり、成長して青蓮院の弟子として出家したが、文永九年（一二七二）台家を遁れて浄土の真門に入り、如信の弟子となり覚恵と名付けられた。覚恵の子息に覚如があり、十七歳のとき如信の弟子となり、彼が本願寺三世を継いだ。

善鸞は存命のうちに自ら選述した聖教も多かったが、数度の火災で漸く自画の御影と十字の名号だけが遺り、他の記録は焼失したといわれる。往生は建治三年（一二七七）九月十四日、七十一歳の生涯であった。

四、三世浄如、山元に堂宇造立

浄如は嘉禎二年（一二三六）の生まれで、善鸞三十歳のときの嫡子である。十二歳のとき上洛して、祖父親鸞に常随給仕してその教えをうけた。親鸞遷化の後、分骨を護持して越前山元に帰住し、他力本願の教えを弘めた。

文永五年（一二六八）山元において堂宇を造営して相伝の宗風を継ぎ、三帖和讃の講法を盛んにした。『一向真宗源山元山由緒略記』（史料篇一）によれば、阿弥陀経和讃を以って法談の砌、西の権現（越智山権現）、東の文殊山（山元の東）は塵沙の諸仏の舌相三千證誠護念の霊夢に感得して、信心の門徒一統に夢寤《さめ》て東山西岳に異香（香気）がしきりにたちこめ、誠に奇代の不思議な霊夢が重なったので、近国の門葉達が渇仰して、一宗の繁栄となったと伝えている。

嘉元二年（一三〇四）後二条天皇のとき、浄如は御所に参内して天顔を拝した。そのとき「山元山護念院證誠寺」という称号をうけた。その後、有栖川宮幸仁親王の真筆による額字の下賜をうけ、当山を勅願所と奉称した。また一向真宗の源、親鸞嫡家の綸旨も同時に頂戴したと伝える。親鸞の越後配流のとき越前山元に暫く滞留され、草庵を結ばれたいわれのあるところからであるという。また、證誠寺の寺号は親鸞を慕う専修念仏の一門が阿弥陀経の演説のとき、六方恒沙の諸仏が口をそろえて皆共に證誠ありし真実の弘誓を唱え、他力の名号を専ら修めて勧化する由緒あるところから来ているとされる。その後、浄如は弘通教化の志篤く、隠退して諸国を経廻し、奥州大網において遷化された。俗に大網の大徳と称せられる所以である。時に応長元年（一三一一）九月五日のことである。

このように山元は諸仏の證誠護念するいわれのあるところであった。證誠寺は本寺としての規模は小さいが、一向真宗開祖の親鸞、讃門徒開基の善鸞をはじめ、浄如、鸞如、旦應、如顕、道閑と、鎌倉南北朝動乱期の厳しい時代にありながら血脈の法灯を相承しており、念仏和讃を通じての他力本願の布教活動が推し進められたのである。

第二節　道性の横越移住と證誠寺の創建

一、初期真宗教団の越前布教

鎌倉時代、政治の実権が公家から武家へと移行し、室町時代には旧来の貴族などの支配階級の経済的地位は大きく失われた。社会情勢の変化は応仁の乱前後から一層促進され、戦国時代の下剋上の世界となった。その最中にあって、諸国の守護・地頭や各地の在地勢力が力を蓄えていき、また、荘園が崩壊して、成長した郷村に基盤をおく領域支配が進んでいった。

このような時代を反映して宗教界でも新旧教団の対立が激しかった。鎌倉後期から、越前においても真宗などの新興仏教が民衆の心をとらえ盛んとなっていった。このような動きに対し、旧来の体制の中で大きな勢力を持っていた天台宗長泉寺は新興勢力の抬頭に対して厳しい危機感をもち、激しく対立した。正和二年（一三一三）長泉寺の孤山隠士は『愚闇記』を著わし、時宗や真宗などの諸宗に対して二十箇条にのぼる批判を展開した。専修念仏の指導者として活躍していた如道は、これらの批判に対し『愚闇記返札』を書いて果敢に反論した。

如道は三河国の和田門徒円善の弟子で、越前における初期真宗教団の発展に貢献し、讃門徒の祖と仰がれた人である。横越に證誠寺を移し再建した道性は、この如道から教えをうけた一人であった。

親鸞の関東での布教により、その門弟として下野国高田の真仏はその弟子顕智、専空らによって高田専修寺の教団が東国・東海にまで広まっていった。越前における布教は、早くから三河に拠点をもつ高田派によって、美濃を経て越前穴馬谷から大野へと広がった。さらに円善は足羽川を下り、足羽郡和田に本覚寺を創建した。また、同郡大町に専修寺を開いた如道は、応長元年（一三一一）大町に下向した本願寺三代覚如から『教行信証』が伝授され、覚如は暫く大町へ滞留した。

大町専修寺は、如道の次男如浄と三男了泉が継いだが、了泉の子のとき門徒派閥の争いが表面化して分裂、弟の浄光は専修寺にとどまり、兄の浄一は足羽郡中野に移って専照寺を建て、この系統が三門徒派となった。如道の弟子道性は、早く専修寺を離れ、横越に證誠寺を創建する。道性の率いる横越門徒は大町専修寺門徒（大町門徒）の中でも最も力があり、その勢いは近江、美濃に及んだ。

二、道性の横越證誠寺の創建

『證誠寺伝灯』によれば、八代道性は、永享十一年（一四三九）道閑の子として生まれた。

当時山元の隣にあって勢力を誇る長泉寺は、はじめは白山神社の別当寺で、泰澄の創建によるものであったという。貞元元年（九七六）天台座主良源（元三大師）が北国下向の際に天台宗となったという。長泉寺は室町時代三十六坊を数え、その強力な勢力をもって越前の真宗教団と激しく対立した。特に道性の代になると激しい法論が闘わされ、文明二年（一四七〇）には山元證誠寺は長泉寺衆徒の濫妨にあい、放火、狼藉などが横行した。道性は止むなく山元を去り、足羽村に凡そ五年蟄居することとなった。やがて道性は越前の戦国大名朝倉孝景に嘆願して横越に敷地の寄進を受け、文明七年（一四七五）三月、横越に寺基を移して堂宇を創建した。ここに横越の證誠寺が実現したのである。

ところで、文明三年（一四七一）本願寺八世蓮如は吉崎に下向した。蓮如は真宗本願寺の積極的な布教活動を行い、「六字名号」や「御文（御文章）」を坊主・門徒に下付して、人々の心をつかみ、やがて各地に講が組織されていった。一方、大町専修寺の如道のもとで教えを受けた横越證誠寺、鯖江誠照寺、中野専照寺は早くから三門徒教団を形成し、本願寺教団とは対立した。特に一向一揆とは敵対関係になり、本願寺教団側からは「秘事法門（邪義を主張する）」、あるいは「三門徒おがまずの衆と号する者なり」などと悪罵をあびせられていた。三門徒は一向一揆と戦う富田長秀や府中町衆と結び、「鯖江ノ坊主三千余騎ニテ打立、横腰〔越〕ノ坊主二千余騎ヲ率シテ」味方し（『朝倉始末記』六）、さらに、織田信長の越前侵攻にあたっても全面的な協力体制をとった。

道性は明応七年（一四九八）になると寺務を九代善秀に譲って隠居し、大永元年（一五二一）九月遷化した。八十六歳であった。

三、九世善秀の参内

道性の嫡男善秀は文明八年（一四七六）の生れで、号を善充と称した。明応七年父道性のあとを継ぎ、翌年権大僧都に任官した。先規にならい上人号の勅許をうけ、禁裏に参内した。

当時は応仁・文明の戦乱のあとでもあり、禁裏の衰頽は甚だしかった。その惨状を憂いた善秀は御所修理の費用を献上した。これによって後土御門天皇より当山の寺歴及び功績のお褒めをうけ、「一向真宗源親鸞嫡家」の宗名綸旨を賜わったという。

十代善寿は永正十二年（一五一五）の生れで、先代にならい後奈良天皇のとき参内し、権大僧都を拝任し、以来代々上人号をうけた。

善寿上人のあと一時中絶するが、文禄二年（一五九三）万里小路充房の猶子が、十一代善教として入室し、善寿の次女伊登姫と結婚した。

善光は永禄五年（一五六二）正月五日に生れ、成人して證誠寺十二代を継ぐ。彼の妻は権中納言東坊城盛長の女であった。慶長十九年（一六一四）将軍徳川秀忠の命により武運長久と作善追福の勤行のため黄金八枚その他の寄附があり、寺壇に東照宮尊儀を安置した。

四、村国への移住

しかし、十一代善教のとき、毫摂寺との分立騒動が起こった。そのため後述のごとく横越の当山は焼き打ちにあい、府中の村国村への移住を余儀なくされた。

毫摂寺は、宗祖親鸞が六十一歳のとき京都の出雲路（京都山城国愛宕郡）に一宇を草創し、息善鸞に附与したことが起源とされる。その後本願寺三世覚如の門弟出雲路乗専が京都今出川に寺基を移して越前国横越證誠寺と本末関係が成立した。

応仁の乱の後、毫摂寺の善智（善幸）は長子善秀を京都に残し、この本末関係を頼って母や善鎮をともない越前に下向し、横越の地に寄遇した。そのため善鎮らを山元庄に住まわせ、本寺として優遇した。やがて善鎮は山元庄に毫摂寺を再興した。永正十五年（一五一八）覚道法親王の執奏により後柏原天皇の勅願寺となり、仁和寺門下となった。さらに、天正十七年（一五八九）善照のとき勅願寺の綸旨を賜り、同時に京都東山の粟田口青蓮院の院家となった。善照は證誠寺十代善寿の長女伊弥姫と結婚している。

慶長元年（一五九六）善照は現在地の越前市清水頭に寺基を定め、出雲路毫摂寺の旧号を襲った。そのため末寺では、本末どちらにつくべきかで激しく論争が起った。寺記によれば、「文禄ノ変ノ役僧教誠寺之輩、善照ニ党シ、本山歴世ノ墳墓を奪テ、愚夫愚婦ヲ欺誘ス」とあり、末寺門徒の多くは横越證誠寺をはなれ、亳攝寺に帰依したという。このような分立騒動は本末の帰属にとどまらず、「門徒放火し、寺内悉く焼亡す」（『真受院由緒略記』）とあるごとく、仮屋の間にも再放火が行われ、横越の寺は大破甚だしく、霊宝、記録も一時に消滅した。そのため横越に留まることが出来ず、武生の村国村に移住することを余儀なくされた。村国での在村は善教、善光、そして善如、善炭、善養と五代に及んだのである。

善炭の死後も、その子善応と伯父善養の二つに分かれて争い、領主の府中本多氏から善応は蟄居を命ぜられた。その後、善応は許されて横越に證誠寺を、善養は村国に一寺を再興したが、善養の死去により村国の寺は廃寺となった。

第三節　復興の時代

一、近世の寺院制度

近世には江戸幕府の厳しい宗教統制をうけた。幕府は慶長期から元和期にかけて、諸宗派に対する法度を次々に発布し、寛文五年（一六六五）には各宗共通の法度を制定した。寺院については「寺院条目」及び「寺院下知状」がある。これにより出家の手続きや住持の資格、本末関係、寺壇、寺領に関する在り方が制度化され、画一的な統制が全国に浸透した。

これより前、慶長十八年（一六一三）全国にキリシタンの禁令が出され、その後禁教対策の一環として、踏絵、宗門改、寺請制度が実施された。この結果、各藩では宗旨人別帳の作成がすすめられ、家毎に氏名・年齢・宗旨や異動状況を記し、檀那寺の証明をうける宗門改を提出することが義務づけられた。また、人々は婚姻・奉公・旅行・移転の時は、寺院からキリシタンではないことを証明する寺請証文を持参しなければならなかった。この宗門改、寺請制度を通じて、人々は形式上特定の寺院に檀家として結びつけられ、檀那寺は檀家のために、葬儀、年忌、法要などの仏事を執り行い、墓地の管理などを営んだ。一方で檀家は、その寺院を経済的に支えるということになり、檀家制度は人々の日常生活の中に定着した。

この制度は、のち、享保七年・同十四年の離檀禁止令（自分の寺をかえることを禁ずる）や天明八年（一七八八）の「一家一宗旨の原則」を命じた法令により一層強化された。また、幕府の文治政治のたてまえのなかで各宗の教学・宗学奨励が行われたが、反面、寛文五年（一六六五）の日蓮宗の不受不施派に対する全国的な弾圧のように、幕府に反対する思想の統制ともからんでいた。

寛永十二年（一六三五）幕府は寺社奉行を設置し、寺社の統率、僧侶・神官の監督を図った。また、寺社奉行と寺院との連絡機関として触頭を設けた。福井藩では、真宗西東両派に西東本願寺の掛所を触頭とした。越前の四ヶ本山（毫攝寺、誠照寺、専照寺、證誠寺）もそれぞれ末寺に対する触頭支配が認められた。

諸宗の触頭寺院は多数の末寺をもつ地方教団の有力寺院が多く、藩から寺領の寄進や諸役免除などの保護をうけ、藩と地方教団とのパイプ役を果たしていた。

二、善應による横越證誠寺の再建

村国での門徒を二分する惑乱のため、十六代善應は延宝四年（一六七六）府中本多氏より蟄居処分をうけた。ここに門末は離散し、本寺自身も滅亡の危機に見舞われた。この打開のため福井藩主松平昌親にすがり、漸く離散門徒の復帰をはかり横越の古跡の一部に堂宇を復旧することとなった。当寺には越前国に入府した結城秀康以来光通まで越前藩主代々の位牌があり、境内に禁制札が建てられた。

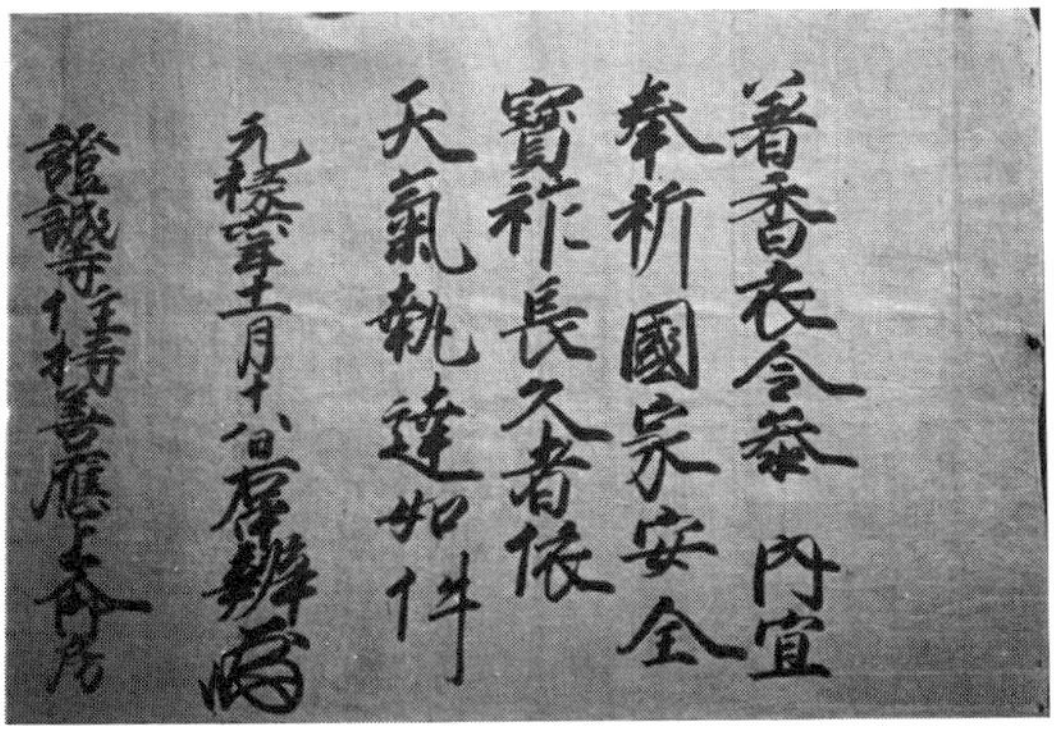

東山天皇綸旨

元禄六年（一六九三）十一月、善應は上人号の勅許を得て、東山天皇に綸旨を賜り（史料篇一二）、禁裏に参内した。またその節、万里小路大納言淳房から阿弥陀経の書写をいただき有栖川宮幸仁親王よりは「御筆之物（御額）」を賜った。そして元禄十一年（一六九八）、横越村が福井藩領から小浜藩領にかわると、小浜藩主歴代の位牌も納められた。

寛政元年（一七八九）善念上人のとき、寺内からの失火により御堂、御広間などが焼失したが、小浜藩主からは見舞いとして白銀十枚、松木三十本が寄せられた。また、位牌霊堂の再建のため白銀三十枚の寄進をうけた。上人が領主菩提所の小浜空印寺へ廟参の節は、領主同様の取り扱いの待遇も受けた。

三、善閑、善阿、善念の時代

十七代善閑は、元禄四年（一六九一）七月六日の生れで、その室は一柳家の縁者本多五郎右衛門の妹として当寺へ輿入れした。二人の間には一男二女があり、長男は十八代善阿、長女は府中円宮寺誓鎧の室となった。次女は享保三年（一七一八）に早世した。善閑の義兄にあたる長教（綱昌の息）は、初め浅二郎と称したが後に府中本多家を相続し（本多長員の養子）、名を大蔵と改めた。実母は伝の方と言い、一柳小兵次正矩の妹である。長教は善閑の室とは兄妹の間柄である。

十八代善阿は、享保三年（一七一八）五月一日の生れで、宝暦九年（一七五九）五月、東坊城大納言綱忠の取り計らいで継目の綸旨をいただく運びとなり、同年七月、綸旨が下附され、参内の儀を願い出て勅許され、翌八月、先格の通り清涼殿において天盃を頂戴した。安永四年（一七七五）二月遷化、享年五十四歳であった。

十九代善念は、善閑の二男で、寛延二年（一七四九）正月六日の生れである。寛政元年（一七八九）五月三日、上人号の勅許を得て参内し、仮御所の聖護院において天顔を拝する。享和三年（一八〇三）五月入寂、時に五十五歳であった。

近世中期以降、宗派の争論も一応納まってくると、僧侶が守るべき寺法の強化がはかられ、内容も日常の勤行の指針が中心となった。安永三年（一七七四）八月の定めによると、八ヶ条が掲げられ、人には誠意をもって接し、領主を疎略にせず、世間の仁義を専らとし、御勤方を入念にし、よく心得た人に尋ねて修習することなどを記している。また文化三年（一八〇六）九月の条目では、院家以下末寺中の継目御免の前任・後任の席順を定め、我儘に遁世せず本山に願を済ませてから隠居することや、得度が済まないのに門徒の寺役勤めや勧化をしてはならないこと、水火盗難などの災難の時、御本尊又は祖師の御影が紛失すれば当住職の処分となることなどの項目を記し、堅く遵守することが決められている。

寛政元年（一七八九）十二月十七日夜半、百姓一揆によって、本山證誠寺両堂、広間、御殿などが焼かれる悲運が襲った。善念上人は、まず御影堂の復興に向かって立ち上がったが、飢饉、米価の暴騰、また打ち壊しなどの騒動が相次ぎ、焼失した堂塔などの復興は容易ではなかった。その状況は寛政九年（一七九七）「御影堂再建一札ノ事」などの記録によって窺われる。

しかし、再建への道は遠く、享和三年（一八〇三）五月三日、善念上人は志し果たさずして五十五歳で亡くなられる。本山證誠寺は堂塔を失い、さらに上人をも喪ったのである。門徒衆の嘆きはいかばかりであったろうか。本山の荒廃による檀信徒の宗門離れも多くなっていった。

本山を再興させるためには、なによりも出自も学識、人徳もすぐれた上人を迎えることが必要な背景がここにあった。

四、善超（東溟）上人の入山と本山の再建

そのような期待の中で上人として迎えられたのが、京都の名門の公家、西園寺家の庶流の左中将小倉見季《あきすえ》朝臣の二男、季維《すえつな》であった。天明五年（一七八五）一月一日生まれ。東溟上人である。

善念上人没後三年、文化三年（一八〇六）、二十二歳の時、薙髪して名を善超と改め、證誠寺二十代法主として入山される。号は東溟を称された。

在住四十年、焼失堂塔の復興、門徒の離脱問題の解決、徳化などに尽くし、さらにまた文人としても学識深く、「本山中興の祖」として今日も崇められている。

安政二年（一八五五）七月十三日、京都東山の閑室にて遷化された。七十一歳。なお、東溟上人については、第二章「本山中興の祖　東溟上人」に詳しく述べる。

第四節　明治維新と善融上人

一、明治初期の宗教改革

東溟上人の没後十三年、年号は万延・文久・元治・慶応と頻繁に変わり、明治維新を迎えた。新政府は天皇親政・祭政一致を国是とし、神祇官を中心とする神道国家樹立を目指した。政府はそのために神仏判然令を発布して、千数百年にわたる神仏習合（神と仏を結びつけ混淆して信仰すること）の歴史に終止符を打ったが、これがきっかけとなって、全国に廃仏毀釈の運動が起こり、仏教界は多大の打撃を受けた。

神仏判然令は慶応四年（明治元年・一八六八）三月以降、相次いで出された太政官布告など十二の法令のことであるが、仏教伝来以降、永い間の神仏習合の歴史を一擲し、神社を国家の宗祀《そうし》とする宗教改革であった。政府は其れを過激な手段で行うことや、排仏（仏教そのものを排撃すること）までは意図していなかったが、明治維新の旗印となった王政復古・祭政一致を国家統治の基本原則とする限り、仏教や民間信仰まで、全ての宗教の信仰の自由は規制の対象となったのである。

しかしながら、単一の神道国家政策によって方針を徹底させることは、到底無理なことであった。明治維新以後、仏教の位置は相対的に低下していたが、それでも大多数の国民の信仰と云えば、神仏ともに崇敬するという、多様かつ普遍的なものであって、とりわけ永年にわたり仏教門徒の習俗に馴染《なじ》んで来た人々にとって、仏教との関係やその信仰を奪われることは、あたかも生活の支柱のひとつを失う程の一大事であったのである。

明治四年（一八七一）三月、三河大浜で寺院廃合問題を契機として、真宗の僧徒ら一万余人が地方庁を襲う事件が発生、抜刀した藩兵が乱闘する騒ぎとなり、各地に動揺と反撥を生じた。

明治五年（一八七二）三月、政府は当初の神道国教政策を転換し、新たに教部省を設け、仏教の僧侶や民間の神道諸派に属する者を含めて教導職に任命、中央に大教院、地方に中教院・小教院を設け、これを拠点として皇道宣布の運動を組織的に全国に展開することとなった。

しかし、教導事業の本質は、いわば明治政府による新政策の啓蒙宣伝運動であった。この時期の運動の態様を「神仏合同布教」とよんだが、政府の意図は四民教化のために仏教を利用しようとするものであったから、仏教の教義を説くことは許されなかった。

二、越前護法一揆

明治六年（一八七三）、三河大浜騒動を三倍も上回る一揆が県内で発生した。この事件は今立郡定友（現、今立町）出身の石丸某の急進的な皇道宣布活動が発端となって、大野・今立・坂井の三郡下で三万数千人の一揆に拡大、遂に軍隊の出動となったのであるが、この時の一揆の要求の中に「真宗説教の自由」の項目があるのは、当時の政府の宗教行政によって、仏教から民間信仰まできびしく規制されていたことを示すものであって、そのことが新政府の政策に対する不満と重なって、大規模な護法一揆に発展したのである。この時の一揆の舞台は、横越の本山に近いところであったことも注目しておくべきであろう。

三、真宗山元派の別立

明治の仏教界は、新政府に寺院のための特別の役所がないことを遺憾とし、教部省の設置と教導職の任命、大教院・中教院の設立にも協力的な対応を示していた。そのこともあって、真宗の五派およびその他の諸宗派の本寺を代表する権少教正が任命されていた。これらの教導職は各派一名の管長によって統率され、諸宗派は一名ずつの幹事を置いた。

明治五年（一八七二）十月に置かれた管長は、天台・真言・浄土・禅・真宗・日蓮・時宗に一名ずつが認められ、その他の諸宗派はこの七宗のいずれかに分属させられた。このような不都合を改め、各派に一名の管長が置かれるようになったのは、明治七年（一八七四）三月のことである。

その後も教団や寺院に対し種々の規制が行われたが、これに対する反撥と混乱の中から、宗教的自覚

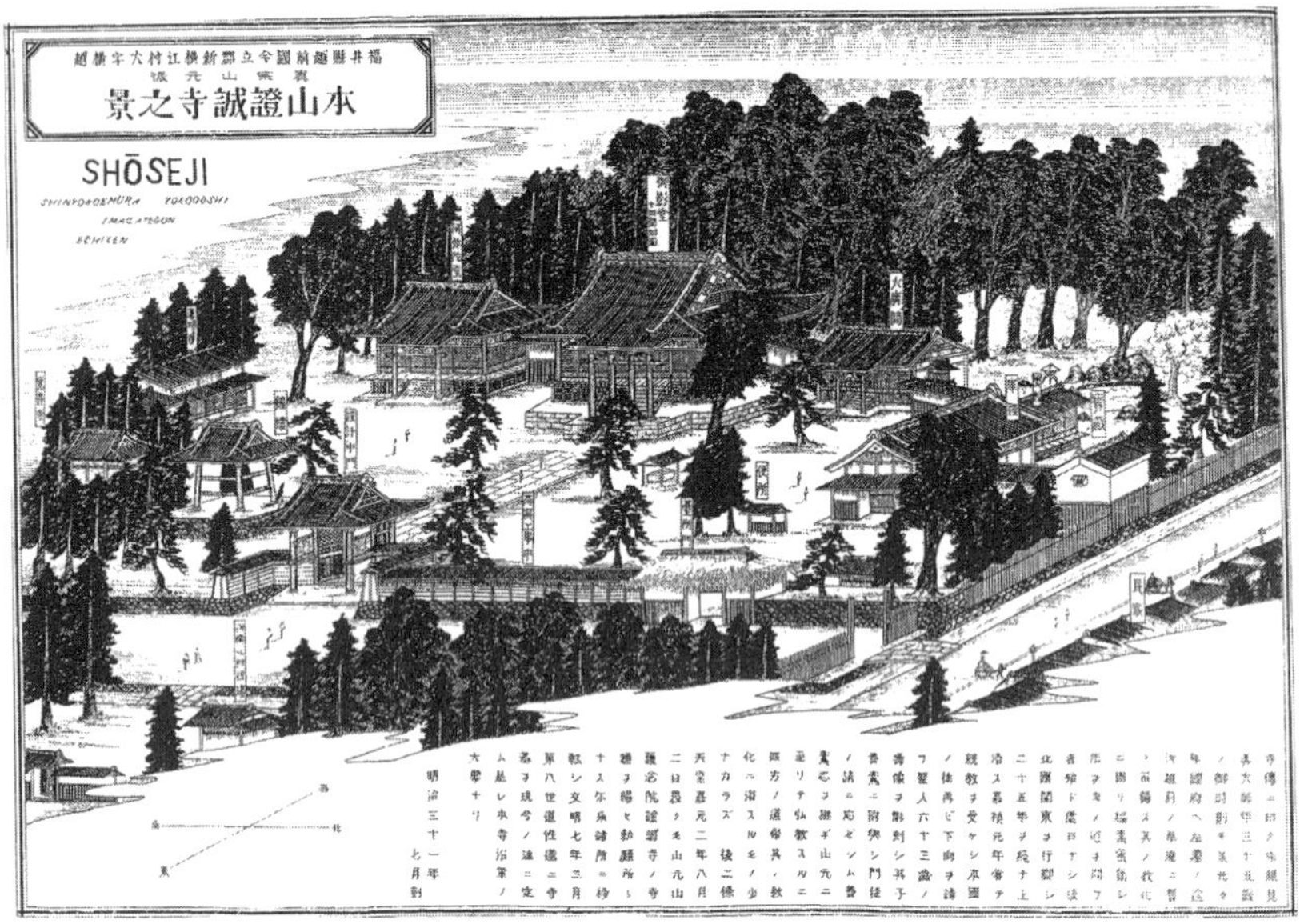

本山證誠寺全景（明治31年７月）

に基づく寺院体制の転機が叫ばれるようになった。明治八年（一八七五）真宗四派が大教院から離脱。不評だった神仏合同布教は差し止めとなった。

その後、諸宗派の独立が盛んとなり、明治十一年（一八七八）二月、真宗では出雲路派・誠照寺派・山元派、十二月には三門徒派が別立し、すでに管長制を実施していた本願寺派・大谷派・専修寺派（高田派）・仏光寺派・木辺派・興正寺派と合わせ、ここに真宗十派が成立したのである。

四、激動の時代と善融上人

このような激動の時代に伝灯在職されたのは善融上人である。上人は善超（東溟）上人の長男として文化九年（一八一二）七月十五日誕生され、嘉永三年（一八五〇）證誠寺二十一世の法主職を継がれた。

明治二十八年（一八九五）まで在職されたが、その間、真宗各派に分立の動きがあり、明治十一年（一八七八）二月には山元派も別立、管長制が設けられ初代管長に就任された。

上人は明治十一年（一八七八）八月二十四日権少教正を拝任、同年十月七日上人号勅許、明治天皇の北陸道御巡幸の際、福井東本願寺別院に設けられた行在所に於いて天顔を拝した。明治十七年十二月五日管長職を受けられた。在職中に鐘楼堂を完成され、明治二十八年十二月二十七日遷化された。享年八十四歳。

第五節　明治以降の歴代法主

一、善住、善瑩、善敬の時代

二十二世善住上人は、善融上人の次男で、嘉永五年（一八五二）八月十一日誕生。明治十八年（一八八五）管長職を受け、権少教正に任ぜられた。同二十八年（一八九五）十二月一日、日清戦争のため広島に置かれた大本営に参候し、天機を伺い奉った。さらに同三十八年（一九〇五）二月二十三日、宮城に参内して天機を伺い奉り、同三十八年三月三十一日退職された。年五十三歳。

二十三世善瑩上人は、善住上人の長男として明治十三年（一八八〇）三月三日誕生された。明治三十八年（一九〇五）四月三日管長職を受けられたが、在職中の明治四十四年（一九一一）三月、宗祖親鸞聖人の六百五十回の大遠忌に相当し、同行中に当てて待受の消息を発せられたのが残っている。

「実に光陰《げ》は水の流るゝが如く、又矢の行くが如く、いつの日にか会ひ奉り得んかと思ひ居たりし、宗祖大師六百五拾回の大法会も早や目前に相迫り、我等宿縁多幸にして爰《ここ》に身命恙《つつが》なく、今やこの勝縁に値遇せんとする八誠に喜びの中の喜び、何事か是れに如《しか》んや……」（史料篇四五）に始まる端正にして法悦溢るる文言はすばらしい。昭和五年（一九三〇）十二月十一日退職された。

二十四世善敬上人は、明治四十二年（一九〇九）二月六日、善瑩上人の長男として誕生。昭和四年（一九二九）管長職に就かれた。昭和五十九年（一九八四）五月十八日遷化されるまで、管長職に在ること五十年、ひたすら宗勢発展に尽くされたが、昭和二十三年（一九四八）四月十二日、児童の弄火により御影堂・阿弥陀堂・対面所・書院等を焼失、敗戦後の経済事情から再建は困難を極めたが、昭和二十六年（一九五一）御影堂を復興、昭和三十九年（一九六四）阿弥陀堂、同四十年（一九六五）対面所、同五十年（一九七五）書院と、前後二十七年を経て漸く復興の日を迎えることが出来た。

善敬上人

また、昭和五十六年（一九八一）、本山北側の国道四一七号線拡張工事に伴い、境内地五三七平方メートルが削られ、その折り、火災を免れた樹齢約四百年、本山のシンボルであった大欅を伐採し、同時に庫裡、土蔵、庭園、五筋塀等を移転改築することになり、約四年の歳月を経て完成、現、善鷲《しゅう》上人に引き継がれたのである。

二、北海道及び大陸の布教

以上四代の法主方の在世期間は、北海道開拓移民に続く大陸への軍事行動と布教の歴史と重なる。明治政府は明治七年（一八七四）北海道屯田兵制度を設け、困窮士族の救済と北海道開拓を進めた。これに先だって明治二年（一八六九）九月、東本願寺は北海道の開拓を政府から委託され、翌年七月、現如法主自ら北海道に渡られ、途中種々の困難や障害に会いながら札幌に到着、北海道開教の基礎を設定したのは、よく知られているところである。

その後、移民の増加と開拓の進展に伴い、各宗派も布教に力を注いだ。当本山に残る北海道布教当初の資料は乏しいが、昭和八年（一九三三）当時の記録には、北海道における真宗山元派に属する教会施設は一ヶ所ながら、札幌を中心とする信徒四百名と記されている。

日清・日露戦争の戦役を経て、わが国の対外政策は大陸に向けられた。その拠点の一つとなったのが、明治四十三年（一九一〇）に併合された朝鮮半島であり、山元派はこれにかなり進出していたようである。

その後、満州国を懐柔した日本は英米と対立、国際連盟を脱退、さらに孤立化を深め、日中戦争の泥沼に入り込み、遂には無暴な太平洋戦争へと突入したのである。このような結末となるとも知らず各宗派は国策に従って海外へ布教師を派遣、宣撫工作を担当し、宗勢の拡大を図った。

山元派布教表（昭和８年12月31日現在）

⑴教師僧侶数

	現員数	進退				
		新叙	擯斥	離籍	死亡	合計
教　師	51	2	1	1	0	4
非教師	31	1	0	1	0	2
合　計	82	3	1	2	0	6

⑵教会説教所数

道府県	所数	担任教師			信徒数
		本籍	兼務	合計	
北海道	1	1	0	1	400
大阪府	5	5	0	5	1,800
福井県	2	2	0	2	600
兵庫県	8	8	0	8	3,250
鹿児島県	1	1	0	1	500
神奈川県	1	1	0	1	916
福岡県	1	1	0	1	250
合計	19	19	0	19	7,753

⑶海外布教所数

布教地朝鮮	教所数	布教者			信徒数
		主任	兼任	合計	
平　壌	1	1	0	1	132
尚　州	1	1	0	1	398
安　東	1	1	0	1	626
榮　州	1	0	1	1	
大　邱	1	1	0	1	
合計	5	4	1	5	

同時期の真宗山元派に属する国内及び海外における布教状況は前表のとおりである。

これらの書類は、当時の監督官庁へ提出されるために作成されたものであるが、これ以外にも「朝鮮慶尚北道真宗山元派倭館布教所」「同、君木」「同、星州」「同、新洞」の四ヶ所で「信徒総数二百二十六戸、中《うち》、日本人百九十二戸、朝鮮人三十四戸ノ教団を占ムルニ至リヌ。尚、新洞駅前ハ日本人拾弐戸在リ。来ル拾四日盂蘭盆会供養布教来洞ニ付キ、宜シク調査ノ上及報告候。特ニ御注目、有ガタキハ朝鮮人信徒ニ有候也」などと書かれた記録も現存しており、「真宗同和会」「真宗婦人会」等の組織を通じて布教を進めていたことが窺われるが、太平洋戦争の終了とともにすべて消滅したことは周知のところである。

三、現法主善鷲上人

善鷲上人は、いうまでもなく現在の真宗山元派本山管長猊下である。上人は福井市にある真宗三門徒派本山専照寺の四男として昭和二十一年（一九四六）十一月二日誕生された。長じて山梨県都留市にある都留文化大学国文学部を卒業、その後約十四年間、仏典の研究につとめられた。

昭和五十八年（一九八三）六月一日、真宗山元派本山證誠寺に入寺されたが、翌五十九年（一九八四）五月十八日、前住善敬上人が遷化されたので、翌日付を以て二十五世管長職を継がれた。

上人は越前国にある四ヶ本山の一翼を担う三門徒派本山中野専照寺の家に生まれ、幼い時から真宗の行儀作法に接して成長された。しかも山元派及び三門徒派の両本山は、歴史的な血脈があり、親密な間柄であった。前住善敬上人は跡継ぎの御子に恵まれず、法灯まさに尽きんかと心配されたが、一山挙げての懇望に応えて入寺され、門葉につながる檀信徒一同、安堵の胸を撫でおろしたのである。

前住上人遷化により、同年五月二十日伝灯式を経て管長職に就かれた上人は、境内南側の墓地等の整備、鐘楼堂、御影堂への渡り廊下等の改修、御影堂・阿弥陀堂内陣の荘厳、御影堂の瓦葺替え等を順次完成、引き続き山門の新築、太鼓堂・廊下等の増改築を進められた。

これらの事業は東溟上人百五十回忌を前にして、門徒ならびに有縁の方々の奉謝の真心によって漸く成ったものであって、一連の工事の完成と荘厳によって、本山の内外共に面目を一新することができたのである。

第二章　本山中興の祖　東溟上人

第一節　東溟上人の伝記

一、東溟上人の生い立ち

本山證誠寺の中興の祖としていまも賛仰されている第二十世の上人、東溟上人について残されている證誠寺本山蔵の史料を基本としその他の史料等を参考にして、まずその生い立ちを記す。

法名は善慧、のちに善超、そして東溟、または梅窓と号したが、一般に「東溟上人」として広く知られている。上人の号は、本来、文化八年（一八一一）十月、二十七歳の時、上人号を許されて参内してからの呼称であるが、便宜上、以下は東溟上人の号を用いることにする。

東溟上人は、天明五年（一七八五）一月一日の朝、小倉見季《あきすえ》朝臣（従四位上、左近衛権中将）の二男として、京都上岡崎村八条家下屋敷の借亭にて誕生した。父見季二十四歳、母は家女房、美智。名は季維《すえつな》。九歳のとき、ゆえあって西園寺家の一流、内大臣今出川大納言実種《さねたね》の猶子《ゆうし》となった。猶子というのは、兄弟・親戚、また、他人の子を自分の子としたもの、仮に結ぶ親子関係の子の称をいう。

善超上人像（十楽願成寺）

当時の公家は血統を守るために同族間にさまざまな縁組みが行われて、きわめて複雑である。東溟上人の自筆の年譜には「故あって」と記されている。

幸いにこの複雑な家系について、東溟上人は、「後日ノ為」と『寺務善超血脈自記』（史料篇二二）を残している。やや煩雑であるが出自を理解するため、上人の自記を記す。

自記の最初は、左大臣や摂政や関白となった鷹司房輔《ふさすけ》公（元禄十三年〈一七〇〇〉没）より書き出されている。

→その三男実輔《さねすけ》卿（権中納言正三位）が西園寺家を相続—貞享二年（一六八五）没

→その子致季《むねすえ》公、西園寺家を相続（左大臣従一位）—宝暦六年（一七五六）没

→その四男誠季《のぶすえ》卿（権大納言従二位）、西園寺家一流の今出川家を相続—延享三年（一七四六）没

→その嫡男今出川公言《きんこと》卿相続（権中納言正三位）—安永五年（一七七六）没

（この公言卿は東溟上人の祖父である。最初子供に恵まれなかった）

↓

西園寺公晃の末子実種公（内大臣従一位）が今出川家を相続―享和元年（一八〇一）没

↓

（そのあと幾ばくもなく公言卿に実子見季《あきすえ》〈東溟上人の父〉誕生）

すでに、今出川家は実種公に相続されていたため、公言卿の嫡男見季は止むなく西園寺家の支流小倉家を相続（従四位上左近衛権中将）―文政十二年（一八二九）没

↓

見季は豊季《とよすえ》と季維《すえつな》（東溟上人）の二人の男子に恵まれた。

兄の豊季は小倉家を相続→随季《よりすえ》と続く。

↓

二男の季維は、かねてから今出川実種の猶子となるべく内約がなされていた。しかし、実種にはすでに季維より三歳上の天明二年（一七八二）生まれの嫡子尚季（権大納言正二位）がいたため、季維は今出川家を相続する養嗣子ではなく、猶子となったのである。

東溟上人は自分の出自についての『寺務善超血脉自記』の末尾に、「今出川、小倉数代血族ノ因縁コレアルニヨリ、更ニ隔意存ゼザル処也。後日ノ疑論ヲ恐レ、血脈系統ヲ記シ置ク」として、以上の血脈系統図を自ら書き残されている。つまりは、格式の高い公家の血脈を持つ家柄であることを明記しておいたのである。

上人の生家小倉家は、西園寺家の支流であったが、百五十石程度の下級公家であった。しかし、今出川家は五摂家に次ぐ九清華家の一つで、家領千四百石の名門である。殊の外、代々菊の花を愛したので

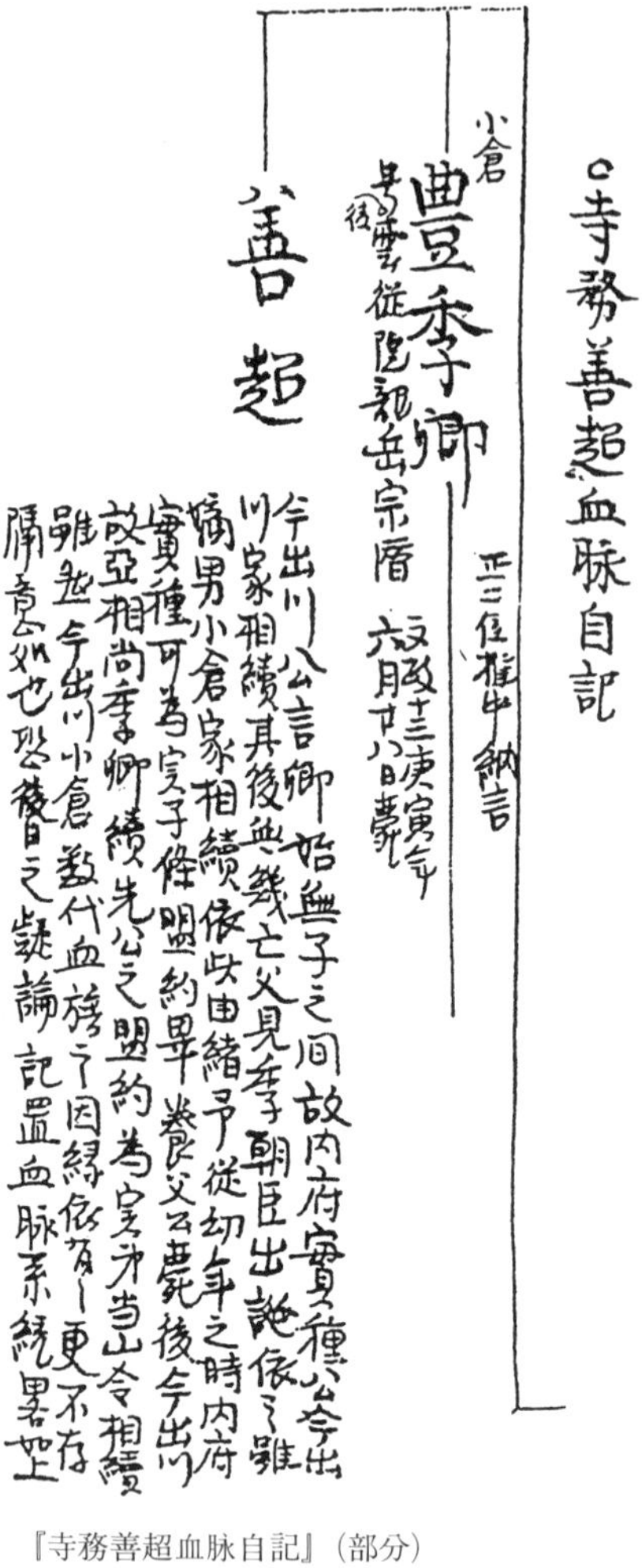

『寺務善超血脉自記』（部分）

「菊亭」とも称された。今出川家の猶子であれば、また他の貴紳家、門跡寺院などへの相続の道が開けるからとの配慮であったろう。この猶子問題が起こったのは寛政五年（一七九三）のことであった。時に上人九歳の時である。権大納言今出川実種のもとに他の猶子推薦があったが、「故左府致季公ノ御肉縁ニ候故、季維ニ一決コレアリ」云々（「季維記」、史料篇二〇）とあり、猶子には内約通り季維（東溟上人）に決まったようである。上人は今出川家の猶子となるが、その成長期はいわゆる部屋住みの自由な生活であったと思われる。

二、東溟上人の證誠寺入山と得度

今出川家の猶子となった季維が、後に證誠寺に入山、薙髪される二十二歳までの期間については不明であるが、聡明な季維は学問に励み、賀茂季鷹はじめ高名な歌人、学者、また書家などについて学識を深めていて、依頼されれば書写などもされたであろう。猶子という身分は比較的自由である。

ところで、この都育ちの聡明な季維が、どうして鄙びた越前の真宗山元派本山證誠寺の法主として入山されることになったのであろうか。その経緯は『今出川季維入寺縁組記』（史料篇二一）として本山に残されている。その記録を基にして入山されるまでの経緯について簡単に述べる。

すでに前段にも述べたように、当時の證誠寺は相次ぐ悲運に見舞われていた。先代十九世の善應上人の時代、寛政元年（一七八九）十二月の災禍で本山の堂宇の多くを失い、前上人の並々ならぬ努力で御影堂など一部が再建されたものの、復興はその緒についたばかりであった。ところが今度は享和三年（一八〇三）五月三日、善應上人が五十五歳で病没され、後継の上人が不在という悲運が重なった。

堂塔の再建問題、加えて門徒の離反などの問題をかかえる本山としては、ともかくも優れた上人をお迎えし、本山を復興させなければならないという状況に追い込まれていた。と言っても由緒のある本山としては、出自もよく、学徳も備えた人物でなければならないという条件もあった。このため、上人探しは三年余もかかり、その間、上人不在の時期が続いた。

ところが不思議な御縁というべきか、京都今出川家の猶子季維（後の東溟上人）が養子として推挙されることとなった。その経緯は次のような次第であった。

当時、京都に横越村出身の紺屋牧田甚次郎、府中（越前市）の米屋十兵衛の京都出店の番頭をしていた吉兵衛（鯖江白鬼女村出身）という人物がいた。ともに京都にあって依頼されて横越の本山證誠寺の後継上人を捜していた。

甚次郎は、證誠寺と関係の深い府中の陽願寺の門徒である。吉兵衛は、府中光善寺の熱心な門徒であったが、承応三年（一六五四）、光善寺が證誠寺から仏光寺へ転派することにより、ともに仏光寺の門徒となった。京都にあって仏光寺六院のうちの一つ光薗院の肝煎を勤め、公家の関係者との手づるもあった。吉兵衛は仏光寺派に転じたというものの、もとの證誠寺に対しては恩義を忘れることができず後継者捜しに熱心であった。

吉兵衛が光薗院で尋ねたところ、今出川家にしかるべき公達がおられることを聞いた。甚次郎とも相談し、早速に今出川家の諸大夫（用人）植田伊勢守成章に事情を申して情報を得た。

今出川故内府公御末子

元君（季維）御方　御年二十一

右の通りに御座候、以上、

十二月　　植田伊勢守

という具体的な事柄を書付を以て送ってきた。この書付は、文化三年（一八〇六）二月六日に横越本山に届けられた。当時、證誠寺では、各方面に手をまわし、しかるべき上人を捜しており、他の候補者もあった。そのため、決定には時間がかかったようである。

今出川家としても良縁として養子問題を進めたいと考えたのであろう。用人からの催促の書状も届いた。本山の方でも、人物についていろいろ調査したところ、家柄、学識、人物でもすぐれた方であることが判り、是非ということで三月十三日、本山の肝煎牧田甚次郎、助田久右衛門の二名が折衝を開始した。

まず書面で万里小路家へ書状を送った。その大意を記そう。

（上略）今度、今出川様御若君様、当本山へ招請申しあげたき儀につき、肝煎・同行両人差登せ申しますが、何分にも不案内の者どものこと、不都合のこともあればお許しくださいまして、然るべく御取り計らい下さいますようお願いします。なお、現在、本堂を再興中にて、なにかと行届かないこと多く、万事物入りなどもないように、とのことにて、あまり勝手なことで恥入る次第ですが、御賢察賜り、この儀が調うよう御取持下さいますよう偏にお頼みいたします。委細につきましては、この者共に申し含めましたのでお聞きくださいますように、また後の音信を期したく存じます。

恐惶謹言

ともかく、この養子縁組みは早々に進められ、三月二十九日、光薗院において極めて簡略な結納の儀式が行われた。『今出川季綱入寺縁組記』には、その折の贈答の物品である御末広、羽二重、真綿、御肴、御樽などの記事が書きつらねられている。

このような次第を経て、その年文化三年九月七日、東溟上人は證誠寺に入山して法主となられることとなった。

東溟上人の入山、得度式については、『今出川季綱入寺日記』（史料篇二三）とある記録が本書の史料篇に収録されているので、ここでは、その概要について記す。この記録は有髪の公家が入山し、剃髪、得度の次第を記した記録である。この記録によると、本山の山主としての得度式は極めて荘重なものであったことが具体的にうかがわれる。

まず『今出川季綱入寺日記』という記録は、上人の入山・得度の前日、九月七日より始まる。その概略を記そう。

一、七日、朝飯　御茶づけ指上る、

一、朝飯後、内陣惣灯明、祖師前礼盤・経卓など悉く片付、お上の讃卓はそのままに置く、

一、御参堂之次第、

南ノ余間ニ院家中　北向キニ着座、

南ノ外陣ニ役僧中　北向キニ着座、

北ノ外陣ニ侍中　南向キニ着座、

本覚寺御案内ニテ、御休憩所へ御入リ、後御出仕ニテ、祖師正面ノ御座ニテ御焼香、御拝礼、

次ニ御先代御影前、院家座ニテ御拝礼、

次ニ道性上人御影前、院家座ニテ御拝礼、

右三所御拝礼相済ミテ、御先代御影前、院家座ニ御着座、御盃、次に円光寺、御休息所に飾り置いた三宝、長柄銚子を持出し、御先代御影前にて三献つぎ、次いで君様に三献つぎて君様三献召し上がる、これにて杯事は終わり、のち君様は阿弥陀堂拝礼、ご焼香。それらの儀式を終えてご休息所へ。

正式にはもっと丁寧な儀式があるはずであったが、「右御拝礼之次第ハ、当時仮御堂故右ノ如シ」と記録されているように、簡略に行われていたのであろう。

そのあと御対面所にて末寺中主だった十の寺中・役僧と三名の侍中ご対面披露が行われた。君様には御童直衣《わらわのうし》、亀甲指貫《さしぬき》、髪は大すべらかし（垂れ髪）であった。

これらの儀礼を終えて御奥にてご料理、まず雑煮、次に本膳、二汁五菜、吸いもの、肴等。夜になって本膳となった。

朝飯後、甚次郎が御前に伺候したとき一首くだされた。

光明遍照のこころをよめる　　季維

月は世をあまねく照すかげながらこころの雲やへだてとぞなる

各末寺より御祝儀が献上された。これに対し、お上より中啓一本、輪袈裟一筋の二品が、院家はじめ余間の各寺に与えられた。

翌八日、いよいよ得度、剃髪などの儀式が行われた。

まず準備から大変である。末寺の各寺にそれぞれの役割が割り当てられる。幾つかの役割例を挙げる。

一、御剃刀　本覚寺

一、御引手　圓誠寺

一、会奉行　本覚寺隠居

一、列奉行　圓光寺

一、角　盥　了観坊

一、剃　髪　西蓮寺　覚善寺

その他の諸準備に各寺が当たり、総取計として佛性寺が当たっている。また剃髪のために剃刀、角盥、拭き物等、各僧侶の寺格による座席順の配置、決定なども重要である。本来ならば阿弥陀堂、御影堂両堂が必要であったが、しかし先年の火災で焼失し、ようやく御影堂のみが再建され、阿弥陀堂に安置されるべきはずの諸像、諸卓、礼盤などが御影堂に置かれて堂内を狭くしていた。そのため、これらの諸具などは昨日中に取りかたづけられ、御堂と対面所などの唐紙なども悉く取り外され堂内を広くするようになされていた。

このような本山新住職の得度式は、祖師親鸞聖人の例に合わせて夜間に行われるのが慣例であったようであるが、いろいろなことがあって、九月八日の午前十時の開式となったようである。しかし、一応、祖師の例に倣って、大門を閉じ、御堂の唐戸など悉く閉め暗くした。そのため堂内には燭台が多く用いられた。剃髪に必要な湯・水の手桶が準備された。

午前十時、阿弥陀如来像前の香炉に抹香がたかれ、読経のうちにご開殿。また役僧、院家衆もそれぞれ着座。ついで御引手役の圓誠寺が、新上人に供奉して南口より出座。上人の衣体は御童直衣、亀甲指貫、手には中啓、数珠を持たれた。

髪は朝方洗い、下げ髪姿であった。まず祖師親鸞聖人の御影像の正面に向かい三拝。ここにて、いよいよ剃髪。本覚寺が剃刀を執って「流転三界中」の経文を誦し、まず鋏で左から右へ髪を挟み切った。切り取られた髪は柳筥に納められた。そのあと角盥に湯を移し、覚善寺は御手拭をひたし御頭をもみ、西蓮寺は剃刀にて御髪を剃った。

剃髪が済んで一度休憩。やがて、上人は白綸子五条袈裟、白紋紗道服の法衣にて対面所に着座。本覚寺より「無《む》导《げ》光院《こういん》釈《しゃく》善慧《ぜんけい》」の法名が発表された。各寺僧侶、院家筋それぞれが上人の前に進み剃髪の無事終了の慶賀の挨拶をした。これらの儀式がすむと、雨戸も大門も大きく開かれた。

円誠寺が伺候して慶賀を申し述べたとき、上人は、

うれしくも浮世のちりをはらひすてまことの法の道に入りぬる

の歌一首を詠じた。上人としての決意のほどがうかがわれる詠歌である。

このあと、ご対面所において、得度式の無事終了したことを祝って祝宴が開かれた。上人は道服に輪袈裟という平易な服装であった。大杯に酒がなみなみと注がれ、上人より本覚寺へ、さらに各寺へ次第に順盃された。

その折り、西蓮寺になにか肴に一ふし、ということで、西蓮寺は、ご前にすすみ、謡曲「田村」の一節を謡った。

……げにや安楽の世界より、今此の娑婆に示現して、われらがための観世音、仰ぐもおろかなるべしや……

このような雰囲気のなかに上人入山の儀式は滞りなく終了した。そのあと上人が京都より持参された上質の酒二升が振るまわれ、また饅頭などが配られた。

翌九日、御付役人川口庄左衛門ら下部に至るまで、御得度振舞いが行われた。御剃髪の任にあたった西蓮寺は「永代、寺の重宝といたしたいので、剪りとられた髪少々と、お肩にかけられた湯帷子、更に、この際御歌一首」の下付を願った。上人は、この西蓮寺の願いを快く承諾し、髪にそえて御歌一首を与えられた。

得度し侍りてまたの日、其の折からの髪など西蓮寺のもとに送り侍るとよめる

釈　善慧

黒髪のあかさりし世のいとなミもおもへハ同じうたゝねの夢

このようにして、後に当本山證誠寺の中興の祖として崇敬される東溟上人は、文化三年（一八〇六）二十二歳のとき、京都の公家から本山證誠寺第二十世の法主として入山され、名を善恵（善慧）と改め、薙髪して證誠寺の法灯を受け継いだのである。

三、東溟上人の参内と諸堂の再建

東溟上人は、第二十世法主として入山したものの、勅願寺でありながら前善念上人代の寛政元年（一七八九）十二月十七日、本堂、祖堂が焼失して、わずかな僧坊があるのみであった。加えて天明の飢饉（一七八一～八九）のあとだけに物価は高騰し、各地で打ち壊しなど世情は騒然としていた。そのため門信徒の生活は困窮し、本山の再興はその緒にはついたものの、殆どなされず荒れたままに放置されていた。東溟上人も余りの荒廃ぶりに驚き、京都へ帰ること三度に及んだという。門徒総代たちは三度京都に赴き、帰山を願ったと伝えられる（三度というのは、文字通りの三度ではなく、「何度も」という意味であろう）。それほどまでに本山といいながら疲弊していたのであろう。しかし心ある同行衆は、聡明な

上人のお力にすがるほかには本山の復興は有りえないと考えたからであろう。門徒の強い願いによって寺にもどった東溟上人は、ようやく本山の復興、また門徒衆への教化について更に深く考えるようになられたことであろう。

文化五年（一八〇八）上人二十四歳の時、京都の公家・参議勧修寺良顕の女《むすめ》を裏方として迎えた。上人が入山以来、鯖江の地で最も早く親しくなったのは、鯖江舟津神社第八十二代の祠官橋本政恒である。これは政恒が上人と同様に和歌を詠むことからの交友関係であろう。その政恒が上人の結婚を祝って贈った歌が遺っている。

文化の五とせ證誠寺主の婚姻を賀し
相生の松の木陰に鶴亀の遊ぶや千代のためし成らん
よき伴侶を得て、東溟上人は本山の復興への決意を更に固められたことであろう。更に本山門主として、上人号の勅許を受け、禁裏に参内し天顔を拝する儀礼が必要であった。勅許にはそれなりの寺格と優れた法主でなければならない。

記録をたどれば、證誠寺では、元禄以降三名の法主が勅許参内天盃の栄誉を賜っていた。これには京都公家衆の執奏が必要である。

十六代　善應　元禄六年（一六九三）　於清涼殿　二十五歳

十八代　善阿　宝暦九年（一七五九）　於小御所　三十五歳
十九代　善念　寛政元年（一七八九）　同　三十八歳

善念は東溟上人の先代である。享和三年（一八〇三）に入寂。東溟上人の入山は文化三年（一八〇六）九月、勅許参内は入山五年後の文化八年（一八一一）十月、二十七歳のときである。

京都の今出川家では東溟上人の勅許参内についての議が持ち上がり、当時の関白鷹司政熙の同意もあって上京することになった。その間の事情について門下寺へ宛てた書信が遺されている。

（上略）善恵（慧）（善超、東溟以前に用いられた名前）

此の度上京に付、今出川家の世話これ有り、其の上、当時の関白殿格別の間柄に候間、万事甚だ宜しき旨にて、何卒此度の序《ついで》を以て参内勅許の儀願ひ出で然る可き哉の趣、段々取揃へられ候間、此の度、右の次第、門下一統へ別段申し下し候事に候、尤も金子の儀は、百金計りの処は当表に於て随分無利息にて用立て呉れ候者もこれ有り、（下略）

文化八年六月二十五日　善恵（花押）

本覚寺殿
圓誠寺殿

圓光寺殿

当表とは東溟上人上洛中のことで、京都の地を指す。今出川家・実家の小倉家も推挙に努力しての参内であろう。

八月四日、證誠寺より岡田惣治ら二名が上京、執奏の公家などとも綿密な相談がなされた。参内については、装束、乗物、献物、作法、従者、口上等の格式先例に従って行われた。

十月二十五日、参内当日、午前九時ごろ小倉家を出発、万里小路《までのこうじ》家にて各公家衆へ挨拶をなし、巳半刻（十一時ごろ）参内、小御所にて膝をすり頭を低くし天顔を拝した。退出の時も再び低頭膝行して退出した。拝受した料紙には、

越前国今立郡横越邑

上人之事證誠寺善超

とあった。義父善念の勅許拝顔より二十二年後である。

上人号を得て證誠寺にもどった東溟上人のなすべきことは、まず焼失した堂宇の復興であり、門徒、末寺の教化への努力であった。

堂宇の復興について、寺記は「上人東奔西走し、以ってこれを復興す」と記している。これは飢饉、争乱、物価の高騰がやや収まった時期でもあり、東溟上人の人徳、また懸命の努力によったもので、御

影堂は十五間四方、西堂は八間四面とある。

この年は喜びが重なる年でもあった。文化九年（一八一二）に長男、後に第二十一世となる善融（信光院）が誕生したことである。母は参議勧修寺良顕の女。東溟上人二十八歳の時であった。

上人は門主として、教化、聞法についてもよく心を用いた。しかし、当時の門徒は相継ぐ騒乱、飢饉等で生活に疲れ、諸派に分裂するなど親鸞上人の説かれた真の浄土真宗の教義を実践するものは、東溟上人の努力にもかかわらず懈怠しがちになっていた。このため東溟上人は主だった同行、門徒（門葉）に仏法興隆への協力について数多くの書信を書かれた。その中の一通を示してみる。

そもそも両三年この方、門葉の間に於いて、いかなることとの候やらん、人々相続の信心も懈怠がちに見え候こと、これ偏に予の不徳のいたす処、興隆仏法の宗意にも違ひ、かつ是仏祖の冥加にもれぬらんと恐懼《く》のこころやむときなく、然れば何とぞ真実の懇志を以て、予が心を演説し、老若一味の安心にもとづき、宗風日々に繁昌せしむるやう、あまねく披露たのみぞんじ候もの也、

文化十一年戌霜月　　釈善超

当区

孫右衛門江

（横越　斎藤孫右衛門氏蔵）

文化十一年（一八一四）東溟上人三十歳の時である。ちなみにこの年は、諸国旱魃で飢饉の年であったので、一家離散や門徒の宗門離れが多かった。上人はこれらの門徒に仏法を説き、信心の尊さを教えられた。

こうした努力で本山は次第に復興へと向かっていったものと思われる。文化十二年（一八一五）秋、府中田方（越前市）の天野屋仁左衛門が独力で総墓を寄進した。また庭園も整備され、東溟上人は自ら鍬を持ち、庭木などを植えた。中でも蓮池の北側、つまり客殿の近くの「さつき」は、上人お手植えのさつきとして長年門信徒に親しまれた。そのさつきは日と月を表わすように剪定され、花時になると日、月の姿がはっきりと見られたという。證誠寺は再び本山らしい風格を備え、転派した門徒も戻ってきた。ところが不幸なことに、文政四年（一八二一）十二月二十三日、本山はまたしても災禍に見舞われ、ようやく復興した御影堂を火災で失う。再建後まだ幾年もたたない御堂であった。その無念さは悲痛なものであっただろう。

しかし、東溟上人はこれに屈することなく、再び再建へと努力する。火災の翌年、文政五年（一八二二）閏正月二十八日付、門信徒にあてた「善超上人御消息写」（史料篇四〇）と称される東溟上人在判の御消息がある。この御消息文には、火災の状況、上人の復興に懸ける意気込みと、信心に対するひたすらな思いが述べられている。

東溟上人の遺された文書の中には、寺の様子や具体的に信心について記されたものが少ないなかにあって、これは名文でもあるので、やや長いが全文を写して見よう（句読点、濁点等は筆者が付した）。

御再興御書

抑《そもそも》去ヌル文政四トセノ冬十二月二十三日、思ヒヨラヌ御影堂ニ火有トイフ程コソアレ、オリフシ魔風シキリニ吹オチテ炎ホ空ニトビ、煙軒ニウズ巻トミル程ニ、前住上人（善念）ノサシモココロヲ尽クサセタマヒシ魏《ぎ》々《ぎ》タル大堂、タチマチ目ノ前ニホロビ失セテ、一場ノ夢トナリ畢《おはん》ヌ、ソノカミ諸方ノ門葉日夜ニ身命ヲナゲウチ、又莫大ノ懇志ヲ運ビテ柱ヲタテ棟ヲ上シヨリコノカタ、イマダイクバクノ年月ヲモ過ギザルウチニ、フタタビカカル有サマ、コレゾマコトニ人間有為ノナラヒ、イマサラ驚クベキニアラズトイヘドモ、見ルニ目モクレ魂消テ、悲歎ノ思ヒモシバラクモヤム事ナシ、シカレドモ仏日猶地ニオチズシテ、祖師聖人ノ真影ヲ始奉り、其ノ余ノ画像・木像、恙《つつが》ナク煙リノナカヲ守護シ奉リ、今別殿ニ安坐ナラシメ奉ル事、ヨロコビトナゲキトコモゴモ胸ニセマリテ、袖ノナミダイトド干《ひ》ガタクコソハオボヘ侍レ、ソレニツケ

総　墓

テモ、ワガ山元ノ一流ヲ汲ミ、聖人ノ御門葉タラン身ハ、老若ト男女トヲイハズ、コトサラニコノ世ノ常ナキ事ヲ思ヒ、明日シラヌ命ノホドヲカヘリミテ、片時モ早ク一念帰命ノコトワリヲ聴聞シテ、信心決定《けつじょう》有ルベキ事肝要ニ候、扨《さ》テ其信心ノ趣ト云フハ、何ノ様モナク、モロモロノ雑行雑修自力ナントイヘルワロキ心ヲ振捨テ、一心ニ阿弥陀如来ワレラガ後生ノ一大事御助候ヘト頼ミ奉ルバカリ也、此ノ頼ム一念ノ立処ニ、無始ヨリコノカタ、六趣四生ノ間ニ置テ造リト作レル輪廻《りんね》ノ妄業、コトゴトク弥陀ノ大悲願力ニホロボサレテ、涅槃究竟ノ真因ハジメテキザスガ故ニ、我等ゴトキ煩悩成就ノ身タリナガラ、摂取不捨ノ光益ニ遭ヒ奉ル、シカルニ娑婆ノナラヒ、モトヨリ老少不定ナレバ、兄ニ前立チ子ニオクルルノ差別ハ有トモ、一期ノ命ツキテ草庵ニ眼ヲ閉ルユフベ、則チ无漏ノ宝国ニ生レ、涅槃常住ノタノシミヲ受クベキ身ナルガ故ニ、是ヲ正定聚ノ分人トハ申ス也、マタクコレ如来智願ノ回向ナルユヘニ、此一念ノ時、速ニ往生ノ業事成弁ストコソ受玉ハリ候ヘ、此広大ノ仏恩、行住坐臥ニ憶念称名シテ深ク喜ビ奉ルベシ、サレバ時末代トハイヒナガラ、カカル要法ニ逢ヒ奉リ、曠劫多生ノ輪廻《りんね》ノキヅナヲ切リ、安養ノ往生ヲ期スルコト、偏ニ祖師聖人の勧化ノアマネキガ致ス処也、此ノ恩徳ノ広大ナル事、迷盧高シト云ヘドモ蒼溟深シト云ヘドモ、喩フベキニアラズ、骨ヲクダキ身ヲ粉ニシテモ報ズベキ事ニテ候也、シカルニ此ノ度、カカル火災ニ合フ事モ、偏ニ是予ガ懶堕心懈怠ノ心中ヲイマシメタマフカト、冥慮ヲハバカリオソレ侍リ、アハレ何トゾ遠カラヌウチニ御影堂成就シテ、二タ度真影ヲウツシ奉リ、百万端ノ報謝ニ擬セント思フ処也、然レバ、一流ノ門葉、予ガ志ヲタスケ、祖師深重ノ恩徳ヲ思ヒ、懇志ノ丹精ヲ抽テ再建成就セシムル様、偏ニ頼ミ思フ処ニ候也、穴賢々々、

文政五年閏正月廿八日

山元寺務

善超御在判

惣末寺中

惣門徒中

この御消息のなかには、御堂再建に懸ける上人の決意と浄土真宗の本意が強く示されている。この檄文によって門信徒は奮い起ち、募金活動が始められ、浄財の寄進が進んだ。文政五年（一八二二）、陽春四月には手斧式（起工式）、やがて上棟式を予定したようであるが、資金があつまらず延期せざるを得なかった。しかし八月には起工したいものと、再び門信徒に御影堂建立の募金運動に協力の条理をつくした条々の御消息を出した。その末尾には次のように記されてある（史料篇四七）。

右ノ条々、尤モノ儀ニ存ゼラレ候ハバ、各中調印ノ上、已後猶以テ丹精ヲ抽ンゼラレ、馳走ノ儀偏ニ頼ミ入リ存ジ候也、

文政五年
午七月日
善　超（花押）
惣末寺中

これに対し、門末各寺が一教団結して再興へ向けての誓約書を提出した。文面は次のようである。
右、仰セ出サレ候趣キ、畏マリ奉リ候、依テ寺別ニ連判仕リ候、然ル上ハ、横合ヨリ如何様ノ異論指シ起コリ候共、末寺分一人モ随心仕リ申スマジク候、
本覚寺　秀芳（花押）
圓誠寺　浄照（花押）
圓光寺　秀乗（花押）
正善寺　乗演（花押）
浄徳寺　乗真（花押）
西蓮寺　全明（花押）
佛性寺　釈智了（花押）
法栄寺　霊道（花押）

一方御影堂建築にあたる棟梁に対しては、安心して工事に励むことができるよう棟梁上糸生村大工甚

蔵に一札を与えている（史料篇四九）。この証文には御影堂再建に懸ける上人および各門末寺一同の強い意志が述べられているので、その一部を記して見よう。

一、今度当本山御影堂御再建ニ付、棟梁役ノ儀、御上ヨリ其許《そこもと》へ仰セ付ケラレ候段、御門末一統承知ノ上、御作事方相任セ候処相違コレ無ク候、此上已後、万一外ヨリ彼是妨ゲ筋申シ出デ候者コレ有ルニ於テハ、此方ヨリ急度取締リ致シ、其許へ聊モ難題ヲ相掛ケ申スマジク候事、

一、工料御払ノ儀、一ヶ年ノ内、三月晦、七月盆前、十月晦、極月二十日、已上四度ニ相定メ、ソレマデ御作事相勤ラレ候分ハ、相違ナク相渡シ申スベキ事、

一、（中略、工事中の作業場、その他、朝夕入用の諸雑具一切準備のこと）

一、御作事約束通リ出来候上、万一工料聊ニテモ相滞リ候ハバ、御遷座御延引ハ勿論、御門末・参詣ノ者一人タリト雖モ、御堂内へ立チ入リ申スマジク候、モシ彼是理不尽申シ立テ候者コレ有リ候ハバ、コノ書付ヲ以テ、自他ソレゾレノ御領主へ訴エ出デラレ、公辺ノ御裁断相願ハルベク候、ソノ時ハ毛頭異論コレ有ルマジク候、後証トシテ相渡シ申ス一札、依テ件ノ如シ、

という念書が棟梁あてに出されている。法主を中心に門信徒一丸となった御影堂再興の事業であった。

この念書に対し、棟梁上糸生村大工甚蔵もまた次のような誓約書を差出している（史料篇四八）。現代文に意訳してみよう。

このたび、御当山ご再建について、私を呼び出し、棟梁役に仰せ付けられましたこと、有り難き幸せに存じ奉ります。この上は御作事方の儀について、別に指上げました仕様帳面の通り終始滞りなく念入りに仕立て指上げます。お支払いにつきましては四度の御定を以て御払い下さるとのこと畏み奉ります。それ以外は前金など一切お願いいたしません。

御普請中、大工、木挽仲間内において御法度に背く者がありましたら、私方で責任を持ちます。また作業中での大工、木挽、飯料、タバコ等、また万一何かの損失がございましても、一銭もお願い申しあげません。

また、あれこれ異論の申立てがありましても、右書付通りを以て、御公儀様へ仰せたてられ、御紀明の上、他の大工へ御作事を仰せられても、私どもはいささかも遺恨に思ったり、不都合の申し立てなどいたしません。

後の証拠として、仕様帳並びに加判の証文を提出させていただきます。

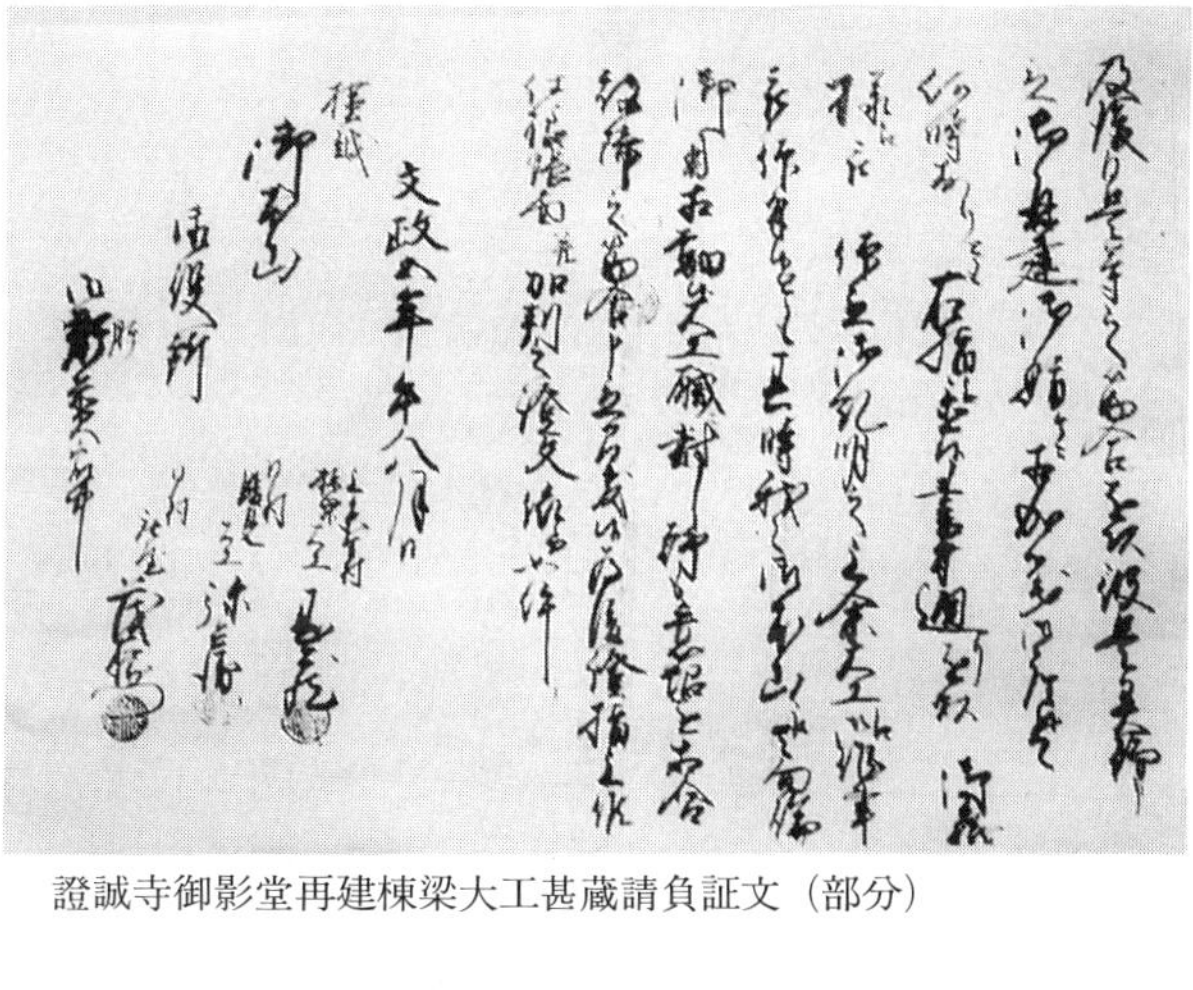

證誠寺御影堂再建棟梁大工甚蔵請負証文（部分）

文政五年午八月日

上糸生村 棟梁大工　甚　蔵㊞
同村 後見大工　孫兵衛㊞
同村 庄屋　茂右衛門㊞

横越
　御本山
　　御役所
　　　御肝煎衆中

施工主と工事人との誠実な信頼関係が読み取れよう。

なおついでながら加えると、この工事について御影堂のみを考えていたものの肝煎（世話人）の相談会合において、四尺の廊下など一部手直しが決定。銀八百匁を増銀することを肝煎八名の連署で棟梁の甚蔵に伝えた。文書の月日は、文政六年（一八二三）癸未四月とある。

再建が成り、落慶の法要が行われたのはいつであるのかは不明であるが、寺伝に「九間四面の御影堂、間もなく再建す」と記しているところから作業は順調に進行し、文政七年（一八二四）には完成していたものと思われる。東溟上人在住約五十年間に二度にわたる堂宇の再建であった。

また、本山にとって御影堂とともに阿弥陀仏を安置する阿弥陀堂は欠くべからざる大切な御堂である。しかし再建のメドも立たず、そのため阿弥陀如来像は御影堂の脇壇に安置され長い歳月を過ごしてきた。

阿弥陀仏は西方にある極楽世界を主宰される仏であり、衆生救済のため四十八願を発し、成就して阿弥陀仏になったという。その第十八願は、念仏を修する衆生は極楽浄土に往生できると説かれている。

浄土宗、浄土真宗門徒にとっては最高の本尊である。

前代上人も阿弥陀堂の再建に心を尽くしたが機いまだ熟さず、如来像は相変わらず脇壇に安置され、その霊光を充分に発して頂くことができなかった。阿弥陀堂は浄土真宗における金堂であり本堂である。しかし、宗祖親鸞の御影を掲げる同行・同胞の集会の場である御影堂も阿弥陀堂よりも大きく重要であるとされている。

後年まで東溟上人は長らく何とかして阿弥陀堂を再建したいものと願われていた。天保十三年（一八四二）春、惣門徒衆にあて消息文を書かれている（史料篇四一）。阿弥陀堂の再建へむけての上人の心ひたすらな願いが読みとれるので、大意をわかりやすく記してみよう。

信心をわがものとするというのは、雑行・雑修・自力などと申す僻《ひ》が思いをみなふりすてて、一心に阿弥陀如来に念じて、われらが今後の一大事の後生御助け下さいと頼み奉るばかりです。この真実の他力仏恩の称名を相続する人たちをさして、釈尊は「わがよき親友」とおほめになられ、宗祖親鸞様もご同行、ご同朋とまでおっしゃっておられます。

されば、我等凡夫の穢れた身は、この娑婆にありながら、はやすでに入正定聚の巨益を蒙り奉っております。この信心教えの如く領納した身は、足や手を運び、如来御座所の経営についても心をこめて志を寄せられましたならば、それこそ如来・聖人の御こころに相かない、如実に修行する他力念仏の行者と申すべきことです。あなかしこ〳〵。

天保十三年仲春之日

山元寺務
釈　善超（花押）

惣門徒中

「あはれ、いくほどもなき身命を仏恩報謝の方に投げうち、自他を勧誘して」広く浄財をつのり、阿弥陀堂の造立を願われたのである。この阿弥陀堂の再建についても資料がないので不明であるが、明治期の證誠寺絵図には阿弥陀堂も描かれているので東溟上人の念願がその後、成就したものであろう。

四、東溟上人の徳化と経営

東溟上人は多くの書きものを残しておられるが、既にのべたように、本山には信心そのもののお諭しを述べられたものは少ない。当然ながらこれらの書きものは末寺や門徒にあてたものだからであろう。

ここに、前々住上人であった第十九世善念上人の五十回忌にあたって檀家にあてた信心の要諦についての嘉永五年（一八五二）消息文の案文（史料篇四三）が本山に残っている。東溟上人の筆蹟であり、文章である。息善融上人の署名となっているのは、すでに隠居されていたからであろう。東溟上人の信仰に関する部分を一部抜粋して平易な文に改めてみる。

そもそも、山元派において代々伝えられてきた宗の肝要は、すべての門徒をして一味が安心決定し、報謝のお念仏をお唱えする同朋たちが、日増しに繁昌するようにと思うばかりです。それによって我が一流の門徒である人々は老若男女に限らず、急ぎてもとむべきは出離生死の一大事であります。

我も人もこの世の安逸の境界にのみ耽って、未来の一大事をばそれとも思わないならば、長時永劫の苦を受けることになると思われます。銘々、各々、急ぎて有縁の要法に帰命して、生死得脱の道を求められるべきであります。開山聖人（宗祖親鸞聖人）より相伝えられてきました「正意の安心」ということは雑行、雑修、自力のこころを棄て、我らが今度の一大事の後生助け給えと弥陀如来に帰命する一念の信心をもって、宗の肝要と伝えられております。私たちは煩悩成就の凡夫、女人、三悪趣の中で外に行くべき方のない身でありましたが、この濁世の悪機を「本」として、かたじけなくも弥陀の誓願のみ露ばかり疑う心を交えず一念帰命すれば、如来はただちに心光を以てその者を摂取して棄て給わず、命終わらば速やかに往生涅槃

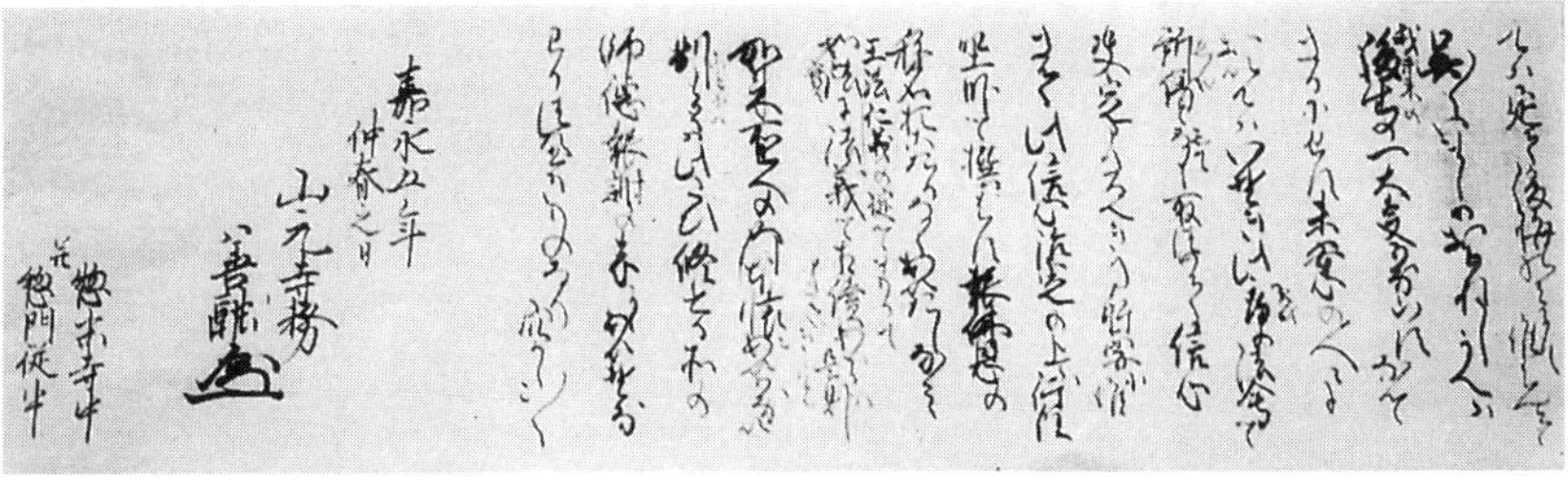

善融上人御消息（部分）

の妙果を得べき身となしてくださいます。聖人は「得涅槃」と示しておいでであります。

私たちは真宗の家に生まれ、得難き信心をもって安養の往生を期する身となりしこと、これ宗祖の恩沢であります。

今年は前々住善念上人の五十回忌でございます。このご法会につけても我が一流の門徒たらん人々は、貴賤老若をいわずいずれもとくとく生死無常の遁れがたいことを知って、一念帰命の信心領納申さるべき事でございます。


本山の財政の危機に対しては、すでに述べたように、各門徒に対する協力方について消息文などを通して伝えたところであるが、上人としては可能な限り、他の有力者に対して協力方を依頼している。本山にはこれらの依頼が幾通か遺されている。東溟上人がいかに財政的な苦悩を背負われていたかを示すものとしてその一、二を紹介しよう。

『石田録』によると、京都の両本願寺は幕府の庇護もあって、着々と末寺、門徒をふやして隆盛をきわめていたが、同じ浄土真宗の本山でありながら、北陸の横越の本山證誠寺は、疲弊をきわめていた。天保四年（一八三三）十二月十六日、たまたま本願寺の財政面の立て直しに成功し、本山で財務の枢要な地位にある石田小右衛門という人物が越中富山に下向の用向きがあり、府中（越前市）の浄土真宗本願寺派養徳寺に宿泊した。

このことを知った上人は、證誠寺の窮状を訴え再建への助力を受ける契機ともならばと、一面識もないながら自門徒の古木屋宇兵衛を養徳寺に遣わし、実情を述べ次の歌一首を石田に贈った。

みなかみはかはらぬ物を世の末に吾山川のあせしかなしさ

いうまでもなく、宗祖親鸞聖人の教えを受け継ぎ奉仕しながら、わが寺の窮状はまことに悲しいという意味である。この歌に対し石田からは拝受の旨の返事があったのみであった。

翌、天保五年（一八三四）二月二十日、上人は再び古木屋を京都に遣わした。その際石田あての次の書状を書いた。

「未だ拝会すること得ず候へども、愚翰を以て申し述べ候、（中略）何卒一臂の御扶助相蒙り候はば、不朽の御恩恵と存じ候云々」と書き、證誠寺の窮状を訴える「別冊之文章」を添えた。古来数度の兵事、災火の難、門末の流離、相次ぐ凶作、借財は五百金におよぶ実情を述べ、「殆ど精力疲れ、難渋の極、もし本願寺様に帰山しておれば今日の窮迫はなかりしものを」とまで記している。

しかし、上人はこの文書は出さなかったようで、この文書の正文は本山に残っている。それは「自ら薪を拾い水を汲み、宗祖以来十九代、暦は既に五百余年、ともかく窮餓をしのいできた誇りからであろう。

この本願寺会計の責任者石田小右衛門との経済援助の折衝のことなどについては、文書が途中で切れているために不明であるが、同じ浄土真宗という由縁で東溟上人が本願寺にまで救済を願いたくなるほどに本山の財政が急迫していたことがわかる資料であるため、敢えて記述したのである。

「若狭小浜藩主酒井家御霊屋維持ニ付寄附米下附願書」（史料篇五四）から本山證誠寺の窮状を示す東溟上人自筆の願書を示そう。横越の地は初めは福井藩領、ついで天領、元禄十一年（一六九八）三月より小浜藩領となった。證誠寺は藩主酒井忠囿《ただその》（宝光院殿）以来の歴代大守御霊牌を祖師堂に安置し、拝礼を欠かさなかった。しかし、天明の末年火災によって本山が焼失。この時、東溟上人の養父善念上人が小浜表に登城、祖師堂（御霊屋）再興のことについて藩の重役に歎訴したところ、金五十両の助力を得て御霊屋兼経蔵を復興し、各霊位を中央に安置することができた。

しかし、嘉永年間（一八四八〜五四）になると、凶荒、水旱、火災等に加えて離末の寺、門徒の退転により、困窮状態になってきた。以下口訳する。

（前略）末寺、門徒もさしたる助力することもせず実に痛心嘆息のみ、（中略）何卒宝光院様以来の御牌前へ特別の思召しを以て、毎年御寄付米下し置かれるよう願いたく存じます。近年御城下の大火災で御物入りのことがおありとは承知していますが、拙寺昨年今年、筆紙に尽くしがたい難渋に付き、拠《よ》んどころなく願いあげます段、悪しからず汲憐なしくだされば、一同蘇息し有難き次第に存じます。

嘉永六年丑霜月廿二日

横越

証誠寺印

敦賀御役所

東溟上人の苦しい御心中が聞こえるような願書である。

五、敬神崇仏の主張と碑文

東溟上人は行住坐臥、常に親鸞聖人の教えの中に生き、門徒衆にも教化を垂れ、また、和歌の道、歴史考証、天文等の自然科学など、常に学問に対して研鑽を怠らなかったが、一方、当時の日本の国内外の情勢についても見識を深めておられた。幕末の日本は内憂外患の状態に陥っていて、内に将軍継嗣問題、外に外国船の開港問題があった。

特に、嘉永六年（一八五三）六月三日、アメリカ東インド艦隊司令長官ペリーは軍艦四隻を率いて浦賀に来航し、幕府に開港を要求した。慶長八年（一六〇三）、徳川家康が江戸幕府を開いて以来二百五十年の国内の泰平が、この黒船の来航によって大混乱に陥った。

幕府は水戸藩の徳川斉昭父子を海防の議に参加させた。水戸藩はかねてより、尊皇攘夷運動の盛んな藩で、すでに同年、江戸石川島で軍艦製造に着手し、防御の為の大砲を鋳造し、幕府に献上していた。これら鋳造に必要な銅などの金属は寺院の梵鐘・仏具など接収して充てた。もともと、水戸藩は光圀の時代から「敬神崇儒」の藩であり、仏教を軽視し日本古来の神を尊び、人の道を教える儒学を絶対的なものとしていた。

斉昭は、黒船来航という国難に処する心構えとして、「献策六条」を幕府はじめ諸藩に示した。この献策が越前にも伝えられ、東溟上人も読んだ。第二条以下の「軍艦の修造」、「水軍の調練」、「外国人の入国拒否」、「洋学の廃棄」、「蝦夷地開拓」などは上人も同意であったが、まず第一条の「仏教禁断」の項目については大いに憤激するところであった。上人は直ちに筆をとって「献策私評

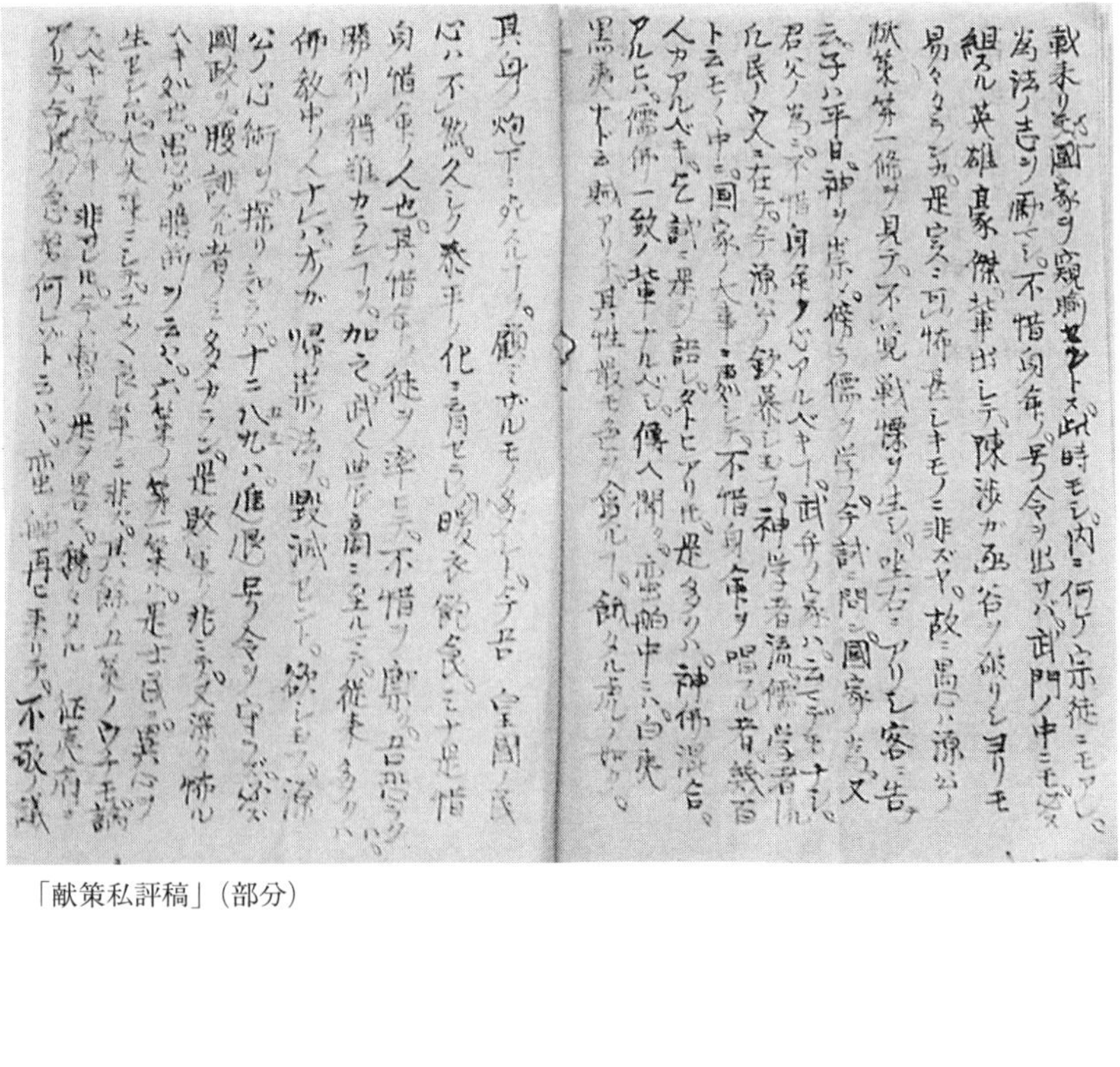

「献策私評稿」（部分）

稿」を書いた（史料篇五五）。その概意を示す。

唯第一策ノ、禁断仏教ノ一策、最モ国家ノ興廃、吾法ノ安危ニ関係スル処ニシテ、（中略）恐ラクハ大イニ天下ノ人心ヲ動カス失策ト云ベシ。其故如何トナラバ、吾ガ仏教ノ人心ニ浸潤スル事、ソノ源、宣化天皇ノ御宇ニアリテ、今上ノ聖代ニ至ルマデ、凡ソ千三百廿年ニチカシ、（中略）仏日イマダ地ニ墜チズ。況ンヤ吾ガ真宗ノ如キ、化風昔ニ似ズト雖ドモ、称名讃嘆ノ声、猶海内ニ充満ス、（中略）皇国ニアリテハ実ニ百代不易ノ聖訓ト云ベシ。然ルヲ景公（斉昭）私意ヲ以テ（中略）領民ニ令シテ、葬祭スベテ僧人ノ手ヲカラズ、強テ神儒混合ノ新令ニ従ハシメ、墓銘コトゴトク在世ノ通称ヲ以テ刻セシメ玉フト聞ク、（中略）是ヲ満天下ニ施スト云ニ至リテハ、恐ラクハ騒擾ヲ招ク基本トナルベシ。（中略）

今日ノ急務何レゾト云ハバ、蛮舶再ビ来タリテ不敬ノ儀アルベキ時ノ為ニ、請フ、早ク　天朝ニ奏達シ玉イ、進ミテハ、弘安四年ノ吉例（元寇）ニヨリテ、諸国ノ大社ニ奉幣使ヲ立テラレ、普ク神祇ノ冥助ヲ仰ギ、退キテハ、敬仏礼神、（中略）異教ノ醜類ヲコトゴトク海上ニ齏粉トナシ、宸襟（天皇の心）ヲ安ジ奉リ玉ハバ、（中略）皇国万全ノ良策ナルベシト、謹テ白ス。

癸丑《（嘉永六年）》杪冬八日稿

と記されている。これは「草稿本」としてあり、宛先も不明であるが、水戸斉昭の仏教軽視の主張に反論し、神仏の力を借りて黒船の来寇を禦がんとする意見を述べたものである。上人六十九歳のときであった。この文章には、おだやかな上人のイメージはなく激しいまでの意見が吐露されている。

本山には東溟上人の書かれた「天保飢饉の碑文」という軸装されたものが残されている。「慈悲の郡代」として多くの領民を救った大井帯刀《たてわき》永昌の徳政を讃える碑文銘である。

飢饉、兵乱、疫病は国の三大厄難といわれるが、特に飢饉は範囲が広いだけに、その災禍は甚だしい。近世では、享保十七年（一七三二）、天明二年（一七八二）、それに天保四年から八年（一八三三〜三七）の大飢饉は、世に三大飢饉といわれる。

この天保大飢饉は、天保五年は、まずまずであったが、翌六年はやや不作。特に七年は、かつてない冷害にみまわれた。また天候不順であったこの年の六月十八日、上人の裏方が亡くなったが、これも飢饉に伴う悪疫のためであろうか。昌諦院栄峰亮安大姉と諡された。自然は過酷で多くの死者を出す災害の年でもあった。

府中（越前市）の八幡神社に「天保飢饉録」（天保九年記す）という文書が残されているが、概要を記すと、次のようである。

今年は草木の芽張りあしく、梅、桜も例年より二十日も後れ咲き候。麦作は皆無同様。稲作は植付後十日ばかり天気にて、それより日々雨降りつづき至って寒く、二百二十日に候へども稲穂半ばも出申さず。八月十三日夕方西北大風雨にて家を毀ち、田作大いに損じたれば、諸人顔を見あはせても一言も述ぶるものなし。半土用過ぎより刈り取り申し候ところ、早稲は五分、晩稲は三分の体にて候ふ。（下略）

冷害の年の翌年が大変である。秋までどう食いつなぐか。米価は米一俵が銀二、三十匁であったものが天井知らずに上がり、翌八年（一八三七）には百三、四十匁までに急騰した。飢餓に悪疫まで加わり、貧しい町人、また農民はばたばたと斃死した。

このとき、越前に於いて飢饉から領民を救った人がいた。府中（武生）の北郊の本保村など幕府直轄領である天領を統轄した高山郡代大井永昌《ながまさ》であった。永昌は例年のように飛騨の高山陣屋からやってきて越前の天領の実情をつぶさに検分し、その悲惨さに驚いた。領民を救うために、越前に比べてやや凶荒の度の低い飛騨の「お囲籾」すなわち備荒倉を開いて金銭に換え、越前天領の困窮している領民に貸与した。幕府へのお窺いも立てず全く独断で救荒米を放出したのである。さらに富者からの義捐金を募り、自分もまた手持ち金を喜捨した、という。

それらの果敢な措置で、多くの天領民は辛き命を救われたのである。この慈悲の郡代の徳を永久に感謝せんと、村の有志が顕彰の碑を建てようと相談し、その銘文の執筆を学徳の高い東溟上人に依頼したのであろう。上人は飢饉の惨状と大井永昌の徳政を称える銘文を、なるべく読みやすくという要望を配慮して心をこめて書いた。以下に記すのは、上人の筆（本山蔵、軸装・史料篇五〇）になるものである。

東溟上人天保飢饉の碑文

いにし《（去）》天保丙申《（七年）》の春より夏秋までも、青天白日を見る事まれにして、霖雨暴風洪水の災異うちつゝきしほとに、九夏三伏のころといへ共、暑衣を用る日ハわつか《（僅）》に三日にハ過さりけむ、かゝりしかハ、四方の国々おしなへて五穀実のらす、米粟日を逐て貴くなり行まゝに、下民の食たちまちに尽ぬ、野に出山に入て草根木葉を採食しかと、いかてこゝろよく飢腹を療すへきや、はてハ疫癘さへきそひ《（競）》おこりて、呻吟哭泣の声きこへ《（聞）》さる里なく、老たるも若きも道路に倒れ死する者、此国のミにてもおほよそ《（凡）》日に百をもてかそ《（数）》ふへし、おや《（親）》ハ子を救ふことあたはす、夫も妻をたすくるによしなし、こ

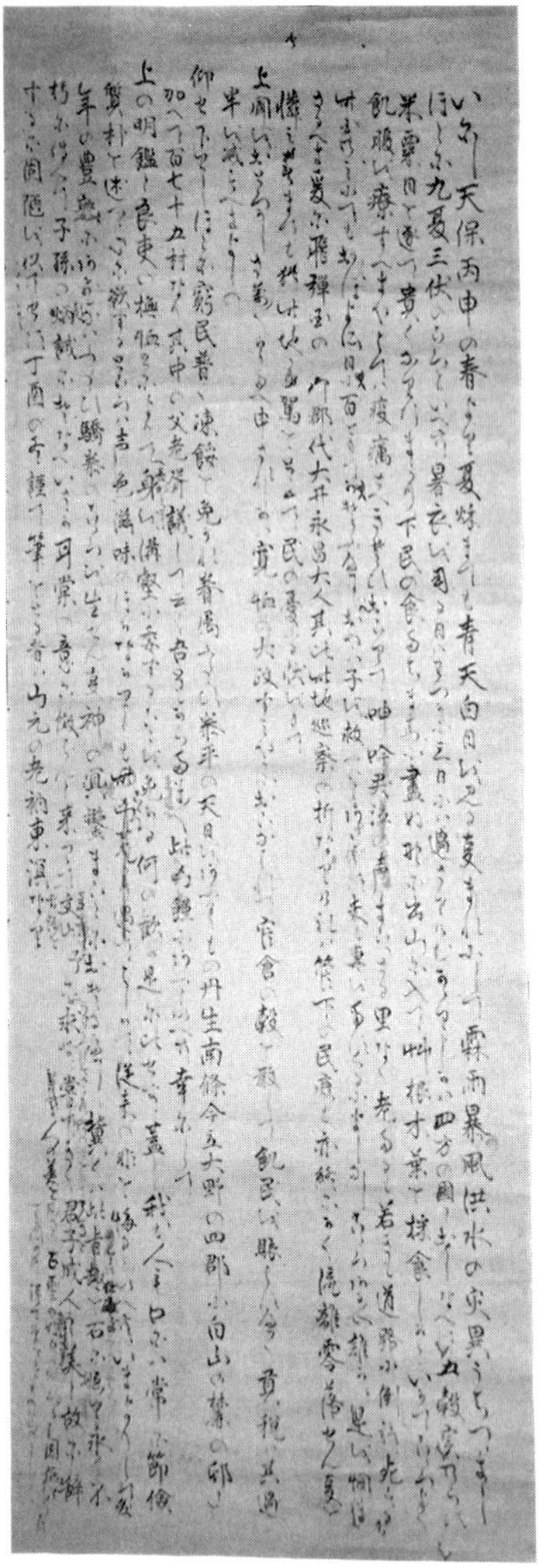
天保飢饉の碑文

ゝろある人誰かハ是を憫まさるへき、爰《ここ》に飛驒国の　御郡代大井永昌大人、其比此地巡察の折なりけれハ、管下の民庶も亦、終にかく流離零落せん事を憐ミ、春まても猶此地に駕をとゝ《（留）》めて民の憂ふる状をもて　上聞をおとろかし、さま〳〵うたへ《（訴）》申されしかハ、寛恤の大政すミやか《（速）》におこな《（行）》はれて、官倉の穀を散して飢民を賑はすへく、貢税ハ其過半を減すへきよし《（由）》の　仰せ下りしほとに、窮民普く凍餒を免かれ、眷属《けんぞく》ふたゝひ泰平の天日をあふ《（仰）》くもの、丹生・南条・今立・大野の四郡に、白山の麓の村々を加へて百七十五村なり、其中の父老胥議して云く、吾ともからたま〳〵此凶饉にあふといへ共、幸にして　上の明鑑と良吏の撫恤とによりて、長幼ともに身を溝壑に委することを免かる、何の歓か是に比せむ、蓋し我も人も口にハ常に節倹質朴を述つゝ、心に欲するところハ声色滋味のほかなかりしも、こゝにてはしめて従来の非を悔るといへ共、いまよりして後年の豊熟にあひなハ、ふたゝひ驕泰のこゝろを生せん事、神明の譴まことにおそるへし、冀くハ此困厄と此仁政とのふたつなから石に刻し、永く不朽に伝へて子孫の教誡にそなへ、いさゝか甘棠の意に傚はんと、来りて旨趣を予につ《（告）》け、かつ記するに、通俗の語をもてせん事を求む、人の美を成事ハ、古聖の好する処故にも、固陋をかへりミす、丁酉《（八年）》の冬、謹て筆をとるものハ、山元の老衲東溟なり、

しかし、上人苦心の銘文は郡代の代官所のある本保陣屋近くにも、また他の天領地にも建てられることはなく、郡代の本陣のある飛驒の高山の国学者田中大秀《おおひで》の撰による石碑が本保の他に建てられた。な

ぜ上人の銘文が採択されるところとならなかったか理由は不明であるが、本保の代官所は高山からの赴任が多く、本居宣長の弟子としてまた国学者として当越前においても著名な田中大秀を敬慕している人々の力がより有力であったからとも考えられる。「村長ども相談して」とあるが、現在も残る顕彰碑の台座に彫られた代表者の名前は陣屋の士分の名のようである。また、大秀の文の方が理解し易かったこともあろう。

ちなみに、大秀の撰文「天保救荒碑」は、次のように記されている。和文を三段に配し、難解な文字に読み仮名がふられている珍しい碑文である。

去る丙申年は何なる世運《よのめぐり》にか有けむ、春の頃より霖雨しげくて、米麦の実入《みのり》あしく五月雨につづきて六月も猶晴れやらず、からき命保ち得てここに在経ることとは、誠に厚きおほやけの御仁恵《みうつくしみ》の余、なほこの司大井永昌の深き慈《めぐみ》の功徳《いさお》なりけりと、妻子下部等に至るまで歓び尊まぬ者なくなむ有りける、かかる御仁恵の辱さを永く忘れざるべきしるし、（中略）勤々《ゆめゆめ》と末々の子孫等に示諭さむとて、此御陰蒙りつる村長ども相議て、天保八年丁酉と云ふ年の十一月、かくは誌しつるになむ有りける、（大秀）

とあるこの文字跡も鮮明な碑文は、今も旧国道八号線を数メートル西に入った地に飛驒の方向を拝するように立っている。

せっかく苦心して書き上げたものが碑文とならなかったのは、上人としてはいささか残念であったろうが、碑文にならなかったお陰で、今日上人のすぐれた墨跡をあざやかに身近に拝することができるともいえよう。

更に天保飢饉に関して記せば、武生大仏の光背銘文について、本山所蔵資料の中に、芥川帰山にあてた東溟上人自筆の書信が残されている。紅葉葉模様を透かしにいれた風雅な用箋である。文中の内容、用語から考えてみると、東溟上人が尊敬していた人物であり、上人の地域における信望また当時の事情、上人の人柄等を知る上で貴重と思われるので記してみよう。

まず芥川帰山という人物についての略歴について簡単に述べる。芥川家は代々儒家の家柄であった。祖父は芥川元澄（号・思堂）といい、延享元年（一七四四）生まれ、京都、大坂、江戸で学び、儒者として著名であった。請われて、鯖江の間部侯の儒臣となった。その二男が芥川轍（号希由）で、父のあとを継ぎ藩儒となる。性格温和、藩校進徳館を創設、漢学にも経史、書道にも精通し、間部詮勝《あきかつ》の殊遇を得た。その希由の長男が舟之（号・帰山）である。文化四年（一八〇七）生まれ、京都、江戸の著名な学者に学び、父のあとを受けて進徳館の師範になった。維新後は惜陰小学校、また武生伝習所の一等教師として教鞭をとり、また来たり学ぶ人も多かった。明治二十三年（一八九〇）没、享年七十四歳であった。

東溟上人の手紙は、過日おめにかかり大変嬉しいかぎりでした。少しずつ寒くなって参りましたが、ご家族様もご多祥のことと存じます…、という書出しから始まる。

内容は、府中社中の歌会に参加し、三日ばかり出張。その折、近々、府中南方に銅像の釈迦如来像が造立されることになったが、その如来像の光背の銘文を漢文で書いてほしいと依頼されたのであるが困っている模様が書かれている。

元来、漢文等の義は相心得ず候の義、種々辞退に及び候へども是非にとの事、赤面至極に候へども、

両三日の中に草稿相贈るべき段、

云々、とあって、帰山に対し、つきましてはいろいろご指導も得たく、今日、明日の内にお目にかかりたく、ご面倒ながら寺の方にお見えいただくか私がお伺いするか、どちらかご都合をお聞かせ下さい。お贈りした粗菓ご笑納されたく、勝手なお願いお許し下さい。という内容のものであった。日付は十月二十一日とある。ここにいう府中の南の銅製の如来像というのは、武生の旧上市地区・現在の越前市南三丁目月光寺にある大仏と考えられる。もともとその地には永正二年（一五〇五）に銅仏庵という寺があったが焼失。その跡地に天保の大飢饉（一八三三～三七）で餓死や疫病に斃れた府中の死者三千人の冥福を祈るため、弘化三年（一八四六）、府中の有志古市幸助、宮川善平らが中心となって大仏建立を志したものである。天保の飢饉の死者は、火葬が間に合わず、称名寺裏（現在の越前市あおば町）に幾

つもの大穴を掘って数千人の死体を投げ入れたことが伝えられている。現在も「コジキザンマイ」と呼ばれる埋葬地には石塔が数基、建てられている。供養塔は有るものの、野捨て同然で風雪にさらされているのを見兼ねた町の有志たちが供養の大仏建立を発願したものであろう。天台宗真盛派中本山引接寺住職の今川良順師が指導に当たった。

鋳造作業は、弘化二年（一八四五）から三年にかけて行われたようである。原型は敦賀鋳物師村の河瀬甚右衛門が造り、鋳造は越中高岡の名鋳物師藤田勘右衛門が従事した。日野川の河原で鋳込みをしたと伝えられている。

阿弥陀像は、いわゆる丈一丈六尺、大仏の蓮台は笏谷石四尺六寸、下から拝すれば六メートル余の堂々たる金銅造りの座像である。

東滇上人が光背の銘文を依頼されたのは、ほぼ原形が完成された弘化二年の初冬のころであったと思われる。落慶法要はは翌三年である。天保飢饉の時、最も多くの死者をだした天保八年（一八三七）より約十年後のことである。

従って、東滇上人が大仏銘文の添削を依頼したのは帰山二十九歳のときである。東滇上人は六十二歳。学問に対しては年齢を問わず学ぶ東滇上人の学究肌の人柄がしのばれる書信である。

近年、富山県高岡短期大学では「東アジアの伝統鋳造技法」の研究の一環として、この武生大仏に着目。伝統鋳造法による日本最後の大仏として平成十二年（二〇〇〇）より最新の機器を用いて調査が進められ、平成十五年研究紀要が刊行され、武生大仏の調査報告が発表された。その報告書の光背についての記述は「青銅の光背には墨書の紋様が見える」とのみ書かれている。月光寺の伊妻智音住職の言も、文字ではありません、とのこと。東溟上人は、先の書信のように帰山に添削を乞うなど苦労して銘文を書かれたはずである。その銘文はどこにいったのか。

この大仏は当初、屋根のない露座であったという。大仏堂が建立されたのは明治三年（一八七〇）である。木製漆塗りの光背その他の飾りものがつけ加えられたという。風雪で木造の光背が傷み、新たに金鋼製の光背と取替えられたのであろうか。東溟上人の銘文が無くなったことは残念であるが、府中町民が、仏像で重要な光背部の銘文の執筆を上人に依頼したということに注目しておきたい。残された一通の書状は東溟上人が多くの人々に崇敬されていたことを示す傍証と言えよう。また上人も依頼された銘文を後世に恥ずかしくないものにしようとはるかに若年の先学に教えを請う真摯さが上人の人柄を語っている。

六、鯖江藩主間部詮勝との交友

間部《まなべ》詮勝《あきかつ》（号・松堂）は、鯖江藩五代藩主詮熈の三男として生まれ、兄に当たる六代詮允《あきさね》が文化十一年（一八一四）七月没した後を承けて七代藩主となった。

藩祖間部詮房は六代将軍家宣の絶大な信任のもと、側用人、老中格として権勢を振るったが、その後は鯖江藩主が幕閣に登用されることはなかった。しかし、天保八年（一八三七）詮勝が大坂城代、翌九年（一八三八）京都所司代、同十一年西丸老中の要職に就くに至って、久しく幕閣から疎外されていた鯖江藩も漸く政界の中枢で活躍することになった。

この詮勝老中時代、将軍家慶から築城費として金五千両を与えられたが、御達山（西山）は土地狭隘、また水利などの便が悪く、築城に適さないことから鯖江城の建設は不可能ということで、江戸城修理費等の名目で全て返却せざるを得なかった。

天保十四年（一八四三）詮勝は老中を辞したが、十五年後の安政五年（一八五八）六月老中に再任され、勝手掛り、外国御用掛りとなり、安政条約調印後の処理や和宮降嫁について朝廷と交渉する一方、安政の大獄推進にも当たった。翌六年（一八五九）老中を辞したが、桜田門外の変などで政局は急旋回し、安政の大獄で処分された徳川慶喜が将軍後見職となり、同じく松平慶永（春嶽）が政事総裁職として幕閣に登場するに及んで、文久二年（一八六二）詮勝は隠居謹慎を命ぜられ、藩領も一万石減封となった。

東溟上人と詮勝の交遊はいつごろから始まったのか不明であるが、詮勝が幕政の中央に参与した天保年代の後半かと思われる。天保九年（一八三八）詮勝は大坂城代から京都所司代に栄進している。

京都所司代在勤の折、朝廷、堂上関係に不案内だった詮勝に対し、公家衆出身の東溟上人は、間部厳雄を通じて何かと紹介、斡旋の労をとったようである。この時期に書かれた『うの花日記』には、その折りの上人の動静の一部が記されている。

詮勝の京都在勤中、上人から受けた便宜も契機となり、双方の交遊は深まったようである。詮勝はのちの『机上の塵』に示されているように、文武を兼ね備えた多芸の人物であり、松堂と号して多くの詩編を作り、巧な書画を残している。云わば文人としても話の通ずる相手として、互いに尊敬し、鯖江に在国された折りには、東溟上人の来遊を喜び、歓談されたと伝えられる。

当時の本山は、上人の尽力によって焼失した御影堂などは復興したものの、苦しい経済事情もあり寺域周りの整備は完了していなかった。上人は、何かの折に、御堂東正面の山門周辺の石垣の整備について話されたらしい。詮勝は、ただちに領内の三里山北の川島、原に石垣や庭石に適する大石が出るから、それを使うことを許した。

鐘楼台の原の黒石

この石は早速に運ばれ、本山東側山門周辺の石垣となった。さらに鐘楼の石垣にも用いられた。表面が墨を塗ったように黒いので、一般に、「原の黒石」といわれる。今日でも東門あたりの参道、鐘楼にそのままの色で残されている。これらのことが天保末のこととすると詮勝、四十二、三歳、上人六十歳ころであろう。これは寄進行為と思われるが、領主と一山の法主との交遊をうかがうことができる挿話である。

七、飛驒高山と東溟上人

東溟上人は、飛驒の高山とも深い文化交流を持っていた。

高山には、本居宣長の弟子で、上古史、万葉集、竹取物語等の研究、並びに歌人として著名な国学者田中大秀《おおひで》（一七七七〜一八四七）がいた。そのころ越前藩は武術を尊び、漢学、儒学を重んじ、和歌、国学などを軽視する風潮があった。しかし、藩の重臣中根雪江、また橘曙覧、笠原良策など国学を勉強する人たちが少しずつ現れてきた。

越前の人で飛驒高山の田中大秀翁を師として尊敬した者は多かった。これは越前には幕府直轄領である天領が数多くあり、府中（越前市）近郊の本保に飛驒郡代支配下の陣屋があり、飛驒人との交流がかねてからあったので、大秀の名はすでに著名であった。

越前人で大秀門に入門した者は、現在、高山市郷土館に残された名簿でも四十六名を数える。東溟上人も、つとに大秀の名を知り、大秀もまた東溟上人の学識また人格に対して敬意を表していたであろう。大秀は薬種商という家業もあり、越前の大野にはしばしば訪れているが、大秀の年譜によれば、天保十二年（一八四一）三月、「越中、加賀、越前に遊ぶ」とある。

大秀が證誠寺を訪れるのは、大秀翁七十歳の賀を祝うため、越前の門下生が大秀を越前に招いた時である。大秀は弘化三年（一八四六）五月十七日福井着。講義、祝宴が続き、五月二十六日、敦賀の門弟のところへ出かけることになった。その途次、證誠寺に参詣するのである。

この大秀翁の越前訪問については、大秀ならびにお供の高弟山崎弘泰、蒲武平次（八十村）がこまかな旅日記を残している（大秀は敦賀以降）。

蒲武平次の『旅中諸事記録』には、次のような記載がある。

明廿六日、先生朝七ツ時ニ御目さめ。六ツ半時（午前七時）ニ敦賀ニ出立。（中略）水落村終て長泉寺へいたる。清水茶やあり、此所休足。此上元三大師之木像あり。又池あり、甚清水ニて魚多く遊びいる。鯖江城下へ到る。入口ニ月見茶申て甚よき茶あり、此所休足。酒一献、肴鯛煮漬、かれい壱枚焼て出す、到高直、八匁代物とられ申候。證誠寺と号し、四ケ本山へ参詣。此処に白鷺多く集る。舟津神社参詣。白鬼女村橋渡り通り、岩倉八幡宮へ参詣。本坊（本保）七ッ半時ニ着。六ッ時

（午後六時）夕飯、豆腐あんかけ瓜漬の向附。

と記している。大秀としては東溟上人に会うためにわざわざ出かけたのであろうが、上人はあいにく不在だったようである。大秀の旅はまことにきままな旅で、上人との連絡もなしに出かけ、参詣のみで證誠寺を辞している。上人は、帰寺後、翁来訪のことを聞いてさぞ残念だったであろうと思われる。田中大秀は、翌年、弘化四年（一八四七）九月十六日、七十一歳で死去。この世で二人は相見ることはなかったが、飛驒と東溟上人の交流は続いていた。

飛驒の代官は、十万石以上の格式を持っていた。その他の代官は五万石である。天領民にとっては殿様であり、天領地の行政、財政、警察の政務を行う。中でも十万石以上を所管する関東、西国筋、美濃、飛驒の代官は郡代と称し、布衣《ほい》を許され、大名並みの格式があった。

越前の飛驒郡代が所管する土地は、丹生、南条、今立、大野などに百七十五箇村あり、普段は手付手代の役人が政務を見るが、秋の稲作の収穫時ころ郡代は検見《けみ》のために、本保陣屋を訪れるのが通例であったようである。

十九代　大井帯刀《たてわき》（文政十二年〈一八二九〉～天保九年〈一八三八〉）、二十代　豊田藤之進（天保十年〈一八三九〉～弘化元年〈一八四四〉）、ついで、弘化二年（一八四五）～嘉永五年（一八五二）までの七年間、赴任したのは二十一代の小野朝右衛門高福《たかよし》である。

高福は、近縁の御小姓組で土岐豊前守の家中の村上三十郎正親の子。正親が亡くなった後、正親の妻は郡代の高福と再婚した。

その間、高福は某女との間に鶴二郎高堅《たかかた》をもうけていた。高堅は文政四年（一八二一）生まれ、高山在住時二十六歳。郡代高福は、再婚した妻との間に天保七年（一八三六）異母弟鉄太郎高歩《たかゆき》ら男子六人をもうけた。ちなみに鉄太郎は武芸、学問に励み、後に山岡家を継ぎ、勝海舟と西郷隆盛との間に入り、江戸城無血開城のために奔走し、維新政府樹立に貢献する山岡鉄舟である。

特に東溟上人を崇敬したのは、鉄太郎の異母兄の高堅であった。若年にも関わらず学問に志し、大秀の高弟山崎弘泰に師事し、橘園《きつえん》と号し、国学や和歌を学んでいた。東溟上人と親交を結ぶのは、郡代の高福が越前で東溟上人と親しくなった縁からであろう。高堅も越前に来訪し東溟上人の学徳を尊敬するようになった。東溟上人も高堅に期待するものがあったからか、上人は、高堅に賀茂季鷹の書軸や自分の詠歌を贈り、また自分の研究した「古泉年表」の複写を許すなど、高堅に目をかけた。高堅からも飛騨安国寺の制札の木版刷などを贈られる等があり、何度も手紙等の交換もあった。

嘉永三年（一八五〇）の秋の検見の時も、郡代高福は、横越の證誠寺の東溟上人を訪れたようである。上人は山海の珍味を以て接待し、歓談している。その折に、上人は、来春には高山を訪れたい旨を伝えたようで、これに対し高堅も是非にと応じている。この時の、上人あての書信がある。

（高山に）御下向候よう相伺い、愚家の大慶は申すに及ばず、国を挙げて御薫名仰ぎ慕候事（中略）御遊歴これあり候へば、山国の栄、豈他に有らんや、必々待ち奉り候。

など上人の飛騨訪問を心から待っている様子が伺える。

田中大秀の高弟で地役人の頭取の富田礼彦《いやひこ》の『公私日次記《ひなみき》』によると、約束通りの訪問の記事がある。礼彦は学識が深く、橘曙覧が飛騨の大秀門に入門したときの親友でもある。この日記は実に詳細に東溟上人の訪問を記録している。東溟上人にかかわる所を抄出してみよう。

上人が高山に到着したのは嘉永四年（一八五一）の五月九日であった。八月十四日までの滞在であるので約百日間、まことにのんびりした旅である。法主職を善融上人に譲った心の余裕もあったからであろう。郡代は上人の宿舎として高山郡代所近くの玄興寺に万端の世話を命じた。九ツ半（午後一時ころ）富田礼彦、橘園（高堅）、鉄太郎ら一同が挨拶に出かけ当日夕方辞去したと、礼彦の日記にある。

上人は高山より三里ばかり北の古川からも招待を受けた。大秀の高弟であり、国学者で歌人また書家でもあった蒲八十村、また野村健平らが古川の人で是非と誘ったからであろう。郡代の依頼で、その地の名主古川周右衛門が快く接待役を受けてくれた。

上人は、古川の史跡を訪ね、やがて高山にもどって、かつての大秀の門弟たち、郡代の子息高堅、鉄太郎らと高山のあちこちをめぐり、いろいろな場所で歓待を受けたようである。もちろん郡代高福との交歓もあったであろう。各地で饗応接待を受け歌会などが開かれている。

五月二十六日の礼彦の日記から、東溟上人饗応歌会の様子を記してみると、

東溟上人・橘園君・鉄君（鉄舟）・山崎親子・庄村・土屋・飯山・指田広・大野親子など出会、当座題　蛍

こよひ又すたく蛍は文このむあるしの窓を空に知りてか　東溟
わか宿にすたく蛍はこし君かころもの裏の玉にや有らん　礼彦
さらハ我黄の衣に君が宿ほたるを玉となしてかけハや　東溟

ほか出詠之を略す。畢りて酒飯差し出す。初更（午後十時ころ）一同退去。東溟師止宿。

などとある。

またこの日記には記されていないが、東溟上人を主客とする歌会、また上人帰国に際し送別の歌会が行われたようである。古川での送別会で詠まれた歌など上人が持ち帰った短冊数は六十枚ある。詠み人は十六名である。そのうち十五首は送別の歌である。

「奉送　東溟上人越前国ニ帰ル歌」と題し、別れを惜しむ大秀門下らの切々たる長歌や短歌が本山に遺されている。その内の蒲八十村、野村健平の長歌「奉送歌」を記し、若干注釈をいれる。

蒲八十村

しなざかる（越前にかかる枕詞） 越の国と 白檀《しらまゆみ》（飛驒にかかる枕詞）斐太（飛驒国）と 山こそは へなりてあれ（離れているが） 国はしも 並びてあるを 玉鉾の 道をはるけみ 越の山 たかきその名（東溟上人の御名）は 音のみに 聞きて在りしを そのやまの へなれる道を すくすくと 分け越えまして ならびたる 国見まさんと 旅衣 きよそひたたし 高山の 高きあたりに 古川の ふりにし里に かしこくも 来入りましぬれ そこゆえに わがともがらは 庭雀 友呼びつどへ いよりきて つかふるはしに いくばくの 日数も経ねば 今はしも 帰りまさむと いでたたす 君がわかれの をしくもあるかも

同門の野村健平も、東溟上人が古い時代の事々を次々と検証され、後々のために記述されておられる業績をたたえ、わざわざこの飛驒の国の古川の里にしも、かしこくも訪ひ来給へれ、綾に（大変）嬉しみ、かしこみて、仕ふるはしに、草枕（旅にかかる枕詞）、旅にしませば、帰山帰りいにます、君しともしも（心残りのことです）。

などと切々たる別れを惜しむ気持ちを述べている。

さらに本山に所蔵されている他の人の送別の歌を数首あげておこう。

国にかへり給ふおほんわかれに

こん年も涼ミにきませ夏かけてふく風さむきひだの山さと　幸言

君にけふわかるる袖と夏の野のくさばといづれつゆはしげけむ　清魚
しなさかる越のしら山けふよりハ君があたりと見つつ偲ばん　景憲
かへりゆく越路やいづこ白山の雲ゐのおちをさしてしのばん　八十村
別るとも君が言葉をかたミにてとし月ふとも忘れやはせじ　高堅

これらの歌をみても、東溟上人が飛驒の国でいかに手厚くもてなされたかがわかる。礼彦の記録は八月十四日の出立まで上人の逗留時の状況を記している。帰国に際して表具屋才助が付き添った。（二十日横越着、見送りの者は二十五日同地出立、北国廻り十三日帰着）と付け書きがある。まことに丁重な飛驒人のもてなしであった。

飛驒の車田というところに、現在も東溟上人の車田を詠んだ歌碑が遺っている。車田は高山から平湯温泉に通ずる国道一五八号線（平湯街道）沿いの松の木という集落にある。『公私日次記《ひなみ》』によれば、五月十五日の条に、若殿（高堅）鉄太郎が東溟上人を七夕岩や車田に案内したとある。その折の感興を詠んだものであろう。この車田という珍しい田の名称は、田の中心に杭を打ち、その周りを同心円状に苗を植えるところからきている。それが伝統的に守られているのである。面積は約六、七畝（六、七アール）くらいという。車田に残る東溟上人の碑の歌は、

めぐりきて春日かすめる車田におりたつ田子のわざものどけし　東溟

である。文化八年（一八一一）に田中大秀も銘文を書き、その後、碑も建てられたようであるが、今は大秀の碑は失われているとのこと。現在この車田は、高山市の無形民俗文化財に指定されている。

このように東溟上人は豊かな学識と詠歌のすばらしさや人柄によって、多くの飛騨の人たちにも慕われたのである。府中には本保陣屋があったこと、天領になる以前の高山の藩主金森家の子孫が在住すること、また東溟上人の飛騨行などもあってか、百五十年余を経た現在も、越前市は、大野市、上山市（山形県）とともに、飛騨高山の姉妹都市として友好を深めているのである。

八、東溟上人の退隠と晩年

東溟上人は二十二歳で入山して、堂塔の復興、門徒への教化など四十余年、辛酸をなめられたが、嘉永年間（一八四八～五四）に入った上人六十四歳ころから退隠を考えられるようになった。老齢ということもあったが、京都に住む長男の信光院（本山二十一世善融上人）はすでに三十七歳となっ

車田

上人の歌碑

ていた。

東溟上人はやがて本山證誠寺の寺務を長男の信光院に譲られることになる。退隠（隠居）を決意された時期、理由については不明な点が多いが、東溟上人の自筆の記録などから探ってみよう。

それは嘉永三庚戌年（一八五〇）、上人六十六歳の時に筆を起こした『梅窓小録』（二冊）という自誌の中にある、京都滞在の信光院あての書状（控）から退隠の意向がうかがえる。差出は「老寺務」とのみ記されている。退隠のことは福井藩の家老狛帯刀《こまたてわき》および金津奉行所の承認を得ていると書かれている。

退隠の前後の事情などを要約してみよう。

上人は本山法主として常に末寺、門徒を大切にしてこられた。しかし、重なる災害などで本山が困窮すると東本願寺などに転派しようとする寺もあった。

上人は天保十五年（一八四四）に発生した芦原の円光寺の東本願寺からの離脱事件を深刻に受けとめ、その善後策に腐心されていた。坂井郡芦原地区は證誠寺の門徒衆が多いところであった。十楽村（芦原市堀江十楽）には門徒の集会のための道場程度の建物はあるが、本山からは十余里の距離があり、檀家への寺役廻勤も行き届かない現状であった。これを放置すればさらに離脱者がふえることになるであろう。

そこで東溟上人自ら十楽村へ隠居、近辺の門徒百余名を掌握するとともに、上人を開基とする本山の別院を開くようにしたいと考えられた。別院の後継者については上人の眼鏡《めがね》に叶《かな》った者を選ぶことにするが、もし、次男の浄信院が別院の住職となったならば、本山の信光院（善融上人）と浄信院は兄弟として互いに協力し「友愛の会釈《えしゃく》これ有るべし」と記されている。

その後、同年（嘉永三）九月十六日の日誌には舟津神社祠官橋本政貞から隠居祝が届けられているので、東溟上人の退隠と法主職の善融への譲位は滞りなく進められたと考えられる。

翌嘉永四年（一八五一）四月になると、「十楽村別院新規定之条々」が東溟上人から総末寺に布達された。この規定には、本山と十楽別院との寺務分担が示され、善融上人の庶弟に当たる浄信院の本山における座席、着用すべき衣体なども定められている。

この書により、東溟上人自ら法主の座を退き、隠居して十楽別院の開山となることを決意された状況がわかる。このように周到な配慮によって円光寺離脱後、極めて困難な状況下にあった芦原の證誠寺門徒の結合が護られた。なお、その後、何らかの事情によって別院から末寺に変わった。現在の芦原市堀江十楽にある願成寺がこれである。なお嘉永四年に厳修された東溟上人の先住善念上人の五十回忌の法要については、新法主善融上人の名で総門徒中に消息を出され、善融上人が導師として執り行われている。

ともあれ、十楽村別院問題、法灯の継承などが解決し、東溟上人としては幾らか安堵されたと思われる。しばしば京都に滞在されるなど、時には帰山しては知己や歌友とともに風雅の道を嗜まれたようである。まさしく行雲流水の生活であったと思われる。

また、東溟上人は、鯖江證誠寺に入山以来もしばしば京都に行かれ、公家衆、また歌人等と交際を深めていたが、退隠後は、上人の身辺のお世話をする妙信法尼（五十歳）とともに京都に滞在することもあった。また、飛驒高山に出かけ長く滞在されるなど、比較的自由な生活を楽しんでおられたようである。

安政二年（一八五五）三月上旬にも、京都御所向きの御用のことがあり、京都へ出立された。七十一歳という高齢もあって、長い旅は身体に相当に無理であったのであろう。上洛されてのち、足に浮腫《むくみ》が出て歩行困難となり、さらに眼病が加わった。五月以降、京都東山の閑室において病床につくようになった。特に六

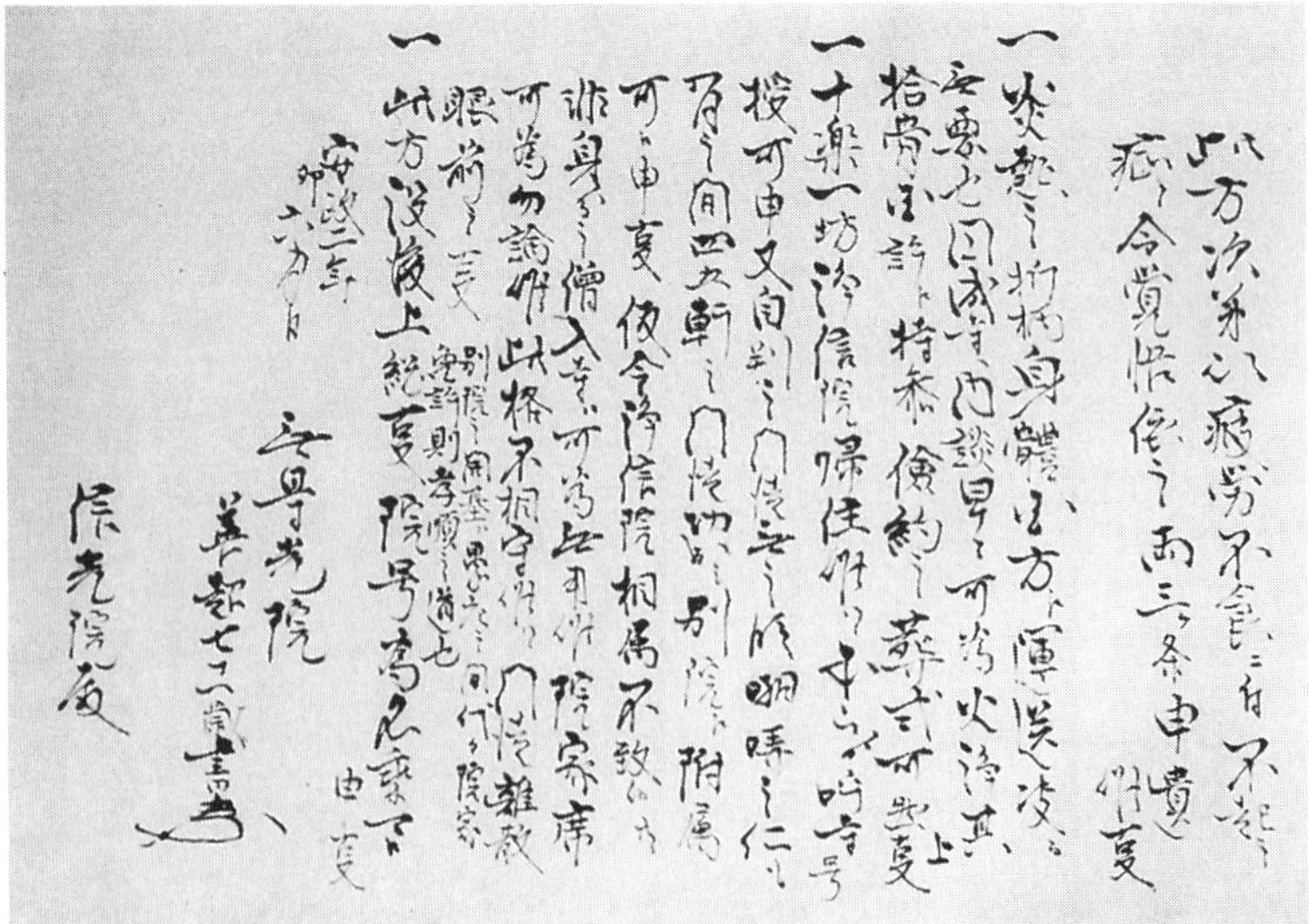

東溟上人の遺言状

月に入って連日の猛暑に体力が衰えてか食欲もなく衰弱していかれた。

上人は再起の希望はないと判断されてか、かねて心にかけていたことについて、信光院にあてて遺言状とも言うべき三ケ条の申し遺し状を書かれた（史料篇五七）。読みやすく書いてみよう。
一、炎暑の折から、身体は国方（鯖江證誠寺）へ運送は決して無用のこと、圓誠寺と内談して、早々に火浄（火葬）になすべし、その上、骨を拾い国許へ持参して、倹約の葬式をなすのが然るべきである。
一、十楽村一坊の浄信院、帰住したならば、本山より寺号授け申すべし、また自判の門徒がいないのにと嘲弄の人がいるかも知れないが、四、五軒の門徒を動かし、別院へ付属申さるべきこと、たとい浄信院が相続しないといっても、非身分の僧の入寺は無用となすべし。院家席も勿論である。この格式を守らなかったならば、門徒の離散は眼前のことである。
一、自分の没後、上総事、院号名乗らせ申さるべき事。
この遺言書を書かれて間もなく、病状は悪化し、安政二年（一八五五）七月十三日、京都東山の閑居に於いて、七十一歳にて弥陀の浄土へと遷化された。

遺骸は近くにて荼毘に付され、妙心法尼が遺骨を奉戴して鯖江の本山に帰山した。八月二十日、一山の上人としての葬儀が厳修された。

九、上人の遷化と葬送

東溟上人の死去及び葬儀の模様は、『无旱光院殿御葬送帳』に記されている。その冒頭には「覚《おぼえ》」として、上人遷化の経過について次のように見える（史料篇五八）。

一、当山二十世善超上人事、京都今出川家より御入寺あらせられ候、御歳七十一歳、京都御殿向へ御用これ有り、（安政二年）三月上旬御発足遊ばされ候処、五月以来より御不例の処、御老体に候らえば、格別の事とも存ぜず候、然る処七月八・九日頃より御急病にて、十三日明六ツ時、御遷化あらせられ候、お召使いの者一人指し添え置き候人より、早速　今出川家雑掌中を初めとして、執奏万里小路家それぞれへも内々示談に及び候上、京都に於いて密葬仕り候、それより京都表より御大病之飛脚参り候事、

既に述べたように、上人はこのことあるを予期されておられたのであろう。この年の六月、京都において遺言書を認め、万一の場合でも遺骸は国許に運ぶこと無用、京都にて荼毘に付した上で遺骨を国許へ運び、倹約の葬儀をなす事などを指示されていたので、臨終に立ち会われた周囲の人々も、上人の遺志に従って簡素に密葬を済ませ、国許へは至急に飛脚を立てて報せた。勿論、遺言にある圓誠寺や上人の養家今出川家、執奏家の万里小路家へも届出の上、その指示に従ったことは十分想像されるが、知らせを受けた国許では、他郷での遷化でもあり、影響の大きいことを考慮したものか、とりあえず末寺お

よび同行中に当てて上人大病の通知を発している。

一山の上人というだけでなく、学徳にすぐれ、多くの人に慕われた上人である。その交際も公私にわたって、知己も亦多い。上人のご遺志もあり、葬送の儀が固まるまでには若干の曲折はあったようである。いったん八月十八日か十九日を予定しながら、八月二十日に延期されたこと、遠路の会葬者は「御断り」としたことなど、それぞれの都合と配慮がなされた。

しかし、日時が確定してから、諸方への通知、葬儀の準備、会葬者の宿泊所の手配など、万般の用意に周到な準備がなされた。「御葬送帳」には小倉家、万里小路家、今出川家に対しては改めて葬儀の日取りについて通知の使者を派遣していることも記されている。

武家への通知としては、横越の領主である小浜藩（敦賀代官所）へ證誠寺信光院（善融上人）名を以て「御達書」を届け、福井藩の家老狛帯刀及び岡部某へは覚善寺より、本保の幕府代官所へは佛性寺より、上人の遷化と葬儀の日時等を届出、または通知した。

さらに道明寺及び高橋玄蕃の連名で、光闡寺《こうせんじ》宛葬儀執行を通知している。光闡寺は清水頭毫攝寺（通称五分市本山）の役寺である。毫攝寺からは葬儀当日、光闡寺を使僧として供廻りの者十八人が参列、当日本山御姫からの香資が届けられている。鯖江真覚寺・本正寺とあるのは今の真宗誠照寺派であり、当日は真覚寺を使僧として、十二人が参列した。福井本覚寺とあるのは当時の輪番であろう。当日は使者が参列している。

葬儀は八月二十日巳の上刻《(午前九時頃)》よりと正式に決定、導師には先格のとおり山内村（現、福井市清水町）本覚寺の住職に頼むこととし、万端の準備が進められた。本山の大門の前には長さ一丈一尺（約三メートル三十センチ）、八寸（約二十四センチ）角の柱が立てられて東溟上人の御遷化を知らせ、これとは別に御葬儀の日時を記した駒形の三メートル余の大看板が建てられた。

いよいよ葬送の当日を控え、御玄関口には紫菊桐の幕が張られ、阿弥陀堂の正面より野送り道にはし・し垣が設けられた。また、家門・院家・末寺・使僧使者・諷経僧・楽人・尼講中から野送りの行列の従者に至るまで、多数の会葬者のために控間や宿が設けられ、案内者と案内板が付けられた。導師宿は覚善寺、末寺宿は道明寺、諷経僧宿は善兵衛、使僧使者宿は宇兵衛、楽人宿と諸人飯宿は治郎左衛門が勤めることになった。諸堂には荘厳な飾りつけがなされた。

辰の刻（午前八時頃）、太鼓が本葬の予告、巳の上刻（午前九時頃）には洪鐘《こうしょう》（大きな鐘）が撞かれ、また、木板が打たれるのを合図に、会奉行の案内により信光院殿、導師、末寺、使僧及び使者、諷経僧、堂僧、楽人に至るまで順次着座、阿弥陀堂正面に安置された善超上人の御棺が総灯明に浮かび上がり、蠟燭が点《とも》された上で、圓誠寺によって開殿された。

八月二十一日御逮夜より二十六日の日中まで、東溟上人の中陰法要が行われた。初七日より七々日にもそれぞれ添讃回向が行われている。

「御葬送帳」にはその後、各方面から寄せられた香典や追悼の和歌などが写されている。参列できなかった今出川、小倉、万里小路はもとより、本願寺などからのお悔みの弔文が相次いだ。

八月二十三日、府中領主本多内蔵助副昌の使者として御使番瀧藤十郎が侍、長柄、鑓《やり》、後箱、草履、籠の者など九人を従えて来訪、東溟上人遷化に弔意を申し述べた。その他鯖江藩の家老植田頼母なども弔問に訪れている。

以上のような次第で、御葬儀並びに御逮夜の諸式が厳修された。


東溟上人の御生涯は、二十二歳の時、京都の公家から入山されて以来約五十年、二度にわたる災禍による御影堂の再建、また本堂の再建への意欲。離散しようとする門徒衆の教化、徳化への尽瘁。あまりにも波乱苦難に満ちた生涯であった。しかし、このような苦難の中にあっても泰然自若とし、和歌や書に親しみ、門徒の教化に当たった。その高い人徳のもと、證誠寺は見事に復興し、今日の證誠寺の隆盛の基礎を築かれたのである。門信徒は東溟上人をして中興の祖として敬慕し、現在でも「十三日様」と称され供養が行われている。

東溟上人没後、上人の偉業をたたえて、本山の本廟に墓碑が建てられた。その墓碑に銘文がある。

墓碑は風化し、苔むしていまは殆ど判読が困難である。幸いに道明寺前住職故法水光教氏が、その全文を『東溟上人』に翻刻されておられるものがあるので、新たに句読点を付して次に掲げる。

表　面　无㝵光院善超上人墓

左側面　来よとよひゆけとすすむる父母のをしへのままに

　南無阿弥陀仏

裏　面

　上人諱善超、号東溟、俗姓藤氏、小倉左中将見季朝臣之男、天明五年正月朔旦誕于京都、七歳時有故菊亭内府実種公養為子、文化三年九月入吾山元山薙髪、時廿二歳、為法務、同八年詣闕、賜上人之号矣、先是天明六年両堂門宇罹祝融、前々生曽企再興、未果而寂矣、粤上人継遺志経営、不日成焉、既而文政四年祖堂再回禄、於是更募縁於諸方、重謀恢復、門葉子乗祖堂速成、嗚呼可謂中興功勲乎、天保之暦、河北之徒密起異望、上人親征、一朝平治、亦是慈誨徳化所致也、況復出自縉紳家、素長国学、性嗜和歌、稟業門生不尠、其

善超上人の墓

右側面　跋渉山水、自適風月、所撰之書、尚古年表等若干巻、吟詠雖多、今挙一篇、以勒于不朽、安政二乙卯年、頽齢七旬一、法臈満五十、在洛東霊山閑室遷化矣、洵七月十三日也、於大谷傍闍維焉、銘曰、

華族脱冕　緇林服緋　再営土木　両殿重輝
慈仁普治　行化揮威　尚古湛鑒　和歌詞緋
臈闌五十　齢過古稀　霊山秋月　噫遂西帰

（読み下し）

上人、諱《いみな》は善超、号は東溟。俗称は藤氏《とうし》。小倉左中将見季朝臣《あそん》の男なり。天明五年（一七八五）正月朔旦（一日）、京都に誕《うま》る。七歳の時、故有りて菊亭内府実種公養いて子と為《な》す。文化三年（一八〇六）九月、吾が山元山に入り薙髪《ていはつ》す。時に二十二歳、法務となる。同八年（一八一一）、闕《みかど》に詣《まい》り、上人の号を賜る。

是より先天明六年（一七八六）、両堂門宇、祝融《しゅくゆう》（火災）に罹《かか》り、前々生曽て再興を企つも、未だ果たせずして寂《じゃく》するなり。粤《ここ》に上人遺志を継ぎて経営し、日ならずして成る。既にして文政四年（一八二

一）、祖堂再び回禄《かいろく》す。是《ここ》に於て更に縁を諸方に募り、重ねて恢復を謀る。門葉子乗じて、祖堂すみやかに成る。嗚呼《ああ》、中興の功勲と謂うべきか。天保の暦、河北之徒密《ひそ》かに異望《いぼう》を起こす。上人親しく征《う》ち、一朝にして平治す。またこれ慈誨徳化の致すところなり。況《いわ》んやまた縉紳《しんしん》の家に出自し、素《もと》より国学に長じ、性《せい》は和歌を嗜み、業を門生に稟《う》くること尠《すく》なからざるをや。其れ山水を跋渉《あるきわた》り、風月に自適す。撰《せん》せし所の書、『尚古年表』等若干巻。吟詠多しと雖も、今一篇を挙げて、以て不朽に勒《ろく》す。安政二乙卯年（一八三三）、頽《たい》齢七旬一、法臈《ほうろう》五十に満つ、洛東の霊山《れいぜん》の閑室に在りて遷化す。洵《まこと》に七月十三日なり。大谷の傍に闍維《だび》す。銘に曰く。

華族　冕《かんむり》を脱ぎ　緇林《しりん》（寺院）に緋《ひ》（赤い衣）を服す　再び土木を営み　両殿輝きを重ね　慈仁もて治を普ねくし　行化威を揮《ふる》う　尚古鑑《かんが》みるに湛え　和歌詞《ことば》かうばし　臈（僧の得度後の年数）五十に闌《つ》き　齢は古稀を過ぐ　霊山秋月に　噫《ああ》遂に西に帰す

第二節　東溟上人の和歌

一、仏法興隆・敬神崇仏の歌

上人の歌は東溟家集に収録されているが、ここでは、わかり易い東溟上人の仏法の歌、また自然詠などを何首かとりあげてみる（仮名の濁点は原文にはないが、読みやすくするため筆者が付けた）。

一念多念のけちめを歌に乞れて

敬つみて参ると思ふな御助けはただ一念の南無阿弥陀仏

心光照護

あみた仏の光にてらしまもられて此世かきりのたひ寝也けり

鬼の念仏する画に

墨染に袖は替ても替やらぬもとの心の辱かしの身や

などわかりやすく、仏法をさとす歌、季節や風物を平易なことばで詠んでおられる。

なお、この機会に東溟上人詠としてよく知られている門徒衆に示された釈教歌を続ける。

恨衆生疑不疑（般舟賛）

いかにせむ疑ふまじき疑ひに又も空く此世すぎなば

〈歌意〉　衆生とは迷いある身。その迷いある身でありながら疑いもしない身を疑う。

――どうしたらよいであろうか。疑ってはいけない疑いに迷い、むなしくこの世を過ごしてよいものであろうか。

〈解説〉「般舟賛」は、「般舟三昧経《はんじゅざんまいきょう》」によるもの。弥陀本願を念仏することにより、まのあたりに諸仏を見ると説く。「疑ふまじき疑ひ」とは仏法をさす。

光明无量

露むすぶ草の葉毎の影を見よ月は至らぬくまなかりけり

〈歌意〉仏、菩薩などの発する慈悲の光は闇を破り真理をあらわす。その慈悲のお力は量り知れない――野にある露を結ぶ草葉の月の光を見なさい。月はすみずみまで光明を与えられている。

〈解説〉仏の光明、慈悲はすべてのものに平等にお与えになっておられる。

寿命无量

限りある命なりせば限りなき人の迷ひをいかで救はむ

〈歌意〉人間の限りある寿命は、はかることができない。――限りある命なのであるが、限りない世俗的な迷いの人をどうして救ったらよいか迷うことである。

〈解説〉寿命とは命のある間の長さ。衆生をお救いになる力、時間。東溟上人のひたむきな衆生済度の願いがこめられている。

正定聚

年の内に春立つことのうれしさを梅は色にも見せてける哉

〈歌意〉正定聚《しょうじょうじゅ》とは、阿弥陀仏に救われて、正しく仏になると定まった人びとをいう。すなわち第十八願に誓われ、他力念仏を信ずる人。――年内に立春を迎えた。梅もうれしげに花を見せている。

〈解説〉第十八願とは阿弥陀仏四十八願のうちで、最も主要な本願で、「念仏を修する衆生は必ず極楽に往生できるという」願い。旧暦では年内に立春を迎えることがある。古今集春上にも「年のうちに春はきにけり…」（在原元方）などの古歌がある。春を迎えるよろこび、信心を得ようとする信徒へのよろこびを歌ったものか。

六賊常随三悪火坑臨々欲入（定善義）

ともし火に入りてこがるゝ夏虫を身にかへてとも思ひけるかな

〈歌意〉南無阿弥陀仏のお救いを信じない人への不幸を嘆いて。――わざわざ飛び込んで業火に焼かれる夏の虫、自分が身代わりになってもよいと思うことだ。

〈解説〉六賊は煩悩を起こす六つの根（眼・耳・鼻・舌・身・意）は常に三悪道（地獄道・餓鬼道・畜生道）と貪欲・忿怒・愚痴をともなう。南無阿弥陀仏をお唱えすれば救いがあるのに。

報恩の称名のおこたりがちなることをなげきて

逢がたく得がたき法と知りつゝもわすれやすきは南無阿弥陀仏

〈歌意〉阿弥陀様への称名が怠りがちになるのを嘆いて。――逢い難く、得がたい仏法とは知りながらも南無阿弥陀仏という尊い称名は忘れ易いものだ。

〈解説〉称名とは念仏を口にすること。救われたために感謝して自ら称えるもの。称名は往生の原因となるもの。上人でさえ、怠りがちになることを自戒して素直に歌う。

心念阿弥陀応時為現身（易行品）
月をなど高く遠しと思ふらむうつせば水に在明の影

〈歌意〉心に阿弥陀仏を念ずれば時に応じて仏は姿を現される。――空の月をどうして高く遠いものと思うのだろう。池に映つせば有明の月がくまなく映っている。月も仏も身近な存在である。

〈解説〉月は高く遠いものではない。ちょうど一切衆生に恵みを垂れたまう仏法のように等しく慈悲を投げかけて下さっているのだ。

二、堂上歌人としての東溟上人

證誠寺東溟上人は、京都の公家小倉見季の子息としてご誕生になり、ゆえあって、七歳の時、今出川（菊亭）実種の猶子となられ、ついで、二十二歳にして、本山證誠寺の第二十代の法主となられたことは、既述の通りである。しかも、上人は、幼少より和歌を好まれ、生涯数多の歌を詠み続け遺された多作健詠の人として、よく知られている。『越前人物志』（福田源三郎著、明治四十三年〈一九一〇〉刊）には、東溟上人が、京都上賀茂神社の神主賀茂（山本）季鷹（一七五四～一八四三）を師として和歌を学び、生涯詠み続けたことを紹介し、さらに本山本廟の東溟上人墓碑銘には、「素より国学に長じ、性は和歌を嗜み」とあって、やはり、上人の歌人・国学者としての一面を伝記の上で強調しているのである。

確かに今日、本山を初め、末寺や、旧家に伝存する詠草は少なからず確認される。そして、それら遺墨・詠草は、公家流の筆蹟と季鷹の門人としての知的叙情を感じさせる。上人の育ちの良さは隠せない。上人の品性高く平易な作風は、法主としての法歌（信仰上の歌＝釈教歌）と、幕末期の国学者ならではの詠史歌（歴史上の偉人を詠み顕彰する）と共に、現在にもその短冊や和歌幅を愛する人は多い。東溟上人の和歌は、確かに多作であり、堂上・地下という伝統的歌人の作品としては頗る健詠である。且つ多くの門人や歌友と交わり、鯖江の地を中心として地方歌壇の興隆に尽した功績は、はかり知れないものがある。上人自身の作品を文学作品としてみるとき、伝統的歌壇の歌学つまり歌道と称した堂上・地下歌人の歌を踏襲していて、独自性つまり個性に乏しく、明治の和歌改革以降の作品評価基準から照らせば、感性のほとばしりや煌きに当然として乏しい。個性の表出が抑えられている点、やはり古今伝授を重んじた伝統歌壇の作風をよく遵守しているのである。確かに師賀茂季鷹は、地下でありながら狂歌を善しとし、狂歌紛いの詠歌を為したとして当時の歌壇において批判されていた時期もあり、京都歌壇の歌人としては聊か型破りの歌人ではあったが、所詮型破りなのは詠歌と題材であり、歌の形式は堂上・地下歌壇の人であった。東溟上人も大方は伝統歌道に忠実である。

しかし、それは東溟上人の生きた時代と状況を考えれば自然なことである。公家の家に生を享け、公家歌道の中に育ち、越前四ヶ本山の一山、證誠寺の法主という地位にあった上人の環境下では、生活に根ざし赤裸々に自己を表現した橘曙覧や、良寛のような市井の詠歌の如き文学性を求めるほうが無いものねだりという外ないからであろう。上人と同時代の多作健詠の文人といえば、福井藩主十六代松平春嶽とその養子で十七代藩主となった茂昭がいる。両公とも上人と同様、雲の上の貴人《あてびと》であって和歌に親しんだが、やはり歌壇史上に代表的な詠歌を遺せなかった。春嶽も伝統的歌壇の系統を受けた田安徳川家の出身であり、堂上、地下凧の和歌を好んだ松平定信を大叔父に持ち、かつその学問や詠歌を崇敬したところから始まっている。しかも藩公という身分から、生活詠を主とした自由な詠歌を作ることは許されなかったのであろう。春嶽も生涯千首以上の詠歌を作った人であり、多作健詠の人であるが、いわゆる文学者としての歌人ではない。つまり、上人も公も育ちが良すぎたために、文学作品としての個性に欠けたともいえる。

三、『類題和歌鰒玉集』と東溟上人の入集の歌

東溟上人の詠歌が、伝統的歌道中心の時代、つまり、堂上、地下が、歌壇の中心であった江戸時代にあって、東溟上人の歌風は主流であり、むしろ良寛・橘曙覧や平賀元義・大隈言道らは、地方の新派、歌道を厳修する公家歌壇から見れば、歌道・歌学をわきまえぬ素人、異端児の作品として受け入れられ

ずにいたことは間違いない。かつて、曙覧の研究家辻森秀英氏が明治改元前にこの世を去った曙覧に対して、「彼は明治の歌人であり、江戸時代の歌人ではなかった」と明言されているのは、こうした歌壇史の流れからみると云えないことはないと思われる。

この見解は、今日につながる近代短歌の流れと、江戸時代歌壇、特に東溟上人の活躍した公家（堂上、地下）歌壇の流れとは全く異なることを意味している。まずは江戸時代歌壇、とりわけ寛政以降の歌壇において、東溟上人の歌の評価が全国的にみて一時的に注目される地位にあったことを述べておくことにしよう。

本居宣長は、『古事記伝』の大著で知られ、国学者の中の国学者というイメージがあるが、その歌論でも後世の歌人に大きな影響を与えた。よく言われることではあるが、宣長はすぐれた学者であり歌学者ではあったが、その詠歌では決して傑出した歌人とはいえない。師賀茂真淵から万葉調の歌を詠むように促されても青年期に学んだところの二条流の歌風を改めず、新古今和歌調の歌風の歌を主に作った。しかし、宣長の作品の中には真淵の教えに従った万葉調を主体とする「古体歌」（「古風歌」）という上代の古語を用いた歌を一握ほど作った。これは万葉の言葉を用いた歌であって、万葉の赤裸々な姿を手本として作歌したものではなかった。つまり、宣長は、「今の人の心を今の詞もてありのままによみたらん」歌は、「はやり歌」と同様であり、これは実に「賤しく汚い歌である」と嫌っているのである。

宣長は上代語を明らかにすることにより、古人の心を知って作歌するべきだという立場であり、のちの曙覧のように「自由な言葉」「自由な題材」で歌を作ったのではなかった。しかも、宣長にとって歌は学問であって芸術（文芸）という意識はない。そのような国学の一部としての歌学は、後に鈴屋派といわれる歌流となるのである。東滨上人の歌を多く入集させた『類題和歌鰒玉集』の編者の加納諸平（一八〇三～五七）も鈴屋派歌人の一人であった。鈴屋派歌人は先にも述べたように歌人というより国学の業績ですぐれた人物がほとんどであったが、諸平は、表現者として他の鈴屋派歌人と比較した場合、珍しくその才能に恵まれた人であった。諸平は、遠江（静岡県）湖西白須賀の人で、旧姓は夏目。宣長の高弟であった夏目甕麿（一七七四～一八二二）を父として生れた。十七歳の折、紀州和歌山藩医の加納家の養子となり和歌山の人となる。

『類題和歌鰒玉集』版本（橋本家蔵）

諸平は、宣長の後継本居大平の門下となったが、歌は、宣長の歌風を受けず、宣長の師真淵の歌の流れを受けている。諸平の業績は藩命によって編纂した『類題和歌鰒玉集』の刊行であった。

『類題和歌鰒玉集』は、七編十四冊よりなる大部な合同歌集（選集）で、単に『鰒玉集』『類題鰒玉集』とする外題の諸本もある。

東溟上人は、その二編・三編・四編・五編に入集している。二編では、敦賀の気比神社（のちの気比神宮）累代社家の石塚資元・石塚資忠・河端親康と島憲元の四人と、敦賀の僧伸芸、福井の専福寺松洞、東溟上人、そして福井の国学者妻木寛の八人であった。このうち、石塚と河端は大中臣姓を称する家柄であり、島は角鹿国造の子孫と伝える角鹿姓の家柄であった。つまり越前衆八人のうち四人の者が、気比神社社家の出身であることを考えると、当時気比社が、頗る歌のさかんな神社であったことが知られるのである。これは、本集に出雲大社・日前国懸神社の社家が多く関係していることと同様の例である。

また、初編以降の入集歌数で最も多いのが、越前・若狭二国では伴信友の七十二首で、ついで越前敦賀の石塚資元の四十七首、證誠寺東溟が二十首、ついで敦賀の国学者で足代弘訓の高弟であった原弘斎が十三首、小浜藩士で本居大平・藤井高尚の門人石田千穎が十首という順に続いている。こうしてみると、東溟は、多作出詠していたか、あるいは少数なりとも力量ある作品として二十首の多くを諸平に採用されたかの、いずれかということになろう。

さて、東溟上人の『類題和歌鰒玉集』入集の歌をみていこう。東溟上人の入集歌は計二十首である。

まず第二編（上巻）入集の一首は、「桜柳交枝」と題して、

咲花の梢にかゝる糸ゆふは同し垣ほのやなきなりけり

である。古今調でありながら、「糸遊」つまり「陽炎」（かげろう）に柳の枝を見立ててその交わりの美しさ妙なる情景を巧みに詠んだ。映像の描き得る〝極み〟のところで南画的な絵画性と少しく哲学性をおびた秀作といえる。上人の育ちの良さ、しなやかで細やかな感性が光る。入集中の作品では群を抜いており『類題和歌鰒玉集』入集の上人の歌は、これさえあれば良いというべきであろう。次に三編の十二首をみていきたい。

今よりの春のかさしと吾たのむ若木の梅そ人にをらすな（「梅」、家集では「若木梅」）

桜ちる池の浮草うつもれてかはつは雪の底になく也（「池蛙」、家集では「春池」）

いずれも冬より春に移りゆく繊細な時の発見を力強く詠んでいる。特に「池蛙」歌の下句「かはつは雪の底になく也」は、やや説明的だが、池蛙への優しい心遣いが感じられる。上人の人柄を垣間見させて、決して技巧臭がしないのが良い。次に夏の詠歌が続く。

郭公契り置たに偽りのある世忘れて何とまたるらむ（「待郭公」）

逢坂の山ほとゝきす夜をこめて杉の木間の月に鳴なり（「山郭公」）

いずれもホトトギスを詠んだ。古来より文人が好んだその声を一時世棄て人となって、聴くことを待ちこがれている。あるいは月夜に啼く声を絵画的に詠じて夏の到来を出迎えた。あくまでも、このホトトギスは夏の使者であって黄泉路を誘う者ではない。夏のおとずれというものを世の喧騒を他所にしてま

でひとり公家らしく夏は夏としてホトトギスの声を愛でるのである。次に秋の歌として、

かせわたる真葛か原の女郎花恨みてなとか人招くらむ（「草花」）

「恨みてなとか」は、「どうして嘆こうものか」の意味。上人が、堂上地下歌壇の人、公家出身であることをよく示す詠歌である。

菴さす小田の穂向の秋風に露しく床の月を見るかな（「田家月」）

美しく穂がなびく秋風に農家の穏やかな風景をゆったりと詠んでいる。秋の詠歌は更に、

里はまた初雁かねも聞なくに今朝雪ふりぬ越の白山（「秋山」）

と、移り行く越前の秋を大味に雄大に詠んだ歌が選ばれている。

京の出身である上人は、「うぢのあじろ木（網代木）」を詠まずにすごすことはなかったようだ。

更ぬるかいさよふ波の音さえて篝火くらき宇治のあしろき（「網代」）

網代は冬、川で魚を取る漁具。網代とは網に「代わる」密に組んだ木竹仕掛けをいう。漁が晩秋から冬に行なわれるので、これは冬の詠歌となる。ここまでが上巻である。下巻の詠歌は雑部に至って越路の風景にもどる。

なる神を麓の方に聞棄て雲分のほるこしのしら山（「白山」）

雷の鳴る山より高きに聳える霊峰の神秘、上句の擬人法が下句を無理なく引き出し上・下句の連動を

スムーズになさしめている。直球勝負の多い上人の詠いぶりの中では、やや創作性を踏まえた作品といえよう。

あらし吹松の下柴引むすひ庵となしても年はへにけり（「山家」）

「山家」という詠題があるから、写実的な作品として素直にとらえれば良いのであろう。山家の時間は変わらぬままゆるやかに、しかし確実に経っていくのである。時の移ろいに世の無常感を重ねている。この歌と、

ふたつなき命をたにもかふとへは今の宝は黄金なりけり（「宝」）

という作品は、いかにも上人が僧籍にある身として納得させられる。そこには思惟があり哲学がある。

青海原筏に乗て出たゝむ世には道なしいてこますらを（「孔子」）

哲学的な詠歌に続いて詠史（歴史上の偉人を詠題としたもの）の歌がある。中国春秋時代の思想家・儒教の祖孔子の下野を主題とし、京より越前へ下向した上人自らの身を重ねているようにも感じられる。詠史歌はもう二首「陶淵明」と「源頼政」を詠んでいる。なおこれらの歌は四編下、五編下にある。

陶淵明

うつりゆく代の名も知らす山陰の菊に心を染る秋かな

隠士として世間を離れ酒を愛し花鳥風月、四季の移ろいを友として清く生きた詩人陶淵明（三六五

～四二七）に心を寄せている。曙覧も、「淵明帰去来図」に寄せて「こころみに松撫でさせて君を見れば画にある人に能くこそは似め」と詠んだが、これに比して二人の作風がわかる。つまり上人の歌がいかに大らかなものかということを味わうことができる。

源頼政

木隠くれて見し世の月は晴しかと晴ぬ恨や宇治の川霧

この歌も源三位頼政への同情の念がみえる。上人にとって京は郷里であり、すべてが原風景である。郷里は何人にも棄て難いものであり、冷たくも優しい帰らざる特別の土地である。

さて、あとの四首は、四編に入集した歌である。大方は、自由詠であるが、自然に題材を求めた写実詠が多い。

竹垣に枝さしかはし咲花の木高からぬもひとふしそかし（「竹間花」）

暮にけりあすと契りて帰るさも昨日に似たる小野のみかり場（「連日鷹狩」）

右二首は、やはり王者の作である。庶民の詠歌を感じる要素が全く無い。逆に云えば上人たるべき詠歌なのであろう。

山すみも心の奥を知る人に問はるゝはかりうれしきはなし（「山家客来」）

上人という身分の孤独を語る。上人は人嫌いでない。詠歌は仏法・古典その他、語りたいことは沢山あったであろうが、田舎ぐらしとなれば雅談をする友も少なかったであろう。数少ない友人とは、鯖江藩老の小堀（間部）司馬（巌雄）や、舟津神社神主の橋本政恒・政貞父子など、鯖江歌壇の人々であったに違いない。あるいは同行の僧籍にある方たちか判然とはしないが、上人という身分ある身の「山住」の心境である。

霞たつ野へのかはらの下わらひ折人なしに春たけにけり（「蕨」）

野辺の河原の蕨を採る人はなしに晩春になったという情景のスケッチである。

吹きかはる春風見えて中垣のこなたにのみもちるさくらかな（「庭落花」）

「吹きかはる風」「残らぬ散る花」といった云いまわしは実に類型である。この時代にあっては、堂上歌道において忠実な表現手法であったともいえる。よく歌学を学んだ人の詠歌ということになるのであろう。

以上、『類題和歌鰒玉集』に入集している上人の作品をみて

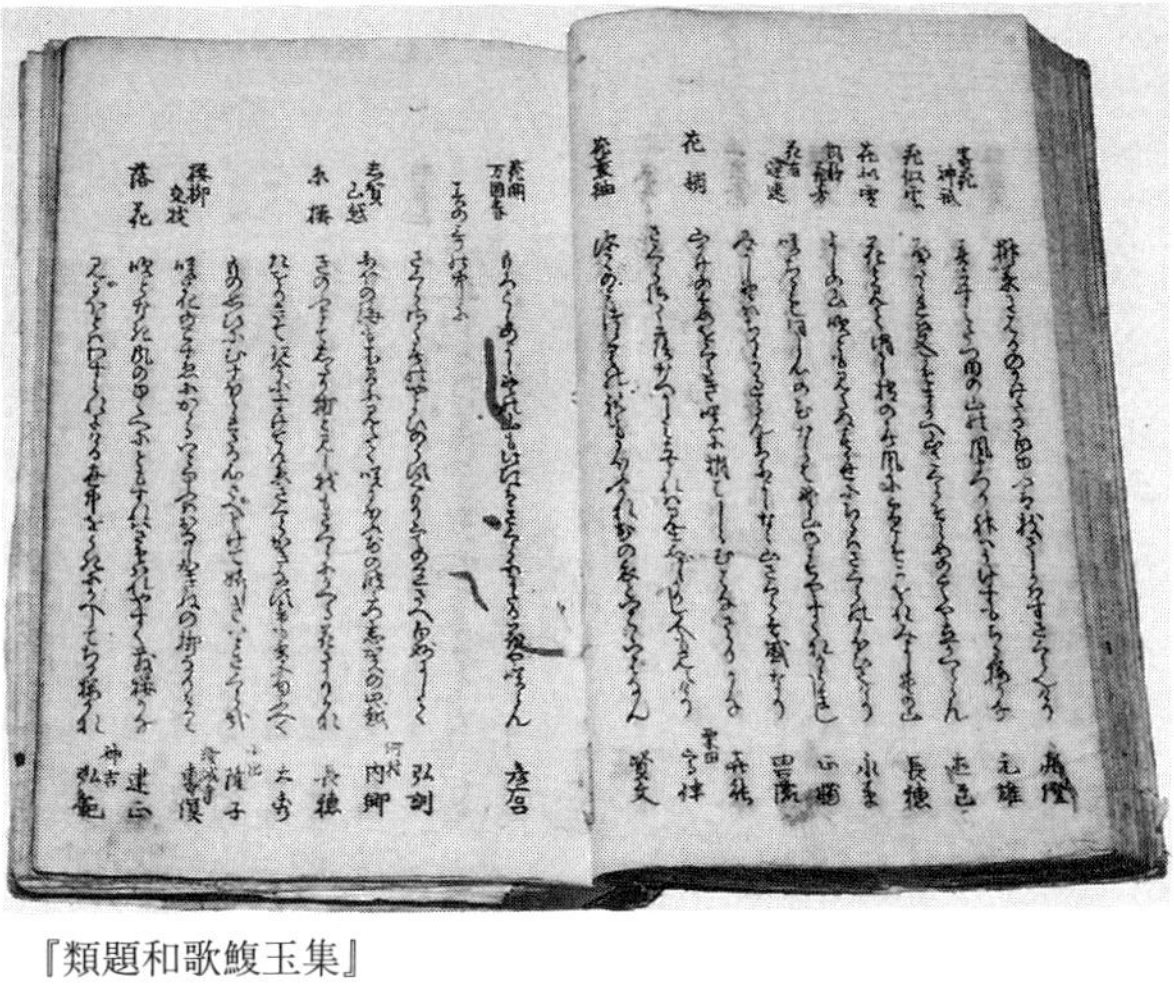

『類題和歌鰒玉集』

来た。先に述べたように「四季詠」「詠史」「写実詠」で占められているが、いずれも堂上歌道の熟練者ぶりを発揮している。この集中の佳作を特に選ぶとするならば、やはり同集二編上にみる、

咲花のこずゑにかゝるいとゆふはおなじかきねの柳なりけり（「桜柳交枝」）

をとるべきであろう。技術的にも秀逸とみられ、上人詠歌の代表作の一首に数えてよいだろう。上人の感性は細やかで丁寧な表現をする。個性がここに光彩を放つといえよう。

四、鯖江歌壇と東溟上人

江戸時代の鯖江歌壇は、社寺中心に展開され、隆盛した。もっとも越前の歌壇については、松平春嶽が『真雪草紙』で、「越前は東西本願寺門徒多くして、大寺の住職は多くは公卿より養子、又は結婚ありて、夫故歟和歌をよむ者寺方に別而多し、士以上に歌よむものはあまりこれなく候」と書いている。しかし、越前には大寺のみならず、神社・武家・豪商にも多詠の歌人が数多くいたのが実情ではなかろうか。

とはいえ、歌のサロンは身分や立場を超越して出会い、歌の同好者が公然と集うことが出来る社寺に置かれたことは、推測できる。また、その証明として、社寺に詠草が数多く伝存していることがあげられよう。幸いにして鯖江の地は名社・大寺に恵まれ、しかも真宗本山を二ヶ寺も持ち、西東本願寺に属

する名刹も少なくはない。当然、春嶽が云うように、当時のこうした現状こそ京都の歌道が移入される要因となっていた。さながら、朝倉氏が応仁の乱後、戦乱で苦悩した公家を迎えて一乗谷文化を華咲かせたように、身分が高くとも家禄の乏しい江戸時代公家の子女の受け入れ先として、社寺とりわけ大寺があったことは否めない。「鯖江歌壇」というものを想定すれば、それは幕末期のみに認められる。なぜならば「鯖江歌壇」の主役こそ誰あろう、東溟上人と舟津神社（鯖江市）の神主、橋本政恒・政貞父子その人たちであったからである。鯖江歌壇の実体は、近年、本山と舟津神社の資料が新出したことにより明らかになって来た。橋本家は、越前の社家中屈指の古い代数を数え、政貞で実に八十四代であるという。現当主で宮司の橋本政宣氏によると、橋本家では、政恒（一七六一～一八三八）その長子政柄（一七九六～一八三二）、三子で政柄養子となったのが政貞（一八一一～六七）、政貞の長子が政武（一八三八～九四）、政柄実子の政住（一八二七～四八）の四代五人にわたって歌人を出しており、本県歌壇史上特記すべきことである。

政恒・政貞等は、上人とともに鯖江社中と称する歌会を主宰している。政貞の編集した詠草集『嘯月集』には、およそ二十名の社友の名がみえており、東溟上人の名は途中からみえる。歌会は、本山と舟津神社および真泉寺で行われた。

舟津神社社家橋本家所蔵の『若草集』は、天保五年（一八三四）十一月より同六年十一月に至る「橋本政貞か家の会」の筆録である。政恒・政貞父子をはじめ東溟上人、鯖江藩の小堀司馬（間部厳雄）ら計十九人が出詠している。

また、天保十四年（一八四三）七月より弘化二年（一八四五）九月に至る「あか家の会」の筆録である『鯖江社中倭謌』には、政恒・政貞・政住・東溟上人・司馬（厳雄）ら計十八人が出詠している。このように鯖江社中は、名社寺・藩士らが社中の人となった二十人未満の歌会であったことがわかる。

このうち政住は、政貞の継嗣となった人で、東溟上人の指導を受け歌人として期待されたようだが、二十二歳でこの世を去った。政住の天逝を悼み政貞と東溟上人が、「哀傷」と題する追悼集を編んでいる。上人は、集中、

政住ぬし、九月十三夜の月をみて、長月の影は最中にかわらねと、よまれし歌の、なかきかたみとなりしときゝて、

と題して、

長月の秋のいまはの身をしりて留し言葉の露そかなしき

と詠んでいる。この歌は、政住の九月十三夜の月をみて詠んだ、

長月のかけは最中に変らねとみる我袖の夜寒なるらん

を受けたものである。この歌を詠じたのち、ほどなく政住は帰幽したとみられるが、東溟上人は政住の

舟津神社

詠歌に上句の巧みさを詞書に記して、その才能の豊かさと、夭逝の無念さを詠まれている。上人のこの歌は、悲しみのあまり下句を類型で流してしまった感がある。正に言葉もない露の身の悲しさを、優しく品良くさらりと類型に詠むことによって、却って無技巧の技巧といった手法が感じられ、悲しさや悔しさの想いもさることながら、詠歌としても深く高い境地に至っていることがわかる。文語の歌でありながら、現代でも涙をそそる力ある歌である。

政貞と東濱上人の交遊は、両者の贈答歌によって窺うことができる。およそ四半世紀、世代でいえば一世代ほど年齢の違う両人（上人は六十歳、政貞は三十四歳）の天保十五年（一八四四）の贈答歌は興味深い。

『橋本政貞詠草』（橋本家蔵）四七丁表に次の如く

見える。

　東溟尊師のよ（余）かいほりを訪せ給ひければ
大寺の柳さくらの錦にはいかてくらへん山かけの庭
　　　　　　　　　　　　　　　　　政貞
　政貞ぬしの柳桜のにしきにはとありけるに
神かきの柳さくらにくらへてははるもはえなきふる寺
の庭
　　　　　　　　　　　　　　　　　東溟

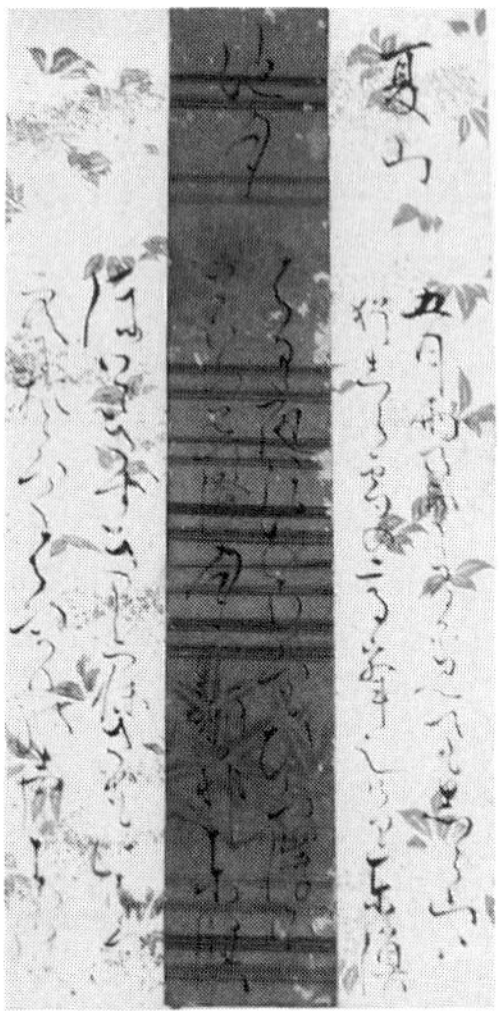
東溟上人和歌短冊

確かに舟津神社は、王山を擁し森厳さの漂うあらたかな深い社叢にある。社殿は現在も社叢にて厳かに鎮まり、「山陰の庭」に誰もがうなづくであろう。本山と上人に敬意を表し、謙虚で礼を尽した快き神主らしい作品である。

これに答えて、上人は「ふる寺」と受け「はるもはえなき」とまで言ってしまう。父子の年齢ほど違う二人の歌人、しかも本山の法主と、名社の神主という立場を互いに敬しながら贈答している姿は実にほほえましく尊い。

五、東溟上人の和歌修業と歌風

東溟上人の歌の流派、系統を明らかにするのは非常に困難である。上人ははじめ京都にあって当代の地下歌人賀茂季鷹に師事したとみてよいだろうが、越前に下向されてからは、さまざまな歌人と交わり、少なからぬ歌の流派を学ばれたとみられるからである。また、本山に入られてからは、堂上、地下歌人の立場から少しずつ時代の諸流に影響を受け、独自の詠歌の創作を試みられたのであろうと思われるのである。このことは本山に残る次の資料や詠草類から垣間見ることができる。

まず、上人は、堂上の二条・飛鳥井・冷泉家の和歌書式や歌道をよく学んだ（本山にはこれら堂上歌壇の歌道に関する和歌書式が伝存している。さらに七夕会の古歌写もあるから、本山で冷泉流の七夕歌会が開筵されていた可能性もある）。その後かそれと並行して一方では公家歌壇以外の歌の流れに興味を持たれたようだ。

それは、本山に所蔵する香川景樹筆の和歌懐紙の書式の写により、垣間見ることができる。江戸後期の京都歌壇は、上人の師季鷹と景樹が最も著名な歌人で、当時の歌壇を二分していたのである（『寄居歌談』）。しかも、人気は、次第に歌道の形式に拘る景樹の方に集中してくる。つまり上人は、季鷹門人でありながら、しっかりと時代の歌壇の動静と流行を敏感に把握し、景樹の流派もきちんと学習研鑽されていたことになる。あるいは、晩年の季鷹は、

其名海内ニ震ヒ、樵夫牧童トイヘトモ、其名ヲ知ラザルハナシ。コ、ニ於テ、詠歌ノ染筆ヲ求ムル

ノモノ市ヲナス。又狂歌ヲ善シテ、人コレヲ争ヒ求ム其門ニ入ル、上、貴介公子ヨリ、下、戯場ノ俳優ニ至ル。名声ノ世ニ高キ、此翁ノ如キハ稀ナリ。

（『国学者伝記集成』所引「鑑定」）

とあるように、その名声は高く、大衆歌人として染筆（短冊など）が大いに民衆に悦ばれたのであるから、上人の公家としての立場や、季鷹の作風変化のとまどいから、除々に、季鷹の詠歌から離れていったのではなかろうかと思う。

更に本山に入られてからは、京や江戸を通じての歌修業は、困難であったとみて良いだろう。また、越前には、景樹門人に乏しく、景樹の門人帳（『桂園入門名簿』）を閲る限りでは、文政十一年（一八二八）正月以降入門の三国湊妙満寺僧是妙一人しか確認できない。越前における歌壇の流れは、当時、伊勢の神主足代権大夫（弘訓）の門下と、飛驒における宣長門下田中大秀の門人たちが主に活躍していた。上人は、両派の歌人たちと研鑽を積んだ、越前に来られてからは、中央歌人との交流よりも地元社中の人々と歌会を開き、歌を楽しみ歌に苦しみ、研鑽を積んだのであろう。それは、まず先に触れたように舟津神社神主橋本政恒と研鑽を積まれている。

また、大秀の門人たちとの交流は、直接飛驒の歌人たちであることが本山の資料で確認されている。飛驒の中心高山は、幕府直轄領の天領であった。また、飛驒陣屋の管理下にあったのが天領たる越前府中に近い本保（現、越前市）であって、飛騨歌人との交流は越前にあっても容易であったとみられ、そのようなつきあいから上人は、飛騨高山の名代官大井永昌の顕彰碑文（草稿）を執筆しているのであろう。本保と本山とは近い距離にあるので、上人を慕って来訪する飛騨の人々も多く、とりわけ文人との交流は盛んであった。嘉永四年（一八五一）には上人が高山を訪れ、彼地で歌会が開かれている（富田礼彦『公私日次記』）。また上人は高山の「車田」を訪れて詠歌を遺している。

飛騨歌壇の歌人で上人が交流を持ったとみられる人々は、本山所蔵の短冊・懐紙により知ることができる。それによると、高山の蒲八十村とその子幸言、古川の佐藤泰郷・野村健平・加藤弥尋・後藤重郷、古川神官の河合清魚ら、いずれも大秀の門下に連なる歌人・国学者たちとの交流を確認することができる。また大秀門、山崎弘泰門弟であった小野高堅との交流は特筆すべきであろう。高堅（鶴二郎、号＝橘園）は、高山陣屋にいた幕臣で、ちなみに彼の異母弟が、幕臣で剣客・文人として著名な山岡鉄舟（鉄太郎）である。高堅は、丹生・南条・今立・大野郡のうち百七十五ヶ村あった天領を所管する郡代高福の子であった。

このように上人と飛騨高山・古川郷の大秀門人との研鑽交流をしのぶことができる。大秀自身も、弘化三年（一八四六）五月の福井来遊の時は、同月十七日に福井で大秀七十歳の祝宴に出席ののち、二十六日に敦賀へ向かうが、その途路、本山に立ち寄っている。これらの旅日記の詳細は、蒲八十村と山崎弘泰が、各々書き残している。しかし、大秀が本山に参詣した際は、あいにく上人不在であったようだ。上人は、嘉永四年（一八五一）五月九日より八月十四日の長きにわたり遂に飛騨に遊ぶ。この時、大秀の門弟らや高堅・鉄舟らに案内され、歓迎を受け、歌会が開かれた。上人帰国の際も十六名による歌会が開かれた。社中のメンバーは、蒲八十村・野村健平など、大秀門下の高弟たちであった。

このように上人の国学歌学の学統は季鷹にはじまり、冷泉・二条・飛鳥井といった堂上の伝統的歌学や桂園派の祖香川景樹の厳しい歌学をも学び、やがて本山等を中心に、鯖江歌壇や、飛騨歌壇との交流による和歌研鑽を積んでいったのである。

鯖江歌壇・飛騨歌壇とも、その源は、本居宣長の歌学・国学に連なるものであるから、本山法主新任以降の上人の歌学・国学は、本居学を学び研鑽していたことになろう。本山所蔵の短冊には本居春庭の門下で、越前に古体歌を齎したとされる八木静修（鏑木尚平）の短冊もあるから、上人が本居学や鈴廼屋派の歌人たちと懇意でともに研鑽をしたことは間違いない。また上人は、橘曙覧の友人で、しばしば曙覧の詠歌に登場し、自宅桃荘で、曙覧と歌会を開いた福井藩士で曙覧門の辻春生が、上人と交流があったようで（本山短冊）、上人は越前の天領・鯖江のみならず福井藩の大秀門下との交流をも持たれていたのである。

さて、東溟上人の作品を、本山所蔵の『東溟家集』（計一七三〇首、但し重複を含む）により何首か秀歌とみえるものを鑑賞してみよう（以下、歌は本文のまゝ引用する）。

苗代蛙

月カスム苗代小田ノユフ去ハアセコス水ニカハツ啼也

※「小田」とは、小さな田ではなく、よく手入れがなされた耕田。上句は説明的だが、下句の細かな視線が絶妙である。

三月廿日アマリ、足羽社ニテ花ノチルヲ

足羽山サクラヲサソフハルカセニ神垣コユル花ノ白浪

※福井の足羽神社境内にあるシダレザクラ（糸桜）を詠まれたもの。神の徳が、サクラの花となって神垣さえも越えておるという、社頭における信仰的な作である。

燕

アハレナリ傾ク軒ノ古巣ヲモフルサテ通フ春ノツバメハ

※この歌には、下句を「又モカヨフツハメハトモ」と一案を併記する。ここにも小動物に対

する上人の心優しき視線がある。

鶯

吾園ハ梅ト柳ノ多カレハヨソニウツラヌウクヒスノ声
※面白い歌である。少々狂歌を思わせるタッチであるのは、師季鷹の影響が窺い知れる。

夕顔

夕顔ノ花サクシツカ竹垣ハヒトフシ有テ見ユル宿カナ
ヒル顔ハアシタユフヘノ草ノツユニヌレジト思フ花ノ心カ
※いずれも花の咲く時刻に哲学的な叙情を詠っている。上人の「サトリ」の歌であるが、釈教歌的ではなくむしろ神道的叙情である。

蝸牛

争ヒノ心ノハシハ見セ乍ラモノソコナハヌカタツフリカナ
※角があり争いを好むように見えるが、何も傷つけない蝸牛の姿に感動する。上人の感性が

光る作品である。

禁中早涼

宮人ノ袖ノ涼シサイカナラム一葉今朝チル桐壺ノ秋

※公卿の詠歌である。宮人にしか作れない越前では上人ならではの作。

野虫

狩人ノ帰ルスソ野ニ聞ユ也鷹ノ尾フサノ鈴虫ノ声

※鷹狩の鷹の尾には鈴をつけるが、歌はそれを詠んでいるのではない。狩人が帰る時に鷹の尾の鈴ではなく鈴虫が鳴いて狩人を送るのである。生を殺める狩人と、生命の声で送る鈴虫との対比が面白い。狂歌までは至らず、むしろ弘訓の歌いぶりに近いと思った。

真実信心・必具名号

後ノ世ヲ弥陀ニマカセシ人ナラハ心ニ思ヒクチニトナヘシ

元暁遊心安楽道云　故知浄土宗意本為凡夫兼為聖人

オロカニテ下ノ下ナル人ヲマツ救フミノリハ弥陀ニ限レリ
カシコクテ自ラサトル法ノ師モ猶コソタノメ弥陀ノ誓ヒハ

※法主らしい堂々たる釈教歌である。釈教歌は同行に説き聞かせるのであるから、万人の解かり易い歌でなくてはならない。

厳雄主ノ越後送行ニ

親シラズ子シラズトキク荒礒モ君カ往日ハ風ナギヌベシ

※歌友小堀司馬の旅の安全を祈る。下句で厳雄（司馬）の通る時刻は、親不知・子不知の難所の波よ優しくなってくれよというのである。上人の友人の無事を祈る素直な優しい気持ちが伝わってくる。

渥美友尚テフ人ニ見ス

千サトユク駒モアカキニ心セヨ高クサカシキ世ノナカノ路

※世の生き方を説く。友尚は、友鷹のことであろう。福井藩中級藩士金津奉行を歴任した渥美家の人である。渥美家は代々好学で歌をよくした。友尚の先祖には足羽（牧田）敬明を、

家族からは、中根雪江を出している。

最後にいま一つあまりにも著名な上人の墓碑にもある辞世の歌がある。

来よとよびゆけとすすむる父母のをしへのままに南无阿弥陀仏

※上人にとって「父母」とは誰なのか。幼き頃より養子を二度も経験された上人は、実父母の非常なる愛情に育まれて成人されたとは思えない。ただ、父母も人である。生あるものには必ず迎えがくる。現世で、充分父母の愛を受けられず、孝養を尽せなかった上人は阿弥陀仏のもとに参ることによって初めて果たせるのであろうという心境を詠まれたものととらえたい。お浄土は悲しみの地にあらず、再会の地であるということであろう。

これらの秀作を見ていくと、花鳥風月に題材を求めながらも、優しく、細やかなる上人の人柄がよく詠出されている。心和ませる優しさと品性が光る。短冊の一枚一枚や歌幅の歌を上人の書とともに鑑賞するのに実によく適している。

第三節　東溟上人の遺作

一、東溟上人の著作について

本山證誠寺は幾たびの火災によって資料の多くが焼失した。このとき東溟上人の遺稿も無くしたと思われるが、幸いにも遺された著書や上人自筆の歌集、書簡、日記、更に紀行文等に類する記録や随筆などからは、上人の宗教家としての深い信仰や学識、更に文学方面の豊かな学才がうかがわれる。また、宗徒の尊敬していた上人の有りのままの人柄や、諸方面に造詣の深かった上人の志向や、面目が最もよく表われている。

東溟上人には歌集の外に学術的な研究書がある。『古泉年表』や『尚古年表』等が代表的な著書であるが、所在は今もって明らかでない。しかし、本山の本廟にある上人の墓銘に「所撰之書、尚古年表等若干巻」と刻され、尚且つ小野高賢（高堅）から上人宛の書簡に、

尊輯、古泉年表、尚古年表等、逐々御指送り、恩借被仰付候、欽仰之至に御座候、今便、第四巻之二帋、御模写被下奉拝閲候、於千歳之下、遠き古を目捷之間に諦見仕候、莫太之御勲功、奉感服候、

（斎藤孫右衛門氏蔵。読点は筆者による）

とあるので、これらの著作の存在は確かであろう。

ところが、現在、両書ともに現物の所在が不明であり、本山の火災で焼失したのかも確認し難く、今のところ披見し得ていない。

右を『補訂版 国書総目録 著者別索引』（一九九八年、岩波書店刊）によって検索すると、「東溟（とうめい）、（善超・越山老樵）」の項には、『東溟家集』以下、上人著述五種目の記載があるが、上人の『古泉年表』と『尚古年表』の書名は記されていない。前記『国書総目録』によると、同じ書名の『尚古年表』（山元隠倫編）があり、編者の姓が本山の山元派と関係があるかと思われて、その所蔵機関に依頼して調べたところ、国立国会図書館の『尚古年表』（山元隠倫編）は七冊と四冊本（風俗絵巻図画刊行会）の二種類。京都府立図書館には大正十年、入田整三識の『増補尚古年表』上帙、巻一～巻四（吉川弘文館）がある。しかし、共に東溟（善超）上人の編著とは別本のようである。因みに前記の「著者別索引」によると、同名異人の東溟なる人物が多いので書名と共に調査は複雑であった。本山の東溟上人による両書の所在探索と調査研究は今後に期したい。

本山には懐紙様式の一紙に揮毫されている上人自筆の詠歌や、『漫遊草稿』など、諸記録の中に上人自筆の詠草が散見せられ、更に、前後が散佚されているが、全十四紙にまとめて綴られている自筆の詠草歌、約六十七首もある。これらを集計すると百数十首にのぼる。また、本山蔵、上人自筆の『東溟家集』の外に、福井大学図書館には『東溟家集・雑部』や『東溟家集・夏部』があり、両者の重複歌を差し引いても一千余首になる。更に春や秋の部の家集もあったと考えられるが、これらは別としても、東溟上人作歌総集編の作成には、これらと上人の自筆本である『東溟家集』との校合が俟たれよう。

私的な書簡としては、本山に上人自筆（弘化二年〈一八四五〉十月念一日付、帰山雅君高堂宛の芥川帰山に対する書信がある。釈迦如来像光背の銘文作成について帰山に講評を請う依頼状であるが、前項で詳述のように謙虚で真摯な上人の人柄がよく表われているので貴重な書簡である。既に全文に解説を付記した著書がある（『東溟上人』、法水光教著、昭和五十年十月、横超山道明寺発行）。

次に、本書の史料篇に収録の三編について記す。

五一、越前海岸漂着銭貨詠

五二、楠木正成懐古記

五三、粟田部福田氏蔵石剣詠

これらは、共に画箋の一紙による上人毛筆の文稿と拓本。文才豊かで、上人の好古趣味、考古探究の志向や先人顕彰の誠意、上人が高唱の「四恩（父母の恩、衆生の恩、国王の恩、三宝の恩）」の思想が本文にも和歌にも遺憾なく表われている。また、主張の本文は和歌に対する長文の「詞書」となっていて、歌物語と考えられぬこともない。

五一は、拓本である。直接の原拓ではないので全体の寸法は不明。碑であったのか、それらも不明。

弘化三年（一八四六）、上人六十二歳の書。『古泉年表』を著した上人にとっては好個の題材と言えよう。「此の国をうしはき（統治する）給ふ　君のうるはしき（美しく、みごとな）政に愛で、海原しらす（お治めになる）神たちの捧げしにやあらん、又、その所の民どもをあはれみて授けしにやあらん」と謳い、短歌の「君のみかげ（恩恵。み恵み）のたふときぞかも（尊いことだなぁ）」で結んでいる。

五二は、嘉永四年（一八五一）の作。上人六十七歳。縦三二・五糎、横四六・〇糎。画箋一紙。後醍醐天皇や権中納言藤房をはじめ、忠臣楠木正成一族に対する懐古敬仰の深意を示した文章。文中にある歌は『東溟家集』に収録されている。

楠公

もののふのまことはあせずみなと川帰らぬ水のあわと消えても　東溟

五三は、嘉永六年（一八五三）。このとき上人は六十九歳。本文の記事に、これらは粟田部の福田氏に伝わっていて、同氏に与えたようになっているが、いまこの遺墨は本山に現蔵されている。縦三〇・三糎、横七〇・五糎。晩年の作品。本文の最後に、これらの「神たから」は「君が代まちてあらはれにけり」と、上人が四恩の一つと称した君が代を讃えている。

『越前海岸漂着銭貨詠』（部分）

五一図の拓本によってみるに、上人の能筆は和歌の師である賀茂季鷹の書法を受けたといわれるが、上人は法主として、また国学者、歌人として、漢字と仮名を溶け合わせて渾然と融和一体化した和風の、上人特有の書体を確立した。鷹揚で大胆大振り悠揚迫らざる書風であるが、芯は極めて強靱、文人や書家とは異り、高僧として、また公卿としての気品と風格を備えた書風といえる。

上人の遺墨には、半折や全紙による法語や和歌が多く、殆どが画仙紙で唐紙は見当たらない。漢字も和様化されているが漢字による作品は極めて稀で、禅語による一行物の如きは皆無のようである。この図版による作品は文面や書写の様式はもとより、文字の配置や空間との調和均整を図った代表的な書作品の一例として掲げた。

次に、まとまった作品として『漫遊草稿』と『うの花日記』について記す。

二、『漫遊草稿』

表紙の中央上部に「漫遊草」と記し、少し離れた左下に「稿」とある。美濃紙を二つ折りにした横長の袋帖綴で、大福帖型の一冊。縦一五・三糎。横三八・〇糎。全四十一丁。但し、十七丁より三十九丁までの全十三丁の表、あるいは裏は白紙であるが、多くの挿入紙がある。表紙の右肩に「文政二年己卯」、右下に「天保二年迄　十三年也」と記され、全文すべて上人の自筆になる。文政二年（一八一九）

は上人三十五歳、天保二年（一八三一）は四十七歳の時である。『漫遊草稿』は、この間に写し直された大和巡遊の旅日記で、旅行中の行動や出来事、見聞や感想などを記した紀行文に併せ、その間の詠歌や応酬の和歌が収録されて、一つの歌文集ともなっている。

まず、その旅程の概要を記す。

『漫遊草稿』の冒頭に、今年の内に何とかして大和・河内の、あちこちの名所を巡訪したいとの思いから、帰る日も定めないで、文政二年四月二十四日、本山を出発した、とある。

当日は今庄の門成の家に泊まり、物語などをして夜を更かし、翌二十五日早朝に出発、その日は柳ヶ瀬に宿泊して、名残を惜しむ歌数首を詠んでいる。

　柳ヶ瀬の関の山川音高み夢もむすばず明けぬこの夜は

　山川の清きをみても柳ヶ瀬の関にとどまる我が心かな

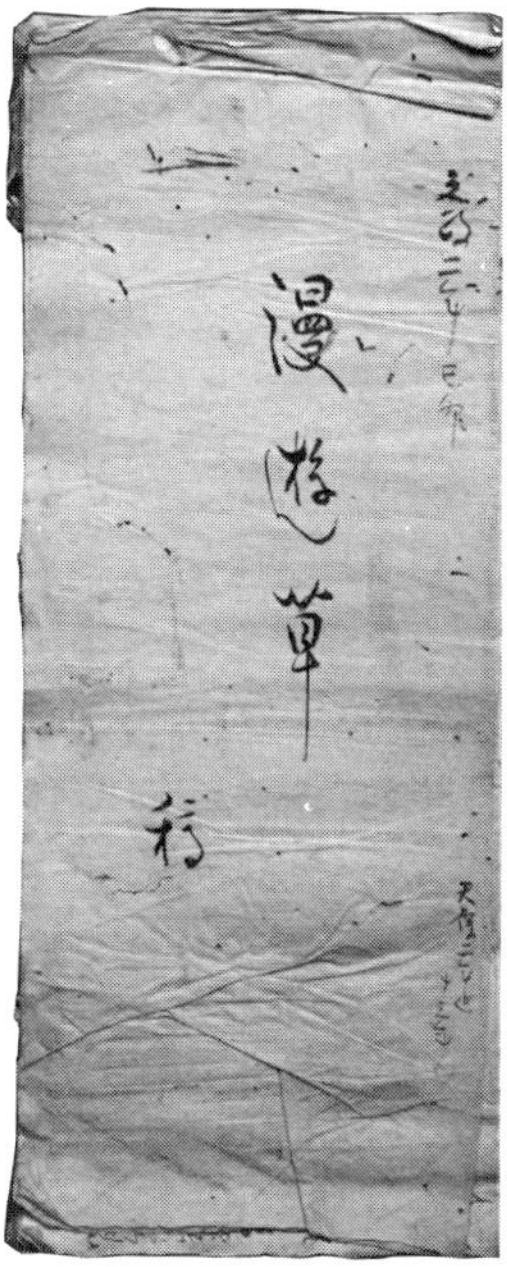

『漫遊草稿』

二十六日は主人に誘われて、吉祥庵に立ち寄り、菅山寺に詣で、また名にしおう志津が嶽にのぼり、二十七日に木本を通過、二十八日には資枝卿（日野）の五節の詠、真淵翁（賀茂）の書を見る。また大嘗会屏風の和歌一巻を写し、夜に入りて歌会を催す。二十九日は、彦根に入りて歌会。三十日早朝に出発して東大寺・金堂の鴟尾のことを書いた一紙を写す。閏四月朔日、専宗寺を発って老蘇の森の奥石神社に詣でる。四月二日、草津の駅を出て三井寺に詣で、四日に黒谷、六日に真如堂、七日には小倉中納言豊季卿のもとで和歌を詠んでいる。九日には難波に行かんとして、先ず東福寺に詣でて、十四日には河内の国に入り、十六日に南都に赴き、東大寺、更に三月堂、元興寺に詣で、十七日に郡山城下に入り、法起寺、法輪寺を巡りて法隆寺にいたり、次いで竜田明神に参詣。二十二日は当麻、妙見寺、二十三日には摂津にまわり住吉の社頭にぬかずき、二十四日の明け方に山城伏見に着いて岡崎に宿る。五月四日、小倉豊季の家の歌会に招かれ、上賀茂の競馬を見て、十一日には紫野で折句を作っている。北野の里では「社頭祝」の歌を詠み、五月十八・二十一の両日と、六月朔日には漢詩を試作する。帰路の六月十二日には越前角鹿の石塚資元に対面して、物語などをしたとある。このころ、旅の疲れによって体調をくずされたようで、気比の神社では次の歌を詠んだ。

神垣の木の間に澄める月みれば身のいたつきも忘られにけり

六月十三日の朝早く角鹿を出発、同日の午後八時ころ、横越本山の山元の庵に無事安着。まさに閏月をはさんで合計八十一日間にわたる詳細を極めた旅行記録であるが、明示されていない日程もあり、最後は、「天保二年の秋、改めて写し直した、魏操の故事によって、この記録は鶏肋日記とも名づけようか。どのような内容か、今になってみると、いぶかしく思われる（大意）」と、結ばれている。

なお、「鶏肋日記」とあるが、「鶏肋」とは鶏のあばら骨のこと。食するほどの肉はないが棄てるには惜しい、ということで、価値は少ないが捨て難いことをたとえたもので、上人の謙辞にほかならない。

『漫遊草稿』で特筆されることは、次の諸点である。
○歌人としての歌日記による紀行文で、応酬の和歌のほかに「愚詠」と記した上人自詠の和歌が多く、歌人としての面目がよく表われている。
○行く先ざきでの行動や人物名、更に地名や宿泊所名、その他の諸事が克明に記されている。諸般の事情を記録に残すべく意識しておられたのであろう。貴重な記録といえる。
○歴史的に著名な多くの名所や旧跡を実地に踏査した見聞録でもある。加えて、旅先で実見した碑文や器物などの一つ一つを丹念に拓本にとって、広く蒐集し、それらについての歴史や解説が付記されている。歴史、民間伝承、博古学などの広範囲にわたる蘊蓄の深さや趣味の豊かさがうかがえる。
○五月には上人と大徳寺大綱長老（宗彦）との和歌の唱和が頻繁に行われている。また、お互いに技巧をこらした「折句」を詠んでいる。
「夏椿（な・つ・つ・ば・き）」の五文字を各句（第一句〜第五句）の最初の一字に折りこんだ「折句」の一例をあげる（五月十一日詠）。

永（なが）く代に　つたへざらめや　筑波山（つくばやま）　はふるまにまに　きみが恵みを
東溟

これに対して、大綱長老からは同じ「夏椿」を詠みこんだ「折句」の返歌が贈られた。

夏（なつ）も猶　露（つゆ）置そへて　椿（つばき）さく　はこやの山の　君（きみ）ぞ久しき
長老（大綱）

なお、技巧をこらした和歌には、前述の『東溟家集』に、物の名を詠み込んだ「物名歌（物の名。隠し題）」二首がある。

○漢詩の試作がある。上人の漢詩は珍しく、殆ど知られていないので敢えて書き添える。「詠詩のことは全く未知であるが、強くすすめられたので、今日、初めて〝詩礎〟を見て平仄をあわせ、「客中早涼」という題で七絶を作って、小倉豊季卿の教えを受けた（大意）。」との前置きをした次の数首に仮訓と試訳をつけて紹介する。

驟雨始収蜀鳥啼　　驟雨始めて収まり蜀鳥啼き、
半窓夢月照幽栖　　半窓の夢、月幽栖を照らす。
枕辺説認秋涼早　　枕辺に説認す、秋涼の早《すみ》やかなるを、

頻撫客衣至暁鶏

頻りに客衣を撫して、暁鶏に至る。

（五月十八日詠）

にわか雨がやっとおさまったかと思うと、ほととぎすの鳴き声が聞こえ、窓の端《はし》からは夜半の月が、人里《ひとざと》離れたこのわびしい住まいを照らしている。枕もとに、秋の涼しさが早くも押し寄せて来ており、旅の衣《ころも》をしきりにさすっていたら、いつしか鶏が夜明けを告げた。

鬱々松筠擁梵宮
行詩黙坐聴清風
塵埃豈染禅師榻
為我慇懃説皆空

鬱々たる松筠、梵宮を擁し、
行詩黙座して、清風を聴く。
塵埃豈に染めんや、禅師の榻、
我が為めに慇懃に皆空を説く。

（五月二十一日詠）

こんもり茂った松や竹の林が寺を取り巻いており、詩作にふけって黙座していると、林をわたる清らかな風の音が耳に入ってくる。俗塵も禅師の座所には及ぶことがなく、人の世はすべて空なりとねんごろに私に説く。

偶訪雲林五月天
雨余禅苑緑苔鮮
清談暫絶涼門晩
閑坐北窓聴杜鵑

偶《たまさか》に雲林を訪う、五月の天《そら》、
雨余の禅苑、緑苔鮮やかなり。
清談、暫く絶たん、涼門の晩《くれ》、
北窓に閑座して、杜鵑を聴く。

（五月二十一日詠）

たまたま、五月のある日、林間の寺を訪れたが、雨あがりの寺の庭には、緑の苔が一きわ映えていた。

清談に打ち興じているうちに、日は暮れ、いつしか涼気に包まれているのに気付き、ひとまずこれにてと、北窓に静座していると、ほととぎすの鳴くのが聞こえてきた。

○神祇の和歌

『漫遊草稿』には釈教歌、法悦の歌や、寺院を詠んだ歌の外に、神社参詣の詠歌や、「神祇」と題した歌が多い。

○神垣に年へし松の言の葉は聞きても見てもかしこかりけり　（五月七日詠）

○〔神祇〕

皇神のしづもりいますさくすずのいすずの宮は万代までに　（五月九日詠）

○君がよを守る北野の神垣や千本にまつるときはかきはに　（五月十一日詠）

社頭での詠歌は『東溟家集』にもあり、遺墨、その他にも神祇関係の歌が多く詠まれている。

○本書中に「◎図は付録」とあるが、現在のところ不明。また克明な日付が記されているが、飛ぶ日付が多い。

○『漫遊草稿』の以後に、これに類する紀行文はものされていない。恐らく上人本願の布教活動のほか、本山の復興、再建などへの専念によってそのいとまを見出し得ず、経済的にも遠慮して旅行を差し控えておられたのであろう。『東溟家集』の上梓を見合わせたことも、これらの事情によるものと思われる。

○なお、『漫遊草稿』には、上人の宗教家としての信仰・学識の深さのほか、有職故実や民間伝承、博古学などの各方面にわたる学識、歌人としての感性の豊かさ、加えて漢詩への志向など、上人の教養の広さ、蘊蓄の深さ、高い見識がにじみでており、上人の本領躍如たるものがある。

三、『うの花日記』

東溟上人の手稿本である。縦二三・二糎、横一五・八糎。和装袋綴。貼付した五、六葉の挿入紙を含めて約四十丁より成るが全面が白紙、あるいは記事の全部が抹消されているところもある。

表紙の左側の上部に打付書で「宇の花日記」とあり、右肩に「天保九年之夏」、「歌ノ分相済ノ事」と記し、その下に「駿台雑話ノ抜書、光秀女ノコト」の添え書きがある。

表題の「宇の花」は「ウツギ（空木）」、また、その花の異名である。初夏の代表的な風物の一つで、卯月に咲くので「卯の花」とも書く。その白く咲き乱れるさまは『万葉集』以来、雪や月、波などにたとえて詠まれて来た。この

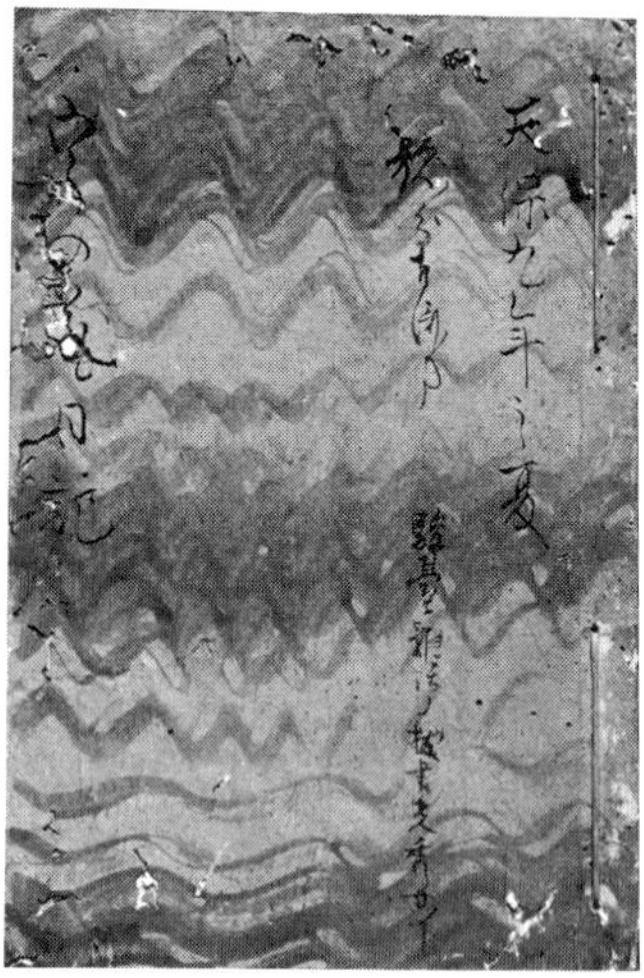

『うの花日記』

日記が夏季に記録されていることから、「うの花」を書名にしたものと思われる。

この日記は東溟上人が京都巡遊の時の記録で、堂上方と往来している記事が多い。成立の天保九年（一八三八）は、東溟上人、五十四歳。三十五歳の時に起草した『漫遊草稿』の紀行から十九年になる。これは天保九年（一八三八）四月、京都所司代となった鯖江藩主間部詮勝侯（号、松堂。一八〇四～八四）が上京のとき、これまで朝廷や堂上関係と深い関わりのなかった間部侯のために、小堀（間部）巌雄を通じて堂上方との紹介斡旋の労をとり、接触融和にあたられたことによるものと思われる。本山に現存の松堂侯自筆による七言律詩の長条幅は侯との関係を物語っている。

表題に特記されている『駿台雑話』は、江戸時代中期の儒学者室鳩巣（一六五八～一七三四）の随筆

集で、題材は歴史に関する考証など多方面にわたり、貴重な文化史の史料となっているものであるが、上人は、後に述べる藤原貞幹の多くの著者と共に、広く耽読されていたようである。

『うの花日記』の内容は、表紙の表題に示されているように、日記、紀行、随筆の形態で、日毎の行動や贈呈品の目録が詳記され、訪問先の人名や地名なども克明に記されている。

また、上京の際の携行品や進上用として記されている物品名については、その産出の地名から製作者、販売の老舗名、購入や持参品の分量までが詳細に記されていて、上人の几帳面な性格をしのばせると共に、当時の世情がうかがわれて興味深い。本文や貼付の付箋には、今出川家や鷹司家、大徳寺大綱長老、季鷹家等への進物の付記がある。

上納品の外に、上人ご自身の「相携物」として多くの書籍類が列挙されているが、この中には東濵上人の著作と思われる『文案余塵』、『旅袖文雅』、『梅窓慨言』、『梅窓続詠』、『梅窓集稿』などがある。

さらに、「以下路用」としての多くの品目が記されているが、特に越前福井の特産物として手漉き和紙の名が並んでいる。京都の公卿や多くの学者文人たちに喜ばれたのであろう。そのうち、懐紙では打曇が最も多く、「打曇五十枚」とか、「打曇五十葉」の例がある。次いでは奉書、小高檀紙の順となる。短冊は百五十枚とか二十打とあり、色紙（タテ六寸五分、ヨコ五寸九分、金の注文付き）、扇子などが、これに次ぐ。また、衣類の品目も多く記されているが、食品としては、これも福井の特産ともいえる雲丹が多く挙げられ、「一合入二十曲」とした記事がある。これに「干鰈二十枚」などが続いている。

また、「骨董集抜書」と題した項目の中には語源などの考証がある。諸書の学説を引用集成した学術的な研究で、上人の国学者としての面目をうかがわせる。例えば、「雛ノ仮字ノ事」、「ヒ、ナノ名義」「雛遊ノハジメ」、「ヒイナ艸」、また「後妻（ウハナリ）」、「歌舞伎」、「酸醤ヲ吹ナラス事」、「虫ノタレ絹」、「伊勢ノ風呂吹」、「竹馬」、などがそれで、多くの古典を根拠として詳細な検討がなされている。

因みに、東溟上人は藤原貞幹（一七三二～九七）の随筆や、「集古図」と題した巻軸装仕立ての長巻図数点を収蔵し、本山に現存されている。貞幹は京都の人、江戸末期の考証学者で、国学、有職故実、古文書、金石文等に長じた。著書に『好古日録』、『好古小録』その他があり、金石、書画、銭貨、銘文、衣裳、紙類、錦類、墓碑、瓦当、調度品、諸器具、その他、広範囲にわたっての考証に及んでいる。

上人が遺された多くの記録や遺品に見られる上人の広い趣味好尚、学問研究等は、余りにもこれらと軌を一にしており、その一致には驚嘆せざるを得ない。

『うの花日記』の表紙に特記されている光秀の娘のことは、当書の巻末に『駿台雑話』に記載の全文が収録されている。要約すると、「主君の織田信長を弑した明智光秀の娘は、羽柴秀吉に滅ぼされた父のあとに捕えられたが、娘は、「われ一命を惜しみて夫家の辱をのこさじ」と言って自刃し果てたという。逆臣の娘に、このような貞烈の人がいたということは、今の世にはめづらしく、さすがに立派だと云い伝えられた」と、貞幹が光秀の娘を褒めたたえたという内容である。この娘は、洗礼名ガラシアで知られる細川忠興夫人である。

なお、『国書総目録』には東溟上人（善超・越山老樵）の著書として『東溟家集』の外に『決疑篇』、『文案のちり』、『文案余塵』、『和讃手爾遠波考』等があり、その所蔵機関も詳記されている。また、前記の『旅袖文雅』、『梅窓慨言』、『梅窓続詠』、『梅窓集稿』その他も未詳。ともに後日の調査研究に俟ちたい。

第四節　東溟上人の書蹟

一、書の見方

筆跡、それは個性の表出であるという。古来「書は人なり」と賛美され、筆跡にはその人の個性が端的に見てとれると言われてきた。その人の筆跡をじっと見ているだけで、好みや性格等、その人の日常の像容が描けるという。いわば占術的だといえるこの見方は、およそ対象となる人物の史的事実がおよそにも判明している場合にこそ、大きな力を発揮するものである。生涯にわたる事歴やその時代の背景などを参照しながら、筆跡個性の示す方向性を読み解くものである。

このような考え方から見る筆跡とは、「書」という美的側面を備えようが備えまいが関わらないものだ。だがここで敢えて重んじる視点とは、「書」という文字の記号的表現が、本来の意味で主張する造形美を重要視するものだ。

歴史学ではなく美術という観点からいえば、作品としての書表現は、文字資料としての機能に優先して、造形美の魅力を働かせたものであるといえる。そこには必ず時代の美術に貫通した美意識が反映されており、あるいはそれまでに生み出されてきた様々な美的表現の要素が発展されて、新たな美を創り出している場合さえあろう。書もまた、時代の需めに応じながら、より豊かな個性を発揮しようと、今日まで発展してきたものである。

さてここに取り上げる東溟上人の遺墨は、以上の立場から見るに、江戸時代後期の知られざる貴重な書作品である。当時流行をみた数々の書法を体得した風が容易に窺え、また和歌を書く筆法においては、一つの型を独自に生んでいる。こうした些かではあるが、上人ならではの書の創造は、いかなる要素をもって完成を見たのであろうか。以下、上人の遺墨を掲げ見ながら、その個性の在処と魅力の特質について、概略解説を施してみたい。

二、鍛錬と基盤

東溟上人は、京都西園寺系公家の家に生まれ、のち今出川家の猶子となった。證誠寺ご入山までの京における学習環境はいかなるものであったのか、詳しくは不明ながら、およそ通例に従えば漢詩・漢文学、和歌や古典などの基礎的な教養は必ず身に付けておられたであろう。書の鍛錬については、おそらく公家・武家通じて基本となっていた持明院流、御家流、大師流等の書法から入ったであろう。加えて当時における漢字ブームの隆盛からみれば、俗に唐様と呼ぶ中国・明清時代の書に筆法を倣ったり、あるいは石碑から採られた拓本などをもって東晋時代の書聖・王羲之の書法や唐時代の崇高な趣の書法などを学んでいたであろうことも容易に想像される。これらは全て書の学習においての基本的な手本とされるものであり、今日に至ってもなお同様の学習方法が取られている点からいえば、仏教における根本教典のような存在のものばかりである。

では東溟上人の漢字書やかな書をこれらの名筆群と比較して見た場合、どうであろう。鍛錬された筆線の力強さや、線状に見られるゆったりとした息づかいの余裕に、本質的な力量が認められ、やはり基本的な型に則った鍛錬を行っていたであろうことは自明である。ただしその個性的な表現においては、美の規範との相関性は希薄であるといわざるを得ない。このような判断を下す理由の一つに、名筆に倣った臨書作品が伝来しないことがあげられる。何を手本としたかが明らかであるならば、比較すべき情報も明白、しかし現状では、比較すべき情報が欠如しているため、明確な答えを引き出すことが難しいのである。二つめの理由には、伝存遺墨すら少ない状況があげられよう。年代を追って書風展開を吟味できるだけの作品量が伝存しない今、つながらぬ線をつなげる為には、上人の置かれていた環境そのものの分析から、さまざまな影響、受容関係を想定し、時代背景とともにすりあわせてゆくことが、書風の特徴を解明するための最も相応わしい方法ではないかと思われる。そこで東溟上人が何を見て、それをどのように受容したかという視点から、上人の作品と周辺人物の作品を隈無く見てゆき、いくつかの方向性を見出してみよう。

三、上人に影響を与えたさまざまな書風

東溟上人の遺墨の中で最も若書きのものは、入山直後の文化六年（一八〇九）作と思しき和歌懐紙「いにしへの春」歌幅である。美しい藍の打曇紙に漢字かな交じりで書かれた和歌は、いわゆる御家流が個性的に書かれた書風を呈している。筆の運びは抑揚強く、ゆったりと運ばれるもの。ただし曲線の書きぶりでは、手首の俯仰がリズミカルに繰り返され、線状にうねりが認められる。造形的には右上がりを強調して用いるところから、字形は縦長が基本となって展開している。一方かな書き部分では、おおむね縦長の字形だが、字粒の大きさに変化をつけたり、流れにアクセントをつけるように、時折横へと扁平に開く字形を交えて書いている。線の太さの変化による強弱の表情は認められるが、筆圧の変化、運筆の速度の変化が少ないためか、のちに完成を見る上人独自の書風と比較すると、粘り強さとともに

体得した筆技を露わにする傾向が窺える。

ところで和歌を賀茂季鷹に習ったといわれる上人だが、書風においてもその影響は認められる。それは特に晩年、六十歳代から没年までつづく書風の骨法を担っている。賀茂季鷹の書の特徴は、切れ味の鋭い線質にある。側筆の線質を用いるが、太い線は筆を倒して紙面を掬うように書くことから、形状が三角形を呈する。細い線は、硬い筆先を一定に走らせることにより、あたかもナイフで紙面を切ったような効果を見せる。このような書法の淵源は、江戸時代初期に盛行した本阿弥光悦らの意匠的な書にあり、その後江戸中期に光悦の書法を模した書風が集団で行われた。この流れを受けて季鷹の書法など、亜流系の書風が数々生み出され、個性美を展開させた。もし上人が季鷹に和歌の指導を乞うた中で、視覚的影響から彼の書法をも受け得たとしたならば、かなり早い頃からいわゆる東溟流とでもいうべき「書体」が完成していたであろう。今は六十歳代以降の作品しか判明しない為、両者の関係についてはこれ以上の指摘が不可能であるのが残念である。

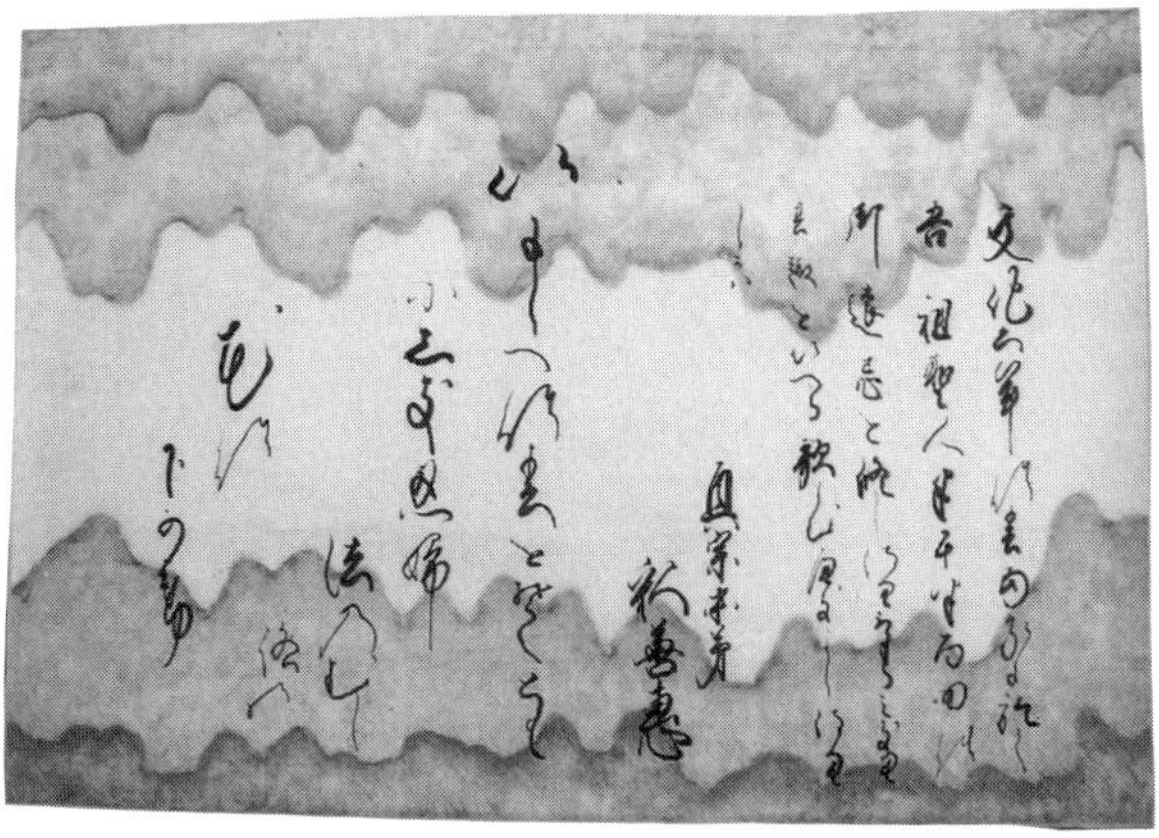

「いにしへの春」の和歌懐紙

加えて、当時東溟上人が周辺の人物たちとの関わりの中で目にしていた書風の数々について触れておこう。

證誠寺には伝来する和歌短冊一括がある。これらは上人の、地方に散らばった和歌の弟子達のものと考えられている。短冊には、それを書いた筆者名とその人物の住む場所とが裏面に明記されている。その記載によれば、京都、岐阜、福岡の地名が見える。そして彼らの短冊に中で、例えば岐阜・飛騨の人物（蒲与三兵衛八十村、中村五兵衛景憲、長谷川甚七郎信平ほか）らの短冊では、京都の歌壇において主流であった近衛流、冷泉流の書風が見える。彼らは、当時の京都中央の歌壇で用いられていた書風をしっかりと体得して書いている様子が窺える点で、大変興味深い。おそらくは歌風を学ぶ習慣とともに、作品として各派歌人の著名な書が流通し、その結果視覚的な情報として彼らは受け容れていたのであろう。つまり当時各地方においても、中央歌人の書と同様の書風が横行していたのである。となれば、東溟上人についても同じく、周囲にこのような環境があったと想定することができる。若くして学んだ書風を基本としながらも、次々と知り得た書風を学んでは、自分の書の特徴として一部盛り込んでいったという見方が出来よう。

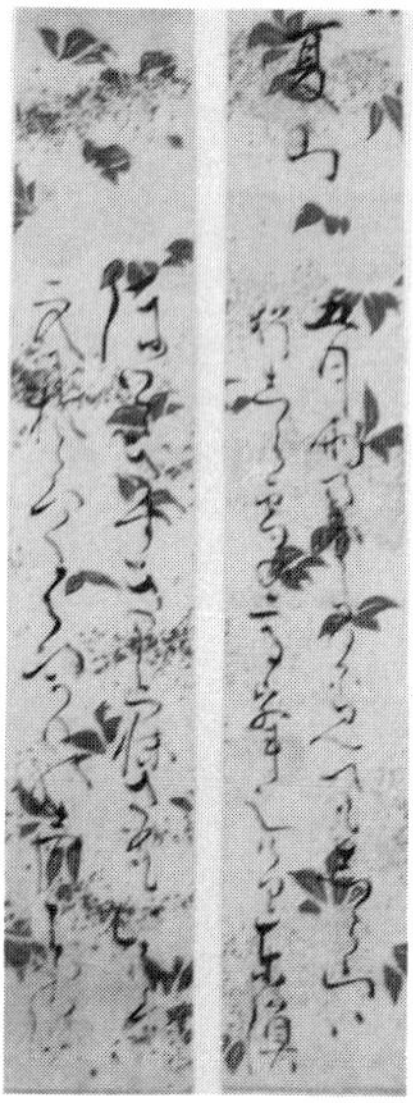

自詠和歌短冊

掛幅装の「浄土宗安心起行」は六十一歳の作。東溟上人の遺墨は、その大半が和歌であり漢字かな交じりの平易な表現である。だが本作のような訓戒的な内容である場合には、仏教の専門用語が多く用いられるために、漢字書の分量が多くなる。ここではまず行が整って、全体観に均一した安定感が認められる。この頃すでに、上人の書にはある程度の型が出来上がっていたと考えていいだろう。送筆のスピード感といい、矯正を受けていないような自在な筆法といい、正に余技的な見かたをすれば、書きなれて出来上がった風とも見てとれようが、実際にはそうではないだろう。細線を主とし、瘦身で強い右肩上がりの結構法。これに似た書風例では、平安時代後期の歌人である藤原俊成の書があげられよう。字粒、字間ともに規則的な布置をとる。抑揚の強い運筆から描かれる、うねりをもった線は、力強く充実しているが、どこか素直で謹直である。しかし文字の内側に広がる懐の大きさは、いわゆる「向勢」と呼ぶ書法で湾曲して外へと膨らむ構えからくるものである。これが気宇の大きさを示して、どこか教導的な内容に適った表情とみえる。

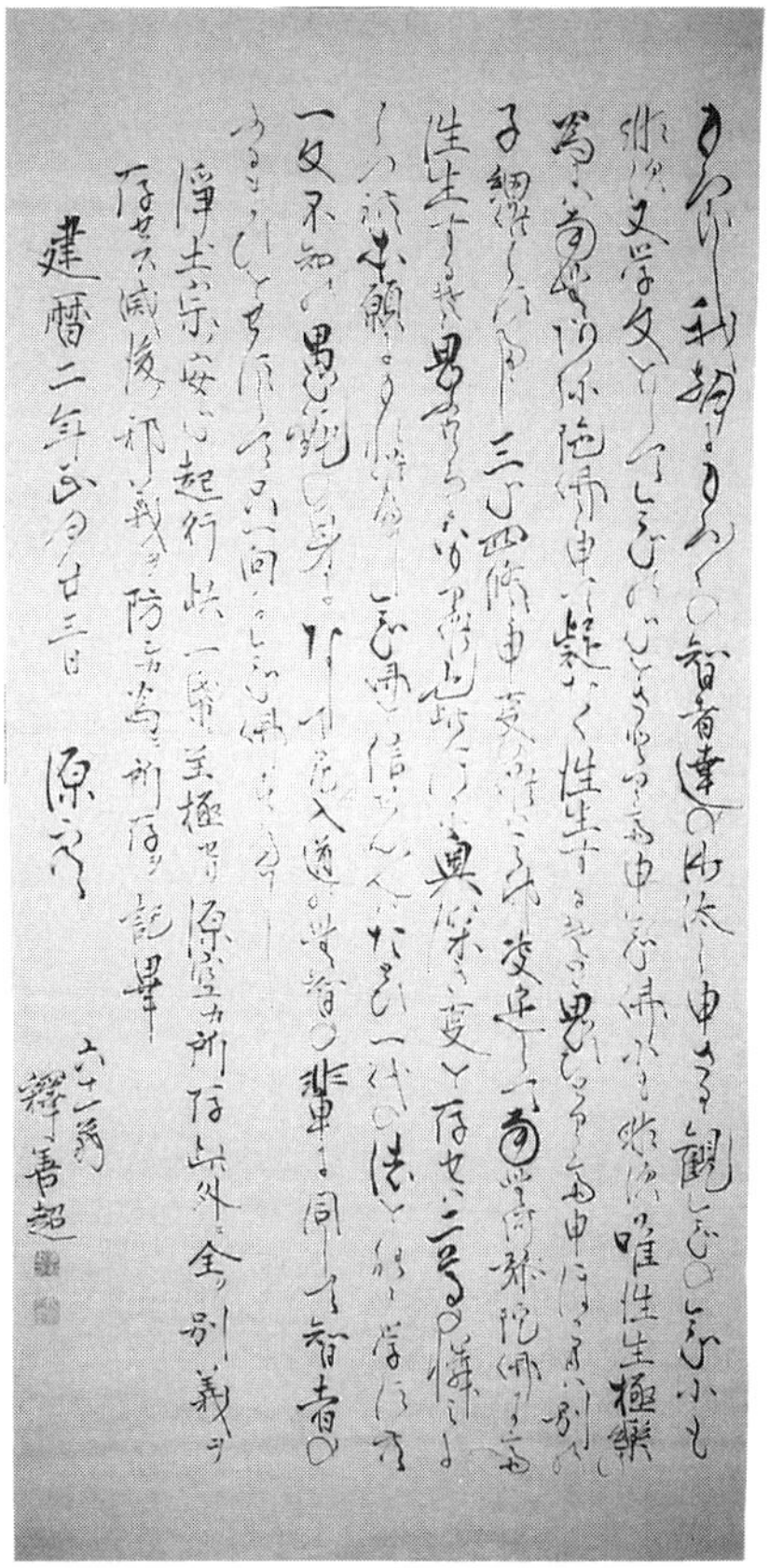
法然上人一枚起請文の写

今日のわれわれ一般では、非常に読みづらいものと映るかもしれないが、当時の人の目には、この程度規則性のある個性の書ならば、非常に平明で読みやすく映ったことだろう。ただし特異なくずし方をした文字も多々見受けられる点では、時代の美を代表するものとまでの評価には至らないものの、型を習うにとどまったような流儀の書ではなく、豊かな個性の発揮された魅力的な書と認めることができる。具体的に部分を見てゆくと、「達」「道」などのシンニョウ部の形は、近衛流あるいは、近衛流の主たる要素となっている藤原定家の書風の特徴から影響を受けたものと見える。「観」「陀」「也」「鈍」などの最終画をL字形に跳ね上げるところでは、火焔状に揺らぎをつけた表現で書いているが、これはやはり当時流通していた弘法大師の書風に倣ったような筆法である。

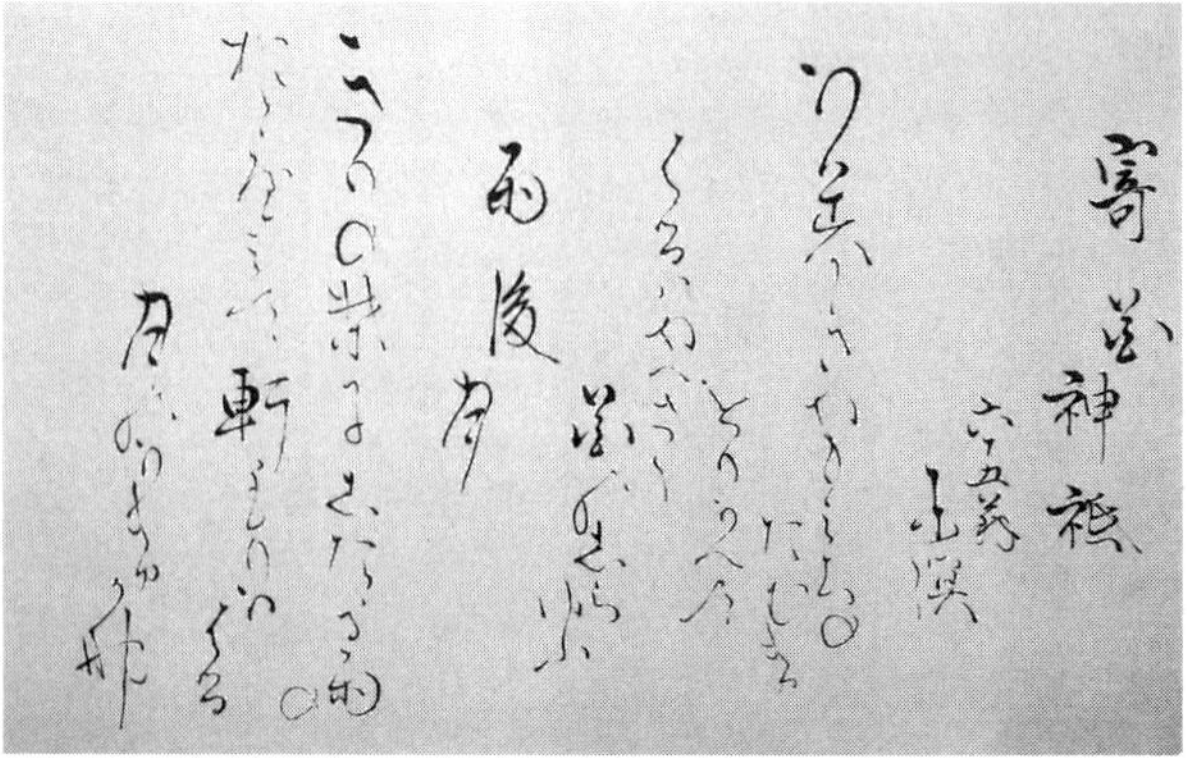

「寄花神祇」という詞書の和歌懐紙

巻子装の和歌懐紙「寄花神祇和歌」六十五歳作は、古来冷泉家が継承したいくつかの書風と近似した特徴が見て取れるもの。冷泉家の始祖は、通常、藤原定家をさし、その父が俊成であることをご存知だろう。先に指摘した両者の書風の風趣が、ここにも窺えるのである。「の」「や」「能（の）」の各字の造

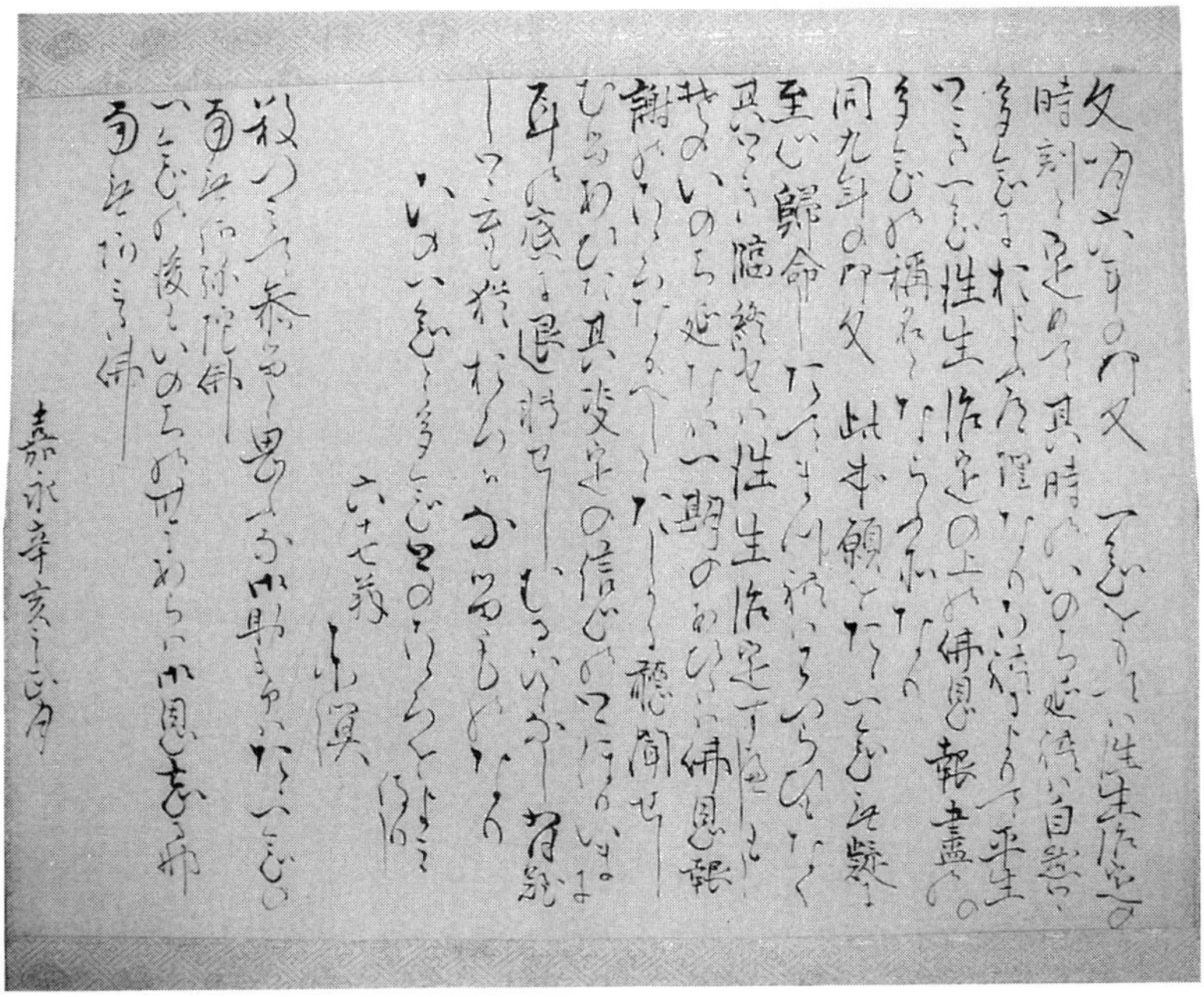

67歳の書

67歳の和歌の書

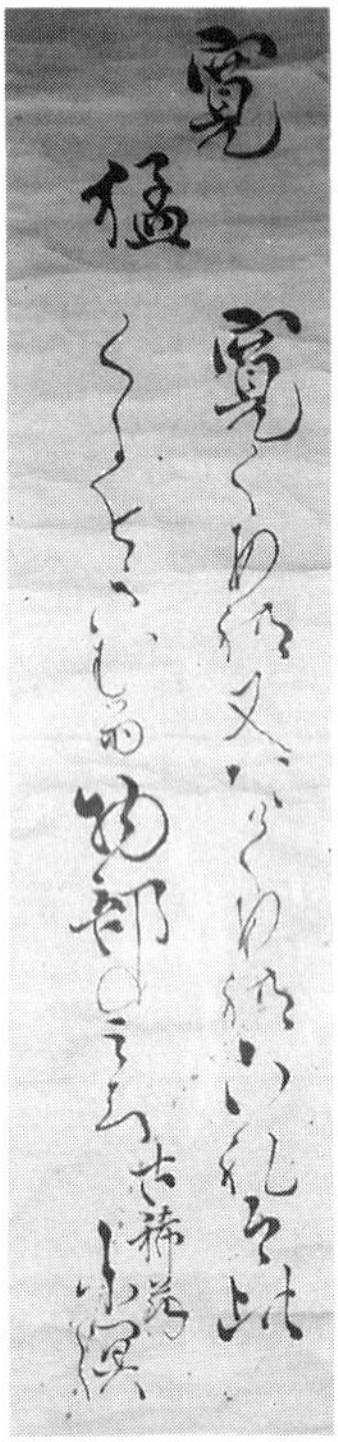

自詠和歌幅

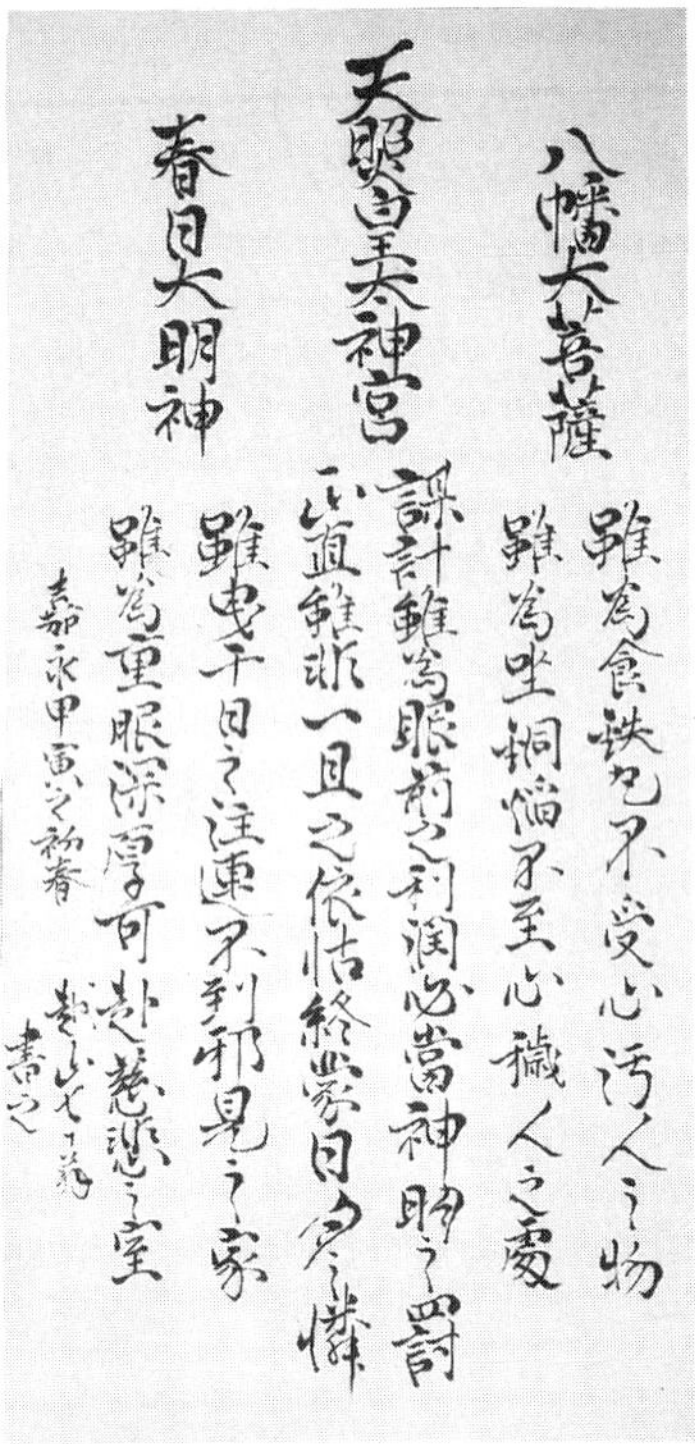

三社詫宣

形感覚に、冷泉家風の筆法が現れている点では、歌人として自覚が主張されているかのようだ。一行の頭首から下へとみてゆくと、どの字も細線を基調に書かれ、一字一字は若干ながら左右に揺れつつ展開している。筆法は、筆をトンと一時突き入れてから一気に引き締まり、すっと引き抜かれて筆を走らせる手法である。次期以降に見られる、筆圧を安定させた送筆には未だ至っていない。だがこの頃の特徴は、連綿する線がかすれるように弱まって見える幽玄さにあろう。細く立ち上る香の煙を思わせる可憐さが、むしろ幻想的な趣を醸す要素となってみえる。

こうした書風の特徴が、江戸時代後期十九世紀の歌人や国文学者、また一部の僧侶たちが書いた作品の書風に似通った傾向を示している点は、興味深い。徳大寺家に仕えた香川景柄《かげもと》とその養子の景樹、あるいは木下幸文や冷泉為泰らといった名だたる文化人たちの書に、東溟上人の書と似通った風趣が窺えることは、当時世に広まっていた流行のスタイルを一種取り入れた書であったという解釈もできよう。

六十六、六十七歳の書〈六十六歳落款の図〉では、基本的に六十歳前半の書風よりも筆致の安定が徹底して見える。連綿線も流暢に流れ、線の肥痩による表情でも硬さが消えて、一層穏やかさが増している。そして七十歳に入ってからは、迷いなくこうして完成した独自の書風をもって、闊歩していたに違いない。もし上人の書表現に衰えがあったならば、それはきっと体力の限界を示すものであろう。

東溟上人の書の特徴について、ある人は無骨さを指摘するかもしれない。だが無骨さこそ男性的な魅力であり、力強さに他ならない。力任せの豪放さではなく、無理矢理の勢いではなく、品格を保ったままに大らかな力強さを呈した書。そのような表現を独自に築くことは、思うより案外難しいものではないか。東溟上人の書に見える数々の不思議な魅力とは、常識では測りきれないほどどこまでも奥深い祈りの書なのかもしれない。

四、結びとして

今般、東溟上人の遺墨を初めて見せていただいた時、私はこれまでに味わったことのない生きた感動を覚えた。仕事柄、日常には歴史上の名筆を相手に、ああでもない、こうでもない、と頭を捻らせている私にとって、その平明な姿はストレートに訴えてくるものだった。史上には類型を見ない個性に満ちあふれた書の数々。溢れるような心温かさが、その表情から伝わってくる。小品から大作までに及ぶ制作の幅広さもまた、上人の気遣い、鑑賞者それぞれの立場に合わせた工夫を物語っている。個々の作品間における微妙な変化は東溟上人の持ち味とみなせるが、この安定した筆技こそが彼独自の作風なのである。作風、それは誰しも自らのみが表現者として誇る唯一の導。専門書家たちが中国という幽玄なる書の世界に憧憬してやまなかった時、東溟上人はむしろわが国における古の歌人や文化人の足跡をたどっていたのである。

史料篇

凡　例

一、本史料編は、本山證誠寺所蔵にかかる文書・記録類の中より、主要なものを編纂翻刻するものである。

一、史料の内容は、多岐に亘っているので、Ⅰ本山由緒　Ⅱ法主血脈継目　Ⅲ本山寺法　Ⅳ法主御消息　Ⅴ再建造営　Ⅵ東溟上人筆物　Ⅶ東溟上人書置葬送の七項に分類し、その内は内容を勘案しながら纒め、概ね編年にした。

一、史料の一点毎に史料名を掲げ、概ねその下に史料の体裁、寸法（縦糎、横糎）、筆者名等を注記した。

一、史料の体裁は、文書、巻子本、冊子本、幅仕立の如く様々であり、文書・巻子本にあっては、竪紙・折紙・継紙、巻紙の別を、冊子本にあっては、袋綴、長帳、横帳の別を注記した。なお、冊子本の表紙に文字の記載ある場合には原表紙を示した。縮尺は約五分の一。

一、原本の体裁は、努めてこれを存した。但し、行列次第等横書きのものは、組版の都合上、追込みに組み、その旨を注記した。空白部分に対しては、二行分以上の場合もすべて一行明きとして（何行分空白）と注記した。

一、原本に用いられている古体・異体・略体等の文字は、個有名詞に関るもののほかは、現時通用の字体に改めた。

一、変体仮名は、ニ・ハ・江・而のほかは、すべて通常の平仮名に改めた。なお、〆・ゟ等は旧のままに存した。

一、校訂に当って、本文中に読点（、）と並列点（・）とを加えた。但し、原本に於て一字乃至二、三字分の空白を以て、人物・事物の並列を示している場合は、原本の体裁を残し、ことさら並列点を加えないこととした。

一、冊子本の場合、原本の丁替りは、紙面の終りに当る箇所に」を附して示し、且つ新紙面に当る部分の行頭に、その丁付け及び表裏を（1オ）（2ウ）の如くに標示した。

一、敬意を表わす欠字・平出・台頭は、これを存した。但し、平出が多用されている場合には、ことさらに改行とせずに二字空きの組版とし、右側に（平出）と註記した。

一、原本に欠損文字が存する場合には、その字数を計って□或は［　　］を挿入し、字数が不明な箇所は、［　　　］を挿入した。

一、抹消文字の上、または左傍に加えられた抹消符〻は、一様に左側に附した。判読不能の塗抹文字には、■を挿入した。

一、文字の上に更に別字を重ね書きした箇所にあっては、後に書かれた文字を本文として採り、その左傍に、下の字に相当する数の・を附し、且つ判読し得る限り、×を冠してこれらの文字を傍注した。例えば、「也」の上に「候」を重ね書きした所を「・候（×也）」として示した類である。

一、本文中にｏ及び⌒等を附して文字や記事の移動を示しているものについても、努めてその形を存した。但し、組版の都合により、便宜、符号の向きを改めた所がある。

一、校訂者の加えた文字には、すべて〔　〕又は（　）を附し、或は○を冠して本文と区別し得るようにした。右二種の括弧の中、前者は本文に置き換えるべき文字を注するのに用い、後者はそれ以外の、参考又は説明のための注に用いた。

一、本文の用字が必ずしも正当でなくても、それらが一般に通用するもので、必ずしも誤記に出たものでないと認められるものには、概ね正字の傍注を施さなかった。また、漢字の読みを示す振り仮名、仮名の送りが正当ではないが、傍注を施すことが繁雑になる場合にも、傍注を施すことを省略した。例えば、法主御消息等の場合である。

一、人名・地名等の傍注は、原則として初出（日記等の場合は毎月その初出）の箇所にのみ加えた。

一、欄外に、本文中の主要な事項その他を標出した。

證誠寺史　史料篇目録

Ⅰ　本山由緒

II　法主血脈継目

一一　後土御門天皇綸旨　（明応八年）　……二三五
一二　東山天皇綸旨　元禄六年十一月十八日　……二三五
一三　桃園天皇綸旨　宝暦九年七月廿九日　……二三六
一四　光格天皇綸旨　寛政元年五月三日　……二三六
一五　光格天皇綸旨　文化八年十月十九日　……二三七
一六　善阿上人継目参内日々記　宝暦八年九月～九年八月　……二三八
一七　小浜藩敦賀役所御尋ニ付證誠寺末本覚寺口上覚　宝暦九年十月　……二六四
一八　證誠寺善念願筋ニ付若狭小浜下向日記　寛政元年十月～十一月　……二六六
一九　今出川誠季遺書写　寛保元年十月　……二七三
二〇　季維記　寛政元年三月　……二八一
二一　今出川季綱入寺縁組記　文化三年三月　……二八四
二二　寺務善超血脉自記　……二九一
二三　今出川季綱入寺日記　文化三年九月七日　……二九三
二四　善慧得度記　文化三年九月八日　……三〇〇

二五　證誠寺善慧参内日記　文化八年八月〜十一月……二一七
二六　證誠寺善超参内執奏願書　文化八年十月……二三二
二七　證誠寺善超参内上人号勅許一会　文化八年十月……二三四
二八　證誠寺善慧参内備忘録　文化八年八月・九月……二四〇
二九　證誠寺役者口上控　文政七年十一月……二四七
三〇　善超離縁一件微細書　(文政十二年)十一月……二四八
三一　菊醬油調進之日記　天保四年九月……二五一
三二　證誠寺善融願書　明治三年五月……二五八

III　本山寺法

三三　本山證誠寺条目　文化三年十一月晦日……二六〇
三四　本山證誠寺役寺日勤定書　安政四年五月……二六四
三五　真宗山元派宗制寺法　明治十九年四月廿四日……二七四

IV　法主御消息

三六　善應上人署判御消息写　明和三年四月……四〇六
三七　善阿上人御消息　明和三年四月……四二八
　付　善念上人御消息　安永七年五月……四三〇
三八　善念上人御消息　天明七年三月……四三〇
三九　善念上人御消息　寛政十二年六月廿七日……四三二
四〇　善超上人御消息写　文政五年閏正月廿八日……四三四
四一　善超上人御消息　天保十三年二月……四三七
四二　善超上人御消息写　天保十五年十二月……四四〇
四三　善融上人御消息案　嘉永五年二月……四四二
四四　善住上人御消息　明治十九年一月三日……四四四
四五　善瑩上人御消息　明治四十四年三月……四四五

Ⅴ　再建造営

四六　證誠寺御影堂仕様書并工料仕切之覚　寛政九年……四四七
四七　證誠寺御影堂再建ニ付条々　文政五年七月……四五三

四八　證誠寺御影堂再建棟梁大工甚蔵請負証文　文政五年八月……四五五
四九　證誠寺本山役所肝煎同行連署証文　文政六年四月……四五七

Ⅵ　東溟上人筆物

五〇　飛驒郡代大井永昌天保飢饉撫恤顕彰碑文稿　天保八年冬……四六〇
五一　越前海岸漂着銭貨詠　弘化三年冬……四六二
五二　楠木正成懐古記　嘉永四年夏……四六三
五三　粟田部福田氏蔵石剣詠　嘉永六年夏……四六四
五四　若狭小浜藩主酒井家御霊屋維持ニ付寄附米下附願書　嘉永六年十一月廿二日……四六四
五五　献策私評稿　嘉永六年十二月八日……四六七

Ⅶ　東溟上人書置葬送

五六　證誠寺善超書状……四七一
五七　證誠寺善超遺言状　安政二年六月……四七四
五八　无㝵光院殿御葬送帳　安政二年七月……四七六

I　本山由緒

一　一向真宗源山元山由緒略記

（表紙）

一向真宗源
山元山由緒略記

（袋綴、縦三〇・五糎、横一九・九糎）

（1オ）

山元山由緒略記

證誠寺の草創

勅額所一向宗本源山元山證誠寺者、人皇八十三代　土御門院御宇承元元丁卯年仲春下旬、

親鸞聖人の越後下向

開山聖人（親鸞）越後国府（頸城郡）江御下向之砌、当国（越前）丹生郡山元と云処に暫く住し給ひ、山元者、今水落（越前今立郡）駅之大道西ノ山、

専修念仏一向専称

善鸞上人越前山元に下向
親鸞聖人相伝の三帖和讃の正意

讃門徒派

浄如上人

（1ウ）専修念仏一向専称之儀を沙汰し給ふ、道俗貴賤」群集如市、其後北国・東国二十五年御経廻にて、終に帰洛し給ふ、

人皇八十六代　四条院御宇文暦元年、越前之門徒上京いたし、聖人再度御下向之儀相願処、渇仰不得止事被思召、御手づから御木像を彫刻して是を附属し給ふ、別而嫡子善鸞上人御（2オ）下向有之、右山元に」おゐて、開山相伝之三帖和讃の正意を以て、一宗の安心相続し給ふ、證誠寺第二代是なり、法会の席和讃講と称し候故、一派の名を讃門徒と伝来り候、全く宗名ニ而者無之候、

善鸞上人母は、月の輪関白（九条）兼実公の姫なり、又、御子御両人在す、御嫡子を浄如上人と奉申、山元山御相承也、次を如信上人と称す、本願寺濫觴覚信尼の御養君として智徳兼備なりと伝り、善鸞上人越前へ御下向之節、御本尊として紺紙金泥十字の名号を授与し給ふ、御歳七十一歳にて遷化し給ふ、自画の」御影、今に御伝来なり、

（2ウ）次、善鸞上人御嫡子浄如上人、　人皇八十九代亀山院御宇文永五年、仏閣を造営し給ひ、御相伝の宗風を不改、三帖の和讃講法ましましけり、然るに阿弥陀経和讃を以て御法談之（3オ）砌、西の権現越智山権現、・東の文殊山元の東に有、山、塵沙の諸仏舌相三千證誠護念の霊」夢を感得して、信心の門徒一統に夢寤て、東山西岳異香砌に映薫す、誠に奇代の不思儀霊夢相重りぬれは、近国の門葉渇仰不浅、一宗の繁栄時に量なし、

護念院證誠寺
勅願所
一向真宗の源
善念上人
參内し上人号
勅許
往古より当山
代々万里小路
家の猶子

（3ウ）陛下　叡感の余り、護念院證誠寺と震〔宸〕翰の御額被下置候なり、其後有栖川」宮幸仁親王真筆の　御額　御寄附、依而当山を勅額所と奉称候、又、一向真宗の源　親鸞嫡家の　輪〔綸〕旨、当時御頂戴なり、亦、明応八年九月廿三日、当山第九世善秀上人之御代、重而　御改被下（4オ）置候也、然者寛政元酉年閏六月四日、当上人〔善念上人〕御参　内之儀者、先格之通乗輿幷」長刀御免ニ而、直参　内〔平出〕、乗輿者唐門水垣之内迄、於　清冷〔涼〕殿〔平出〕奉拝　龍顔〔平出〕〔光格天皇〕、正上人号　勅許〔平出〕、西家本山、南禅寺金地院和尚参内、同日同席也、但紫衣、　執〔平出〕　奏者、当時伝奏万里小路前大納言正二位政房卿是也、往古より当山御（4ウ）代ミ」御猶父なり、又、参　洞〔平出〕之節執　奏者、院伝石山前中納言基名卿、同正親町前大納言公明卿是なり、

禁裏御所御門前迄、御附武家建部大和守〔広般〕殿組与力堀内左源太・同心六人、證誠寺上人御参　内〔平出〕ニ付、是迄御固ニ罷出候由、当山役寺迄書付被指出候、又、院の御所御門前迄、御附武家本間佐渡守〔季道〕殿組桂甚左衛門・中西又兵衛・大山専蔵・山口治助、右、證誠寺上人御参　洞〔平出〕ニ付、是迄御固ニ罷出候由、書付被指出候、　参〔平出〕　内・参　洞御行列図式、茲に略す、　又　八藤大紋御指貫幷朱篳御乗物・金紋挾箱ハ往古ゟ」御免、御装束者緋の（5オ）御衣なり、

一、今上皇帝聖躬万歳
一、後桃薗〔園〕院尊儀
右尊牌、第九代善秀上人御代以来、奉拝置之候、

将軍徳川秀忠より黄金八枚等寄附　十二世善光上人

（5ウ）
一、慶長十九年　御当家従　（平出）大樹様（徳川秀忠）蒙　台命、」　（平出）大樹幕下武威増長、且者為令勤追福作善、黄金八枚、来国光之短刀被相添之、第十二世善光上人御代、　御寄附、依之
（平出）東照宮（徳川家康）尊儀　奉安置之候、

寺地

南北朝期より戦国期の伝承

（6オ）
一、寺地二千三百余坪　（平出）大閤（太、下同ジ）秀吉（豊臣）より　御寄附、永代諸役御免なり、」　（平出）万里小路前大納言政房卿祖先充房卿御簾中者、秀吉公姫君ニ而、第十二世善光上人者、大閤御孫なり、

建武・延元、新田・足利確執之頃、奉　（平出）後醍醐天皇詔、受領三千石被下置候由、雖然戦国是を乱失す、加之、長享元年頃ゟ天正二年ニ至迄、加賀・越前一揆大ニ蜂起し、足利・織田御教書被差下、如旧受領三千石被宛行候、證誠寺一山、雖加御味方ニ桂田尾張守・冨田孫六郎、加州領主冨樫家等諸将敗軍に及びぬれは、当山者兵火のために焼失す、諸国門徒離散して、宝物・記録或ハ散乱し、亦者焼亡す、物換り」星移りて、星霜幾許ならず、

境内禁制札

（6ウ）
一、境内禁制札之儀者、当国大守　（平出）探源院殿松平兵部大輔吉品公、御参詣之節、御沙汰有之、建之者也、

道性上人の時山元の地より横越へ移住

善壽上人の時村国村へ移住

八代目道性上人御代、山元の地より今立郡横越江御移住なり、其後善壽上人御代、同郡村国村ニ御移住なり、延宝四丙辰年、右村国村におゐて、難渋之訳有之、門徒大に離散いたし候処、（平出）探源院殿御威光にて離散の門徒概致帰復」、其上旧地横越へ被為移候、其頃境内禁制札被建之者也、夫より程なく若州小浜侯之御領分ニ相成候、

福井松平家第四代迄の位牌

（7オ）
一、浄光院殿結城中納言秀康公、以還　（平出）大安院殿（松平光通）迄　御代々御位牌相納有之候、依之、　（平出）探源院殿御参詣御座候也、

若狭小浜酒井家第五代以来の位牌

天明九年十二月十七日夜半阿弥陀堂以下炎上す

酒井忠貫より位牌御霊堂再建費寄附

開山堂再建

（7ウ）一、若州小浜（遠敷郡）御領分ニ相成、則若州　（平出）寶光院殿（酒井靱負佐忠囿公、）御代、」（平出）開山堂一宇横越寺地ニ
御再建有之候、依之、（平出）寶光院殿以来、霊苗院殿（酒井忠音）・實相院殿（酒井忠存）・霊岳院殿（酒井忠用）・樹徳院（酒井忠與）
殿迄、御位牌被相納之候、

（8オ）一、天明九年極月十七日夜半、寺中ゟ失火、御堂・御広間・御殿等ニ至迄焼失、其砌、」為
御見舞白銀拾枚・松木三拾本、若州御領主（酒井忠貫）ゟ被進之、

一、白銀参拾枚、御位牌御霊堂御再建として同従　（平出）御領主　御寄附、

（8ウ）一、金五拾両、開山堂為再建、同従　（平出）御領主　御寄附、先年元禄年中に」は一宇御再建之
体ニ而　（平出）御寄附有之候得共、此度者、右御省略有之歟、

一、当上人、小浜表　御登城之節者、黒書院にて　御対座　御対顔、

（9オ）一、御領主　御菩提所小浜空印寺へ　御廟参之節者、空印寺ニ而者、」　御領主同様之取扱ニ
御座候御事、

一、御直状、御直触ニ而当山より万事訴詔〔訟〕申出候節者、一判ニ而加判人ニ不及候事、
其余、御懇意之御取扱共有之候得共、茲ニ略す、」

（9ウ）

御宝物略記

一、光明本尊　　親鸞聖人御真筆

一、北国最初之御影　　聖人三十五歳御自画

右二品、聖人北国へ始而御下向之節、北国門徒へ御附属、

一、紺紙金泥十字名号　　聖人御真筆

一、聖人左上御寿像　　六十三歳御直作、一説には六十歳御作と伝ふ、

右二品、善鸞上人越前へ御下向之節御附属、尤、御木像、今御影堂ニ安置し給ふ、霊妙奇特之尊像なり、」

（10オ）

一、聖人御骨　　御滅後分散

一、墨之御袈裟　　聖人御自製

一、一寸八分六字名号紺紙金泥　　聖人御真筆

右二品、月の輪禅定殿下（九条兼実）ゟ被伝之、

一、善鸞上人自画之御影

一、同十字名号　　善鸞上人御筆

一、阿弥陀如来尊像　　聖徳太子御直作

其外、恵心僧都（源信）等御筆余多有之候得共、茲ニ略す、」

（10ウ）

一、勅許山元山證誠寺之御額

歴代住持

一、一向真宗之源親鸞嫡家之輪〔綸〕旨
　　後奈良院より御頂戴、
一、唐木菊香合
一、濃紫御衣　　同断
一、山鳩色御衣　　後西院天皇より御頂戴、
一、大紋御差〔指〕貫　　同断
一、来国光短刀　　（徳川家康）東照宮御寄附

（11オ）

其外御筆之物等有之候得とも、茲に略す、

以　上、

（11ウ）

附録歴代

- 錦織寺
- 聖人御息女　覚信尼 ―― 聖人六十三歳、嘉禎元年開闢、京東山御廟所　本願寺濫觴
- 真佛上人弟子　顕智房 ―― 高田専修寺　第二世
- 聖人御弟子　真佛房 ―― 渋谷佛光寺

(12オ)

親鸞聖人

善鸞上人

如信上人　浄如上人御弟　本願寺第二世

浄如上人

鸞如上人

旦應上人

如顗上人

道閑上人

道性上人

如道　道性上人弟　大町道場開基　今之中野専称寺是也、

如覚　道性上人御子　光清道場開基　鯖江誠照寺是也、

道奉　道性上人御子　河端村常楽寺祖　中古退転

空源　道性上人御子　府中正覚寺　敦賀原西福寺祖

(12ウ)

善秀上人

善壽上人

善乗　善寿上人弟　小浜證明寺開基

（13オ）

證誠寺第十一世ナレドモ、後 清水頭へ転住、柳原大納言殿御子、
善照

善照上人開基
清水頭毫摂寺

権大僧都
善教上人

権大僧都
善光上人

当国安養寺村ニ隠遁
今養徳寺祖

善如上人

善岌上人

善養

證誠寺十五代目ノ上人ニ而在セドモ、
渋谷佛光寺へ改派シテ、
号證開寺、死後退転、

善應上人

善閑上人

善阿上人

善念上人

（13ウ）

源流記ニ云、当国者勿論、江・若・濃・加・能・越者、讃門徒一派計なり、然者離散改宗の輩略相聞へたりと雖へ共（マヽ）、家〻ニ論し、」戸〳〵に異伝す、且者、争論の程をも恐れ、筆にもまた尽しかたけれは、是を略すものなり、

二　為本記

（表紙）

為本記

（袋綴、縦二六・八糎、横二〇・三糎）

○本記、送り仮名・仮名の送りには、（マヽ）を付すべきところが所々あるが、繁雑であるので、そのままとしておいた。

一向真宗讃門徒山元山證誠寺の祖師親鸞聖人の発心

救世観音の霊告

吉水の法然坊の教えを受くべし

二十九歳にして吉水の禅室に入門

聖道門を離れ浄土門に入り自力を捨て他

（1オ）
夫《ソレ》酌《クムテ》レ流《ナカレヲ》不レ可レ有《ル》レ紀《タヽサスンハ》二 源《ミナモトノ》 為《タルコトヲ》レ本《モト》、抑《ソモ〳〵》一向真宗讃門徒山元《ヤマモト》山證誠寺ハ、聖人親鸞藤原之家《イヘ》ニ感《カンシ》レ生ヲ、九歳ニシテ興《コウ》法利生ノ内薫《ナイクン》顕《アラハシ》レ外《ホカ》ニ、 鬢髪《ビンバツ》ヲ剃除《テイヂヨ》シ、流《ナガレ》ハ台家《タイケ》ヲ汲《ク》ミ、山門六十二代ノ座主《ザス》慈鎮和尚《チンクワシヤウ》ヲ師範《ハン》トシ玉ヒテ、顕密《ケンミツ》ノ教法ヲ明《アキラ》メ、三諦《タイ》一諦ノ
（1ウ）
妙理《メウリ》ヲキハメ、四教円融《ヱンユウ》ノ真源《シンゲン》ニ達《タチ》」シテ明了《ミヤウレフ》ナラストイフコトナシ、而《シカ》ルニ末代下根愚昧《クマイ》ノ群生《グンジヤウ》 輙《タヤスク》悟入《ゴニフ》シカタキハ、 聖道権《ゴン》門ノ宗風《シフフ》ナルコトヲカヽミ玉ヒテ、知識ヲ神道《シンタウ》ニ祈《イノリ》テ、根《コン》本中堂《ダウ》ノ本尊ニ対《タイ》シ、或《ア》ル時ハ枝末《シマツ》諸方《ハウ》ノ詣《マフデ》二霊窟《レイイクツ》一ニ、別《ベツ》シテハ六角ノ精舎《シヤウジヤ》へ百
（2オ）
日ノ懇念《コンネン》ヲ運《ハコ》ビ、願《ネカハ》クハ釈尊一代ノ説教ノ中ニハ、凡情《ボムジヤウ》ノ修《シユ》シ易《ヤス》ク行シ易キ」法門ヲ授《サヅ》ケ玉ヘヨカシト、丹誠《タンセイ》ヲ抽《ヌキ》ンデ祈誓《キセイ》シ玉ヒシカハ、九十九夜《ヤ》五更《カフ》ノ孤枕《コシン》ニ、六角《カク》ノ救《ク》世観音マノアタリ聖人親鸞、ニ對《タイ》シテ告《ツゲ》テノ玉ハク、末代出離《シユチリ》ノ要《エウ》法念仏ノ一門ニシカシ、今《マ》吉水《ヨシミツ》ニ（山城愛宕郡）法然坊（源空）トテ苦海《クカイ》ヲ渡《ド》ス明師《メイシ》アリ、彼所《カノトコロ》ニ至《イタツ》テ要津《シン》ヲ問《トフ》ベキ旨《ムネ》タシカニ示現《ジゲン》アリ、則《チ》聖人親鸞、
（2ウ）
霊告《レイガフ》ヲ蒙《カウム》リ感涙《カンルイ》ヲシボリ、」建仁元季《ケンニンクヱンネン》〔季〕、人皇八十三代御宇辛酉《カノトノ》、土御門《ツチミカド》ノ院ノ 聖人親鸞、二十九歳ニシテハジメテ吉水《ヨシミツ》ノ禅室《ゼンシツ》ニノゾミ、事《コト》ノ子細《シサイ》ヲ啓《マウ》シ玉ヒケレハ、大師上人仰《オフ》セラレテノ玉ハク、発《ホツ》心《シン》ノ強盛《ゴウジヤウ》ナルコトモアリカタク、聖応《オウ》ノ掲焉《ケチヱン》ナルコトモ他《タ》ニ異《コト》ナリトテ、聖道浄土自力
（3オ）
他力難易ノ差別《シヤベツ》手《テ》ヲトリテヒクカコトクニ授《サヅ》ケ、安心起行《キ》ノ奥旨《オフシ》舌《シタ》ヲ」吐《ハヒ》テノへ玉ヒケルニ、日来《ヒコロ》ノ蓋懐《テックワイ》コヽニ満足《マンソク》シ、今度《コムド》ノ往生忽《タチマ》チニ決定《クヱチヂヤウ》シヌト悦《ヨロコ》ヒ、タチドコロニ聖道門

力に帰依す

ヲハナレテ浄土門ニ入リ、自力ヲステ、他力ニ帰依《キエ》シ、一向専修《センジュ》ノ領解《レウゲ》トナリ玉ヒ、師弟《シテイ》モロトモニ本願一実ノ大道念仏ノ一門ヲ専《モツハ》ラヒロメ玉フニ、道俗男女貴《タツト》キモ賤《イヤシ》キモ袖《ソデ》ヲ

他力真門の繁昌

（3ウ）ツラネテ門前ニ群集《クンジフ》スルコトハ盛《サカン》」ニタツ市《イチ》ノゴトク、故《カルガユヘ》ニ大師・聖人ノ御教誡《ゴケフカイ》ヲ聴聞《テウモン》スル者《モノ》、自力我執《ガシフ》ノ心《ロ》ヲ翻《ヒルカヘシ》テ他力ノ真門《シンモン》ニ入ルカユヘニ、易行ノ宗風《シフフ》マス〱繁昌《ハンゼフ》云《イ》フハ

聖道門の廃退

カリナシ、而《シカ》ルニ聖道門ハ難解《ナンゲ》難入《ニフ》ノ教《オシ》ヘナレハ、悉《コト〱》ク廃退《ハイタイ》シテ暦《レキ〱》々〔歴〕ノ寺院《イン》ハ瓦落《カハラオチ》テ棟《ムナ》ギク

（4オ）チ、参詣《サンケイ》ノ出入《シュツニウ》モウト〱シク、門前ニ草茂《クサシゲリ》テ日々《ヒビ》ニ衰微《スイビ》シテ、敢《アヘ》」テ目モアテラレサル次第ナリ、因《ヨッテコレ》レ茲ニ大小ノ寺院等《タウ》一同《ダウ》ニ憤《イキトホ》リヲ含《フク》ム、殊《コト》ニ大原問答《オホハラモンダフ》ノトキヨリツネニ意《イ》恨《コン》アリシユヘ、是皆吉水《コレミナヨシミツ》ノ法然坊・同《オナジ》ク常随《ジャウズイ》ノ門人《モンニン》（親鸞）善信房邪《ジャ》法ヲヒロメテ諸人ノ心《ロ》ヲマドハスシハザナリ、忽《タチマ》チ罪科《ザイクワ》ニ処《ショ》セラレヨカシト、

南都北嶺等の反発

南都北嶺《ナントホクレイ》ノ本寺徒党《トタウ》興福《コフ》寺・東大寺・延暦《エンリヤク》寺・園城寺、其

（4ウ）ノ外末々《ホカマツ〱》」ノ枝葉等《シヨウトウ》ノ坊衆《ハウシュ》ニ至《イタ》ルマデモ、時《トキ》ノ天子（土御門天皇）ヘアシサマニマフシアグレハ、月卿雲客《ゲッケイウンガク》諸卿《キャフ》大臣ノ中《ナカ》ニハ、広学博識《カフガクハクシキ》ノ儒者《ジュシャ》モアリシカトモ、仏法ノ深理邪正《ジンリジャ》ノ道路《ダフロ》ヲワキマヘ玉ハサルユヘニ、彼《カ》ノ南北《ナンホク》ノ碩頭《セキタウ》ヨリマフシ上《ア》ゲシ旨《ムネ》、理非《リヒ》決択《クヱチチャク》ノ義《ギ》ニモオヨハス、

流罪の宣旨

（5オ）所謂《イハレ》ナキコトニモアラスト有《ツ》テ、上件《カミクダン》ノ義《ギ》ヲアリノマヽニ奏聞《ソウモン》」アリシカハ、時《トキ》ノ天子ニモ是レヲ実《ゲニモト》オボシメシテ、終《ツヒ》ニ法然上人并ニ我《ワ》ガ祖師流罪《ソシルザイ》ノ宣旨《センジ》ヲ蒙《カウ》ムラセ玉フ、

神亀《キ》元年六月三日ニ定メ玉フ、延喜式ニ云、流刑ニ遠・中・近ノ三ツノ等《シナ》アリ、遠流ト云フハ、伊豆、京ヲ去ルコト七百七十里ナリ、安房《アハ》、京ヲ去ルコト一千一百七十里、常陸、京ヲ去ルコト千五百七十里、佐渡、京ヲ去ルコト千三百二十里、

承元元年二月流罪の仰せ
法然上人は藤井元彦と名付けられ土佐国幡多へ配流

親鸞聖人は藤井善信と名付けられ越後国国府へ配流

北陸道

小黒町

隠岐《ヲキ》、京ヲ去ルコト九百十里、土佐、京ヲ去ルコト千三百二十五里、中流ト云フハ、信濃・伊予、近流トイフハ、越前・安芸等也、左遷ノ時、空（法然）上人ハ土佐、鸞聖人ハ越後ナレハ、遠流ナリ、」

（5ウ）
誠《マコト》成ル哉《カナ》、クマナキ月《ツキ》ニハ悪雲覆《アクウンオヲ》フテ光《リ》ヲカクシ、粧色《ソウシヨク》《ヨソヲヒ》アザヤカナル花《ハナ》ハ嵐《アラシ》ノタメニサソハル、習《ナラヒ》、此《コ》ノ両《レウ》聖人ハ何《イヅ》レモ権化《ゴンケ》ノ再誕《サイタン》ニシテ、徳光輝《ホカラカ》ニシテ月《ツキ》ノ如《コト》ク行壮香《ジヤウカフ》バシクシテ花ノゴトクナリシヲ、悲《カナ》シキ哉《カナ》ヤ浅《アサ》マシキ哉《カナ》ヤ、主《シユ》上臣下《シンカ》背《ソム》キレ法ニ違《イシ》レ義、含《フク》ミレ

（6オ）
忿《イカ》リヲ結《ムス》フレ怨《アタ》ヲ、承元《ジヨウゲン》元歳《ネン》丁卯《ヒノトノ》二月廿八日」ニ左遷《サセン》ノ仰《オフ》セヲ蒙《カフム》リ、則《スナハ》チ僧《ソウ》ノ義《ギ》ヲ改メ姓名《シヤウミウ》ヲツケサセラレ、法然上人ヲ藤井《フヂイ》ノ元彦《モトヒコ》ト名付《ナヅ》ケ、配所《ハイシヨ》ノ国《クニ》ハ土佐《トサ》ノ国幡多《ハタ》トイフ所《トコ》ロニキハマリ、祖師聖人ハ藤井《イ》ノ善信《ヨシサネ》ト名《ナ》ヅケ、配所《ハイシヨ》ハ越後《ヱチゴ》ノ国国府《クニコクフ》ト定《サダ》マル、右還俗《ミギゲンゾク》ノ異名《イミウ》ハ天子《テンシ》ヨリ付《ツ》ケ玉ヒケリ、カヽル夥《ヲヒタヽシ》敷キ騒動《ソウドウ》ノ事《コト》ナレハ、京都田舎《トイナカ》（頸城郡）モ其沙汰《ソノサタ》カクレナシ、」

（6ウ）
爰《コヽ》ニ祖師聖人越後ヘノ御下向《オケカフ》ハ北国海道《ホクコクカイタフ》御通《トホ》リノヨシ、先達《サキタチ》テ日限《ニチゲン》モ聞伝《キキツタ》ヘ、則《スナハ》チ同行《ダフ》頭《カシラ》分今庄《ブンイマジヤフ》（現、南越前町）ノ目黒《メグロ》某《ナニガシ》トイフ者《モノ》・府中《フチフ》（現、越前市）ノ味噌屋《ミソヤ》ノ某《ナニカシ》・志津山内《シツヤマウチ》村ノ為義《タメヨシ》、其外有縁《ソノホカウヱン》ノ男女老少今庄一里オモテヘ出向《イデムカヒ》、聖人ヲヨリ〳〵待受《マチウケ》タテマツル、聖人人々ノ志《ココロサシ》ヲ感《カン》ジ玉ヒ御悦《ゴエツ》

（7オ）
喜《キ》不レ浅《アサカ》ラ、即《スナハチ》御盃《ギヨハイ》ヲ玉ハリ」テ、其上ヘ御名号ヲ玉ハラセ玉フ、ソレヨリ人々《ニン〳〵》聖人ノ御アトヲシタヒタテマツリ、府中《フチフ》ノ庄《シヤウ》ヲスギサセ玉フ、然《シカ》ルニ其比之往還《ソノコロノワウクワン》ハ糠鍋山《ヌカナベヤマ》ノフモトニアリ、小黒町《コクロマチ》ノ方ヲ通《トホ》リ玉フ、是即《コレスナハチ》山元ニ近《チカ》キ道《ミチ》スヂナリ、而《シカ》ルニ丹《ニ》生郡《フウノコホリ》山元ハ

丹生郡山元にて帰依の輩に請入される

境地《ケイチ》閑居《カンキョ》ニシテ、景色《ケイショク》スグレテシカルヘキ処《トコロ》ナレハトテ、帰依《キヱ》ノ輩《トモガラ》カリニ御殿《ゴテン》ヲシツラ（7ウ）ヒテ、聖人」ヲ請入《シャフニフ》シタテマツル、去《サ》レハ此《コ》ノ聖人ハ本《モト》ヨリ阿弥陀如来ノ御再誕《ゴサイタン》ナレハ、内《ウチ》ニ広智之徳《カフチノトク》ヲソナヘ、衆生有縁《ウヱン》ノ明師《メイシ》ナルカユヘニ、比丘《ビク》・比丘尼《ニ》・優婆塞《ウバソク》・優婆夷《ウバイ》ノ

貴賤道の街に群り教を受く

四輩《ハイ》ノ族《ヤカラ》、貴《タツ》トキモ賤《イヤ》シキモ道《ミチ》ノ街《チマタ》ニ群《ムラガ》リテ、聖人ヲ尊重《ソンヂウ》シタテマツル、依《ヨッテ》レ之《レ》ニ教化《ケフケ》ヲ（8オ）ウケシ老若《ラフニャク》オノ〳〵自力ノ門《モン》ヲフリステ、、他力ノ真門ニ入リニケル、」然《シカ》ルニ一ヶ月余《アマリ》

一ヶ月余滞留

御滞留《ゴタイリフ》アリテ仰《オフ》セラレテノ玉ハク、当国ハ都近《ミヤコチカ》キ国《クニ》ナレハ禁裏《キンリ》ヘノオソレアリ、配処越《ハイショヱチ》後《ゴ》ヘ急《イソ》ギ玉フヨシノ仰《オフ》セアリシカハ、聞《キク》レ之人《コレヲヒト》カナシミテナゲキニシヅム有様《アリサマ》ハ、オサナキ童子《ダウジ》カ父母《ブモ》ヲシトフニコトナラス、其時《ソノトキ》聖人仰セラレテノ玉ハク、流罪《ルザイ》ニトリテモ遠《オン》（8ウ）流《ル》・中流《ル》・近流《キンル》トテ三色《ミイロ》ノ品《シナ》コレアリ、予《ヨ》ガ身《ミ》ハ」遠流《オンル》ナレハ別離《ベチリ》ヲ惜《オシ》ムハ聞《キ》コヘタリト

他力往生

イヘトモ、不《ス》レ及《オヨハ》レ力《チカラ》往生ノ一段《ダン》ハ兼《カネ》テ面々《メン》ニ領解《レウゲ》サセシメマイラセタルガコトク、他力ノ信心決定ノ行者ハ、仏ノ本願他力不思議ノ力《チカラ》ニヨリテ、一念帰命ノタチトコロニ往生ハ成《ジャウ》ジヌレハ、縦令《タトヒ》我《ワレ》配所《ハイショ》ニ趣《オモム》キ候《サフラフ》トモ、往生極楽《ゴクラク》ノ一段《ダン》ニオヒテ何事《ナニゴト》カオハシマサント、

形見として光明本尊を門徒に授与

（9オ）即《スナハ》チ「名残《ナゴリ》」ヲシタウ同行ヘ御形見《カタミ》ノタメニトテ、正覚果満ノ尊像、幷ヒニ光明无量ノ徳号ヲ一紙《イッシ》ノ内《ウチ》ニカ、セラレ、是《コ》レヲ光明本尊ト名《ナ》ツケ玉ヒテ、門徒ニ授与《ジュヨ》シ玉ヘリ、依《ヨリテ》レ之《コレ》

聖人の御坐処を道場とし光明本尊を安置

ニ聖人ノ御坐《ゴザ》処《トコロ》ヲ道場《ダウヂャウ》ト定《サダ》メ書残《カキノコ》シ玉フ、光明本尊ヲ安置《アンチ》シタテマツリケル、今ノ山元

山元山證誠寺これなり

越後国府に五年居り常陸に赴かる

北国東国二十五年経回ありて六十歳にして上洛

越前山元の同行再度の下向を願う

代りに息善鸞上人を山元へ下向させる

(9ウ)山證誠寺コレナリ、サテ聖人モ北国ヘ下向《ケカフ》シ玉」ヘリ、越後ノ国府ニ五年マシ〳〵テ、一切ノ人民ニ専修《センジユ》念仏ヲ勧《ス、》メ玉フニ、聞《キク》人信ヲヱズトイフコトナシ、爰《コ、》ニ常陸《ヒタチ》ノ国《クニ》横曽根《ヨコソネ》報《ホウ》恩《オン》寺之開基《カイキ》性信房《シヤウシンバウ》ハ聖人常随《ジヤウズイ》ノ御弟子《オンデシ》ナリ、斯《コ》ノ性信房御迎《ムカヒ》ニ来《キタ》ルユヘ、聖人常陸ノ国《クニ》ヘ越《コ》ヘサセ玉フ、則《スナハチ》笠間《カサマ》ノ郡《コホリ》稲田《イナダ》ノ郷《ゴウ》ニ十年、下妻《シモツマ》ノ三月寺ニ三年、鎌倉《カマクラ》」テハ暫時《ザンジ》ノ御《オン》(10オ)住居《スマイ》、相模国足下《サガミノクニアシサゲ》ノ郡《コホリ》江津《カフツ》ノ信楽《ラク》寺ニハ七年ノ御逗留《トウリフ》、其外《ソノホカ》北国・東国前後《ゼンゴ》二十五年ノ御《コ》経回《ケイクワイ》アリテ、人皇八十五代後堀川《ゴホリカハ》ノ院貞永《インテイヱイ》元年壬申ニ御歳六十歳ニシテ御上洛マシ〳〵テ、五条西《ニシ》ノ洞院《トフイン》九条関白殿《デフクワンハクテン》(教実)ノ御下屋敷《オンシモヤシキ》ヘ居住《キヨジユウ》シ玉ヘリ、依《ヨリテ》レ之《コレニ》当国越前、山元ノ同行、古《イニシ》ヘ(10ウ)御教誡《オンケフカイ》ニアヅカ」リシ面授口決《メンジユクケチ》ノ門徒等《ラ》、オノ〳〵ヨシミヲシタヒ聖人ノ御《ゴ》座処《ザトコロ》ヲ尋参《タツネマイ》リ玉ヒケレハ、聖人ハ人々ノ志《コヽロ》ザシノ厚《アツ》キコトヲ感《カンジ》テ御《ゴ》悦喜《ヱチキ》不《ス》レ浅《アサカ》ラ、法義相続《サフゾク》ノ旨《ムネ》ヲ示《シメ》シ玉ヘハ、山元ノ同行无《ク》レ憚《ハバカリ》申シ上《アケ》テ云ク、今《イマ》一度《ド》御《オ》下《ゲ》向《カウ》アリテ不信心ノ族《ヤカラ》ヲハ御勧《オス、》メナサレタダサレヨト御願《オネガ》ヒ申《マフ》シ上《ア》ゲケレハ、聖人コレヲキコシメシ、仰《オフセ》ラレテノ玉ハク、(11オ)念仏」同行ノ親切《シンセツ》難《キ》二黙止《モダシ》一望《ノソミ》タリトイヘトモ、我身《ワカミ》モ今ハオトロヘテ遠路《ヱンロ》ノ行歩《ギヤウブ》難《カタシ》レ及《オヨ》ヒ、コノユヘニ我レニカハラヌ善鸞ヲサシクダシマフスヘシト、最念比《イトネンゴロ》ノ仰《オフ》セアリテ、始《ハジメ》テ善鸞山元ヘ下向ナサレ、一向真宗讃門徒《ト》ヲ開基《カイキ》ナサレ玉フナリ、抑《ソモ〳〵》此ノ善鸞上人ハ開山親(11ウ)鸞聖人三十五歳ノ時ノ御子ナリ、承元《ジヨウゲン》元年丁卯《ヒノトノ》十月⌒十」三日ニ御《コ》誕生《タンシヤウ》ナリ、即《スナハチ》月輪《ツキノワ》禅定

比叡山にて顕密を修学する

二十五歳の時より父親鸞聖人へ常随給仕

越州へ赴き超世无上の本願を弘めるべしこれに優れる孝行は無し

親鸞鏡の御影

殿下ノ屋形《ヤカタ》ニテ御母《オンハヽ》玉日《タマヒ》ノ宮《ミヤ》ノ御養育《ゴヤウイク》ニテ御名《オンナ》ヲ鶴千代丸殿《ツルチヨマルドノ》トゾ申《マフ》シケル、十三歳マテハ外典《ゲデン》ヲ学《マナ》ビ玉ヒ、承《ジヤウ》久元年己卯三月中旬ニ叡山《エイザン》ニノホリ、我《ワガ》祖師親鸞聖人ノ御舎弟《シヤテイ》西塔黒《サイタフクロ》(12オ)谷《タニ》ノ尋有僧都《ヂンユウソフヅ》ノ会下《ヱカ》ニ有《ツ》テ、顕蜜〔密〕《ケンミツ》ヲ修学《シユガク》シ玉フ、二十五歳ノ時《トキ》祖師親」鸞聖人御上洛《ラク》アリシヨリ已来《コノカタ》ハ山門ヨリ下《クダ》リ、御父《オンチヽ》聖人へ常随給仕《ズイキフジ》シ玉ヒテ、ツネニ孝行《カフ〳〵》ヲツクシ玉フ、故《カルカユヘ》ニ祖師聖人他力易行ノ本願念仏ノ素意《ソイ》復《マタ》、故《コ》上人ノ御内証自身《ナイシヤウジシン》御領解《レフゲ》ノ安心ノ奥義《オクギ》不《ズ》レ得《ヱ》レ止《ヤム》コトヲシテ明《アキラ》カニ御相伝アリシカハ、本《モト》ヨリ善鸞上人性徳聡明叡智《サウメイエイチ》ニシテ、台《タイ》(12ウ)家《ケ》ノ執情《シフジヤウ》ヲ悉《コト〳〵ク》」ハラヒステ、専修一向ノ領解《レフゲ》トナリ玉へハ、祖師聖人モ大ヒニコレヲ満足《マンソク》ニオボシメサレ、宿生《シユクシヤウ》ノチギリコレニシカジト御ヨロコヒカギリナシ、去《サ》レハ善鸞上人越州山元《ヱチシフヤマモト》下向ノ仰《オフ》セヲ受《ウケ》シヨリ已来《コノカタ》、御涙《ナミダ》ニムセビ御父公《チヽキミ》ニ申上《マフシア》ゲラルヤウハ、今度《コノタヒ》北(13オ)国下向ノコト最《モツト》モ難《キ》レ有仰《リオフ》セトハ云《イ》ヒナカラ常随給仕《キフジ》ノ孝養イタシガタキコトヲ」ナゲカシクオモヒ候トノ玉へハ、聖人仰セラレテノ玉ハク、汝《ナンヂ》越州へ赴《オモム》キテ超《テフ》世无上ノ本願ヲヒロメ、流転生死ノ迷道《メイドフ》ヨリ本願一実ノ大道へ普《アマネ》ク引導《インダフ》シ玉ヒナハ、コレニマサレシ孝行《カフ〳〵》ハ三千世界《ゼンセカイ》ニアルへカラス、今ハ早《ハ》ヤ急《イツ》キテ下向アルへシトテ、御自身《ゴジシン》ノ影《カゲ》ヲ二面《メン》ノ鏡《カヽミ》ニ(13ウ)ウツシ、是レヲ則《スナハチ》画《ヱ》ニカヒテ形身《カタミ》ノ為《タメ》トテ授与《ジユヨ》シ玉フ、鏡《カヽミ》」ノ御影《ミヱイコ》是レナリ、并ニ鉗〔紺〕地鉗〔金〕《コムジコム》泥《デイ》大幅《フク》ノ十字ノ名号ヲユヅリ玉フ、鏡ノ御影ハ今五分市村毫摂寺ニアリ云々此ノユヘニ善鸞（マヽ）聖人御歳二十八歳ノ時、

和讃三百六十首

節に三色の品
松風節
馬形節
船歌節

念仏勤行の音声に節をつける

始メテ当国山元ニ下向アリテ、本願一実ノ御法《ミノリ》ヲハ専《モツハラ》衆生ニオシヘ玉フニ、聞《キ》ク人《ヒト》コレヲ
（14オ）喜《コロコヒ》テ、親鸞聖人再《フタ》タヒ下向シ玉フ歟《カ》トオノ〳〵袖《ソデ》ヲツラネル参集《サンシフ》ノ人《ヒト》、盛《サカン》ニタツ市《イチ》ニ不
レ異《コトナラ》、ソレヨリコノカタ」祖師聖人御制作《コセイサク》ノ三帖一部ノ和讃・教行信証、其外《ソノホカ》御一生ノア
ヒタ撰述《センジユツ》ノ聖教不《ズ》レ残《ノコ》ラ善鸞上人ヘ付属《フゾク》シ玉ヘリ、依《ヨリテ》レ之《コレニ》此《コ》ノ和讃三百六十首《シユ》ヲ称《シヤウ》名ヲマ
フス、助音《ヂヨイン》ノタメ節《フシ》ヲツケテトナフルナリ、サレハ此《コ》ノ節《フシ》ニ三色《ミイロ》ノ品《シナ》アリ、松風節《セフフウフシ》・馬形《バギヤウ》
（14ウ）節・船歌《センカ》節ナリ、祖師聖人北国流行《ル》シ玉フトキ、松林《マチハヤシ》ノホ」トリ御通《オトホ》リノ比《コロ》、松《マツ》ノ木梢《コズヘ》ニ
サソウ風《カゼ》ノ音《ヲト》、自然《ジネン》ノ音声《オンジヤウ》響キ ᴖ 最殊勝《イトシユシヤウ》ナル風《カゼ》ノオトヤト感《カン》シ、或ヒハ船《フネ》ニ乗《ノリ》玉ヒタルト
キハ御慰《ナグサミ》トアリテ、船人大勢《センドフオフゼイ》アツマリテ声《コヘ》ヲソロヘテウタフ舟歌《フナウタ》ヲ聞《キカ》セラレ、ア、ラ
面白《オモシロ》ヤト感《カン》シ玉ヒ、復《マ》タ聖人陸地《クカデ》御通《トホ》リノ節《セツ》、馬方馬《ムマカタムマ》ノ綱ヲヒキ、歌《ウタフ》テ通《トホ》ルコヘヲキカセ
（15オ）ラレ、サテモヤサシキコワネヤト感《カン》シ玉フ」、マコトニウタフモ舞《マフ》モ法《ノリ》ノ聲《コヘ》、打《ウツ》モ扣《タヽク》モ
阿呼《アウン》〔吽〕ヲ不レ離《ハナレ》トアレハ、真言ノ言談《ゴンタン》口《ク》説皆是《セツカイゼ》真言《シンコン》ト云ヒシモ思《オモ》ヒシラレタルコトニアラス
ヤ、殊更《コトサラ》五方五仏供養之中《ナカ》ニ西方ノ弥陀如来ニハ音声《オンジヤウ》ヲ以テ供養スルヲ本意《イ》トスト云ヘリ、
故《カルカユヘ》ニ念仏ヲ申ス音声ノ助《タス》ケニモ節《フシ》ヲツケント思召《オホシメシ》テ、勤行《ゴンギヤウ》之音声ニ節《フシ》ヲツケ玉フトナ
（15ウ）リ、善鸞上人（マヽ）ヨリ」三節《ミフシ》ノ中ニ松風節《セフフウフシ》ヲ用《モチ》ユ、十八代目善阿上人船歌節《センカフシ》ニカヘナサレタ、
サレハ加州《カシフ》・能登《ノト》・越中《エチチフ》・当国何《イヅ》レモ遠近《エンキン》ノ道俗《ダフゾク》男女斯《コ》ノ一宗ニ随逐《ズイチク》ノ輩《トモカラ》ハ念仏和讃ヲ修《シユ》

讃門徒宗と称されるが正式には一向真宗

宗名は一向専念无量寿仏に因む

浄土真宗とも

善鸞上人に二子あり長子浄如上人次子如信上人

伊弥女は善鸞上人の妹親鸞聖人は譲状を伊弥女に与える

伊弥女は比丘尼となり覚信尼という

学《ガク》セリ、後《ノ》チニハ和讃講《カフ》ト名《ナツケ》テ会合《クワイガフ》ストナリ、如《キ》レ是等《ラ》ノ子細《シサイ》有《ル》カユヘニ誰《タレ》雖レ不《ト》レ定《サタ》メ当
（16オ）家《ケ》ヲ讃門徒宗ト云ヒナラフ、然《シカ》レトモ定《サタ》メオカル、宗名《シフメウ》ハ一向真宗」ト申《マフ》スナリ、一向真
宗ト申スコト浅意《センイ》ナルコトニハアラス、浄土三部妙典《メウデン》ニ一向専念无量寿仏ト説《トキ》玉ヘル金言《キンゲン》
ヲ以《モチ》テ、宗名ヲ一向真宗ト名《ナツ》ケタテマツルナリ、亦《マ》タ祖師聖人ハ浄土真宗トモ仰《オフ》セラレタ
ルコトモ候フナリ、

一《ヒトツ》、善鸞聖人《（マヽ）》、今ハ早《ハ》ヤ山元ニ久《ヒサ》シク在住《ザイジュ》シ玉ヒケルウチニ、御子《オンコ》二人御坐《ヲハシマ》ス、御惣領《ゴソウレフ》」
（16ウ）ヲ浄如上人ト申シ、次男《ジナン》ヲ如信上人ト申シタテマツル、浄如上人ハ、御惣領ノコトナレハ、
山元ヲ相続《サウゾク》シ玉ヘリ、次男如信上人ハ、元《モト》開山聖人ノ御息女《ソクヂョ》伊弥女《イヤニョ》、則《スナハチ》善鸞上人ノ御《オン》
妹《イモトギミ》ナリ、是《コレ》ハ日野々《ヒノヽ》左衛門《サヱモン》広綱《ヒロツナ》ノ内室《ナイシツ》トナリ玉フ、聖人七十一歳ノ御時《オントキ》ノ譲状《ユヅリジヤウ》ヲ伊弥《イヤ》
（17オ）女《ニヨ》ノ御方《カタ》ヘ進《シン》セラレタリ、則チ寛元《クワンゲン》元年ノ十二月廿一日」之日付《ノヒツケ》ナリ、去《サ》レハ爰《コヽ》ニ不審《フシン》
アリ、ソノユヘハ御妹公《オンイモフトキミ》ノ伊弥女《イヤニヨ》ヘ譲状《ユツリジヤウ》ヲ進セラレテ御惣領《ゴソフレフ》タル善鸞上人ニアタヘザ
ルノハイカナルコトソトイフニ、此《コ》ノ不審最《フシンモツ》トモナルコト、ハ云ヒナカラ、善鸞上人ハ当
国山元ニ在住シ玉ヘハ、何《ニ》ノ无《ナシ》二不足《フソク》一、故《カルカユヘ》ニ伊弥女《イヤニヨ》ヘ御譲状《ヲユツリ》ヲツカハサレシコト、最ト
（17ウ）モノイタリナリ、サテ此ノ伊弥女後《ノチ》ニハ比丘尼《ヒクニ》ト」ナリ玉ヒ、名《ナ》ヲ覚信尼公《カクシンニコフ》ト申《マフ》シタリ、
祖師上人《（マヽ）》御遷化《コセンゲ》ノ後《ノチ》ハ京都《ト》ニオヒテ女義《ニヨギ》ニシテハ遺跡《ユイセキ》相続ナリガタキニヨリテ、善鸞上人

如信上人覚信尼の養子となり本願寺第二世を継ぐ

覚信尼の子覚恵 覚恵の子覚如は如信上人の弟子となり第三世を継ぐ

ノ御息《ゴソク》次男如信上人ヲ覚信尼公伯母《ヲハ》、ノ御養子《ヤウシ》トシテ、本願寺ノ第二世ヲ継《ツキ》玉ヘリ、而《シカ》ルニ彼《カ》ノ末流《マチリフ》ノ門侶《モンリヨ》、此ノ善鸞上人ハ御父《ヲンチ、》親鸞聖人御安心ヲ背《ソム》キ邪法《ジヤハウ》ヲ弘《ヒロ》メ玉ヒ、御心《ヲンコ、ロ》ニ叶《カナ》

(18オ)

ハセラレヌ」ユヘ勘気《カンキ》ヲウケシ人《ヒト》ナリト皆《ミナ》々云ヒ、不《ル》レ用《モチ》ヒナリ、是《コ》レ大《ヲホ》キナル誹謗《ヒハウ》ノ咎《トガ》人《ヒト》ニアラスヤ、実《マコト》ニ不通《フツウ》ニシテ御勘気ノ人ニ定《サダマリ》ナハ嫡子《チヤクシ》善鸞ノ次男如信上人ヲ伯母《オバ》タル覚《カク》信尼公《シンニカフ》ノ御養子《ゴヤウシ》トシ玉フヘキニアラス、殊《コト》ニ覚信尼公伊弥女トイヒシトキニ男子アリ、成《セイ》

(18ウ)

長《チヤウ》ノ後《ノチ》青蓮院《セフレンイン》二品親王尊助《ニホンシンワフソンヂヨ》ノ御弟子《オンテシ》トナリ、出家《シユツケ》シテ其名《ソノナ》ヲ宗恵阿《ソウヱア》」闍梨《ジヤリ》ト云ヘリ、即《スナハチ》天台宗《テンタイシユ》ニテ在〱シガ文永《ブンヱイ》九年ニ台家《タイケ》ヲ遁《ノガ》レテ浄土ノ真門《シンモン》ニ入《イ》リ、則《スナハチ》如信上人ノ御弟子《オンテシ》トナリ、宗恵《サフヱ》ト云名《ナ》ヲ改《アラタ》メテ覚恵《カクヱ》トツケ玉フトナリ、シカレハ如信上人ト此ノ覚恵《カクヱ》トハ従弟《イトコ》ノアヒダガラナリ、復《マタ》此《コ》ノ覚恵ノ御子息《ゴシソク》ニ覚如覚信尼公ノ孫ナリ、トテ、十七歳ノ冬《フユ》ノ比《コロ》如信上人

(19オ)

ノ御弟子《オンデシ》トナリ玉ヒテ、第三世ヲ継《ツ》ギ玉フナリ、カ、ル」イハレノ明《アキラ》カニアリシコトヲ不レ知《シラ》レ弁《ワキマヘ》シテ、徒《イタヅ》ラニ善鸞上人ヲ不通《フツウ》ノ人《ヒト》ナリト悔《アナト》リ軽《カロシ》メ誹難《ハウナン》ノ唇《クチヒル》ヲ動《ウゴ》カス者《モノ》ハ、実《マコト》ニ似《ニタルヘシ》二春田《シユンデン》ノ蛙蟆《ガマ》ニ一、今時聖人ノ一流《リフ》ヲ汲《ク》ミナカラ、彼方《カナタ》此方《コナタ》ト隔《ヘダ》テヲナシ、タガヒニ捕《サシハサミ》二嫉妬《シツト》偏執《ヘンシフ》ノ悪心《アクシン》ヲ一道理《ダフリ》参差《シンシ》《カタタカイ》義《ギ》味《ミ》鉾楯《ムジユンスルコト》焉、断《タツテ》レ根《ネ》ヲ栄《サカヘントス》レ末《ヘヲ》スルガ如シ、言語道断《ダフダン》愚昧《グマイ》ノ心底《テイオホヒ》大ニ可レ耻《シハヅ》、可《キ》レ傷《イタム》ノ者ナリ、」

(19ウ)

一《ツ》、善鸞上人、御存生《ゴゾンジヤウ》ノ内《ウチ》ニ自《ミヅカラ》選述《センジユツ》シ玉フ、聖教《セフゲフ》多《オホ》シトイヘトモ、数度《スド》ノ火災《クワサイ》ニ焼《シヤウ》

善鸞上人の往生

亡《バウ》セリ、漸《ヤウヤ》ク自画《ジグワ》ノ御影《ミエイ》幷十字ノ名号ハカリ残《ノコラセラレ》テ、其外今家《ソノホカコンケ》ノ記録等《キロクトウ》モ焼失《シヤウシツ》セリ、善鸞聖人(マヽ)ノ御往生ハ人皇九十代後宇多《ゴウタ》天皇ノ御宇建治《キヨウケンジ》三丁丑《ヒノトノ》暦《レキ》九月十四日ニ七十一歳ニシテ（20オ）不思議ノ霊瑞《レイズイ》在《アラハレ》テ、於《テ》二山元山ノ寺一遷化《センゲ》ナサレ玉フナリ、」サレハ爰《コヽ》ニ一向真宗讃門徒ノ末流本《モト》ヲワスレテ、善鸞聖人ノ御一生ハイカ、ワタラセ玉フヤラン、其程《ソノホト》ヲ无《シ》二知《シル》人一、是《コ》レ无《キ》二勿体《モッタイ》一次第也、

浄如上人

一《ツ》、浄如上人ハ、善鸞聖人三拾歳ノ時ノ御子ナリ、人皇八十六代四条ノ院ノ治世嘉禎《チセイカテイ》二丙申《ヒノヘ》天十二月上旬ニ御誕生《タンジヤウ》ナリ、」

如信上人

（20ウ）一《ツ》、如信上人ハ、即チ同《オナジ》キ御宇暦仁《レキジン》元戊戌《ツチノヘ》天九月晦日御誕生ナリ、斯《コ》ノ上人伊弥女《イヤニヨ》(伯母)ノ御養《ゴヤウ》子《シ》トシテ壮年《サウネン》ニシテ京都ヘノホリ玉ヒテ、人皇九十二代後伏見ノ院ノ御宇正安《アン》二庚子《カノヘ》正月四日ニ御歳六十二歳ニシテ御往生ナリ、マコトニ此ノ上人モ或ルトキハ奥州大網《オフシフオホアミ》トイフ所《トコロ》ヘモ下向シテ衆生化度《ケド》シ玉ヘリ、具《ツブサ》ニ述《ノ》ブルニイトマアラス、今ハ略《リヤク》スレ之ヲナリ、」

證誠寺と号する所以

（21オ）一《ツ》、浄如上人ハ、善鸞聖人ノ御惣領《ゴサフレフ》ナレハ、山元ヲ相続《ソフゾク》シ玉ヘリ、蒙《カフムリテ》二勅宣《チヨクセン》一ヲ證誠寺ト改号《カイガウ》セリ、最《モツト》モ正意ハカリカタシトイヘトモ、證誠寺ト号スルユヘンハ深意《ジンイ》アルナリ、其故《ソノユヘ》ハ当流聖人ノ弘通《グツウ》シ玉フ、念仏ノ一門ハ三界ノ独尊《ドクソン》大聖釈迦《シヤカ》如来祇園精舎《ギオンシヤウシヤ》ニ於《オヒ》テ（21ウ）三部妙典ノ中テ四紙ノ阿弥陀経御演説《ゴエンセチ》ノ時、六方六恒河砂《ゴフガシヤ》〔沙〕」等ノ諸仏広長《カフチヤウ》ノ舒《ノヘ》レ舌《シタ》ヲ、偏覆《アマネクオホヒ》二三千大千

山元山證誠寺
護念院

讃門徒開基善
鸞上人以来血
脈相承し断絶
無し

世界ニ若《モシ》十方諸有《ウ》ノ衆生ノ中《ナカ》ニ執持《シフヂ》名号一心不乱ノ念仏ノ行者、報土得生《ホウドトクシヤウ》ノ証果《ショウクワ》ヲ開悟《カイゴ》セスンハ、六方恒河沙数《シュ》ノ諸仏覆《オオヒイダ》出シ玉ヒタル、御舌《ミシタ》モ壊爛《エラン》シテ再《フタタヒ》不《ト》レ還《ゲン》ニ入口《ニフクチ》一ニ明《アキラカ》ニ證誠シ玉ヘリ、其義ハ小経ニ具《ツフサ》ニ説《トキ》玉フナリ、カヽルヤンコトナキ妙《タヘ》ナル御法《ミノリ》ヲハ六方恒（22オ）沙ノ諸」仏口《クチ》ヲソロヘテ皆共《ミナトモ》ニ證誠アリシ真実ノ弘誓《グセイ》、他力ノ名号ヲ専《モツハラ》修《シュ》シテ勧化《クワケ》シ玉フ、其源《ソノミナモト》ヲシラセントテ山元山證誠寺護念院《ゴネンイン》ト勅宣《チヨクセン》シ玉フトナリ、是《コ》レ則《スナハチ》諸仏證誠護念ノ謂《イハ》レアルカユヘニテ在々《マシ〱》ス、誠《マコト》ニ当寺ハ小本寺ニテ在〱セトモ、宗祖親鸞聖人ヨリ（22ウ）善鸞上人、浄如上人、鸞如上人、旦應上人、」如顕上人、道閑上人、道性上人、善秀上人、善壽上人、善教上人、善光上人、善如上人、善岌《ギフ》上人、善養上人、善應上人、善閑上人、善阿上人代、十八善念十九上人、二十善超上人、廿一善融、善住、（23オ）一向真宗開山ノ親鸞聖人、讃門徒開基《カイキ》善鸞上人以来《コノカタ》、血脈《ケツミヤク》今《イマ》ニ至《イタ》ル迄《マテ》无《ク》ニ断絶《ダンゼツ》一相承《ソウジヤウ》」シ玉ヒテ弘《グ》願他力ヲ无《ク》ニ懈怠《ケダイ》一勧《ス》ヽメ玉ヘル本寺トマフスハ、今此ノ山元山《ヤマモトサン》證誠寺ニ相極《アイキハ》マルモノナリ、」

（23ウ）

（空白）」

「為本記」付図

（縦紙　縦二八・〇糎、横三六・〇糎）

山元山図

山元山図

山元山は長泉寺の西方

山元山ハ、今長泉寺（越前今立郡）ノ西北ノ方、北向ノ谷間也、山ノカツカフ（恰好カ）東西ヘ南ヨリ取廻ナル懐《フトコロ》ナリ、北ニ東西ヘ通ル大道アリ、門モ北向ニ、即御堂正面ニアリ、

白山堂

今ノ白山堂ハ寺ノ西ノ方、少上ニアリシニ、是モ東北ノ方ヲ向テアリシニ、門前大関ヲ北国武士往返スルニ、馬上ニテ通レハ必ス落馬シテ難儀スルユヘニ、白山ヲ山ノ峯ヘアケ、ソノトキ西向ニシテケリト也、鳥居等ハ跡ニシタルコト也、白山ヲ上ヘ上ルトキ、大関モ山元山ヨリ東ヘ付カヘ、今ノ如ク長泉寺、鯖江ト続キ、府中ヘ行也、往古ノ道ハ旧記ノ如シ、其トキ水落神明ノ内ヲ通リシニ、始テ東森ノ下ヘ付カヘタルモコノ時也、可《シ》二想ヒ合一《ス》白山ノ祭ノコト、正

白山祭

月十三日ヲコナヒ、此トキハ子共団子ヲ拵ヘテ持行、三月五日ハ山元祭ト云テ、水落ニハ
アソブ、白山ノ高四百余歩アリ、今水落法花寺仕ハ〔支配〕イトナリ、

山元祭

サイタ〳〵木ノミカサカレ、ト云テアソフ也、

薄墨桜

薄黒〔墨〕桜ノ木、今ハ西ノ方、白山堂ヨリハ少下タ、三間四方ハカリノ平地アリ、コ、ニカノ木今ニアリ、往古ノ古木ハ、近年マテアリシガ、土トナリケリトナン、ソノ古木ヨリ出テタル若木、春向テ如レ古、花ヲ咲スルニ常ノ名花トハ遥ニ勝レテ映也、タトヘトリ来リツギ木トシ、又ハ若目〔芽〕ヲ取テウヘテモ、ハナ咲コトナシト伝ヘタリ、不思義〔議〕ナリシコトナリ、古ヘハ白山堂ヲ上ヘアケ西ヘ向ヘタレハ迚テ、サクラモマタ正面ノ下ニウヘカヘタリトナリ、奇瑞アリシ白山ナルユヘニ、西ヘムケシ事如二旧記ノ一、サモアリヌヘシ、兼倉ノメンカケノ妹ノコト思合スヘシ、今老翁ノメンヲカケタリ、此メンハ春日大明神也ト縁記〔起〕ニミヘタリ、已上、

三　證誠寺由緒略記

（表紙）

後代意得鈔　　真覚院 　　　　　　　高帛山所持 證誠寺由緒略記

（袋綴、縦二四・七糎、横一六・二糎）

○前半の「後代意得鈔」に続く。

（46オ）

證誠寺の草創
親鸞聖人の越後下向の途次越前丹生郡山元に暫し滞留

證誠寺由緒略記

夫勅額所一向宗之源、山元山證誠寺ハ、人皇八十三代土御門院御宇承元丁卯年仲春下旬、開山親鸞聖人卅五歳、越後の国府（頸城郡）江左遷之砌、当国丹生郡山元与云所に暫く住し給ひ、専修念仏一向専称之儀を沙汰し給ふに、緇素貴賤群を成事市の如し、雖然配所江遅滞を恐れ給ひて、名残を惜慕ふ門徒江、直筆を以て一紙の内に名号本尊を書画して授与し給

聖人へ再度の下向を願う

名代として善鸞上人下向す

ふ、其後廿五ケ年を経て」、（46ウ）
人皇八十六代四条院御宇文暦元年、山元之門葉上洛して聖人二度下向之儀相願候処、越前江招請し奉りて、堂舎を造営して、御教化を聴聞仕度由、名代として嫡子慈信房善鸞上人を下給ふ、于時善鸞上人廿八歳なり、則父聖人ゟ北国之門葉江御筐として紺地金泥十字の名号を授与し給ふ、則善鸞上人山元江持参、

和讃講

夫より開山相伝之三帖和讃之正意を以て、一宗の安心を相承し給ふ故に、時々法会之席も和讃講と称し候故、一派の名目讃門徒与相伝申候得共、全宗名にて無御座候、終に善鸞上人七十一歳ニ而建治三丁丑暦九月十四日遷化、則」（47オ）自画之寿像、今に伝来仕候、次ニ

浄如上人

善鸞聖人之息浄如上人、

文永五年仏閣を造営

人皇八十九代亀山院御宇文永五年、仏閣を造営し、開山相伝之宗風を不改、三帖之和讃講法ありけるに、阿弥陀経和讃講談之砌、西之権現越山大権現、・東之文殊、山元之西東也、別而塵沙之諸仏舌相三千證誠護念之霊一夢、浄如上人を始め信心の門葉一同に感得し、忌又寤之東山西岳異香紫気、砌に映芳す、誠に奇代之不思儀〔議〕霊瑞相重りぬれハ、近国之門葉の渇仰不残一宗之繁栄無量、」（47ウ）

護念院證誠寺

階〔陛〕下叡感の余り、護念院證誠寺と　（平出）宸筆之御額を被下置、開山自作之寿像を安置し、至今迄相続仕在候、実ニ親鸞一宗之古跡、一向宗弘通之濫觴たりといへとも、戦国之砌、

今立郡横越に寺地を移す

度々回録〔禄〕、種々の災難等有之候ニ付、寺地所々に移住仕り、霊宝・記文過半兵火等に焼失、寺門離散仕り、只今ニ而は今立郡横越に居住仕在候、

元禄七年有栖川幸仁親王染筆の山号寺号額下賜

横越寺地ハ当寺八代目道性上人以来往昔浄如上人之世、　亀山院御宇、　護念院證誠寺と勅額被下候得共、天正年中に焼失仕り候、依之当寺第十六代善應上人、右震〔宸〕翰之御額焼失」ニ付悲泣仕、御（48オ）願申上候処、則元禄七年、　内々御沙汰ニ而有栖川宮幸仁親王真翰を以て、山元山證誠寺と院号を山号ニ被改候而、御額被下置、只今ニ而も奉拝掛候、依之国本ニ而当山を勅額所と申伝へ候謂是也、證誠護念之儀、万里小路大納言淳房卿奇〔特カ〕持被思召、善應上人より御聞伝ニ而、元禄七年、阿弥陀経書写被成、当山江御納経被遊候、

一向真宗との称

伝承の文書

一、親鸞一宗を一向真宗と相称候事、人皇百四代後土御門院御宇

山科中納言」

（48ウ）氏藤原　　大織冠

　鎌子之大臣之

玄孫皇太后宮有範卿

一向真宗之源親鸞嫡家

　明応八年九月廿三日

御免　善秀

蔵人頭左中弁藤守判

勅願所

一、当山を　勅額所と称候事、

前文ニ申上候通、当寺親鸞第三世浄如上人之世、護念院證誠寺と　勅額被成下候得共、」

兵火之為に焼失、元禄年中、善應上人之願に依て、則蒙　勅許、有栖川幸仁親王真翰を

以て、山元山證誠寺と被為遊、則本紙今に至る迄所持仕候、文明の頃、当山代〔第〕八世道性

上人之世、山元ゟ横越江寺地を被移、其後天正の頃焼失、元禄年中、横越ニ居住ニ付、

文明期道性上人の時に山元より横越へ移転

(49オ)

山元山と山号被成下候也、

直参内の家

執奏家は万里小路大納言家

一、当寺ハ一本寺直参　内之家ニ而、代々不相替万里小路大納言殿為猶父　執奏被成下、

綸旨奉頂戴、於清涼殿奉拝　龍顔、則轅打物　御免ニ而参　内仕候、」

綸旨之写

善念上人号の綸旨

(49ウ)

着香衣令参　内、宣〔宜〕奉祈国家安全

宝祥〔祚〕長久者、依　天気〔光格天皇〕執達如件、

寛政元年

酉五月　　右中弁胤〔広橋〕定判

證誠寺住持善念上人御房

万里小路家永代執奏の文書

（50オ）

一、万里小路大納言殿永代執　奏無相違旨、則善阿上人之世、
越州證誠寺者、寺格由緒茂有之ニ付、当家執奏之儀被相願、依之以後永代執奏」之事被
申渡候、此旨末寺門徒中江茂可被申伝候、以上、

宝暦九己卯年八月　　万里小路殿家（植房）

岡本弾正

保志判

山田監物

信寿判

證誠寺

善阿上人御房

東坊城綱忠より上人号勅許の祝に轅一輛を贈られる

（50ウ）

今般継目願之通、上人号被蒙（平出）宣下珍重候、依之轅一輛相遣候間、可有」乗用候、尤
親鸞一流之一本寺故、先格之通　直参　内と申事者、尤大切成事ニ候間、疎略被存間敷
者也、

東坊城大納言
綱忠判

宝暦九年

越前今立郡横越
證誠寺善阿上人御房

證誠寺宝物

一、光明本尊　親鸞聖人真筆

一、北国最初之御影　聖人三十五歳之自画

右二品、聖人左遷之砌、山元之門徒江附属、

（51オ）

一、聖人御骨　滅後分散

一、墨之御袈裟　聖人北国・東国行脚之砌、常ニ懸給、

一、紺紙金泥十字名号　聖人真筆

是者、善鸞上人越前江下向之時附属、

一、善鸞上人自画之画像

一、紺紙金泥十字名号　　善鸞上人筆
当寺三代目浄如上人江附属、
一、聖人寿像　　聖人六十才直作
浄如上人江附属、今已ニ影堂ニ安置、霊妙不思儀〔議〕之尊像也
「
（51ウ）
一、一向真宗之源　親鸞嫡家之　　綸旨
是ハ親鸞一宗を一向宗与勅宣有之候、目〔自カ〕夫挙世親鸞之宗旨を一向宗と申御事ニ候、
俗説野談之宗名ニ而無之、一向真宗之源親鸞与申御文段、嫡家之二字は細字ニ而二行書
御座候、本文前段ニ記申候、
一、一尊仏并二尊来迎仏　　恵信〔心〕〔源信〕僧都筆
右二品、聖人叡山ゟ御所持、
一、一寸八分六字名号　紺紙金泥　聖人真筆
是則当十一世善教上人持参、聖人三十五歳、北国左遷之砌、月輪禅定殿下江〔マヽ〕兼実公〔九条〕筐
と」して被進たるなり、爾ルニ万里小路殿に伝り給ひ、善教上人入院之節持参、
（52オ）
一、水晶珠数
一、唐木菊之香筐〔合カ〕

一、濃紫之御衣
右者、善教上人被任権大僧都、右之品〻後奈良院様より頂戴、
一、山鳩色之御衣　　　三蝶丸
善應上人頂戴、
一、浅黄大紋之指貫
女院御所より御寄附、
是ハ後西院天皇御指貫、善應上人頂戴、
(52ウ)
一、山元山證誠寺御額
有栖川宮幸仁親王御筆、善應上人頂戴、
一、阿弥陀経　　　一巻
万里小路大納言淳房卿御自筆、證誠護念之来由、御歓喜之余り、善應上人御納経、右之通所持仕在候、度〻回録〔禄〕ニ而及焼失候、宝物記録計ニ而所持無之品〻、幷当用無之品〻、又ハ乱妨之砌、紛失ニ而他家之宝ニ相成候物茂有之候得共、于茲記不申候、
御位牌
今上皇帝聖躬万歳、

今上皇帝聖躬万歳の位牌

（53オ）
当寺九代目善秀上人之世、宣〔宜〕奉祈宝祥〔祚〕長久　綸旨頂戴、以来則上人直筆ニ而阿弥陀如来
御宮殿之左ニ奉拝置候、

東照大権現の位牌

東照大権現〔徳川家康〕　尊儀、
右慶長十九年、越前黄門秀康〔結城〕公ゟ以使者、大樹幕下〔徳川秀忠〕武威増長為御祈、黄金八牧〔枚〕并来国
光之小刀被相添、従将軍賜之候之趣被申入、則当寺第十二世善光上人之世也、其後越前
松平兵部大輔吉品、尊牌為拝礼證誠寺江参詣有之、重而磯松浅之丞を以、禁制札之御沙
（53ウ）
汰有之候、其初織田信長公、浅〔朝〕倉御〔義景〕」対陣之砌、敵城敗軍之節も、当山江者御帰準〔順〕有之、
次而大〔太〕閤〔豊臣〕秀吉公、横越寺地弐千三百余歩之境内、永代諸役　御免除被成下候、御当家迄
聯〔連〕ゝ相続仕候事、誠ニ三宝擁護之霊地、又ハ王方〔法〕之御恩沢と、乍恐難有奉存候、

若狭大守酒井家位牌安置の由縁

若州大守法諱
寶光院殿崑山道琳　大居士
酒井靫負守〔佐〕忠音〔侑カ〕公是也、当時郡御奉行夏目五郎兵衛殿江被申附、證誠寺開山堂再興之為御

開山堂再興のため寄附

（54オ）
奇〔寄〕附、元禄十七甲申」春、柾木千丁、松大木弐百本、三間八寸角柾木八十本、御奇〔寄〕附被遊、材
木ハ越前白鬼女村渡場迄御附被下候、其上御銀等頂戴、御領分勧化迄被仰付、開山堂成就

仕候、此殿薨去之砌、御諷経相勤、則御位牌并御布施被贈候ニ付、只今ニ而も於　牌前朝夕
読経有之候、

（酒井忠音）
霊苗院殿曇華道瑞　大居士
（マヽ）
大居士
（酒井忠用）
霊兵〔岳〕院殿大機道乗　大居士

（54ウ）
右御代々之殿当山之修覆等願之時ハ、夫々」御奇〔寄〕附物有之候、別而当善念上人江　〔平出〕御参
内之官物として、安永七戊戌秋官銀被贈下候、依是等此度参　内首尾能被相勤候事、誠
ニ難有御事ニ御座候也、

禁制

一、御堀之中漁殺生之事、
一、竹木を剪候事、
一、塵芥捨へからす、
右、任先規令停止候者也、」

（55オ）

月　日　　　本山執事

禁制

禁　制

一、軍勢甲乙人乱妨狼藉之事、
一、境内剪採竹木等事、
一、寺内殺生事、
　附、檀末諍論事、
右、住〔任〕先規令停止之、不可有違犯者也、仍如件、
　延宝八癸丑三月　　　　山元山　證誠寺」
　延享五年卯六月廿五日札書替ル、

本由緒略記は万里小路家へ差出す控

（55ウ）

右壱冊、書面之通相違無之候、此度　（平出）万里小路前大納言（政房）様御内御役人中ゟ御尋有之ニ付、
此趣を以言上仕候、猶委細ハ、為本記源流記と申而、繫物有之候得とも、不遑熟読候間、
写記得仕候分申上、如此御座候、以上、
　一向宗本山　　　　越前横越
　　　　　　　　　　證誠寺

寛政元年己酉六月　　　　役僧

」

四　一向真宗山元山由緒并本末略記

（表紙）

一向真宗
山元山由緒并本末略記

文久二戌四月本保役所差出候処、不用ニ成事、

（袋綴、縦二九・一糎、横一九・〇糎）

文久二年本保代官所へ差出す分

（1オ）

山元山由緒略記

山元山證誠寺の由緒

越前今立郡横越山元山證誠寺者、（平出）人皇八十三代　土御門院御宇承元元丁卯年仲春下

山元の旧地は鯖江水落駅の西山

旬、開山親鸞聖人越後国府(頸城郡)江配流之砌、当国丹生郡山元与於申処、云処ニ暫之逗留在之、山元者水落歟、山元村、天正元年有故廃絶、旧地者鯖江水落駅之西山也、
一向専念(修)之儀勧給ふ処ニ、貴賤群集恰如市、然共配所ニ其限在者、名残を慕ふ輩江光明」(1ウ)
本尊を与て、越後江趣(赴)給ふ、其後勅免之宣旨有之帰洛給ふニ付、教化受し道俗追ミニ上
京シ、重而当国下向之儀雖相願与、老体遠路難ニ付、則自六十三歳之寿像を彫刻し、法

親鸞聖人嫡子善鸞上人越前山元へ下向

語与共に是を附属給ひ、嫡子善鸞聖人(マヽ)山元ニ下向在而、開山相伝之和讃を以弘道し給、
然とも善鸞聖人(マヽ)尚諸方弘化之志願止む事なく、」(2オ)及晩年而山元之地を嫡子浄如江譲与へ

三代浄如上人

て、関東所ミ行化して、終ニ於奥州大網寂し畢、爰ニ浄如成長之後上京して、祖父親鸞
聖人ニ面謁し給ふに、寵愛殊ニ深して、当流之法儀奥を尽して指授し給ふ而、(平出)亀山
帝御宇文永五年ニ山元之仏閣を造栄(宮)して、祖父相伝之宗義を以普仏道し」(2ウ)給ふ、就中浄
如一夏九旬之間阿弥陀経を講説せしに、或夜西に越知山権現、本地十一面観音、東ニ文殊菩薩姿を
現して、尚塵数之諸仏与共ニ證誠護念し給処之霊夢を感得して、道俗一同奇異之思をな
し、信心弥肝ニ銘し、近国遠郷御依謁仰する事少からす、一宗之繁昌時ニ当熾也、此時

勅願の宣旨

屢奏聞を遂るに、」(3オ)陛下叡感之余、山元山護念院證誠寺江宸翰之勅額を被下置、則勅願
之宣旨在、

明暦年中一山悉皆焼失する

明暦年中之冬迄伝来仕候処、同極月一山悉皆焼失仕候、右之勅額を初、其余伝来之

一向真宗之源親鸞嫡家と称する綸旨拝戴との伝承
善壽代以来代々上人号勅許
文明七年横越に移住

善壽代に村国に転住

善應代に横越に帰住
宝物幷旧記等大半焼亡仕候、依之　（平出）霊元帝之御宇、重而奉願候処、　勅詔ありて、
有栖川幸仁親王江御代筆被　仰付、山元山證誠寺之二一軸之真翰拝戴仕候、依之当山第九世権大僧都善秀代、明応」（3ウ）八年九月廿三日参　内仕候処、一向真宗之源親
鸞嫡家之宗名輪〔綸〕旨拝戴仕、本紙于今現存仕候、其後第十世善壽代、　（平出）後奈良院御宇参内、権大僧都拝任仕候、以来代〻勅許上人号相蒙申候、尤参　内之節者、於　（平出）清涼殿
奉拝　天顔、但、前住召招之砌者、於」（4オ）小御所奉拝　天顔、執奏家者、当山第十一世善教、万里小路大納言充房
卿之息子、文録〔禄〕二癸巳年入院有而以来、代〻執奏家ニ而、尤猶父ニ而御座候事、
一、境内禁制札之儀者、当国之大守探源院殿松平兵部大輔吉品公、参詣之砌、沙汰有之、建札仕候事、
但、当山第八世道性上人、文明七年三月、山元之地ゟ」（4ウ）横越ニ移住、其後第十世善壽代
ニ又候村国村江転住、延宝四辰年、於村国村惑乱之儀有之、門末大ニ離散致、既ニ可及滅
亡処、国主探源院殿〔松平吉品〕格別之仁恵ニ依而、離散之門徒大半旧復、加之古跡横越江帰住致候
砌、境内禁制札被建之候由、則当山十五世善應之代ニ御座候、夫ゟ無程元録〔禄〕之頃当若州
小浜酒井家之領分ニ罷成候事、
右由諸記、粗如斯御座候、以上、

五　親鸞聖人御骨之由来

（竪紙、縦三三・〇糎、横四二・五糎）

親鸞聖人御骨の由来

抑御骨之由来ヲ尋ルニ、今ノ坂井郡中河西光寺ハ、元トハ加州能美郡仏カ原村（現、小松市）ラニ天台宗ノ寺有テ、西光寺ト名ク、而ルニ我祖（親鸞聖人）北国遷流ノ砌、彼ノ寺ノ住僧傳應法師

西光寺住持傳應聖人に帰依し葬式の時迄常随給仕す

上人ニ帰依シ玉ヒ、聖道自力ノ修行ヲヤメテ、専修一向ノ他力ノ真門ニ入、御弟子トナリ、上人御在世ノ中《チ》常随給仕シタテマツリ、御往生ノ節、御葬式ノ時迄テ御供シ玉ヒ、御灰葬ノトキ顕智トトモ

灰葬のとき顕智と共に御骨を配分す

ニ《ト》御骨ヲ配分シ、小キ器物《ウツワモノ》ニ入、首ヒニ掛テ、上人御存生ノ心地ニテ常ニ尊重シ玉ヒシナリ、其ノ後、寺ヲ中川村（現、あわら市）へ移シ、今ノ仏原山西光寺是ナリ、則此寺ノ開基ナリ、然ルニ当山ハ、開山聖人ノ御惣侶ノ御寺ナレハ、前代ニハコレアリシカ、所々ニテ徊（回）禄ノ時分ニ焼失シタルナラン《ユヘニヤ》、依レ之中興御骨是ナキ事ヲ、先住善閑上人ナケカセ玉ヒテ、西光寺ノ

西光寺へ御骨配分の事を申入る

住持覚恵法師へ御骨配分ノ事ヲ望セラレタレハ、当寺ニ因《イン》縁モ是アレハ、何分ニモ御ノソミニ任スヘシトテ、時ヲウツシ玉フ処ニ、定メナキハ世ノ中ノ有様ニテ、去ル年《戊》（宝暦四年）八月三日ニ善閑上人御遷化ナサレタル故ニ、当住持職亦々ノソ《善阿上人》ミナサレタレハ《玉ヒシカハ》、先住御存生ノ内御ヤクソク申タルウヘナレハ、半ハヲ分ケテ、今度御一周忌ノ御法事ニ供養スヘシトナリ《有ケレハ》、則

善阿上人のとき御骨を迎える

六月下旬当善知識　御骨御迎ノタメ彼地へ御下向有リテ、申請玉ヒテ、今当寺ノ重宝ト

ナレル
ナリ、ミミ

宝暦五乙亥年七月廿二日

六　本尊阿弥陀如来縁起

（東溟自筆、巻子本、継紙、縦三六・〇糎、横八一・〇糎）

夢想霊告の阿弥陀如来

恵心僧都の作

大和の長谷に伝来

宝暦九年庵主に霊告

山元の精舎に遷すべき御告

〔壇〕檀上に安置し奉る尊像ハ、恵信〔心、下同ジ〕僧都の御作、伝へて夢想霊告《ムサフレイゴウ》の阿弥陀如来と称し奉る、爰に其濫觴を窺ひ奉るに、人皇六十四代圓融院の御宇永観元年癸未七月十五日の夜、恵信僧都夢の中に、観音・勢至の二菩薩現れ給ひ、阿弥陀如来の霊像《レイザウ》一軀《イック》を拝《オガ》ましめたまひ、微妙の御声高く僧都に告て宣《ノ玉ハ》く、これハ是天竺祇園精舎無常院の本尊也、汝此《ノ》尊容《ヨフ》を模《ウツシ》し刻《キザ》ミ、末代の群生に示して普《アマネ》く化益を施すへしと、僧都夢醒畢《サメオハリ》て御喜び斜《ナナメ》ならず、すなはち二菩薩の告命に従ひ一刀三礼して彫刻《テフコク》し給ふ処の霊像なり、爾《シカ》しより此かた、大和のくに長谷《ハセ》に伝来し奉りし処、宝暦九年己卯の秋、菴主《アンジュ》恵秀老尼病中に在て不思議の霊夢を感す、其仏勅に宣《ノ玉ハ》く、汝速に我を有縁の地山元の精舎に遷《ウツ》すへしと宣《ノ玉》ふと見る事、既に三夜におよべり、され共老尼の心に山元の精舎いづれの国に在事いまだしらず、普《アマネ》く人に活《カタ》るに此霊告の旨趣《シイシュ》を以てす、しかるに当山の末頭本覚寺正恵法師自得菴と号す、其ころ彼地経《ケイ》歴《レキ》の砌《ミギリ》にて、是を伝へ聞《キヽ》、老尼に逢て、山元と云ハすなはち我本山證誠寺の山号なる由を具《ツブ》さに物語しかバ、老尼も地名の忽ち霊告と合符せし事を深く随喜し、（老尼此物語を聞て後、霊告絶てなしと云、竊《ヒソカ》に知霊告の山元即ち我山元なる事を、）此上片時も猶予《ユウヨ》せん事ハ冥慮最《モト》も恐るへし、今伝来の尊容《ソンヨウ》に別れ奉る悲歎ハ実に少《スク》なからずといへ共、越前に送り奉りて仏意《ブッチ》にかなハゞ、老尼が現当二世の本懐何ことか是に過《スギ》んやと云て、感涙とゞめ敢《アヘ》ず、一紙の送り文とともに、同き年九月、尊像を此山元に遷《ウツ》し奉る、如《ゴトキ》レ此《カクノ》来由といひ、彫刻《テウコク》といひ、特《コト》さら当地有縁の聖容《セイヨフ》なれバ、各《オノ〳〵》恭敬尊重の心を発して、瞻礼《センライ》なるべきものなり、

尊像を山元に遷し奉る

右縁起一巻、旧本処々破裂、不便于披読故、今考送文之旨趣、更染禿毫畢、

天保十己亥之暦初秋晦

釈善超　印（陰文）（「善超之印」）　印（陽文）（「號東溟」）

七　山号寺号御額二幅之由来

（東溟自筆、竪紙、縦三二・三糎、横三四・四糎）

山号寺号御額の由来

此二幅《フク》ノ御額《オンガク》、モトハ後土門天皇《ゴツチミカドテンワウ》ノ御宸筆《ゴシンヒツ》ニテアリシ所《トコロ》、程《ホド》ナク文明《ブンメイ》二年、一揆《イツキ》ノ乱妨《ランボフ》ニヨリテ、仏閣《ブツカク》モロトモ焼失《シヤウシツ》ニ及《オヨ》ビシ所《トコロ》、当山《トウザン》ノ執《シツ》　奏家《ソウケ》万里小路殿《マデノコウジドノ》ノ御取次《オトリツギ》ヲ以テ、禁庭《キンテイ》

有栖川宮幸仁親王の染筆

へ願《ネガ》ヒ奉《タテマツ》リ、元禄《ゲンロク》年中、有栖川《アリスガワノ》宮《ミヤ》幸仁《ユキヒト》親王《シンワウ》へ御代筆《ゴタイヒツ》仰《オホ》セ付《ツケ》ラレ、フタヽビ当山へ下シ置《オカ》レタル御額《オガク》、又一文字《イチモジ》・風帯《フウタイ》等《トフ》ノキレハ、悉《コト〳〵》ク其コロノ仙洞御所《セントフゴショ》（霊元上皇）ヨリ御寄附《ゴキフ》ノ御品《オンシナ》、

八　慈信坊善鸞上人略伝

（表紙）

慈信坊善鸞上人略伝

（袋綴、縦二四・九糎、横一七・二糎）

慈信坊善鸞上人の父母

（1オ）慈信坊善鸞聖人（マヽ）ノ俗姓ハ、藤原氏、大織冠鎌足ノ苗裔勘解由小路《ノ》有国ヨリ五代ノ末孫有範公ノ嫡男真宗ノ開祖親鸞聖人ノ息男ニシテ、賢母ハ、兵部大補（輔）三善為教《ミヨシノタメノリ》ノ女《メ》ナリ、祖師

親鸞常陸稲田在住時に出生

聖人常州稲田(茨城郡)御在住ノ砌ニ、一子誕生マシ〳〵、松丸ト名ケ、十歳未満ニシテ出家得度シ、宮内卿ト号ス、慈信房善鸞是也、或時ハ護念坊ト称セシコトアリケン、聖人親鸞御上洛ノ後ハ、都エ往返タヒ〳〵ナリト云々、

母についての説

評シテ曰、或説ニ、善鸞聖人ハ祖師聖人ノ嫡子ト云々、又ハ本願寺御系図ト題セシ書ニハ、母ハ月輪関白ノ女《メ》ト、然トモ善鸞上人ハ常州ニテ誕生アレハ、為教ノ女《メ》ノ腹ニ」（1ウ）詫〔託〕スヘシ、関白公ノ女《メ》玉日ノ君ハ、祖師聖人流罪ト同日ニ逝去ト見タリ、殊ニ旧伝抄ニ恵信ノ御房ハ男女六人ノ君達ノ母儀ト云々、然レハ印信一人ハ玉日宮ノ御子、ノコリ六人ハ別腹ナルヘシ、サレトモ或古老ノ物語ニ、玉日ノ宮ハ逝去ノ躰ニテ、為教ノ女《メ》トナリ、北国江下向スト云々、然レハ同人ト意エ、善鸞ノ母玉日宮ト云フト深キ咎ナシ、

貞応二年越前山元に下着

一、貞応年中、是信坊親鸞聖人山門ノ相弟子南部本誓寺是也、ノイサナヒニテ、上人善鸞山元ニ来タマヒキト云々、護念院ハ元三大師守当ニシテ、祖師聖人親鸞左遷ノ砌ニモ、上野ノ茶屋ヨリ山元ニ着キ滞留マシ〳〵テ、橋《ハシ》立エ越タマフカ故ニ、上人善鸞モ」（2オ）貞応二年尽冬ニ山元ニ下着シ越年マシ〳〵テ、遠国ヘコヘタマヒキト云々、

護念院

私ニ曰、或家ノ記、護念院ハ真言宗ト見タリ、或時ハ善鸞上人ヲ護念坊トイフコト

上野の茶屋

偏執者に讒されることあり親鸞聖人よりの御文

上洛し実情を言上す

北国に下向し薄墨の旧跡に着す

（2ウ）

コノ謂レナルカ、是信房ハ是レ奥州南部本誓寺ノ元祖也、善鸞上人後ニ奥州大網ニ居シタマフモ、是信房ノイサナイカ、上野茶屋トハ今ノ鯖江誠證寺屋敷トミエタリ、

一、嘉禎ノ頃、祖師聖人親鸞、六十三歳ニシテ都《ミヤコ》居住ノコロニヤ、御弟子ノ人々偏執ノ意旨ニヤアリケン、上人善鸞、ヲアシサマニマフシナセシユヘカ、十一月九日ノ御文ニ、獅子身中ノ虫コソ」獅子ノ肉ヲ喰フコトク、念仏者ノ念仏マフスヲ仏法者ノヤフルコトナレハ、ヨク〳〵コ、ロウヘキノヨシ、ヨリ又ハ親鸞モ偏頗アルモノトコ、ロエ、諸書ヲ書キノコシオクモノヲヨク〳〵ミワス〔タカ〕人々コソ不便ノコトトモカナ等トノ御文《ミ》ヲ下シ玉ヒキ、コレニヨリテ上人善鸞、同年《キシ》下冬上旬ノ頃《ロ》上洛シ、イナカノコトトモ委ク申シ上ケタマヒシカハ、祖師聖人モ御悦《ヒ》マシ〳〵、入信坊・信願坊ナトコソ不便ノコトトモナリ、ハヤ〳〵護念坊善鸞、北東エ下リナハ、何事モナク念仏往生ノ御誓ナレハ一念十念モ往生ハヒカコトニアラスト思フヘシ、タ、本願ヲ信シ阿弥陀仏ヲタノミタマフヘキノヨシヲ、教

親鸞聖人の論

（3オ）

忍ノ御坊トモ御申アハセス、メテ」正義ニ帰入セハ、誠ニ大悲伝普〔化脱カ〕ノコトハリニカナフヘシト云云、ソノトキ九字十字ノ名号等ヲアタヘタマフ、ソレヨリ上人慈信、北国ヲサシ下向マシ〳〵、薄墨《ウススミ》ノ旧跡ニソ着シタマフ、ソノトキ是信坊ノ嫡子導明坊ヨリ彼寺ヲ寄附セシカハ、御喜悦《エツ》ノアマリ数年逗留マシ〳〵、和讃ヲ講セシニ弥陀経ノ下ニ至テ、東ノ

浄如坊の相承により善鸞上人は北国関東へ巡行

親鸞聖人善鸞上人親子不和の妄説

（3ウ）

敬重絵

（4オ）

文殊・西ノ権現ノ古相奇特ノコトトモアリ、正喜ノ頃《ロ》ハ上人善鸞、ノ舎弟道性（于時従五位下、益方大夫入道、）号ス
補跡シテ、浄如坊相承（上人善鸞ノ孫也、如信上人ノ真弟也、）マシ〳〵テ、慈信上人ハ北国・関東ヲサシテ順行
マシ〳〵ケリ、
古記曰、善鸞ハ雑修ノ失ニヨリテ、祖師聖人ト親子」不和ニシテ、勘気ノ人ト云々、私
ニ案スルニ、血脈文集ニ、五月廿九日ノ御文《ミ》ニ、慈信ニヒソカニヲシユヘキヤウモ候
ハス、マタヨルヒルモ慈信一人ニヒトニカクシテ法門オシヘタルコトモ候ハス等ト、
次ニ二宝神祇ヲ証トシテ、誓言ヲナシオワリテ　言《ノタマハク》、自今已後ハ慈信ニオイテハ親
鸞カ子ノ義オモヒキリテ候ナリ、又然ルトキハ不和ニ似レトモ、他ノ偏執ニヨリテ
悪シク申シナスユヘカ、御消息集ノ御文躰実正ナルヲ見ニ、全ク不和ニアラス、又
敬重絵ニ封咒ヲカキアタヘル等ノコトニヨリテ不和トイ、シカトモ、敬重絵ノ評釈ヲ
見ルニ、オホヨソ人ノ権実ハ凡見ノモテサタメカタク、外」相ヲモテハカリカタシ、
乃至サレハコノ慈信大徳モ今ノアリサマハ釈範ニ違シ、ソノ行状ハ幻術ニ同スレト
モ、シラス御子・巫等ノ党ラニマシワリテ、カレヲミチヒカントスル大聖ノ善巧ニ
モヤアリケン、外儀ハ西方ノ行人ニアラサレトモ、内心ハ弥陀ヲ持念セラレケレハ、
カノ封術モ名号加持ノ力《ラ》ヲモト、セラレケルニヤ、モチイル人ハカナラスソノ勝利

親鸞聖人病臥するにつき上洛す

ムナシカラサリケリ、常州水戸（茨城郡）庄巌船願入寺モ慈信大徳ノ遺跡歟、

一、弘長二年中冬、祖師聖人御不例マシ〳〵ケルヲ、信上人善鸞、聞シメシ、都ヘノホリタマフニ、イマタ西風来ラサレハ、五条」西洞院ノ禅房ニ渡ラセタマヒシトキ、慈信上人マ

（4ウ）

爐辺にて密談

ヒリタマヒキ、ソノトキモ常《ネ》ノ御スマヒヘ御請シマフサレ、冬ノコトナレハ爐辺ニテ御対面アリキ、聖人ト慈信ノ御房ト互ニオンヒタヒトヒタヒヲアハセ、ヒソカニ言辞ヲ通シタマヒケリ、爾ルトキニ顕智房上洛ノトキナレハ、マヒリテ明リ障子ヲヒラキシニ、祖師聖人モ言説ヲヤメタマヒキ、慈信御坊モスナハチ片方ヘシリソキタマヒキト云云、顕智房後ニカタラレシハ、一間ノ中《チ》光明カクヤリタリ、話語ノムネシリカタシ、御親子ヨモ世間ノ塵《リ》ノコトノハニアラサルヘシ、イカサマニモ仏法ノ密談ナルヘシ、子細アル御事ニ

仏法の密談

（5オ）

出雲路の道場を付与される

ヤト云云、」シカウシテノノチ祖師聖人天福元年ニ草創マシマス出雲路ノ道場、洛東加茂辺柳原、ヲ付与シタマヒ、種々ノ霊宝ヲタマハリシニ、ソノ中ニモ六字ノ御名ハ往生ノ信因、自宗ノ骨目ナリトテ、御真筆ヲソアラハシタマヒ、右ノ方ニハ、詠歌ニ曰、病《ム》子ヲハノコシテカヘルタヒノ宿アトニコヽロハノコリコソスレト、左ノ方ニハ、コヒシクハナムアミタフヲ称《フ》ヘシワレモ六字ヲトナヘコソスレ、親鸞満九十歳慈信ノ御房ヘトアラハシ、数多《アマタ》ノ御弟子等ヲ慈信大徳エソ化導ノ役ヲソ授ケマシ〳〵ケリ、シカフシテ後同頃善法院

親鸞聖人善法院にて入滅

押小路ノ南、万里小路ノ東、ニ入マタ（マヽ）ヒテ、同廿八日午時念仏ノ息タヘマシ〳〵オワリ、又常随昵近ノ」（5ウ）門弟・親族ノ面々悲歎慟哭カキリナシ、

親鸞聖人絵伝三軸目の描写

私曰、祖師聖人御絵伝三軸目、聖人御不例所ニ黄色ノ誹束・浅黄首巻シタマフハ開山聖人、爐ノ左ニマシマスハ善鸞上人ナリ、敷居ノ元トニ座シタマフハ顕智房高田専修寺元祖、ナルヘシ、或説ニ尋有坊ト云々、証シレス、

勘気の人にはあらず

シカレハ勘気ノ人ニアラス、殊ニ本願寺二世如信上人ノ御父ナリ、実ケニ勘気ノ人ノ子ヲモテ相承トハシタマフマシ、マシテヤイハン、覚信尼公ノ御子・御孫ナキニアラス、然ルヲ相承トシ（イニ覚如上人ノ御子存覚）、次ヲハ覚信ノ御孫覚如上人相承マシ〳〵キ、

幕帰絵詞巻四初段の記載

ソノ上ヘ常楽台祖存覚覚如上人ノ御舎弟、法印述慕帰絵詞ノ四ノ巻ノ」（6オ）初段ニ慈信大徳ノ行状ヲ記シテ、次ノ文ニ曰カヽル、業フカキモノニチカツキテ、カレヲタスケントニヤアヤシミオモフモノナリ、又シカレハコレ文証道理必然ノコトハリナリ、

聖人の旧跡を巡歴

一、文永乙丑年、御父聖人ノ化導ノ旧跡モユカシク、門弟達ノ対顔モ大切ナリトテ、東国ヨリ順暦〔巡歴カ〕シタマヒケリ、或時ハ常州小柿ノ荘ニ住セシメ、或時ハ山中、或ハ村田ノ辺ヲモ過キタマフコトモアリシカ、種々ノ人々ヲ導ンタメニハ田舎法師トモナリ、相州鎌倉ニテ守《カウ》ノ大殿《ヲホトノ》ノ浜出《ハマイテ》ニモ大群ノ勢ニ交リシ時モ他ノコトナリ、彼ノ嘉禎年中ニ祖師聖人ヨリタマ

无碍光如来の名号

常に本尊は身より離さず

（６ウ）

ハラセタマフ无碍光如」来ノ名号、左右ニ当流ノ本尊ト崇ムヘキヨシノ御筆ヲアラハサレシヲ首ニカケ、他事ナク念仏セラレタリ、然レハ或トキハ修験宗ニ似テ念仏修行ノ軌《キ》儀ニ違ヒシカトモ、常《ネ》ニ本尊ハ身ヲハナシタマハス、闇夜ニハ光《リ》ヲハ放《チ》テ道《チ》ヲ過キ、身ハ常ニ金色ナリ、人ノ帰依スルコトアニカソヘカタシ、コレラノ瑞相アラハスコトミナコレ巧方便ナランヤ、外儀ノ行状ハタカハセタルニ似レトモ、心中ノ帰法ハ弥陀ノ本誓ニアリ、応専念ノ称名ノタユルコトナク、永仁ノ頃ハ奥州ヲ順暦マシ〱、白川郡東山ニシテ、正安二〔三カ〕辛丑九月十四日春秋八十五歳ニシテ称名念仏トトモニ」往生ノ素懐ヲトケタマフ、ソノトキノ霊瑞四方ニ満チタマフ、凡ソ一代ノ徳行タタシトイヘトモ、是ヲ略シオハリヌ、誠ニコレ祖師聖人親鸞、御入滅ノ砌ニモ、末ノ引導タレヲカ頼ミ奉ラント悲ミシモ、信大徳上人善鸞、モノコリマシマスニ、此時ニアタリテハ実ニモコトハリナルカナ、智灯ナカリキエンナレ、タレニ向テ遺第ノ昏闇ヲハラサン、別離ノ涙ニタヲオサヘテ浄土再会ヲ期スル人ノミナリト云々、

永仁頃は奥州を巡歴

正安三年九月十四日入滅説

（７オ）

私ニ曰、上来ノ文段ヲ案スルニ、祖師聖人ノ行状ニ少シハ異コトアリシカトモ、善巧ノ方便凡慮ノ訴ル処ニアラス、頼光法師ハ一生嬾〔嬾〕随〔惰カ〕ナレトモ、安養順次ノ往」生ヲトケ、閻王ノ悪計・守屋ノ法敵モミナ巧方便ヲメクラスノ便ナラン、慈信大徳モ神

（７ウ）

入滅年月日の諸説

本書著述の趣意

子・巫女ノ類ヲ導ンタメノ巧方便ナランカ、ヨリテ少ノ異行モナシタマフラン、或家ノ縁記〔起〕ニ、常桂〔陸〕・相模ノ間ニ順行〔巡カ〕在リ、終ニ弘安元戊寅暦三月廿二日東関ニテ遷化アラルト、或家ノ伝ニハ、建治三年九月十四日トアリ、案スルニ、弘安元年ト建治四年ト同年ナリ、建治三年トアルヲ聞テ、年号知ヌユヘニ改年ノコトトリ違ヒ、弘安元年トカケルカ、祥月九月ト三月、命日十四日ト二十二日両家ノ伝来ヤヤ異タリ、今安永五年マテ建治三年ノ説ニヨレハ五百年トナリ、弘安元ノ」（8オ）説ニヨレハ、四百九十九年トナル、然ルニ当家ノ大系図ニ、正安三辛丑年九月十四日トアリ、今安永五年マテハ四百七十六年トナル、然トモ建治三年九月十四日トアル説ト、当家ノ説ト祥月命日同全タリ、覚如上人御在世正応三年、相州ニテ善鸞大徳在国シ対顔マシマセハ、弘安モ建治モトモニ不審ナリ、況クハ正安三年ナルヘシ、

今ヤツラ〳〵往事ヲ憶フニ、当家ノ先院法印善好大僧津〔都〕正保二年ノ記・家ノ系図ヲ書レシトキ、聖教披見ノ旨趣ヲアラハセシヲ披キ、慈信法師ノ略伝ヲ起録〔記〕セラレシ、ソレヲノミ見テ、私ニ評釈ノ追書ヲ加エ、血脈文」（8ウ）集・御消息集・常楽台存覚法印ノ撰述慕帰絵詞・毫摂寺三世善入法師ノ最須敬重絵詞、其外諸抄ヲ見ツクシ、其ノ正ヲアラタメ、当家ノ元祖崇重ノ切ナル思ヲモホヨス〔マヽ〕ノミナラス、世間世話ノ忘談〔妄カ〕ヲハラシ、文言ノ咄キヲ見テ肩〔マヽ〕ヲ

カヘスコトヲモハ、ナ(マヽ)ス聖教ノ偏ヲ披ラキ、ソノ異説ヲ述シ、其理ヲアラハスノミ、」

越前
賚雲

(裏表紙)

九　山元山系統略記

(東溟自筆、袋綴、縦三一・八糎、横二〇・七糎)

(1オ)

山元山系統

承安三癸巳年四月朔生、
幼名ナハ公麻呂、高田伝

建暦元辛未年(流罪)赦勅免、
承元元丁卯二月配流越(三十五歳、)後国々府、路次留于山元村(当国丹生郡)、凡一月余云、
貞永元壬辰年、上洛、六十歳、

宗祖聖人(親鸞)
御母源仲家息女

弘長二壬戌年仲冬廿八日、往生、九十才、
十月十三日ノ生ト寺記ニアルコト、
父上人ノハイルト相違ヲ成ス、可削、

承元元丁卯年十月十三日生、幼名鶴千代、後号宮内卿、
承久元己卯年三月、登叡岳、在西塔黒谷尋有僧都之会下、修顕密之学、僧都者是宗祖之令弟也、寺記為本記
貞永元壬辰、依父聖人上洛、常随給仕、時年二十六、

善鸞
浄如
鸞如
且應
如顕

（１ウ）

善鸞
文暦元甲午、蒙父命来㆓越前山元㆒、弘安元戊寅三月十八日没、是清水頭伝為本記清水頭ノ伝ニ、サキ立コト一年也、
建治三丁丑年九月十四日、七十一歳没、寺記
建治ノ後ノ正応三年相州ニテ覚如対面ノ説アルコト、
不審ト云説アリ、

覚信尼公　始号伊弥女、日野左衛門権佐広綱室
―**覚恵**　始名宗恵阿闍梨、
―**覚如**　龍谷第三世

浄如
嘉禎二丙申十二月上旬生、父善鸞上人、時年二十九才、
文永五戊辰、於丹生郡山元始造立仏宇、
応長元辛亥年九月五日没、

如信　本願寺第二世
暦仁元戊戌年生、
正安二庚子年没、六十二才、六十二ナレハ、正安元ノ没ト暦ニテヲセバナル也、可尋、
如信寂ノ正安二年ヨリ後十二年ノ後也、

鸞如
康永元壬午正月十三日、
七十八才、中絶相続〔旦〕

且應
初一乗谷法海寺住職、御寺山中絶
貞和元乙酉年三月当山相続、
実鸞如弟　嘉慶二戊辰年退隠、応永五戊寅五月七日没、

如顕
自嘉慶二戊辰年、寺務
文安二乙丑三月七日没、

実永享十一己未生、文正元丙戌、受職、文明二庚寅年、上人三十二才、山元兵火、上人去、蟄居足羽村凡五年、同七乙未年、於横越造立仏宇、

道閑　文正元丙戌六月三日没、
△文和元トス、大永トスヘシ、

道性　明応七戊午寺務ヲ善秀ニ譲ル、作文也、
実大永四年甲申年九月九日没、八十六才、依為横越中興開基、刻寿像置
脇檀、

如道　中野専照寺開基、
中野山寺記ニハ、如導ヲ以、平判官康頼ノ孫トシ、文応元年、八歳ニシテ宗祖ノ門ニ投シ、名ヲ空如ト賜フト云、今家ノ説ト年代懸隔ス、

高安　一乗伝
妹尻氏太郎

（2オ）

善秀　又号善充　文明八丙申生、天文七戊戌没、
明応八己未年九月廿三日、権大僧都拝任、参内、
賜於一向真宗源親鸞嫡家之褒詔
勅号（綸旨現存
宗名（時年二十四、

如覚　鯖江誠照寺相続、

道幸　河端村常楽寺開基、

空源　府中正覚寺及敦賀原西福寺開基、

善壽　　　　善教　　　　善光
善如

(2ウ)

善壽
永正十二乙亥生、
天正十五丁亥正月朔没、
権大僧都拝任、

善乗
後名浄善
若州小浜横越山證明寺開基、

善教
中絶相続
実万里小路充房卿男、
文禄二癸巳年、入室、　慶長五庚子年五月五日没、七十八、
以室善壽第二女伊登姫配之、

始有由池上本門寺（在故在）

善照
実柳原淳光卿男、文禄二年、依門末之争論彼輩申下シ、以善壽第一女伊弥姫配之、分派之後、出雲路毫
摂寺ノ旧号ヲ襲ト云、慶安三庚寅没、七十七、
寺記云、文禄ノ変ノ役僧教証寺之輩、善照ニ党シ、本山歴世ノ墳墓ヲ奪テ、愚夫・愚婦ヲ欺誘ス、依之
門末十ニ七八ヲ得タリ、

(3オ)

善光
文禄四乙未年生　文禄五年生
実道性上人令弟妹尾高安之血■孫女、
慶長五、依善教上人依娶之遷化後依無嗣、
当山相続、時年三十九、元和七年化、六十才
寺記曰、後安養寺村ニ退隠シテ、養徳寺ヲ開ク云云、

善如
慶長七年壬寅生、
六年辛丑生　八癸卯年
正保元甲申五月廿六日化、
年十三才、六十四十三才、

善岌

善應
善閑

善阿
善念

善岌
元和五己未
寛永五年戊辰生、善如上人十七才ノトキ、
明暦二丙申正月十八日化、三十八、

善養 実善岌弟
一本寺記曰、当山十五代ノ上人ナレトモ、
宝永五戊子年十一月四日〔化脱カ〕
渋谷仏光寺ニ改派シテ、号證開寺、後退転、
依善應幼少、一旦雖相続、無程退隠、有子細、

善應 実ハ善岌上人〔子脱カ〕 承応二癸巳生、
号證教院　享保六年辛丑八月朔没、
六十九才化、

善閑
室（松平）越前少将綱昌女、
号教證院、宝暦四年戊八月三日没、

（3ウ）

善阿 教光院
母越前守従四位下
少将綱昌女、
安永四乙未二月五日没、
自記云、
宝暦九己卯年、上人号勅許、
八月十二日参内、
於清涼殿拝　天顔、

智恵光院
寛政三亥霜月六日、
早世、

善念
号无导壽院、
実善閑〔阿〕弟、母中川西光寺女、

善超
実小倉右中将見季朝臣〔子脱カ〕、幼年有故
為今出川前内府実種之子、　天明五乙巳年正月朔生、
文化八辛未年十月、参内、於小御所拝　天顔、
号无导光院、
母家女房、号安祥院貞室、　寿松法尼、

（4オ）

女子　早世、母勧修寺宰相良顕女、

善融
号信光院、
母勧修寺宰相良顕女、

女子　名倭文子、母家女房、

女子　早世、　母同上、

女子　名俊子、　母同上、

秋千代　母同上、

（4ウ）

慈信房、又号護念房、
○善鸞　幼一名松千代、
母兵部大輔三善為教女、

付　山元山分派略系

（東溟自筆、竪紙、縦二九・五糎、横三六・五糎）

山元山
分派畧系

文政庚寅初夏日
抄出 印（陽文）「号東溟」

自開山（宗祖）鸞聖人

第九世
善秀　又号善充、
文明八丙申生、
天文七戊戌没、
明応八己未年、権大僧都拝任、参 内、
賜於一向真宗源親鸞嫡家之綸旨、時年二十四、

善壽　永正十二乙亥生、
天正十五丁亥没、

中絶相続

善教　実万里小路充房卿男、
文禄二癸巳年、入室（院）、
室善壽上人第二女、号登姫、

善光

善照　実柳原淳光卿男、
文禄二年、依門末之争論、彼輩申下シ、以善壽上人第一女伊弥姫配之、分派之後、出雲路毫
摂寺ノ旧号ヲ襲フト云、
文禄之変ニ、役僧教誠（証）寺之輩、善照上人ニ党シ、本山歴世ノ墳墓ヲ奪テ、愚夫・愚婦ヲ欺誘

ス、依之門末十ニ七八ヲ得タリ云云、

以上、寺記所載、令抄出候也、 （陽文）（「号東溟」）印

（継紙、縦二六・五糎、横七六・〇糎）

一〇 山元山代々相承記

山元山代々相承記

人皇八十九代亀山院御字
開山親鸞聖人 弘長二壬戌暦十一月廿八日 満九十歳 遷化
享保十七壬子暦迄四百七十一年及、

同九十代後宇多天（マヽ）
善鸞上人 建治三丁丑暦九月十四日 満七十一歳遷化
享保十七壬子暦迄四百五十六年及、

同九十四代花園院
浄如上人 応長元辛亥暦九月五日 満七十六歳遷化
享保十七壬子暦迄四百廿二年及、

同九十七代光明院
鸞如上人 康永元暦壬午暦正月十三日 満七十八歳遷化
享保十七壬子暦迄三百九十一年及、

同九十九代後光厳院
旦應上人　文和元壬辰暦五月七日　滿八十歳遷化
応永五戊寅一本、尤可為正、
享保十七壬子暦迄三百八十一年及、

同百一代後小松院
如顕上人　応永十一甲申暦三月七日　滿八十二歳遷化
文安二乙丑一本、可為正、
享保十七壬子暦迄三百廿九年及、

同百四代後土御門院
道閑上人　文正元丙戌暦六月三日　滿八十一歳遷化
享保十七壬子暦迄二百六十七年及、

同百五代後柏原院
道性上人　大永四甲申暦九月九日　滿八十六歳遷化
享保十七壬子暦迄二百九年及、

同百六代後奈良院
善秀上人　天文廿辛亥暦五月二十六日　滿八十七歳遷化
享保十七壬子暦迄百八十二年及、

同百七代正親町院
善壽上人　天正十五丁亥暦正月朔日　滿五十一歳遷化
享保十七壬子暦迄百四十六年及、

同百八代後陽成院
善教上人　文禄三甲午暦五月五日　滿七十八歳遷化
享保十七壬子暦迄百三十九年及、

同百九代後水尾院
善光上人　正保元
實永廿一辛酉暦
三月廿六日　満六十歳遷化
享保十七壬子暦迄百十二年及、

同百十一代後光明院
善如上人　正保元
實永廿一甲申暦
五月廿六日　満四十三歳遷化
享保十七壬子暦迄八十九年及、

同百十二代後西院
善岌上人　明暦二丙申暦
正月十八日　満三十八歳遷化
享保十七壬子暦迄七十七年及、

善養上人　宝永五戊子暦
十一月四日　満七十三歳遷化
享保十七壬子暦迄廿五年及、

善應上人　享保六辛丑暦
八月朔日　満六十九歳遷化
享保十七壬子暦迄十二年及、

（追筆）
「善閑上人

善阿上人」

II　法主血脈継目

一一　後土御門天皇綸旨

（竪紙、宿紙、縦三一・二糎、横三五・七糎）

善光を法印に叙す

明応□（八カ）年□

権大僧都善光

宜叙法印

蔵人頭左中弁藤原（廣橋）守光

一二　東山天皇綸旨

（竪紙、宿紙、縦三四・〇糎、横五二・五糎）

善應上人

着香衣令参　内、宜奉祈国家安全・宝祚長久者、依　天気（平出）執達如件、

元禄六年十一月十八日　　右中弁（坊城俊清）（花押）

證誠寺住持善應上人御房

（包紙）
「證誠寺住持善應上人御房　右中弁」

一三　桃園天皇綸旨
（竪紙、宿紙、縦三三・〇糎、横五一・〇糎）

着香衣令参　内、宜奉祈国家安全・宝祚長久者、
（平出）
天気如此、悉之以状、

宝暦九年七月廿九日　右大弁（万里小路韶房）（花押）

善阿上人
證誠寺住持善阿上人御房

（包紙）
「證誠寺住持善阿上人御房　右大弁韶房」

一四　光格天皇綸旨
（竪紙、宿紙、縦三三・八糎、横五一・八糎）

着香衣令参　内、宜奉祈国家安全・宝祚長久者、依
（平出）
天気執達如件、

寛政元年五月三日　権右中弁（廣橋胤定）（花押）

善念上人
證誠寺住持善念上人御房

（包紙）「證誠寺住持善念上人御房　　右中弁胤定」

（竪紙、宿紙、縦三三・三糎、横五一・五糎）

一五　光格天皇綸旨

着香衣令参　内、宜奉祈国家安全・宝祚長久者、（平出）天気如此、悉之以状、

文化八年十月十九日　　右大弁（万里小路建房）（花押）

證誠寺住持善超上人御房

（包紙）「證誠寺住持善超上人御房　　右大弁建房」

善超上人

一六　善阿上人継目参内日々記

圓誠寺住持浄尊日記

善阿上人の継目参内の日記

善阿上人の継目参内　東坊城家雑掌丸山刑部の取持にて成就

（表紙）

圓誠寺住持
浄尊

善阿上人継目参内日々記

（袋綴、縦二四・八糎、横一七・二糎）

（表紙裏）
昔元禄六年酉年、善應上人継目御取持ニハ、一条（冬経）様雑掌入江縫（則信）の助様御内談ニて、首尾能相済、此度善阿上人参　内の御執持ニハ、東坊城大納言（綱忠）様の雑掌丸山刑部様内外万端御内談ニより相済候、横越御本山のためにハ莫大の厚恩の人といふへきもの也、必ゝおろそかにおもふへからす、」

（空白）

（1オ）」

参内は宝暦九年八月十二日

（1ウ）八月十日、申ノ刻、御礼の事被仰付候、

宝暦九卯八月十二日未上刻

○遐仁《トオヒト》　（桃園天皇）天子拝顔シタマフ、善阿上人参　内ノトキ、

○英仁《ヒデヒト》　親王ノ御名也、坊城大納言綱忠卿、御名ヲ被差上候也、」

宝暦八年堂上方騒動事件

万里小路東坊城両家へ使僧を遣し安否を伺う

九月十八日出立二十一日京着

（2オ）

覚

一、宝暦八寅ノ年、堂《トウ》〔上カ〕処方騒動ノ事有レ之、過分公家衆《ノ》永〔蟄カ〕《チツ》居・遠慮等ノ事有レ之由及レ聞、依レ之兼而当本寺継《ツキ》目ノ望《ミ》アレハトテ、万里小路大納言（植房）様・坊城中納言（東坊城長誠、ノチ綱忠）様へ以二使僧一（静恵）正善寺・覚善寺恵秀、事ノ安否ヲ御尋申上候処ニ、万里小路様ヨリハ両僧へ御哥抔被下置、御真筆ニテナシ、外ノ筆也、御丁寧ナル御報参候、坊城様ニハ即九月十四日ニ被レ任二大納言《ニ》一、御祝儀ノ最中へ（2ウ）使僧登リ申シタル事、」御満足ニ被思召、圓山刑部殿御取次ニ而使僧ニ御逢被成、御盃被下、御懇意之御意共ニテ、證誠寺継目延引之段、御内〻ニ而御尋被成下候ニ付、当住且末〻思わく申上候処、然者来春存立、以使僧内願致申上ニ而、住持職登被申候様可然との御差図ニ付、難有存、十月三日ニ京立、八日ニ国本へ着致申候、

九月十八日立、廿一日京着、廿三日ニ御両所出ル也、

東坊城長誠の対応

来春内願のため住職上洛すべき指図

献上物

献上物之覚

包のし
御菓子箱大、白台　ナルカ鮎スシ大、十五入、同台御状箱入　二品宛献上也、（菓子屋ハ、四条通寺町西入、つるや大和と申仁也、）」

白銀壱両ツ、四包、両家雑掌衆四人へ、

万里小路大納言様ニテ　岡本弾正

坊城大納言様ニテハ　三宅左衛門　圓山刑部

（3オ）

右之趣ニ候処、以二圓山刑部一御内意被仰下候ハ、万里小路様ニハ御両家ニ被為成、御本家頭弁様(韶房)と申て、寺町通（ヲノホリツメ御所之内ニ）、御座被成候、御親公様ハ大納言(稙房)ニテ、（新町通武者ノ小路上ル、西側町家ノ内ニ仮宅ナリ）、有之候、御本家モ御使僧ノ沙汰有之哉との御尋ニ候処、曾而證誠寺へハ其段相知不申候、此度モ何之申付も無之由申上候へハ、それデハ成不申、只今ハ職事四人之内なれハ其儘ニ而ハ相済かたし、来春御願被成候而」も、第一あなたの御取持無之てハ、御願

（3ウ）

之筋《スジ》相叶不申候、併つくろい被申て何角心つかい候而ハ、結句悪敷可有之間、追而内意ニ而御差図可被成下由ニ候処、翌《ヨク》廿四日、坊城様直ニ頭弁様へ御出被成下、御取合被仰入被下置候処、頭弁様ゟ遠国之事不被存事如在ニも不被思召候、武者小路(万里小路稙房)へハ毎年不詰ニ證誠寺ゟ付届有之上ハ、同事之義ニ候との御聞請ニ付、廿五日ニ内々ニ而右之段被仰聞、御機嫌伺申上候而不存品申上候様ニとの事にて、使僧両人罷出、右之通申上候処、先達

両家の雑掌

万里小路の両家

息の頭弁家が本家

九月二十四日

二十五日

使僧両人頭弁家へ参上

十一月寒気見舞を献上す

（4オ）而御聞被為及候上ハ、何成共此（末）用事次第無心置申遣候様ニ」と、難有御意、山田監物殿
を以被仰聞、難有悦帰申候、
一、十一月（マヽ）為寒気御見舞献上、

東坊城家并に万里小路両家の三ヶ所

大塩鱈壱本ツヽ、御状箱添、国本ゟ飛脚便ニ、即京四条通堺町上ル西かわ、いつミや市兵衛と申旦縁の人請取、御三ケ処へ持参也、
右之通御三ケ所差上申候、是も三宅左衛門殿内意ニ御申渡ニ候、是ハ毎年入申事ニ而ハ無
之候へとも、頭弁様へ前方献上物無之故ニ、上ケ申候様ニとの御事と被存候、乍去頭弁様
迄名前ニも難成候故、御三家へ上ケ申候也、即坊城様・頭弁様ゟ御報被遣候、万里小路
大納言様ゟハ、雑掌衆ゟ音物の請取迄参申候也、即いつミや市兵衛名あてニて候、」

宝暦九年五月十一日圓誠寺覚善寺出立し十四日京着

（4ウ）一、同九年卯五月十一日、圓城寺浄尊・覚善寺恵秀、両人出立、同十四日、晩京着、十五日、献上物あつら
へ、十六日、御所へ出申候也、
一、朝四ツ、形部（刑カ、下同ジ）様（圓山）迄参候、是ハ十四日之晩両僧京着之義申入置候ニ付、御待合被成候迚、
御使者参候故、早速参候処、御吸物・盃なと出、色々御馳走有之、のしこんふなと被下、
其上御くわしなと被下候而、夫ゟ御同道被成、坊城様（東坊城綱忠）へ出申候処、御料理被下、相待居
申内、坊城様御出被成、献上物之御礼被仰聞、其上御懇意ノ御意共、此度継目願之趣尤

東坊城家に参り願う

（5オ）ニ被為思召候上ハ、何分御取持」可被成下との義共ニ而、御盃土器ニ而、・御のしこんふ御

手つから被下、難有頂戴致し、夫ゟ御吸物出、はまくり、形部様御あいさつニ而坊城様ハ御入被成、あとにて酒事ニ成、能きけんニ而武者小路大納言様(万里小路稙房)へ参、岡本弾正様へ御目ニ掛り、

万里小路大納言家に参り願う

御機嫌伺之口上幷継目御礼、先例之通奉願由申入、献上物さし上候、

献上物

包のし
御菓子箱　白台のせ　状箱
銀壱匁ツ、　雑掌弐人　岡本弾正殿

願いの通り聞届く由の返答

右之通申上候処、御懇意之御請ニ而、献上物相納申候而、何分願之通御聞届被下候由ニ而、」罷帰申候、

万里小路頭弁家に参り願う

（5ウ）一、万里小路頭弁様(韶房)へも、同断之口上申入候、

包のし
御菓子箱　白台　状箱
銀壱匁ツ、　雑掌弐人へ　山田監物
かなめ

右之通差上候処、弁様ニハ御殿へ御詰被成候而御留主之由、かなめとの御請取、奥方様迄披露、御請之御口上、御帰館之節宜取成御申可被下由ニ而、帰申候、

五月十七日

證誠寺系図綸旨写の提出

・一、十七日ニ、形部様と御内談致候処、證誠寺系図書幷御綸旨之写、願書両僧之名判ニ而万里」様へ差上申候而可然との御事ニ而、相認、十八日ニ差上申候、

證誠寺役者連署願書

（6オ）

口上

一、越前之国横越村證誠寺者、一向真宗讃門徒之本寺、善應上人後住善阿、今度継目御礼奉願上候、先ゝ之通大納言様御取計を以、首尾能相勤申上度候、万端無御心置御差図可被成下候様ニ奉頼上候、此段宜御沙汰奉頼候、以上、

宝暦九卯五月十八日

越前今立郡横越山元山證誠寺役者

圓誠寺判」

役僧

覚善寺判

（6ウ）

万里小路大納言様御内

岡本弾正殿

證誠寺役者連署覚

（7オ）

覚

一、越前今立郡横越村山元山證誠寺者、開山親鸞聖人之子善鸞上人、当国丹生郡山元ト申処ニ在住シテ、一向真宗讃門徒（マ、）ヲ開基ス、善鸞之子浄如上人、文永五年、造立」仏閣、号證誠寺、親鸞之直作ノ像ヲ本堂ニ奉安置、其次之住持者、鸞如・旦應・如顕・道閑・道性、

継目御礼参内の先例

善光上人室は東坊城盛長息女光正院

先々代善應継目御礼の節万里小路家の恩遇

代々相続、文明年中、有火災而及退転之間、寺地ヲ横越村ニ移、令造営仏閣、善秀上人、
明応八年九月廿三日、有参　内、一向真宗之源親鸞嫡家ト、従　後土御門院綸旨頂載〔戴〕、
其子善壽上人、　後奈良院御宇、参　内、任権大僧都、善壽上人依無実子、（万里小路充房卿息）善教
上人入院、賜濃紫唐草五条袈裟、于今伝之、其子善光上人、（東坊城贈権大納言盛長卿息女光正院十八才ニ配嫁、）依之
寺門益繁昌ス、然ル処ニ、」（7ウ）自一宗之門徒放火、寺内悉焼亡ス、漸令経営仮屋之間ニ再放火
之故ニ、横越之寺及大破、霊宝・記文等一時滅ス、善光相続雖令在住、依度々騒動檀末
退散之条、寺中困窮仕候処、色々致工面、元禄六酉之年、善應上人継目之御礼申上候、其
節万里小路大納言淳房卿様四紙弥陀経書写被成下、有晒〔栖〕川宮幸仁親王様ヨリモ御筆ノ物、（御額、）
于今伝来仕罷有候、此度当住儀継目之御礼モ、右貧寺ニ候ヘハ、日々与及延引候、以上、

越前（今立）郡横越證誠寺役者

同年号月日　　圓誠寺判

覚善寺

（8オ）

御綸旨之写

（約十行空白）

（8ウ）

（空白）

東坊城盛長女光正院

願書等を万里小路家に差上げる

有縁の寺なれば疎かに致さず

五月二十日

万里小路家雑掌より尋問

（9オ）

（約四行分空白）

一、東坊城大納言様御家御系図書、御改被成被下置候写、
　贈権大納言盛長卿女
　母滋野井大納言教広卿女
　　光正院　十八才
　天正九年三月十四日、嫁
　　　善光坊
　寛永二年六月廿六日、卒、六十二才、此書付ハ上不申候、心覚計書置候、」

（9ウ）

右願書、并系図書・御綸旨、二通写、万里小路様江差上申候処、岡本弾正取次ニ而大納言様へ上被申候処、早速相納リ、重而御沙汰可被成下候趣ニ而、御懇意之御意、證誠寺義ハ有縁ノ寺ナレハ、ヲロソカニモ不被思召旨、被仰出、何分御とり持被成可被下候趣ニテ、旅宿へ帰申候、

一、同廿日、弾正殿ゟ尋度趣有之由ニ而、御使者御手紙参候故、早速参申候処、證誠寺来由御尋被成候上、善應ゟ一代も祓（抜カ、下同ジ）不申哉との事故、左様之事ハ無之、善阿と申候ハ善應実子紛無」之と申上候へハ、両僧ゟ口上書御取り印形致出申候、

（10オ）

使僧の差出す覚書写等にては覚束なし早々国許より本紙通りの写を取寄すべし

五月二十六日

東坊城家へ酒肴二種献上

東坊城万里小路両大納言禁中にて證誠寺

但、一代祓中候と申上候へ、〔ハ脱カ〕贈号を願二重ニ御礼義〔儀〕式入申候、其上事六ケ敷之条、刑部殿御内意ニ候故、右之仕合ニ候、善應義、大老九十有余ニ成り被申候ニ付、存命ハ致候へとも、無中老亡仕候而何のあやもしれさるよし申上候、其外古来之書物ハ度ゝ火難ニ焼失仕、聞伝ニ覚へ申たる計にて、たゝしき事存たるもの壱人も無之候、只今残申候ハ、右之御綸旨二通、其外御額宸筆の（マヽ）・御けさ迄、此外之証拠ハ曾而無之、万里小路様之御肉類と申候ハ、善教上人入院之事聞伝淳房卿有縁もあれハ申候、猶又、とて、御経《キヨウ》を被下候を今ニ伝来仕候と申上候へハ、尤と」思召候故か、有

（10ウ）

縁もあれハ猶又大事ニ物事吟味之上ニ而、御上へ御披露可成思召ニ候ゆへ、尋よとの義ニ候、とかく貴僧方之覚書之写・綸旨ニテハヲホツカナク被思召候間、早ゝ国本へ飛脚を以、本紙之通為写入御覧候上、後日ニ住持職上京之砌、本紙持参被致被入御覧ニ様、尤ニ被為思召との事故、早速国本へ申遣候也、

一、廿六日、万里小路様御両家へ、御機嫌伺とて使僧出シ申候、同日、坊城大納言様へハ、御肴二種鯛貝・致献上之候、是ハあなたの御家之記録御吟味被成下候而、十二代目善光上人へ正光院（マヽ）とて十八才ニテ嫁入候由有之」由ニ而、

（11オ）

系図書前ニ有り、御懇意之御取計、別而万里小路様へ天上〔殿〕ニ而御会合之節、万里様被仰候者、此比越前国證誠寺ゟ、継目之御

につき談話

使僧願書に相違なくば捨置き難し

（11ウ）

使僧東坊城家へ先に願出し事情

圓誠寺正善寺は兄弟

共に学に志し上洛し当家に出入

困窮寺につきまず使僧を以て内願のうえ住持上京し願うべく指示

（12オ）

礼相願候とて使僧為登候、年久延引候条、先格之程も書付ニテ訴申候へ共、慥成義ニ候哉、此程いまた不レ詳候、貴公の方へも先達申入候由ニ相聞候、此間其元ゟ御使者被下候ニ付、吟味致候、其元ゟハ、古へ肉縁も有之旨、系図書御ミセ被下驚入、手前記録もひそかに吟味仕候処、使僧願書之趣ニ相違之義も無之候得者、其通ニも難捨置存するとの御あいさつ候ニ付、坊城様ニも、此上ハ御本家ハ当時職事之御事なり、宜御沙汰被下候様ニと御頼被成被下候ニ付、もの事丈夫ニ成申候て、直ニ」それ〳〵へ御内聞候哉と相聞申候、依之刑部様右之趣御内々ニ而御しらせ被下候故、御礼ニ罷出候也、

附り、万里小路様坊城様へ御尋被成候ハ、使僧之もの共先達承候へハ、去年も当年も其元様へ先ニ参候由ニ相聞候、是もいわれ候哉との御事、坊城様御意被成候ハ、圓誠寺（浄尊）・正善寺（浄恵）と申ハ兄弟ニ而御座候、是等ハ若年之節、京都へ学問ニ志のほり居申候節、不図手前へ出入致候、此よしミ有之候ニ付、先手前へたより申候而委細相尋申候ニ付、去年之使僧へ申遣候ハ、證誠寺義困窮之寺之事ニ候へハ、一先使僧を以内願仕候而之上ニ当住（善阿）登被申、表願之事」も可然哉と差図いたし申候故、当年も又、非本意候へとも使僧を以申上候義、手前ゟ差図ニ而御座候との御意ニ而、万里小路様尤と被思召との御事、

三十日
万里小路家雑掌より差紙

一、晦日、昼前、万里小路様雑掌中ゟ御使者参候、書面之写、
被申入候儀有之候間、唯今御入来可有之候、已上、

万里小路両家
雑掌

五月卅日

圓誠寺御房
覚善寺御房

追而、御差支候者、御両僧之内御壱人御入来可被成候、以上、

右之通、申参候故、早速覚善寺遣申候処、

御口上之趣

万里小路植房の意嚮

（12ウ）
一、万里小路大納言殿之御意之趣ハ、此間以使僧内願として差被登（マヽ）、即證誠寺由来書幷願之書付被為聞召分、御承知之上、別而坊城家ゟ被仰進候条、依之御内〻ニ而本家共御内談、其上家之御系図も蜜《ミツ》〔密〕〻ニ御吟味之上ニ、何分御取持可被為成之間、とかく一日もはやく国本へ飛脚を走せ、当住上京有て、表立願書差上られ候ハヽ、先格も有之ハ大かたニハ上人号可被仰付事ニ被思召候由、被仰出候、併上ミの事、下として難計品ニ候へハ、大

取持なさるべき筈
一日も早く住持上京し表立ち願書差上ぐべし

先格もあれば上人号の勅許は可能の筈

六月朔日

万里小路家へ氷の祝儀献上

近年は吟味厳しく上人号等は新儀困難

万里小路本家へも祝儀献上

本山の事

住持上京の節は領主へ手続きを取るべし

納言殿ニハ如在なく候へとも、證誠寺殿御仕合次第との御事故、難有直《ヂキ》ニ御請申、帰申候也、」

(13オ)
一、六月朔日、氷の御祝詞申上ニ万里様(万里小路植房)へ罷出候処、岡本弾正逢被申候ニ付、右之御礼申上候処、何分急々ニ御のぼり候様ニ可被仰遣との事故、明二日覚善寺(恵秀)を可遣と申上候へハ、尤ニ思召候、其上御申ハ、先立も申入候通、近年ハ殊之外御吟味つよく、別而一本寺幷上人号と申事ハ、曽而あらたニハ難叶義故、是迄何角と吟味致たる事ニ候、左様ニ可被存なととの御事承、帰申候、○夫ゟ御本家(万里小路韶房)へ参候処、山田監物殿ヘ逢、当日の御祝義幷右願之趣御聞達、證誠寺登り申候様ニとの、大納言様ゟ被仰付、難有奉存、明二日覚善寺こし可申と申上候へハ、監物殿にも同あいさつにて御座候、

附、一本寺之事、定而書付之通相違も有之間敷とハ被存候へとも、事ニより地頭・領主へも此方ゟ御尋」(13ウ)之品も可有之哉、是ハいまた定りたる事も無之候得共、證誠寺上京之節ハ、それ〳〵へ断被申候て御のほり候様も可然事也、万々一其品ニ成候而、其方ゟも飛脚ニ而もさしこされ候趣ニもなり候へハ無益之ついゑきのとくとの御事ニ候、御懇意之思召言語ニ絶たる事ともニ候、当家ハ職事之内ニ候へハ、いか様共宜御沙汰可被成下との御事、難有帰申候、

東坊城家へ氷の祝儀献上

殿様より手ずから祝儀物を下さる

冥加に叶い落涙す

成るべきならば頭を剃り一向真宗の坊主になりたしとの洒落

種々の諧謔事も仰出あり

即御本家弾正殿・監物殿ゟ、両僧名あてニ下司状被下候也、其文章ニ、
（約三行分空白）」
（14オ）
（約三行分空白）
一、同朔日、九ツ時、坊城（東坊城綱忠）大納言様へ罷出、当日之御祝義、又御懇意之御とり合ニより、昨日万里小路様ゟ頫之通被仰付、明二日覚善寺帰国為致、本坊（善阿）同道ニ而追付上洛可被致被存候、是以第一殿様（東坊城綱忠）之御かけと難有奉存候段申入候へハ、使僧共ニ御逢被成可被下との御意ニ而、暫ク相待候内、こづけ・御にしめ・御香之物等かて被下候処へ、殿様御出被遊、浅からぬ御懇意之品にて、今日之御祝義とて、氷もち・のしこんふ御手つから被下置、難有頂戴仕候、其上御かわらけいたゝき、次ニぬりさかつきにて御盃、幷いく久との御意ニ而御とりあけ被成下、」（14ウ）冥加ニ相叶申たると奉存、致落涙候、其御盃之上ニて被仰候者、證誠寺義ハ有縁も有之、其上いか様先世之因《イン》縁にや、とふも其通ニ難成様思ふなり、殊宗旨多キ内御宗旨ほと難有宗旨も無之、唐人さへ称美致たると承候ハ、可成事ならハかしらをそり、御宗旨之坊主ニもなり度ものじやなとゝ御じやれ事被仰候而、圓誠寺（浄尊）・覚善寺（恵秀）両僧共気丈もの、定而とし若ニも相見ゆるなれハ、当年三十五六才ニも成候かなとゝおとけ事被仰、圓誠寺義ハ酒ハのまれす、覚善寺ハ酒一ツのめハ格別ニ丈

自今正善寺圓誠寺を当家の出入の者とするとの仰せ

（15オ）

夫に相見ゆる也、なるへキ事《コト》ならハ手前家来之内ニ持度もの哉なと〻、御きん〔け脱カ〕よく御意被成、此度も両人共ニあとへ引ぬ気骨を見立、われらも先様へも無心置丈夫ニあいさついたしたれハ、思いかけなく国元へ申遣候様ニと、」万里殿御申付候事、偏ニ此事とても同事ニよろこぶとの御事、此末共ニ正善寺・圓誠寺ハ此方出入之ものと存するほとに、左様ニ相心得申候様ニとの御事、難有次第申はかりなく候、別《ベッシテ》御礼申上候得ハ、御請あられて被仰候ハ、あとにて酒なり共たんとのミ休足〔息〕ᘏ《イタシ》帰候様ニとの事ニて、御入あらせらる〻、夫ゟ三宅左衛門殿・刑部とのと呑合盃事して、御いとま申、立帰申候也、

往来札の免許

東坊城家出入としての絵符

一、其夜、刑部〔圓山〕様御出、両僧願之通、往来札御免之上申付か〻せ持参申候也《トテ》、御渡被下、此末日本国中いつかたへ成り共此通か〻せ、ゑ府〔符、下同ジ〕之義ハ立札・指札共ニいか様共心まかせ、圓誠寺・正善寺・覚善寺共ニ相用可被申由之被仰渡之由、難有頂戴致申候、大納言殿御意もあれハ、圓誠寺義ハ已来共ニ坊城様ヘ御出入之僧なれハ、重而新発」成人の砌致上

（15ウ）

代々御出入となす

京候ハ、、御礼ニ可被上事也、又〻其元同事代〻御出入と申ものニ成事也、是以あらたに願被申候而ハ叶不申候、此度本坊之用事ニ付入精之顕と可被存との御物語、此末ハ本寺差図之上ハ、いか様之乗物ニ被乗候而も憚事ハ無之そとの御事、難有仕合ニて、書置候も涙ニむせび、筆の立処もなきほとに思ふなり、

扨又、御内々ニ而方丈(善阿)上京之節、目見へに廻り被申候時、手ミやけ之支度、国本へ
申遣候へとの事ニて候、

方丈善阿の上京手土産の支度

万里小路稙房

一、上奉書　五帖　万里小路大納言(稙房)様へ
うに　壱曲
一、絵半切　二百枚を二包ニして見事成を　奥方様へ

万里小路韶房

(16オ)
一、同断　同御本家へ
一、御くわしかなと　御ふたり様へ
御子様かたへ
是ハ此主ニ而見合可然との御事、
一、帯地　壱筋ツヽ、　同家(岡本弾正・山田監物)両人之雑掌

東坊城綱忠

一、上奉書　五帖　坊城大納言様へ
うに　壱曲
一、絵半切　二包　百枚ツヽ、　奥方様へ

御子息様（東坊城輝長）
大学頭様へ
（三宅左衛門・圓山刑部）
両人雑掌衆へ
」

一、奉書　二帖

一、

(16ウ)
右之通、御物語ニ而、覚善寺へ申遣候様ニとの事ニ候、

坊城大納言様ゟ御返答御書箱

御文章写

（約八行分空白）

方丈上京迎えのため覚善寺帰国す

(17オ)
一、御ゑ府之写、　東坊城大納言殿家　覚善寺」如此被仰置候而、帰宅ニ候、夫支度為致書状共相認候而、翌日二日ニ国本へ覚善寺発足ニ而御座候、以上、

六月三日

親鸞聖人の大師号勅許願の件につき尋ぬ

一、三日、刑部様へ右之御礼ニ罷出、委ク御礼申上候処、御逢被下、御懇意成御咄被成被下候故、　聖人大師之号之義承候処、夫レハ難成趣と相聞申候、近年両本願寺・専修寺なとかねをしき被申候ほとにて被相願候処、叶《カナヒ》不申候へハ、中ゝ済事不被《トハ》存■■との御物語故、拙寺申候ハ、證誠寺義ハ、元ハ開山上人開基ノユへニ、一本寺と相立居申候得とも、四ケ寺ニ別レ申候故、いまにてハ旦末も散《チリ》ゝニ罷成、漸ゝ小分ニ罷成候へハ、何ぞ格別之品無之候而ハ、とふも立申間敷様ニ被存候、四ケ之内一品成共勝レ申義も有之ハ、

成り難き伝聞

證誠寺は本山

下乗下馬免許を望む

(17ウ)
末ゝ繁昌も可致哉と存候なと〆申入、下乗・下馬」なとハ御免被下候様ニも難成品《シナ》ニ候

免許の条件

哉と申入けれハ、是ハ何そ願之筋なくてハ難成事也、　天子ノ位はい（牌）と申候か、又将軍・国主なとの位はい有之ハ、成間敷事共不被存と御申候故、答申上候ハ、證誠寺ニハ左様之ものハ無之候へとも、有栖川宮幸仁親王ノ御額ましませハ、有之へく事かとも被存と申入候へハ、いか様左様の品も有之ハ手掛も候也、何分此度之大望成願之後聞合可申との御事、下馬と申事ハ、国主・領主へ願ふて済事と存候、若州之御領ならハ手筋有之候間、聞合可置との事、難有事也、

伊賀名張行きを望む

方丈上京までさしたる用事なきにより勝手次第

但内々の下向たるべし

一、二日ニ、万里様へ相願、覚善寺へ国本へ遣、拙寺事（圓誠寺浄尊）ハ伊賀名張へ趣申度と申上候処、弾正殿御申候ハ、「とかく」(18オ)本坊上京迄ハさしたる用事も有之間敷事なり、勝手次第、乍去貴寺事ハ京地ニ逗留候分にて内々にて罷下り可被申候、自然殿様（万里小路稙房）ゟ御用之事被仰出候ハヽ、宜取計可申也、帰京之節手前迄訴へ可被申との御事、御請申帰也、

六月八日

名張へ発足

一、八日、発足、名張参候ニ付、坊城様へも右之段申上候処、即刑部様へ六日ニ申上候処、此上ハいか様共可被致也、当殿様ゟも御用之品候ハヽ、何分可然様ニ沙汰致し可遣との御事、又貴寺事ハ、殿様ゟ御出入格ニ被仰渡候上ハ、江符可遣との御事ニて御調被下候也、

（一行分空白）

十五日帰京

一、十五日、晩帰京仕候ニ付、十六日朝、御両所へ乍御機嫌伺罷出、」(18ウ)帰京之旨申上候也、

十六日方丈越前横越を出立

「(挿入)十六日、明七ツ時、出立被成、松森ニ而村国小左衛門御祝義ニ酒を上ヶ被申候、御肴ニハ鮎すし、南龍・半兵衛・弥平次三人今庄迄見送、」

十九日京着

一、十九日、八ツ時、上様(善阿)御着也、四日ぶりニ而御着、此内天気宜也、刑部殿へ覚善寺内案内ニ遣、

二十日東坊城家雑掌圓山刑部へ音物

一、廿日ニ刑部殿へ音物、

○ミさを酒弐升　うに一曲　○砂糖一斤　御ふくろへ、

○奉書二　御子息へ、　○包絵半切百　御内室へ、

右之通、覚善寺使僧ニて遣申候、

一、酒弐升　うに壱曲　いつミや市兵衛ヘ遣也、

一、鯉壱献　酒三升　圓山刑部殿被下候、

即、鯉ハ高嶋与右衛門へ遣申候、

二十三日

一、廿三日、刑部殿宅へ見舞被申候、ミやけ物三本入扇子箱・金二百疋肴代、」

二十四日

(19オ)

一、廿四日ニ、七ツ時御三処様へ、以使僧只今京着仕候、明日御礼御見舞申上度由申入置、廿五日出勤、

二十五日御三家へ献上物

一、廿五日、献上物次第

目録

一、曝　　壱疋台ニノセテ、

一、御末広　一箱二本入レ台ニ乗セテ、

一、雲丹　　一曲五合入台ニノセテ、

万里小路様之事也、

前大納言様

目録

一、奉書　　五帖台ニノセテ、

右

御督《カミ》様

一、絵半切　五帖台ニノセテ、

御子様方江、」

万里小路稙房

万里小路韶房

（19ウ）

万里小路頭弁《トウノベン》様へも、前大納言様之通、目録幷御音物等同事也、台も同之、両家雑掌中へ、

一、奉書二帖　扇子代銀壱匁ツヽ　弐人　岡本弾正　山田監物

一、銀壱包弐匁五分ツヽ　両家侍四人

一、のへ三束ツヽ　壱束ニ付、壱匁五分位壱包　御とし寄トテ老女弐人

目録

一、御袴地　壱反

目録

一、奉書　　三帖

一、御末広　一箱（二本入）　右、
一、雲丹　一曲　御督様へ
右、
東坊城綱忠
大納言様　坊城様之事、　一、奉書　三帖
右、
東坊城輝長
大学頭様
一、絵半切　三帖」
(20オ)
一、銀壱包（銀五匁五分有合）　弐包　一、絵半切　二帖
東坊城家雑掌
右、雑掌弐人（刑部 相馬）　右、
一、銀弐匁五分三包　侍三人　御子様方江、
一、のへ三束　御としより老女へ
廿五日
（約六行分空白）」
六月二十六日
(20ウ)
一、廿六日、願書差上申候処、添削可被成下由ニ候、御預置帰申候処、御改被下候、如左、

万里小路家雑掌よりの尋問
善光室は東坊城家の息女

弾正殿御尋被成候ハヽ、善教上人御入院之後、他家ゟ相続と申事ハ無之哉との事故、答申上候ハヽ、善壽上人息女へ善教上人申請、其御子善光上人へ東坊城(盛長)様ゟ御息女(光正院)様配嫁被成下候処、親鸞の血脈も相続、又万里小路様之御血筋も只今善阿迄相続仕候而、紛敷事無之段、急度御返答申上候へハ、然ハ御当家の御肉縁と申事ニ候へハ直敷《タヾシキ》事也、大納言殿ニ

善應は万里小路家の猶子

もおろそかニハ不被思召候、前善應上人もこなたの御猶子ニならせ給へハ、今度又御猶子となし給いて、」(21オ)参　内被成候事ニなるへくと御申候故、答曰、御家之御肉縁之證誠寺事ニ候へハ、あの方ニおゐても万里小路様之御猶子〳〵と申習候へハ、改願申迄もなく御猶子と奉存と申上候、尤ニ被思召候事、又尋被申候ハ、古へ者入江縫之助(則信)と申仁取

曾て一條家雑掌入江縫之助の執持ちありし事情

持被申候様ニも相見申候か、是ハいかなる事ニ候哉、答申上候ハ、善教上人様ゟ善應迄代ゝ貧寺困窮仕候故、内外之御疎遠中絶仕候内、昔を存たるものも消へうせ申候ニ付、御当家へ古ノ品申上候便をうしない申候ニ付、色ゝ手筋を尋申候処、其節本願寺末寺ニ出口光善寺殿と申僧へ中絶之品なけかしき事を咄申候処、御申候ハ、幸成哉」(21ウ)一条様ノ雑掌入江縫之助と申て拙寺縁家之もの候、是以聞合可進との御事故、御頼申候処、得与御聞被下候而、御当家御系図御吟味被下候処、使僧口上と割符致ニ付、前之通御猶子と御定被下、参内首尾よく御済申候様被成下候、善應之帰国之節、肉類なれハとて、淳房(万里小路)御ミやけニ善應帰国の節四紙阿弥陀経を贈らる

以後は万里小路家の執奏に致しおきたし

とて、四紙弥陀経書写被成下、于今伝来仕候と申入候得ハ、弾正殿御申候ハ、当時職事ハ当家之御息頭弁様也、願たり叶たりと申義、證誠寺御仕合と存すると被申候、依大納言殿ニも此末ハ職事を不頼、手前ゟ出(執カ)奏致相調申候事ニ致置度もの也、夫てハ末〻永代上人ニなる儀なれハ、御為ニ宜キ事なり等、已上、

二十八日御三家へ暑中御見舞

(22オ)一、廿八日、御三ヶ所へ、甚暑御見舞、以使僧申上候、覚善寺也、

献上物　まくわ瓜、三十ツ、、包のし、籠へ入、同丸ふた致、とくととじて為持越申候、

二十九日

一、廿九日、さうめん二わり、圓山刑部殿へ遣申候なり、使久八、

七月朔日

一、七月朔日、御三ヶ処、方丈当日之御礼御出被成候、

二日

一、二日ニ、圓誠寺万里(植房)小路様へ被召招《メシヨハ》、弾正(岡本)被申候ハ、弥先規之通猶子之義御願被成候様ニと御申被成候事、御請申候へハ、、(マヽ)

三日猶子の儀

一、三日ニ、御猶子御極被成被下候而、御祝義相調申候事、

(約二行文空白)

七月四日

八日
万里小路家より頭弁へ願書差出すべきの指示

当家猶子なればいずれにても送向儀式あるべし

九日願書を差出す

添削を受け清書し差上ぐ

（22ウ）

献上物

一、四日、本覚寺（道秀）・覚善寺、右之御礼之ため遣申候事、

（23オ）

（約四行分空白）

八日、武者小路（万里小植房）ゟ使者、弾正殿ゟ手紙参候故、六ッ過ゟ参候処、被仰渡候ハ、明日巳ノ剋時、右之通願書御認被成候而、頭弁（万里小路韶房）様へ御上ヶ被成候様ニとの事、明日ゟハ頭弁様へ御渡被成候へハ、此末ハ何事も弁様ゟ可被仰渡由ニ候、又一義ニハ、此末いつれ之御所へ御出被成候而も、御玄関へ御上り、御案内可被成候、当家御猶子ニ御成り被成候事ニ候へハ、送向之義式有之候、御向ニハ出不申候へハ、直ニ御上り御案内御尤ニ存候、御帰り之時分ハ、式台迄御送り致候との事、承知致帰り申候、

一、九日、弁様へ願書為持、圓誠寺・圓光寺、監物（山田）殿へ相渡申候処、添削被致候而、清書八ッ時ニ差上申候、監物殿被申候ハ、此方迄ニて相済候事ニ候へハ不苦候へとも、当家ゟ天奏（伝、下同ジ）方へ差上、

（23ウ）

武家伝奏の内見

夫ゟ関白様（近衛内前）へ上り、夫ゟ　上様（桃園天皇）へ御上聞ニ達申ほとの事ニ候へハ、内々天奏方（柳原光綱・廣橋兼胤）へ内見ニ入、御差図致申事ニ候間、末代此わけを」留置候様ニとの事ニ候、猶又御印形有之ものニ候へハ、上人（善阿）御自身御持参候筈ニ候間、ケ様ニ御意得可被成候、当時ハ大納言家之御猶子之事ニ候へハ、両家同事ニ候へハ、いか様ニても不苦候へとも、末代職事と申事ハ替り申ものニ候へハ、如此御内意申入候との事ニ候而、願書相納り申候、幷宝物御一覧之義被仰出候ニ付、圓城寺覚善寺・持参致候、

宝物の綸旨等を御覧に入れる

一、明応之綸旨、元禄之綸旨、ミタ経、濃紫之五条、開山ノ墨袈裟、此分御覧ニ入申候也、

願書外写有り、

十日例書を差上ぐ

料紙は越前上奉書

一、十日、八ツ時、山田監物殿ゟ使者参、御手紙参候而、例書仕候而差上候様との事ニ而、書やうのかた四折ニして手本参候故、紙も越前上奉書ニ而手本之通書付上申候、相納申候也、

善應上人号勅許の例

書入申

寺例　　越前国今立郡横越村

山元山證誠寺

元禄元六酉年十一月十八日上人号　善應

（二十五オ）

一　勅許」(24オ)

申　　越前国今立郡横越村

上人号事　　山元山證誠寺

善阿　三十八才

右之通、書付上ヶ申候、横物四ツ折、初一折ニハ寺例と書、次ノ一行ニ右之通、即手本残シ置可有之筈、御吟味可被成候、

十二日御三家へ中元の御祝儀献上

一、十二日、御三処様へ、為中元之御祝義、大鯖五さしツ、献上、使僧覚善寺、又大さし三、酒弐升、圓山刑部殿へこし申候、返札ニなまこ二れん参申候也、即引かへ目録参申候、

十五日

○一、十五日、朝圓山殿ゟ蓮めし・さし鯖壱ツ、同蓮葉ニ包参也、同御三処盆礼御出勤也、幸内裏拝見、本覚・圓光・覚善、侍・下男、

○十四日、かます十籠《フ》ニ入、高嶋や与右衛門と中家主方こし申候、

十五日、与右衛門方ゟはすのめし参申候、

十八日

○同十八日、願書万里小路頭弁様御改御書被下候而御落手、関白様へ御披露申候、即願書極メ案文有、写可置事也、」(24ウ)

越前鯖

附、越前鯖五刺・銀弐匁、山田監物宿へ遣申候事、

七月二十九日
万里小路家より差紙
方丈参る
願いの通り今日勅許あり
参内は清涼殿普請成就次第
晦日
御三家へ勅許御礼に廻礼

一、七月廿九日、新町万里小路前大納言様御雑掌ゟ御状参候、
○被申渡儀有之候間、方丈（善阿）唯今御出可被成候、為其如此候、以上、

七月廿九日　万理小路前大納言家
雑掌

右之通ニテ参候処、早速方丈圓誠寺〔證誠寺〕・圓光寺御供ニ而罷出候処、岡本弾正殿逢被申候而口上、先立而御願之通、今日　勅許、此上ハ紅衣着被成候而御往来も可被成旨、幷御参内之事ハ、清涼殿御普請御成就次第、如先格可被仰付間、夫迄御逗留ニ而御待可被成旨、是ゟ直ニ　頭弁様へも右之御請ニ御出、御礼可被仰上之趣ニ而御座候ニ付、直ニ弁様御立寄被成候処、侍中立出被申候而、口上御請之段被仰下候而、旅宿へ帰申候、

一、晦日、三ヶ処へ　勅許之御礼、方丈右之両僧御供ニ罷出申候、

献上目録

東坊城家雑掌圓山刑部方へ立寄る

此度の世話頼まれし時より祇園社へ立願圓山方丈等御礼に参詣する

（25オ）

目録献上之次第

覚
御太刀一腰
御馬一疋
代金二百文

此通、二通、
万里小路様
御両家へ、

御肴一折

此通、東坊城様へ、
中焼鯛二枚
かまほこ一枚

御両家ニ而ハ、
雑掌中御逢、
御請也、
東坊城様ニ而、直ニ
御逢被成、御よろこひ
のことゝも有之候、」

圓山刑部殿方へ御立寄被成候処、御料理御待受有之候、即家来壱人、はさミ箱壱ツ御かし被下、万端目録迄、御世話ニ而御座候、猶又廿八日ニ東坊城様ゟ頭弁様へ御使者御状被遣被下候故、早速被仰付候趣との御事ニ候、且亦圓山殿ゟ為御祝詞と御肴一折あぢ五ツ、被下候、廿九日夜ニ入、自身悦ニ御出、又晦日之夜、上下着之躰ニ而、又々相見へ被申候ハ、此度之御大願世話御頼被成候時ゟ、きおんへ宿願仕候而心願被致候処、御成就被成候事、拙者壱人之悦此上も無之仕合ニ候ゆへ、今日ハ右之御礼参仕候間、御同道可被成哉との事故、方丈幷ニ本覚寺・圓光寺御供ニ而被参、夜ニ入九ツ過ニ帰宅也、

閏七月朔日

一、閏七月朔日、式日之御礼ニ御三処、圓誠寺(浄尊)使僧被仰付候処ニ、東坊城(綱忠)様ニ而使僧ハ誰レソト御尋被成候ニ付、圓誠寺と御答申上候得ハ、相待候様ニとの御意ニ而相待候へハ、御料理被下置、其上末代之鑑ニ成物を被下候迚、一本寺と申事大切成と申品御書被下、綱忠公(東坊城)ゟ御朱印ニ被成下頂戴仕罷帰、方丈(善阿)へ差上申候、翌日、御礼使僧圓光寺被仰付、罷出被申候、猶又御肴一折、御目録も御書と一所ニ被下置候也、

一、金百疋、山田監物内室へ、肴代として内包ニ而圓誠寺持参、」

二日

三日綸旨を受取る

(25ウ)

閏七月二日(×三)、万里小路大納言(稙房)様ゟ御状参而、明三日巳刻過綸旨相渡可申間可罷出旨、被仰下、即三日ニ罷出被申候へハ、外ゝならハ参内之時分可相渡事ニ候へとも、願ニ依而今日相渡申也迚、即藤ごりのふたニ入、直ニ御渡被成候、夫ゟすくニ弁(万里小路留房)様へ御礼御上り被成候、坊城様へも御出被成候処、御料理被下、其上御逢被成、御盃なと被下候也、

(約三行分空白)

八月十日

一、卯八月十日、頭弁様ニて、先格之通被仰渡候て、其上目録、供廻の具、長刀、挾箱、布衣、轡十徳、笠、市目笠、二かい、白丁皆具、朱傘、綱ニ筋、笠籠、三、」

十二日未刻に参内す

(26オ)

一、八月十二日、未刻、御礼参　内の時、御道中式、

道中式

金文 挾箱　挾箱
御長刀（大小紫羽織）
先供 侍　侍　侍
御轅
侍布衣　市目笠といふかさ、雨ふりニキセ申候、
侍同断
八人（御こしかき十徳きて丸笠といふ物あり、）
朱傘（白鳥〔丁〕）
沓持（白鳥〔丁〕）
本覚寺　白衣紫紋白
圓誠寺　同断

圓光寺　右同断
正善寺　黒衣紺玉虫紋白
覚善寺（浅黄紋白）
侍　坊主供
草履取
侍ヲサヘ　大小　袴羽織
籠二荷　此内一荷、弁当入、

万里小路頭弁亭門前より乗輿し唐御門前にて下乗

南都東〔北カ〕門院権僧都官、同日・同時・同席也、

頭弁様〔万里小路韶房〕ゟ案内侍カナメト云人、壱人御つけ被成候、又宮中蔵人とて大〔内カ〕裏案内ハ藤野サカミといふ（26ウ）人也、

頭弁様御門前ゟ御輿御のり被成候、（乗様御指南あり、）（ミすあけ圓誠寺、沓なおし本覚寺、）即西ノ参　内〔唐御門〕御門の前にており被成候、清冷〔涼〕殿靏ノ間ニて休息、此時御三人様御見廻ニ御出被成候、

十三日御両家へ御礼に参る

一、十三日、四時、御礼ニ御出、乗物、四枚肩、挾箱、御沓持、笠籠一荷、末寺皆ゝ御供、其節献上物、

万里小路植房

「銀三枚　十帖壱本　万里様
金二百疋　御督様
延紙三束　御子様方へ
金二百疋　鰹ふし十、六匁五分位、岡本弾正殿へ
銀三匁ツヽ、　侍中へ」

(27オ)

右之通ニて御座候、

東坊城綱忠

「金五百疋　坊城大納言様へ
金百疋　御督様へ
金百疋　御子息様へ
和紙三束　御子息様方へ
銀弐両刑部様へ、銀壱両ハ三宅左衛門殿へ、銀三匁ツヽ、侍二人、」

十四日頭弁家へ参内御礼に参る

一、十四日、

御樽代金三百疋　頭弁様

金百疋　御督様へ
延三束　御子様方へ
　已上、

（27ウ）

内裏案内役等への礼金

金三百疋ツ、　雑掌　山田監物二人
金百疋　内裏案内役　藤井サカミ殿
銭《あをさし》　壱貫　内裏御上りの時、御添侍カナメト云人
銭　百文ツ、　善次郎　干物　下男三人

（約二行分空白）

禁裏等への御礼

禁裏御礼式

（28オ）

禁裏

一、禁裏（桃園天皇）　銀五枚　十帖一本
女中二人　金二百疋ツ、引合十帖ツ、壱束の事
取次壱人　銀二両
小取次壱人　鳥目五十疋
奏者壱人　同三十疋

女御　一、女御様（一條富子）　銀三枚　十帖壱本
女中二人　金百疋ツ、引合十帖
取次壱人　鳥目三十疋

親王　一、新〔親〕王様（英仁親王）　銀三枚　十帖壱本
女中二人　金百疋　引合十帖ッ、
取次壱人　鳥目三十疋

（28ウ）
女院　一、女院様（二條舎子、青綺門院）　銀三枚　十帖壱本
女中二人　金百疋ッ、引合十帖ッ、
取次壱人　鳥目三十疋

武家伝奏　一、両伝奏（柳原光綱・廣橋兼胤）　金三百疋ッ、
雑掌四人　鳥目五十疋ッ、

職事　一、職事（日野資枝等）　銀五枚　十帖壱本
雑掌二人　金二百疋ッ、
添使一人　鳥目百疋
取次一人　同　五十疋

下部一人　　同　三十疋

関白

(29オ)
一、関白殿(近衛内前)　　銀壱枚　十帖壱本
　せんじ弁　　金二百疋
　官務(小槻盈春)　　金百疋
　添使　　十匁

右之通ニ御座候、間違御坐候者、御印被成可被下候、参上申上度候へとも何角取込候故、使以申上候、

　　　　　　　　　　新道寺町東へ入
　　　　　金百疋　　藤井遠江
蔵人
内裏案内役
閏七月八日
　　　　　　　　　　紙や藤兵衛
　　山田監物様

此紙や藤兵衛と申仁ハ、　禁裏御献上物こしらへを致す人ニて、万事を此人ニたのミ、仕立て候ことく被申候由ニ候、

八月二十日京都を出立す

(29ウ)
一、八月十二日御参内、附国本へ飛脚、十一日出し候、
一、同廿日、京都御出立、附十九日ニ国本ゟ迎人足可致着様のつもり、申越候、

二十三日今庄に着き諸人足を待つ

一、同廿三日、今庄へ御着、附り廿四日御逗留、

二十五日出立

一、同廿五日、明六ッ時御出駕、但、諸人足廿五日朝六時迄、今庄へ可着者也、

横越までの道中行列次第

横越迄御道中行列式

（30オ）

上下同行　衣輪ケサ浄徳寺　草履取　長柄

同行　え符サシ御綸旨　長持ニて禅門四人　乗物四枚肩　本覚寺

同行　西蓮寺同松森ら　」侍　挟箱

上下ニテ同行　御挟箱　台箱ダシナシ

合羽持　同行　朱傘白鳥〔丁〕鳥帽子　御長刀羽織大小

同行　同断　立傘

御轅

（30ウ）

侍　侍　侍　侍

御沓持　ヤナイハニてニテ

白鳥〔丁〕立烏帽子

僧　侍従　衣ワケサ

僧　南龍　同断

侍　侍

御轅　八人スワウ　烏帽子

僧　智了　侍　御杖

僧　恵照　侍　草履取」

立傘　御手かさ　ダイナシ

御網代　六枚肩カンハン

御茶弁当

両掛挟箱

用長持　ユタンカケテ

合羽持

侍　同行

侍　同行

侍　同行

乗物　四枚肩　圓誠寺

侍　長柄

草履取　挟箱

合羽持

乗持〔物カ〕　四枚肩

圓光寺
侍　長柄
草履取　挟箱
合羽持
四手籠（三枚肩）　覚善寺　乗掛一疋（仲ケ間一人）
草履取
狭箱両カケ

笠籠　皆具（惣弁当入）　雑荷物馬一疋　御迎惣同行　本寺待受役　正善寺
」

（31オ）

圓誠寺浄尊の日記清書し本山へ差上ぐべき遺言

宝暦八寅九月十八日、御参　内、内聞（正善寺）ニ相登リ、同卯五月十一日、圓誠寺浄尊上京ニて前後首尾能相済まし帰寺被致候、始中終不残壱人の工夫ニて、毎日の事を日記被致置候、則明ル（宝暦十年）辰四月六日、往生被致候ニ付、病中ニ死後ニ致清書御本坊へ差上申候様ニ被申置候故、如此清書して差上申候、則其したがき也、」

一七　小浜藩敦賀役所御尋ニ付證誠寺末本覚寺口上覚

（折紙、縦三三・九糎、横四五・五糎）

口上之覚

若狭小浜藩よりの寄進分覚

一、松木　百六拾本

右、敦賀表ゟ三国廻り白鬼女迄、運賃共ニ被下置候、

一、柾木　九百廿挺

一、三間八寸角　六拾本

此代金九拾四両壱歩弐朱、銀七匁

元禄四年酒井忠囿の時代

右、元録〔禄〕四未二月

寳光院（酒井忠囿）様御代、寺造立之節奉願候得ハ、善應代被下置候、

一、銀拾五枚　善閑代被下置候、是ハ年号月日失念仕候、

證誠寺の格式

山元山證誠寺格式畧記

氏は藤原氏

一、氏者藤原大織冠、后〔皇〕太后宮大進有範（日野）卿、一向真宗之源親鸞嫡家与御座候、勅書之系図所持仕り罷有候、

当院主善阿参内し上人号勅許

一、有栖川幸仁親王宮様御真筆之山号・寺号之御額、所持仕リ候、

一、当院主善阿参　内之式畧書、」（以下折裏）万里小路前大納言様（植房）由緒御座候ニ付、御猶子ニ被成下、当（宝暦九年）七月廿七日（九カ）上人号勅免、并　綸旨奉頂戴候、是茂右大納言様為御懇志、参　内前ニ　綸旨御渡シ候与御断御座候、

東坊城家より轅一輛拝領

一、東坊城大納言様（綱忠）ヨリ轅一輛拝領仕リ候、并添御書壱通、是茂御親縁之義御座候、則右御書之写、

一、今般継目、願之通上人号被蒙　宣下、珍重候、依之、轅一輛相遺（遣カ）候間、可有乗用候、親鸞嫡流一本寺故、先格之通リ直参　内与申事者、尤大切之事ニ候間、疎畧被存間敷者也、

東坊城大納言

年号月日　綱忠御判

越前今立郡横越村

山元山證誠寺善阿上人御房

金紋挾箱

一、当八月十二日、善阿参　内之節、金紋挾箱先対乗用ハ、東坊城大納言様ゟ拝領之輿打物、其外此格相応之供立ニ御座候、

右之通リ、敦賀御役所ニ而御役人様俄御尋被下候間、拙僧そらニ覚候趣、口上書ニ而御役人様迄御目ニかけ申候、猶、委曲ハ重而とくと字抔相改、本書之通指上可申与奉存候、

以上、

宝暦九卯十月

證誠寺末
山内村
本覚寺　㊞

一八　證誠寺善念願筋ニ付若狭小浜下向日記

（袋綴、縦二四・七糎、横一七・〇糎）

寛政元年十月證誠寺善念小浜藩郡奉行所に出願す

敦賀代官両人も同席

代官両人へ進物

（1オ）一、十月廿五日、郡奉行高橋久米右衛門殿へ御出被遊候処、敦賀御代官両人も久米右衛門殿宅へ被罷越、三人同席ニて御逢被成、委細御願筋被仰談ル、由緒記録書を指出ス、

一、同日、夕方、敦賀（越前敦賀郡）御代官両人之方へ旅中為御見廻酒弐升・生菓子一重被指越、外ニ内〻申談之趣有之候へ共、留守ニて佛性寺被罷越、又〻翌朝半四郎殿方へ佛性寺被参候而、委細申談ル、」

（1ウ）一、廿六日、酒井伊織殿へ隼人使者ニて、御手透ニ御逢被下候様申入、則御手紙も被指越候へ共、御願筋之義ニ候ハヽ、不及御出、被成候而も御挨拶も難被成段断、申来候、

一、廿七日、隼人御使者ニて、御家老始御用人中迄九軒御出浜被成候ニ付、為御見廻廻勤、

一、廿八日、伊織殿へ佛性寺御使僧ニて、御手紙も被遣、何卒御逢被成被下候様、被仰越候

（２オ）

様、「留守」跡ゟ返事有之候処、明後晦日黄昏ニ御出候様申来ル、

一、同日、夕方、高橋久米右衛門殿ゟ御文ニて、御用有之候間、明廿九日朝五ッ時佛性寺へ罷出候様申来候、

願書返却さるも位牌堂再建費として銀子三十枚寄附

一、廿九日、朝六ッ時過、隼人も為知ル人佛性寺同道ニて高橋久米右衛門殿へ参候処、猶又御用之儀も同様承申候、久米右衛門殿被仰聞候者、此度御願筋之義申達候処、御尤之御

（２ウ）

願ニ者御座候得共、御上（酒井忠貫）ニも此節御指支之事も有之、」其上外〻へ相障之趣ニ候間、願書之分ハ御取上ケ難被成ニ付、御返シ被成候、尤寶光院（酒井忠囿）様始御代〻之御位牌も有之事ニ候間、御位牌堂御寄附銀子三拾枚被下候段、被仰渡候、依而両人共ニ難有之段申達、頂戴之儀者、方丈（證誠寺善念）も此表へ被罷出候へ者、方丈頂戴ニ可被罷出事ニ候間、其段罷帰り可申達由及挨拶、相帰ル、」

（３オ）

善念郡奉行所に参り寄附金を頂戴す

一、同日、夕方、上様（證誠寺善念）高橋久米右衛門方へ御出被遊、御金御頂戴被遊、尚又外ニ願筋も有之候間、先此御金之義御預ケ可申段被仰候処、御上ゟ御寄附之御金ニ候へ者、御持帰被成、

外に願筋もあり

追而御願筋者可申談と被申ニ付、御銀御頂戴、御帰り被遊候、

（３ウ）

寄附金受領請書

一、晦日、朝、佛性寺（智了）高橋久米右衛門方へ罷越候而、御銀之請書指出ス、」

覚

昨日其御役所迄罷出候処、今般御位牌堂為御再興、白銀三拾枚被為有御寄附、奉頂戴
候、先為御請如此御座候、以上、

寛政元年酉十月廿九日　　證誠寺印

高橋久米右衛門殿

（4オ）
猶又、願筋之義、上役方御調へ可被成由、」御申被成候、

願書指出すこと無用

一、同日、夕方、久米右衛門殿ゟ手紙ニて、御願筋上役方申達候処、此節御指支ニ御座候間、
御願書被指出候事、決而御無用被成候様申来ル、

一、同日、夕方、伊織殿へ御出被遊候処、色〻之御饗応之由、夜五ツ時過御帰り被成候、

十一月

（4ウ）
一、十一月朔日、朝、伊織殿へ為御礼佛性寺罷越ス、」御手紙も被指越候、

一、同日、源栖典膳殿へ御手透ニ御逢被下候様、手紙指越ス、留主ニて返事無シ、

（約四行分空白）」

證誠寺善念書状

（5オ）
以手紙啓上仕候、寒冷之節御座候得共、御手前様益御安泰被成御座、目出度奉存候、
然者拙僧義も御願筋御座候ニ付、当御表へ罷出候ニ付、使者以御容躰者奉窺候得共、
当夏以来久〻不奉得貴顔、御当地へ罷出候も邂逅之儀御座候間、御面倒ニ者可有御座

明日御逢い下されたし

（5ウ）
候得共、」御手透明日御逢被成下候ハヽ、忝可奉存候、尤夜陰参上仕候得者、猶以忝

奉存候、右之段奉伺度、如此御座候、恐惶謹言、
　源栖典膳様」

（6オ）
證誠寺善念書状

乍貴報御紙面、奉拝見候、先以弥御安泰被成御座候段、目出度奉存候、然者今般御当
地罷出候ニ付、御手透ニも被成御座候ハヽ、御逢被成下候様相伺候処、今日者御隙入《支合》
御座候段被為仰聞、奉畏候、左候ハヽ、何時《日》成とも」御手透　御指図被成下候様奉侍

（6ウ）
御手透きの節に何日なりとも御逢下されたし

候、右申上度如此御座候、恐惶謹言、
　十一月朔日　證誠寺（善念）
　源　典膳様
尚又、口上ニ、御出之義ハ御苦労ニ可被思召候間、御断申入候、是悲〔非〕御出可被下之
思召ニ候ハヽ、明晩ハ隙之由被申越候ニ付、此方ゟも口上ニて、左候ハヽ、明晩参可
仕段、御返答有之、」

（7オ）
證誠寺善念書状

一、高橋久米右衛門殿へ隼人御使者被遣候、口上之趣、
今般　御位牌堂御再建為御寄附、白銀頂戴仕候付、御上・御役方へ為御礼廻勤可仕之
所、少々故障之儀御座候而、延引仕候、此段御上・御役方へ宜御執成被仰達置可被下
候、以上、

十一月朔日

源栖典膳来駕

（7ウ）
一、同晩、二日、晩典膳殿ゟ案内有之、黄昏御出」被遊、夜五半時御帰被遊、

證誠寺善念書状

手紙ニ而奉得御意候、先以御安全被成御座、奉恐賀候、昨夕奉得□談、種々御饗応不浅忝奉存候、海上盛遊之雅章□誠盛□之妙手盛戴仕候、不肖之至御座候得共、席上巴（8オ）調重而奉期電覧候、口筆之贈一枚呈仏前、一枚席上」春色客中散欝謝罷在候、先御礼申上度、如此御座候、頓首、

霜月三日　　善念

浄美台

源　典膳様

御寄附の御礼

四日、
一、高橋久米右衛門殿へ、御位牌堂御寄附御座候ニ付、何角取扱之為謝礼、酒五升被遣、佛性寺持参、其序ニ再願指出度趣及内談、且又御寄附□□候様ニ指図有之、」

（8ウ）
六日、
一、御役方御寄附為御礼、御廻勤被遊候、
口上
今般御位牌□□依而御礼罷出候、以上、

再願書を指出す

一、同夜、高橋久米右衛門殿御出被遊、再願御指出被遊候、
一、九日、八日、八高橋久米右衛門殿方為見廻、生菓子三重、被遣候、使常右衛門半紙二帖貫、

證誠寺善念書状

（９オ）

以手紙得御意候、寒冷之節弥御堅固被成御勤、珎重奉存候、誠ニ先夜者不顧御面倒種〻懸御目、致大慶候、且又御症痛者御快御座候哉、承度奉存候、仍之此生菓子三、麁末之至ニ」御座候得共、任到来進上申候、御慰被下候ハヽ、可為本望候、以上、

十一月八日

高橋久米右衛門様

一、十日、高橋久米右衛門殿ゟ使を以、御用有之候間、明十一日朝五半時、役僧罷出候様申来ル、

一、十一日朝五半時、久米右衛門殿へ佛性寺・隼人罷越ス、・久米右衛門殿被仰渡之書下御渡被成、」請取罷帰ル、則同日夕方、右請書指出ス文言、

證誠寺善念請書

（９ウ）

口上

本堂再建につき寄附を願う

此度当寺本堂再興仕度候ニ付、旧儀之通御寄附被成下候様、願書指上候処、御評義之上被達　上聞（酒井忠貫）候段、難有奉存候、然処先達而被仰渡候御時体ニ付、此度御取計難被成、追而御手組次第御捨不被置候而御取扱」可被下置段、難有仕合奉存候、尚又願書御預

願書預り置くにつき帰寺すべき仰せ

（10オ）

り被置候間、帰寺仕候様被　仰渡、奉畏候、此上何分宜敷御評義被成下候様奉願上候、為御請如此御座候、以上、

十一月十一日　　證誠寺

一、同晩、久米右衛門殿へ御出被遊、御書付之趣御請被仰、其上登　城、御役方廻勤之儀御窺有之、」(10ウ)緩ゝ御談之上吸物・御酒出ル、

一、京都江内用有之罷越候段、内ゝ高橋久米右衛門殿へ御達シ被成候、

小浜出立

一、十四日、京都出立、杜仲海道通證明寺新発意幷正福寺同道、御供ニ者隼人・常右衛門罷越ス、細川迄雇籠ニ而御出被遊、細川ゟ京都迄御歩行ニて御出被遊候、十四日細川泊り、細川ゟ京都迄挾箱・合羽籠雇人足ニ而為持ル、

一、十五日、山端村(山城愛宕郡)泊り、」

十六日京着

(11オ)一、十六日、京着、宿知恩院裏門石橋下ル所、大味屋長次郎と申所ニ御止宿被遊候、早速万里小路(詔房)様へ御案内有之候処、あなたゟ御用人罷越、色ゝ御噺有之、中村大膳十五日立ニて御国御本山(法如光闡)へ罷越候段申ニ付、早速御帰寺之積りニて万里様へも御出不被遊候、

一、十七日、又ゝ用人罷越、緩ゝ御噺申上候、隼人・常右衛門ハ西本願寺門跡葬式有之、拝見ニ被遣ル、

京都出立

一、十八日、昼立ニて大津(近江滋賀郡)泊り、

一、十九日、小松(同右)泊り、」

二十日小浜着

（11ウ）
一、廿日、小浜（若狭遠敷郡）證明寺へ夜八ッ時過着、

一、廿一日、小浜御逗留ニ而、同晩高橋久米右衛門殿御出被遊、京都ゟ御土産物御持参被遊候、

小浜出立

一、廿二日、小浜御出立、宿継人足触久米右衛門殿出ル、廿二日晩、三方村（若狭三方郡）泊り、

一、廿三日、敦賀（越前敦賀郡）称名寺御泊り、五奉行中御逢可被下哉と相伺候処、御役用御繁多ニ而御逢難被成趣ニ付、隼人使者ニ而御音物被遣小浜表、御取扱之御礼申上ル、

二十四日横越へ帰着

（12オ）
一、廿四日、敦賀出立ニ而、同晩八ッ時御着被遊候、

師主知識の恩徳ハ
骨をくたきても謝すへし、

一九　今出川誠季遺書写

（継紙、縦二九・七糎、横二八四・〇糎）

誠季十三歳のとき今出川家の家督を相続す

一、誠季（今出川）儀、十九歳（享保十六年）之二月、不図今出川（公詮）家致相続、以薄能愚昧之身、忝蒙　聖恩、官位昇進等仕、大幸何可過之哉（〆乎）、偏尊父致季（西園寺）公之御恩、且先考泰林院（今出川公詮）殿之遺恩、尊母寳樹院（公詮後室、伏見宮邦永親王女）殿之御慈恩、亡後以何奉報謝、速得仏果、御本家（西園寺）・当家（今出川）之安全親昵繁栄之儀可奉守護候条、

遺言の条々愚息十三四歳に成長の節一覧させるべし

有生有死之理候之間、親昵之御方々深御歎ヲ被止被下、只追善法事等之事丁寧ニ被仰付、此上ニ者、左ニ書残候条々、願望之通相成候はゝ、生々世々御恩不奉忘却候、一紙御親族方々御一覧之上、家僕江も被仰聞、其後如本被対愚息（今出川公言）、十三四才ニ成長之時節、此遺書一覧仕候様ニ存候間、家来へ被仰付、御朱印之外箱之内ニ入置候様ニ希入存候事、

誠季頓首、

遺言の事

春千代と申す実子あり諸大夫山本の親族方にて養育

末期の対面もし家督相続致させたし

家督に成長するまで養育大切

今出川家は西園寺家の庶流

遺言之事

一、誠季実子春千代（公言）与申有之候、是迄蜜（密、下同ジ）子ニ仕置、山本石見守（勝嘉）親族之者安井萬右衛門与申者方ニ預置候、此者大切ニ養育致し呉罷在候、此忰誠季実子ニ少も〳〵無相違事ニ候、委細之訳者石見守・沢井右膳能々存知候、峯丸も存知候、其外近習之中一両輩存候、此者血脈之儀候間、何とそ〳〵召寄、末期之対面も仕、家督相続致させ度、此儀第一存候、偏ニ願之通希入存候事、

一、家督成長仕候迄、養育甚大切ニ仕候様ニ、家来奥表之者共江急度被仰付可被下候、当家之儀ハ、別而西園寺家庶流之儀、況当時御親子之事候へハ、内外万端被附御心、忰・娘幼少之者、御不便ニ思召被下候事奉希候、

幼少の忰への好誼を希う

愚息相続の上は官位昇進等遅滞なきように希う

禁色の事成り難くば尊父致季公の養子に

芸能手跡等の事懈怠なく習練を遂ぐべし

誠季不才の恥辱を雪ぐは第一の孝心

琵琶は貞建親王の伝授を受けるを希う

一、御親族方〻へ申入、是迄誠季御親シク無御隔意被仰下、忝存候、併誠季心底ニ存候程ハ得御親しく不仕、疎遠之段ハ被免可被下候、此已後ハ、幼少之忰家督之事候間、各別〔格〕ニ御親しく思召被下候様ニ奉希候、家僕輩何茂さ様ニ存、家督春千代へも、乍幼少之儀委可申聞事と存候事、

一、愚息相続之上ハ、早ク爵ヲ申上度存候、其後官位昇進之事、無遅滞様ニ申上候事、被為附御心被下候様ニ奉希候、首尾能成長仕、何とそ十五才内にて加首服、御冠拝領之事も相願、且禁色・雑袍・昇殿之事希存候、禁色之事、当時難成事候はゝ、乍恐　（平出）致季公御養子にても被遊、兎角禁色・雑袍被聴候事希入存候、此儀ハ尚御親族一家御中とも兼而御相談被成被下候様ニ奉願候事、

一、愚息芸能之事・手跡之事・素読漢学・有職之事、琵琶勿論事、管ハ笛、或ハ笙にても、成人之後、作法進退・内弁之儀、此等之事、随分無懈怠遂習練、せめてハ誠季不才之恥辱をも雪呉候様ニと存念候間、是第一之孝心と存候、兼而さ様ニ思召可被下候事、詩哥之道も心懸候様ニと存候事、

一、琵琶之事、内〻稽古之事、○御本家宜御世話被遊可被下候、成長仕後、大曲等御伝授　兵部卿（伏見宮貞建親王）宮へ希入存候事、五辻廣仲卿（今出川公詮）亡父門人之事、其上功者之事ニ候間、此人とも心易仕、遂

稽古候様ニ致させ度存候事、

笛は辻高房に頼み修練すべし

一、笛之儀ハ辻高房　誠季師範之事ニ候間、忰も彼人へ頼申度存候、是又随分修練之上、大曲等迄も伝授致させ度存候事、

内弁練召声等の事は三條利季卿に師事すべし

一、内弁・練召声等之事、三條利季卿(転法輪三條)より被伝候様ニ希存候、十四五才にも成候ハヽ、内々承申、中納言ニも相成候ハヽ、早速伝授給候様ニ宜御沙太〔汰〕希入存候、此儀別而習練仕候様、成人之後可被仰下候事、

公役作法方の事

一、此儀御本家へ申上候事ニ候、公役作法方之事、宜御風諫被下候様ニ奉希候、

禁中作法等の稽古及び師範

一、官職之事、誠季儀ハ、滋野井良覚殿(兼成)・野宮定俊卿等と心易仕、粗承候事御座候、忰儀も何とそ右之方へ、成人之後心易相交稽古致させ度存候、此儀も兼而さ様ニ思召可被下候、

手跡等の師範和歌は烏丸光栄

一、手跡・漢学・和哥之師範ハ、当時達人何れ成とも入門させ申度存候事、和哥ハ烏丸亜相(光栄)迚ニ可然存候事、

右之芸能、随分多年ニ遂習練候様ニと存念御座候、

本家一家中とは是迄以上に親しくするを希う

一、御本家(西園寺致季)者勿論、飛鳥井殿(雅香)・小倉殿(宜季)一家中、当家由緒之方々、伏見殿(貞建親王)幷御連枝方外戚之人々迄も、是迄よりも御親しく被成被下候様ニ希入存候、さ候へハ忰儀成長之後、尚又無疎略様ニ仕、家繁栄親昵和順之基ヒト可申儀、大幸ニ可存事御座候、

平生の行跡所存なかるべし

一、忰成長之後、仮令諸芸遂習練候とも、平生之行跡不所存に候へハ、甚敷不孝心と存候、出番も仕候はゝ、随分小番・公役等無懈怠御奉公第一ニ仕、次而ハ、(平出)尊祖父公・寶樹院宮、其外親族之御方へ御親しく崇敬仕、家来男女有由緒出入之輩迄も、慈悲愛憐之所存を籠、

身持放埒なかるべし

身持無放埒様ニ成人仕、家相続仕候事、誠季幷亡妻江之孝心不過之存候間、忰物之訳も存候程ニ成候はゝ、此趣委被仰可被下候事、

仏神を敬い先祖の霊を崇めるべし

一、忰成人之後、家来迄も随分仏神を不懈致拝敬候事、第一存候、且先祖之霊無疎略事、此等之儀もさ様思召可被下候事、

諸大夫以下の家内風儀を治むべし

一、家内之風儀、随分諸事神妙ニ仕、諸大夫・近臣・表士・奥老女・若輩共、格式相立、万事無致埒様ニ可治家内候、一家ヲ治候儀も一天下之政道ニ替間敷哉、随分家督幼少之事候間、家司別而可令政務事、

寶樹院の別居は気毒

今出川家本邸に引移られたし

幼少の両人養育を希う

一、寶樹院宮御別居之事、何とも気毒ニ兼〻存候へとも、不任心打過候、家内幼少之忰・娘計にてハ何とも無心許安心不仕候間、此度本殿へ御引移被下、無御不自由様ニ致上中度存候、幼少之両人御孫之儀候間、乍御世話御不便ヲ被加、無事と成長仕候様ニ養育被下候様ニと存候事ニ御座候、(今出川伊季後室カ)泰登院殿ニも祖母之儀候間、曾孫之儀被加愛憐給候様ニと存候事、

悴娘にも寶樹院へ孝行致させたし

家来譜代の輩等に是迄よりも親しくし悴娘の事頼みたし

御朱印書籍等は大事にし紛失なかるべし他借の書物調度は取返さるべし

娘には女相応の芸能を習練させ宜しき方へ嫁がせたし

一、悴・娘成長仕、　寶樹院宮御事、誠季麗照院ニ成替り随分御大切ニ孝行申上候様ニ致させ度所存候、尚物之訳も弁候程ニ成申候はゝ、委細可被達下候事、

一、家来附（譜カ）代之輩幷故大納言殿（今出川公詮）外戚幷有由緒出入之人々、誠季外戚之輩幷治部卿・麗照院乳人、若狭、（平出）寶樹院宮御外戚之人々、尾上其外有由緒古キ出入之輩男女とも、是迄よりも親しく、家督春千代・千世姫（定子）へ心を附候様ニ頼候事、幼少之輩成人之後ニ、右之人へ無疎遠様ニ心を付、慈悲愛憐ヲ以可親服事ニ存候事、安井万右衛門夫婦、心易出入之事申付度存候事、悴養育之恩候条、春千世（マヽ）成人之後、心を附遣候様ニと存候事、石見守夫婦蜜子之儀故、彼是と内々にて之世話取はからひ深切之事候間、成人之後可恩謝事と存候事、

一、御朱印幷厳神女等、非常之節早ク取退無麁略事、且文庫之記録書籍・大事之具等・香之類等家ニ付候品々、無疎略不紛失様ニと存候事、他へ借候書物・調度ハ、他借帳ニ記置候間、被遂御吟味、御取返被下候様ニ存候事、

一、娘儀、是又幼少之者、不便ニ存候、家内心を付養育成人致させ、女相応之芸能無懈令習練、何とぞ宜キ方へ嫁シ申候様ニ致度存念候、娘儀ハ、別而御女儀之御方、寶樹院宮・式君御方・泰登院殿なと、其外老女とも迄心ヲ付養育給候様ニと存候事ニ御座候、

右之遺言　尊父（西園寺致季）、尊母（今出川公詮後室、寶樹院）、前亜相（西園寺公晃）、飛鳥井殿（雅香）、小倉殿（宜季）、泰登院殿（今出川伊季後室カ）、其外家司以下へ
申遺候事ニ御座候間、願之通頼入存候事候、

別願申遺事

別願として申遺す事

葬送中陰年忌等法事の事

一、誠季死後葬送幷仲（中、下同ジ）陰之間・年忌〳〵当候節等法事之事、無疎略厳重ニ被行候様、今生之本願存候事、家司以下左様ニ心得候様ニと存候事、

墓場の事

石塔の文字

一、墓場之儀、麗照院南ノ並ヒニ葬候様ニ仕度存候、石塔者如先代仕候事、但、法号・年月日等、文字随分深クほり、後世迄文字之不消却様ニ仕置度存候事、石塔之後ノ方ニ藤原誠季墓と申儀、是又深クほり付置度存候、法号ハ先祖幷本家之御追号なとに不レ同号の宜キ文字之追号、本国寺へ御頼可被下候、俗〻しき法号ハ不好所存候事御座候、

法号は本国寺に頼まれたし

過去帳に記すべき寺々

その記載事項

実母は究竟院

一、内仏之過去帳、幷本国寺・三宝寺・妙堯寺・本満寺・本法寺等之寺にも過去帳ニ記、預廻向申度存候事、法号・年月日・行年勿論記シ、其脇ニ藤原誠季、故公詮卿養子、実父西園寺致季公、養母寶樹院宮、実母究竟院、と申委細ヲ記置度存候事ニ御座候、

三宝寺妙堯寺へ位牌等の事

一、三宝寺ニ者、如先代石ノシルシ・位牌等仕置、預廻向申度存候事、妙堯寺、是又実母之廟所候間、位牌を致させ度存候、妙堯寺ニ実母已下外戚之廟有之候間、此等無縁ニ成不

中様ニ致度存候、悴・家僕等へもさ様心得候様ニと存候事、外戚輩年忌〳〵法事、悴より心を付行候様ニと存候事ニ候、

本国寺等墓所の事
妙堯寺へは寺領を寄附したし

一、本国寺先祖之古廟、誠季改置候、此等迄も無疎略様ニと存候、其外三宝寺・上善寺・黒谷等にも墓所有之候、此等迄無疎略様ニ仕度存念候、妙堯寺へハ何とそ少ゝ寺領寄附仕度存候事ニ候、

本国寺住持は代々当家猶子

一、本国寺ハ、代ゝ当家猶子ニ而、由緒各〔格〕別之寺候間、自今無疎略様ニ致遺度存候事、

三宝寺、是亦有由緒寺候、無疎略致遺度存候事、

一、打敷・幡等之事、麗照院格ヲ以テ令寄附度存候、

遺物の事

一、遺物之事、宜様ニ頼存候事、

勘気を蒙り出入差止の輩も追善のため赦免したし

一、誠季代之内、得勘気出入不致輩、少ゝ為追善赫〔赦〕免遣申度事、尤遺言と申儀申聞せ度事候、

中陰の間は何にても善行すべきこと

一、仲陰之間、何にても可行善事と存候也、

麗照院の中陰

先ゝ、右之条ゝ、遺言書付置候、右願望宜願入存候也、頓首再拝、

寛保元年十月　　麗照院仲陰之間書残候、

誠季拝首

尊父公
尊母公
御連枝御中
式君御方
泰登院殿
家司以下人々

二〇 季維記

（表紙）

季 維 記

（袋綴、縦二三・六糎、横一六・一糎）

小倉季維の記

天明五年正月一日誕生

父見季母美智

通称元丸実名季維スヱツナ

西園寺家養嗣子につき今出川実種の存念

西園寺致季及び小倉貢季の肉縁を以て季維を目星

実父龍寿は懇望せずとの噂安立院を以て勧め承知の返答を求む

龍寿勘弁の上返答すとする

（1オ）一、天明五乙《キノト》巳年正月一日卯剋、誕生、
上岡崎村八条(隆輔)家下屋敷於見季借亭ニ、
一、父　見季(小倉)于時廿四才、　母　家女房美智于時(マヽ)
一、名　元丸撰人俊鳳老大徳、　実名　季維《スヱツナ》撰人実種卿、
以下中略ス、
一、寛政(五)癸丑年三月廿五日、今出川大納言実種卿、ゟ安立院殿ヲ以、西園寺(賞季)家継目之儀ニ付二条(治孝)
家ゟ之格別之御憑、猶又近衛(経煕)家・鷹司(政煕)家ゟも申辺追ゝ有之候処、於実種卿ニ而ハ、故左
（1ウ）府(西園寺)致季公御血脈ヲ以相続専要ニ被存、猶又故羽林(小倉貢季)」肉縁旁ニ付、季維之議(儀)、粗前内府賞(西園寺)
季公、・徳大寺亜相実祖卿、江も被申辺置候間、猶此上ニも可被懸合度存意ニハ有之候得共、
元来龍寿(小倉見季)懇望ニも無之歟ニも兼而承知被申居候故、安立院殿ゟ龍寿意内被相糺、尚又被
勧、返答承知被申度趣、委細ニ安立院殿入来之上面会被演舌、龍寿ゟ即答申候趣者、於
実種卿ニ懇意之程深大慶之旨、併何分兼而右様之存念も無御坐候故、猶得与勘弁之上ニ
而否之答申入度由答之、」
（2オ）一、同三月廿八日、日柄も宜故、前件承知為返答、安立院殿亭江行向候処、今出川家江被来

返答すべく安立院へ赴くも留主

安立院入来

季維の西園寺家へ養子の儀

龍壽の存意

何分宜しく憑みたく返答

格別の出世につき早速承知の返答然るべく皆々申す

今出川家の猶子として養子とするや否や

仕度は今出川家にて取計う

候様留主ニ付、帰館後、同日、今出川家江向堀主水遣ス、安立院殿へ演舌ヲ以、明日中預入来度候由申辺候所、承知之趣答被越、

一、同三月廿九日、安立院殿入来刻、面謁ニ而、此間実種卿ゟ以懇意ヲ被申越候、季維西園寺家へ養子ノ儀、彼家抔者不存寄儀、外ゝへ迚堂上ニ致候存寄も無御坐、何分勝手向不如意中ニ候間、仕拵等ノ筋合も難相成、却而当方助勢ニ相成候方江取組度心底ニ有之候所、今般之預心添候段、不存寄筋合ニハ有之候得共、於西園寺家ニハ」（2ウ）何角格別之儀、対当家へ候而ハ勿論、実方へ対候而も孝心之筋ニも相成候故、此上之処、因縁ニ伍申度候間、兎も角も預取計ニ度、勿論実種卿ニも兼而案内之万事不都合之議〔儀〕ニ候得者、所詮預懇意候上ハ、此段被相含候而、何分宜憑申度旨及答ニ、則承知被申、

但シ、即刻今出川家へ被帰、且季維一件内外ニ而彼是と評定付見申度所、何分格別之出世之義ニ候得者、早速承知答可然候由ニ、皆ゝ申之候故、前文之通、龍壽於存意ニ而ハ、兎角ニ因縁ノ以心得ヲ答、成程於相続ニ而冥加ニ叶、（実儀之）仕合不過之、将又此間安立院殿ヲ以、実種卿ゟ被申越候様ハ、当方ゟ表立養子ニ被致候哉、又ハ今出川家之子ニ被致候而相調候」（3オ）歟、難相知候旨被申越、此儀も前方次第ニ伍可申答、仕拵万端ハ於今出川家に取計之段最初と被申越、

今出川実種卿入来
季維も初めて面会

一、同日、実種卿入来、右此節見廻、且季維一件等ニ付、則面謁、安立院殿へ答候儘、猶又申之、季維も初テ面会申之、彼卿被演舌候趣ニ者、賞季公・実祖卿(徳大寺)ニ者、兎角故左府致季公之御肉縁ニ候故、季維ニ一決有之候故、猶又橋本前大納言実理卿、へ被談度、則入来前、橋本家江被行向候所、留主ニ付猶又被見合帰路之砌、又〻可相寄段、且又西園寺家諸大夫共相糺之儀ハ、是又今日実祖卿被行向候趣被申之、則何角預懇篤ニ候謝詞申述、」(3ウ)

初めての入来
入来の目的は季維を見糺すためか

但シ、当場所へハ初而ノ入来也、則蒸菓子出ス、茶ハ主水方ノ出之、且又、安立院殿被帰候後ニ者有之候得共、未安立院殿彼家へ不帰候前ニ実種卿出門ノ趣、尤彼卿入来ノ全代ハ季維ヲ見糺之様子ニ令推察、余ハ中略、」

二一　今出川季綱入寺縁組記

(袋綴、縦二七・六糎、横一七・六糎)

文化二年冬
堂上方の内に證誠寺の養子に然るべき人捜し
今出川家に然るべき公達ある由

(1オ)文化二丑歳冬の頃、当村(横越村)紺屋甚次郎牧田と云、府中陽願寺門徒也、即当村甚兵衛舎弟、・白鬼女村吉右衛門《吉兵衛》府中米屋十兵衛之番頭相勤候而常在京、即北府光善寺門徒ニて、佛光寺肝煎いたし、仍之六坊之内光薗院へ御出入申上候因を以て、御取持申上、上京之次を以て、堂上方之内ニ御当山(證誠寺)江御養子候而可然御方を被尋乞相頼たる由ニ而、吉右衛門、佛光寺六院之内光薗院江参り、相尋る処ニ、今出川殿ニ可然御公達ましますとて、諸太夫植田伊勢守(成章)の書付をもらひ、甚次郎江遣す、」

今出川家諸大夫よりの明細書

元君御方二十一歳

文化三年二月京地より情報到来

圓誠寺より本覚寺圓光寺へ内談

肝煎同行両人上京

執奏家万里小路家への書状

（1ウ）
奉書壱枚、弐ツ折
今出川故(実種)内府公
　御末子
　元君御方
　　御歳二十一
右之通ニ御座候、
以上、
　十二月　植田伊勢守」

（2オ）
右之趣を、文化三年寅二月六日頃御当山江参り申出、五郎丸圓誠寺(了秀)江参り内談、然れとも少々外ニ申掛りたる事有之ニ付而、暫く見合罷在候処、京地ゟ甚次郎江催促之書状参り候ニ付、「三月上旬之頃、圓誠寺ゟ本覚寺(秀芳)・圓光寺(秀導)江紙面を以て内談相調、十三日ニハ発足

（2ウ）
いたし度由甚次郎被申、其上ニ同行を壱人被指添よと」申候故、莇生田村助田久右衛門を頼む、

一、甚次郎・久右衛門両人上京ニ付、　万里小路様(建房)江御達申さすしてハ不相叶とて、書状遣す、

　一筆致啓上候、暖気相催候処、先以　(平出)上々様益御機嫌克被為遊御座、奉恐悦候、

（3オ）
　随而貴公様」愈御荘(壮)健御勤仕被成、奉賀候、然者、今度　今出川様御若君様(季維)当本山

然るべきよう御取計願いたし

へ御招請奉申上度義ニ付、肝煎同行両人指登申候得共、何歟不案内之者共故、不都合而已御座候得者、何卒此段不苦被思召候ハヽ、乍恐被達」（3ウ）（平出）御聞候而、可然様御取計被成下候様、奉願候、勿論此表於本山も、此節本堂再興中、何ヶ失却等多御座候得者、格別御事少ヽ御取計、万事物入等無御座候様、」（4オ）余り自由ヶ間敷奉恥入候得共、御遠察之上御勘考被下候而、相調候様御取持被下度、偏ニ奉頼候、委細者、此者共ニ申含候間、御聞被成可被下候、先早ヽ右御頼を申上度、如斯御座候、猶期後音之時候、恐惶謹言、」（4ウ）

万事物入りなき事も御勘考下されたし

三院家連署

三月十三日　三院家連名
書判

三宅大蔵様

肝煎紺屋甚次郎の要望　帰国して了解を得るは物入

一、甚次郎申候ハ、此度之儀、相調候工面ニも相成候ハヽ、御樽等奉指上度心底之程申候ても、果して先ゟ先此度国本江一辺帰り、追而之御沙汰と有之時者、近頃自由ヶ間敷申事ニ候得共、万端物入無之様ニ取計致度候へハ、遠方難渋と申立、御」（5オ）樽指上度候、其験ニ御書付一枚被下置候ハヽ、私之了簡一杯ニ働キ申度候ト願候故、無止事遣す、

一任の書付

覚

願成就の節は取計の一任

一、今出川様御一件之儀、此度御聞済被成下候ハヽ、其方共万事御都合宜御取計可奉申

（5ウ）

上候」御事、

酒樽進上の一任

一、此度右御一件之義、　御聞届被為遊候ハヽ、　御樽奉捧候御事、

　三月十三日　　　　三院家連名

　　　　久右衛門との
　　　　甚次郎との　」

仏光寺院家光薗院に進物

（6オ）

一、於京地川〔白カ〕鬼女吉右衛門手引ニ而、甚次郎・久右衛門両人光薗院殿江参る、

　奉書　　五帖
　雲丹　　壱曲

右、光薗院殿江遣物、

今出川家に参る

（6ウ）

一、翌日、今出川様御殿江両人参殿、内玄関ニおゐて御用人川口左衛門・諸太夫植田伊勢守」対談、

進物

　弐朱壱斤　　植田伊勢守江
　雲丹弐曲
　同断弐品　　川口左衛門江
　銀弐匁　　　小取次江

即座に御承知の返答
光薗院へ御結納の儀を内談（7オ）
養母禎子他界につき延引の案
延引は不都合（7ウ）
二十九日御結納を納める
證誠寺よりの御結納（8オ）

此時、即座ニ御承知之返答有之、

一、甚次郎、光薗院江御結納之義内談ニ入候ハ、」廿七・八両日ハ御除被下、其外ハ何日成共と申上候処、光薗院殿ゟ御殿江御内談可有旨、御承知、扨廿四・五日之頃か、甚次郎光薗院江参り相尋候処、被仰候ハ、難遁凶事出来せり、元君殿（水戸との御姫）母公之院（徳川宗翰女、今出川実種室禎子）昨夕御他界ニ候故、其中ニ而樽肴之取扱如何也、暫く延引せらるへしと、甚次郎申ハ、御忌明迄逗留仕る事甚難渋、又遠路故又〻」上京と申ても難成候、其のミならす私共無手ニ而罷帰候而者、国本ニ於而も尚不審ニ存候故、何卒御当院ニ於而御結納之御取扱被成下、御役人中之御受取を被下候ハヽ、其を証拠ニ致度候ト、頻ニ申立たる時、光薗院殿承知有之、御殿江御聞合ニ而、同廿九日、光薗院ニ於而御結納相納め、御酒・御料理頂戴し帰る、」

一、御末広（紙弐枚ツヽ重ル、）　一握
一、羽二重　一疋
一、真綿　三把
以上、
證誠寺

（8ウ）

同断
一、御肴　一折
一、御樽　一荷
以上、
證誠寺

」

（9オ）

手目録
一、御末広　一握
代金三百疋
一、羽二重　一疋
代金千疋
一、真綿　三把
代金三百疋
一、御肴　一折
代金弐百疋

」

一、御樽　一荷

代金弐百疋

以上、

證誠寺

門下惣代

（9ウ）

右之通、上納いたし、受取をもらひ帰る、

今出川家よりの御結納

覚

一、御末広　一握

一、羽二重　一疋

一、真綿　三把

一、御肴　一折

一、御樽　一荷

（10オ）

幾久しく目出度く受納

右者、此度、従其御室、元君殿江為御結納被進之、幾久敷目出度被成御受納

（10ウ）

候、為念如此候、

以上、

（文化三年）
寅三月

今出川殿御内
川口左衛門判

横越

證誠寺御門下
助田久右衛門との
牧田甚次郎との

二二一 寺務善超血脈自記

（東溟自筆、竪紙、縦三〇・〇糎、横四一・二糎）

○寺務善超血脈自記

鷹司
房輔公
号後景皓院、
寛文三年左大臣、同四年摂政、同八年復辟関白、
元禄十三年正月十一日薨、

西園寺
実輔卿
号圓應院、
権中納言 正三位
貞享二年正月五日薨、

西園寺致季

今出川誠季

小倉見季

西園寺
致季公
号円壽光院、
左大臣 従一位
宝暦六丙子年
七月四日薨、

今出川
誠季卿
号堅固林院、月照義天
正二位 権大納言
延享三丙寅年六月十一〔三カ〕日薨、

今出川
公言卿
号清浄光院、法樹松皐映林
権中納言 正三位
安永五丙申年八月廿四日薨、

今出川公言卿嫡男 小倉家相続
見季朝臣
号専修院、丹山映空龍壽
従四位上 左近衛権中将
文政十二己丑年八月十二〔六カ〕日逝、

小倉
豊季卿
号後雲従院、龍岳宗潜
正二位 権中納言
文政十三庚寅年六月廿八日薨、

今出川公言息見季の小倉家相続の事情

善超今出川実種の実子たるべき盟約

「善　超

今出川公言卿始無子之間、故内府実種公今出川家相続、其後無幾亡父見季朝臣出誕、依之雖嫡男小倉家相続、依此由緒、予従幼年之時内府実種可為実子条盟約畢、養父公薨後、今出川故亜相尚季卿続先公之盟約為実弟、当山令相続、雖然今出川小倉数代血族之因縁依有之、更不存隔意処也、恐後日之疑論、記置血脈系統、署如上、

二一三　今出川季綱入寺日記

（袋綴、縦二八・一糎、横一七・四糎）

善慧（東溟）入寺の日記

文化三年九月七日

（1オ）

（文化三年九月）七日、朝晴天、昼後雨降、

一、晨朝如常、

一、朝飯者、御茶づけ指上る、

御堂内の準備

一、朝食後、御堂人払、内陣惣灯明、祖師前礼盤・経卓等取除、礼盤之上の畳を前卓之前ニ飾置、院家之讃卓悉片附、御上之讃卓ハ其儘ニ置、」

入寺入用の道具

（1ウ）

一、三宝　壱ツ、土器内曇、壱枚、

長柄銚子　壱ツ、提　壱ツ、

右、後堂御休息所床ニ飾置、

参堂の次第

一、御参堂之次第、

院家中
余間中
役僧中
侍中

南之余間ニ院家中、余間中北向ニ弐行ニ着座、　南之外陣ニ役僧中北向ニ着座、
北之外陣ニ侍中南向ニ着座如常、」
圓光寺(秀導)ト佛性寺(智了)・秀光(佛性寺後住)トハ後堂ニ控居、本覚寺(秀芳)御案内申上、御休息所江御入、従夫後門南
(2オ)

祖師正面の座にて御焼香御拝礼
次に御先代御影前にて次に道性上人御影前にて御拝礼

ノ口より御出仕ニ而、祖師正面之御座ニ而御焼香御拝礼、
　御焼香壱袋、朱蠟燭廿匁掛、五挺、従京都御持参ニ而両御堂江上る、
次ニ、御先代御影前、院家座ニ而御拝礼、」
(2ウ)
次ニ、道性上人御影前、院家座ニ而御拝礼、

御先代御影前院家座に着座

右三所御拝礼相済而、御先代御影前、院家座ニ御着座、御盃、

盃事

次ニ、圓光寺御休息所ニ飾置たる三宝を、後門ゟ持出、御先代御影前上檀之上、前卓之

御影前にて注ぐこと三献

前ニ置而還り、次ニ長柄銚子を持出而、御影前ニ而つぐ事三献、此時秀光、提を持て後門ニ控
居、」加江する、　御影前ニ而三献つぎ、終而三宝を君様(季維、季綱)之御前ニ置キ、亦三献つぎて、君
(3オ)

君様三献召上がる

様三献被召上、此時も秀光後門ニ而加江する、
右御杯畢而、三宝を引、御退座、此時余間ニ着座之院家、余間悉く飛檐之間江引、次ニ

阿弥陀堂へ御拝礼御焼香

後門南ノ口ゟ阿弥陀堂江御拝礼、此時も御焼香あり、御拝礼畢而、如元御退座、」
(3ウ)
一、御附御用人川口左衛門江ハ覚善寺(恵成)案内、御休息北ノ口ゟ案内シ、外陣中の間ニ而拝礼、阿

弥陀堂も同断、君様御拝礼相済時、左衛門も御休息所江引取、

仮御堂につき本式にあらず

（4オ）

一、右御拝礼之次第ハ、当時仮御堂故如右、若本式ニする時ハ、御影堂の両余間ニ歴代之御影を奉掛、両余間も別段ニ御拝礼あるへし、阿弥」陀堂も太子・元祖六高僧、別処ニ安置故、亦別段ニ御拝礼あるへきなり、

右御拝礼相すみて、御休息所江御引取之時、御堂御障悉閉、院家・余間外陣馬行之内に壱行ニ西向ニ着座、役僧・侍中ハ外陣南ノ間ニ壱行ニ西向ニ着座、此ハ御対顔出席之為也、

対面所御畳に御着座

（4ウ）

次ニ、会奉行ゟ御案内申上、対面所御畳ニ」御着座、

御口祝

次ニ、御口祝、三宝ニ長熨斗、切熨斗昆布、岡田惣次対面所三ノ間中ノ唐紙之処ゟ持出而伺候、御近従（マヽ）岡本監物罷出而受取、君様江献上、畢而三ノ間ニ於而惣次江渡す、惣次受取而還る、

御対面

（5オ）

次ニ、川口左衛門・岡本監物、弐ノ間北側ニ着座、岡田惣次三ノ間東ノ縁側ゟ三宝を持出而、左」衛門ト監物ト江口祝をはさむ事、畢而元之処江引、次ニ末寺中・役僧・侍中御対面、披露ハ岡本監物勤之候、

本（秀芳）覚寺

圓（了秀）誠寺

圓光寺（秀導）

智照院（秀興、本覚寺隠居）

正善寺（乗慶）

（5ウ）

西蓮寺（全明）

佛性寺（智了）

秀光（佛性寺後住）

覚善寺（恵成）

了観坊

高橋内記

岡田惣次

（6オ）

宮田正左衛門

以上独礼浄徳寺儀ハ、病気ニ而不参也、

席の次第

右席之次第ハ、院家ハ弐ノ間弐畳目、余間ハ弐之間三畳目、役僧・侍ハ三之間壱畳目也、院家・余間ハ、外陣ゟ弐ノ間江直ニ出仕、役僧・侍ハ、外陣ゟ馬行之外江出、三ノ間江出仕、

君様の装束は童直衣亀甲指貫髪はおすべらかし
院家以下の装束

（6ウ）一、装束之次第、　君様ニハ御童直衣、亀甲指」貫、御髪ハ大すべらかし、川口左衛門ハ大紋、岡本監物ハ布衣、
院家ハ素絹五条指貫、余間ハ裳附五条指貫、役僧ハ裳附五条、高橋内記ハ長上下、岡田・宮田ハ半上下、

威徳院と対面

一、御対面所ニ而之御儀式、右之通相すミて、奥江御引取、」
（7オ）次ニ、御勝手座敷、威徳院殿御対面、御杯、　君様ニハ床之前ニ上敷をしかせられ、威徳院殿ニハ御同間ニ而壱畳下りニ而御挨拶、御盃ハ土器雲入、抔人ハ岡本監物、君様ゟ御さし被成、威徳院殿より御返盃あり、威徳院殿江指図ハ智照院勤之、次ニ、　妙信御対顔、

妙信に対顔

君様ハ右之座ニ其儘御着、妙信ハ次之間末席ニ出仕、披露ハ監物勤之、」
（7ウ）次ニ、威徳院殿、川口左衛門・岡本監物江御挨拶、

末寺衆等と今出川家用人等互礼

次ニ、対面所弐之間ニおゐて、末寺中列席ニ而、川口左衛門・岡本監物江挨拶、
次ニ、御勝手座敷、役僧中・侍中、川口・岡本江挨拶、

御料理儀式

（8オ）右挨拶相済而、御奥ニおゐて御料理、先雑煮、次ニ本膳、弐汁五菜、吸物弐ツ、」肴五種、
料理人ハ鯖江家中才蔵名代何某、
右御料理御儀式後、早速指上へき筈之処、聊料理人と手伝人与確執之事ありて、甚た手

肝煎せし紺屋甚次郎に詠歌一首を贈与

おくれして、夜に入て漸く本膳を出し、其上御吸物も不調、色〻不都合成事ありたり、

一、朝飯後、甚次郎御前ニ伺候の時、御詠哥一首被下置候、」（8ウ）

光明遍照のこゝろをよめる

季綱

月は世をあまねく照すかけなから
こゝろの雲やへたてとそなる

末寺衆祝儀を献上す

一、末寺中ゟ御祝儀献上、」（9オ）

南鐐壱片　本覚寺
同　圓誠寺
同　圓光寺
銀壱両　智照院
同　正善寺
同　浄徳寺
同　西蓮寺
同　佛性寺

銀参匁　秀光

御土産

（9ウ）
一、御土産
朱蠟燭廿匁掛、五挺　焼香壱袋
御参堂之時御供養、
朱蠟燭壱挺、焼香壱袋
御内仏御拝礼之時御供養、

一、中啓壱本、輪袈裟壱筋

院家の寺

院家　本覚寺　圓誠寺　圓光寺　智照院

（10オ）
余間の寺

余間　正善寺　浄徳寺　西蓮寺　仏性寺　秀光

役僧

役僧　覚善寺　了観坊
外ニ、正善寺隠居秀慶　浄徳寺隠居東準
右一同ニ弐品ツヽ被下、但シ、上中下差別あり、

一、（マヽ）

二四　善慧得度記

文化三年九月八日巳刻

善慧(東溟)得度の記録

(表紙)

文化三丙寅年九月八日巳ノ刻
无导(東溟上人)光院殿御得度記録
年齢当時廿二歳

(袋綴、縦二七・七糎、横一七・三糎)

得度入用道具の覚

(1オ)
御入用御道具覚

一、三宝　壱ツ、　大奉書弐枚之畳紙、内ニ剃刀壱挺、柄を奉書ニ而つゝむ、

一、三宝　壱ツ、　御法名・御院号、

草花の畳紙

一、柳筥　壱ツ、　草花之畳紙弐ツ、└

萩の絵と菊の絵

(1ウ)
裏ハ銀、表ハ鳥子白地、草花細色絵、壱ツハ萩之絵、壱ツハ菊の絵也、

一、柳筥　壱ツ、　＼　金銀之畳紙壱ツ、表ハ半分ハ金、半分ハ銀、裏ハ惣銀、

内ニ剃刀、鍖〔鉸カ〕壱挺、櫛壱枚、平元結弐筋、
竹之髪分壱本、
外ニ
柔紙壱束、
手拭弐筋、
湯帷子壱ッ、
手拭壱筋、

（2オ）

一、文匣之蓋壱ッ、
一、角盥　壱ッ、
一、水瓶　壱ッ、
一、脂燭　弐十本、

（2ウ）

一、燭台　壱対、蠟燭ハ廿匁掛さらし、
一、手桶　弐ッ、壱ッハ湯、壱ッ水、
杓壱本添、
以上、
外ニ
三宝　土器廿、長柄銚子　提（御休息所ニ飾置、後ノ御杯之時入用也、）

役割

御剃刀
御手引

一、御剃刀　本覚寺（秀芳）
（3オ）
一、御引手　圓誠寺（了秀）
一、会奉行　本覚寺隠居 智照院（秀與）
一、列奉行　圓光寺（秀導）
一、三宝　覚善寺（恵成）
一、角盥　了観坊
一、剃髪　西蓮寺（全明）
　　覚善寺（恵成）
（3ウ）
一、脂燭　正善寺（乗慶）
一、金銀畳紙　了観坊
一、草花畳紙　佛性寺後住 秀　光
一、文匣之蓋　浄徳寺隠居 東　準
一、水瓶　了観坊
一、切燭　東　準
一、惣取計　佛性寺（智了）

以上、

得度式

（4オ）

一、九月八日、巳之刻御儀式、

式場ノ準備

晨朝後、祖師前前卓取除ケ、礼盤も取除、経卓を須弥壇ニ引附て飾り、其上ニ小キ三具足飾る、

一、祖師前両輪灯取除、菊灯を壱対須弥壇之前ニ飾り、油火ハあぶなきゆへ蠟燭を立る、

一、御上之讃卓幷ニ院家卓、悉く片附る、」

仮堂にて両御堂兼帯御影堂の余間を以て阿弥陀の内陣とす

（4ウ）

一、如来前之前卓、上壇へ引付ケ、両輪灯を筈〔外カ〕し、菊灯壱対立る、是ハ当時仮堂ニ而両御堂兼帯ニ而御影堂之余間を以て、阿弥陀堂の内陣とするゆへなり、若両御堂別なる時ハ、阿弥陀堂之内陣ハ片附るにハ及ハす、

一、御花ハ松之一色、真之花也、

（5オ）

一、御仏供ハ、晨朝後平日の如く供へ、朝飯下ケ、」御儀式前惣大仏器上ル、

一、御堂ト対面所との境の唐紙、悉く取はなす、

巳刻に表大門御堂雨戸悉く閉ず

一、巳之刻前ニ、表大門閉之、御堂雨戸悉閉、両御堂惣灯明、内陣之左右ニ燭台壱対出す、

一、馬行を障子側ニ出し、内縁ニハ参詣をおく、

一、御道具八品、後門ニ飾置、

（5ウ）
一、手桶弐ッ、杓壱本添、此ハ後堂ニおく、壱ハ湯」を入れ、壱ハ水也、
一、祖師前・如来前、土香炉ニ抹香をたく、

御法衣

一、御法衣　白綸子五条袈裟、
　　　白紋紗道服、
右、文匣ニ入れ、後堂御休息所ニ出置、
「(挿入)一、三宝、土器、長柄銚子、提、右御休息所床ニ荘置、」

御着装
御衣躰は童直衣亀甲指貫下げ髪

一、御装束案内申上、圓光寺勤之、
（6オ）
御上ハ、御童直衣、亀甲指貫、中啓・珠数御持被成、」御髪ハ今朝御洗ひ被遊、下ヶ髪ニ而御出仕、御附役人川口左衛門(正秀)ハ大紋、岡本監物ハ布衣、

御開殿

一、御開殿　本覚寺勤之、
次ニ、役僧中ゟ案内いたし、高橋内記已下役人中、外陣北之余間に着座、内記ハ長上下着用、

御引手役の案内にて後堂休息所に入る

一、御引手役圓誠寺御案内申上、後堂御休息所江奉入、御附役人左衛門・監物御供して、後
（6ウ）
堂江」参る、岡田惣次案内して、左衛門・監物を外陣之北之間ニ南向ニ着座させる、

得度道具を内陣に配置

次ニ、了観坊角盥を後門北の口ゟ持出て、祖師前正面御座之前ニ置而還る、

次ニ、覚善寺御剃刀之三宝を後門北の口ゟ持出、院家座之西之端ニ置而還る、

（7オ）
東準覚善寺ト一度ニ文匣之蓋を後門南の口」より持出、院家座ニ飾置キ、直ニ南之余間ニ着座、覚善寺も東準ト一連ニ南之余間ニ着座、

次ニ、了観坊金銀之畳紙を後門北の口ゟ持出、院家座ニ飾り置而還り、南之余間ニ着座、

次ニ、秀光草花之畳紙を後門北の口ゟ持出、院家座ニ飾置而還り、南之余間ニ着座、

以上、御道具を内陣ニ荘る事畢、」

（7ウ）
次ニ、正善寺・西蓮寺・佛性寺後門南の口ゟ出て、余間ニ着座、

御着座

次ニ、会奉行ゟ御引手江案内、御引手　君様（季綱）ニ供奉して、後門南の口より右之御畳ニ御着座、御引手右之院家座ニ着座、

次ニ、本覚寺如常着座、

次ニ、会奉行・列奉行南之余間ニ着座、」

（8オ）
祖師前正面座にて三拝し御着座

次ニ、御引手圓誠寺座を起伺候、　君様御起座ニ而、祖師前正面之御座ニ而三拝、被成御着座、圓誠寺ハ君様之後ニ控居、

金銀の畳紙等の配置

次ニ、了観坊・東準一度ニ座を起、後門ゟ北へ廻り、金銀之畳紙を君様之右之方ニ置キ控居、東準ハ後門江ハ不入、直ニ文匣之蓋を持て君様之左之方ニ置キ控居、圓誠寺湯帷子を

湯帷子を取り奉着

取て」（8ウ）奉着、手拭を御衣裏ニまく時、了観坊・東準一度ニ起て還り、南之余間ニ着座、但シ了観坊ハ畳紙を其儘置而還り、東準ハ文匣之蓋を如元院家座ニ飾而着座、扨圓誠寺金銀之畳紙を披而、竹之髪分ニ而御髪を左右江分ケ、平元結ニ而頂之処を左右結ひ、元之座江着座、

剃刀役本覚寺一刀奉当す

次ニ、覚善寺座を起、後門ゟ廻り、三宝を取而伺候之時、本覚寺座を起、　君様之後へ」（9オ）出仕、合掌して乍立拝礼、覚善寺随従して本覚寺之右ニ三宝を置キ、畳紙を披而剃刀を取而伺候、本覚寺剃刀を取而流転三界中之文を誦し、一刀奉当、畢而覚善寺へ剃刀を渡シ、称名拝礼、覚善寺剃刀を如元畳紙に」（9ウ）入れ、三宝を如元院家座ニ飾り、後門江引、控居、本覚寺着座、

剃髪役の所作
鋏を以て御髪を挟み切る

次ニ、西蓮寺座を起、南之方ゟ君様之後江廻る、覚善寺・西蓮寺ト一度ニ後門北の口ゟ出仕して、君様之右之方ニ控居、

引続而正善寺ト秀光ト座を起、後門江入、正善寺ハ脂燭を灯し、後門南の口ゟ君様の左」（10オ）江出仕、秀光ハ草花之畳紙を持て正善寺ト一度ニ君様之右之方ニ出仕、西蓮寺錡〔鋏カ〕を持て御髪をはさみ奉る、先ッ左之方、次ニ右之方をハはさむ、秀光菊之絵之畳紙を披て御髪を受、如元畳て柳筥之上ニ置、此時了観坊座を起、後門ニ入り、水瓶に湯を入れ、後門北の口ゟ

剃刀にて御髪を剃る

先ず左次に右

（10ウ）

持出、角盥ニ湯を移し、後門江持入、如元」南之余間ニ還着座、覚善寺御手拭をひたし
御頭をもミ、また壱筋之手拭ニ而流レル湯をふき奉る、西蓮寺剃刀ニ而御髪を剃る、先ッ左、
次ニ右之方也、秀光萩之絵之畳紙ニ而剃刀を受る、此間ニ、東準ハ後門南北の口ゟ時々脂
燭を持出取替る、了観坊ハ時々水瓶ニ湯を入れ而、後門北の口ゟ持出て角盥ニさす、」御

（11オ）

剃髪相済而、西蓮寺剃刀を畳紙ニ入れ、畳紙を畳ミ還着座、覚善寺も西蓮寺ト一度ニ還着
座、秀光畳紙を畳ミ、如元院家座ニ置還着座、正善寺脂燭を持て後門江入り還着、

御手引役の案内にて休息所に入る

次ニ、圓誠寺座を起、　君様を奉引、後門南ノ口ゟ入、御休息所江奉入、
次ニ、本覚寺退出、」

（11ウ）

次ニ、了観坊・秀光座を起、了観坊ハ金銀の畳紙を引、秀光ハ草花の畳紙を引、
次ニ、覚善寺ト東準ト座を起、覚善寺ハ三宝を引、東準ハ文庫之蓋を引、
次ニ、了観坊角盥を引、
右之御道具、如元後門ニ飾置、
次ニ、西蓮寺・佛性寺退出、」

（12オ）

次ニ、侍中退出、

休息所にて法衣御着用

一、御休息所ニおゐて、御清剃相済而、御法衣御着用被成、圓誠寺ゟ為御知あり、此時会奉

対面所に御着座

行外陣ゟ廻り、御休息所北の口ゟ御案内、圓誠寺　君様を奉引、対面所ニ御着座、圓誠寺ハ縁ニ控居、川口左衛門ハ御同間ニ着座、此時秀光萩之畳紙を取除、菊之絵之畳紙の御髪を」(12ウ)納たるのを柳筥ニ載而、御休息所を通り、対面所縁かわ圓誠寺之後ニ控居、

次ニ、本覚寺御法名之三宝を持て、後門南ノ口ゟ出仕、余間ゟ外陣江通り、対面所弐ノ間を通り御前ニ指置而、御同間南ノ角ニ控居、

御法名を御披見

君様(善慧)御法名御披見、畢而御引取、御附役人川口左衛門三宝を取而引、圓誠寺御供して」(13オ)御次之間迄通り、御挨拶申而下ル、秀光件の畳紙を持而御次之間迄供奉して、御附役人江相渡して還る、

儀式済むにより御堂雨戸開き大門を開く

右御儀式相済而、御堂雨戸開、大門開之、太鼓・鐘如常、

一、燭台を引、和讃卓を飾る、左右　内陣之荘厳ハ其儘ニ而勤行あり、」(13ウ)

一、蠟燭さらし　祖師前　卅匁掛壱挺、
其外不残廿匁掛壱挺ツヽ、

御堂に御出仕

一、御案内、御引手圓誠寺、御上(善慧)ニ供奉して御休息所ニ御入之時、喚鐘、出仕如常、

祖師前にて御焼香御拝礼

次ニ、圓誠寺、　御上ニ供奉して後門南の口ゟ御出仕、祖師前ニ於而御焼香・御拝礼、相済而、右之御座ニ御着座、」

御装束

（14オ）

御装束ハ白道服、白綸子袈沙〔裟〕、禽《ジキ》〔禁色、下同ジ〕指貫、

勤行の次第

勤行之次第

伽陀　　先請弥陀　　覚善寺

十四行偈　真読　　調声本覚寺

念仏和讃　淘

讃南无阿弥陀仏の廻向の、次第三首、

廻文　　世尊我一心

御退出之時も、圓誠寺座を起伺候し、御上ニ供奉して御休息所ニ奉入、

阿弥陀堂に御出仕

（14ウ）

次ニ、阿弥陀堂勤行、

御装束

御装束、桃色道服、紫紋白五条、禽《シキ》指貫、

勤行の次第

出仕之次第、御着座如常、

先御焼香、

次ニ、護念経、大念仏、廻向、我兌〔説カ〕調声本覚寺

御退出如前、御休息所ニ御入、

（15オ）

一、勤行之時も、御儀式之時之装束之儘也、

奉仕末寺の衣躰

本覚寺ハ大衣、院家ハ素絹、五条、指貫、余間ハ裳附、五条、指貫、役僧ハ裳附、五条、

一、勤行相済而御蠟燭悉引之、

対面所にて御対顔

対面所人払、境之唐紙皆建之、

先ず本覚寺

次ニ、本覚寺於対面所　御対顔、　御上」御着座ニ而、本覚寺大義〔儀〕ト厳命ニ而、又御休息所江御引、（15ウ）

次に院家余間中御杯

次ニ、院家・余間中御杯、対面所弐間ニ南北合セ順席ニ着座、此時ハ本覚寺も素絹、五条、指貫、御杯之御杓〔酌〕人ハ岡本監物、三宝・挑〔銚〕子ハ御休息所ニ朝ゟ荘在、御杯相済而御休息所へ御入、

役僧中侍中へ御杯

次ニ、役僧中・侍中御杯、三ノ間ニ南北向合、」（16オ）南側ニ覚善寺・了観坊・御世話人甚次郎、北側ニ内記・惣次・正左衛門、御杯之次第ハ、覚善寺・了観坊・内記・正左衛門・甚次郎也、御杯相済而引取、　御上ハ其儘御着座ニ而、次ニ、浄徳寺隠居東準、御対顔・御杯、席ハ弐ノ間也、次ニ、圓光寺母御対顔・御杯、同弐ノ間ニ而也、

右相済而、奥江御引取、」（16ウ）

次ニ、於御勝手座敷、威徳院殿御挨拶、

次ニ、妙信江御杯、末寺なミ也、
次ニ、御台所世話人莇生田村久右衛門江御杯、
次ニ、川口左衛門江、末寺中御得度慶悦申入、
次ニ、威徳院殿江、末寺中ら慶悦申入、惣代智照院・圓光寺勤之、

圓誠寺に遣さる御詠歌

（17オ）一、右御儀式相済而、圓誠寺御前ニ伺候し、御機」嫌を奉窺時、御詠哥一首被下、

うれしくも浮世のちりをはらひすて　まことの法の道にいりぬる

対面所にて御料理を末寺中相伴す

一、御対面所ニ於て、御料理、末寺中御相伴、

衣躰幷に料理

御上道服、輪袈沙〔裟〕、院家道服、五条、余間衣、五条、
御上ハ弐汁五菜、末寺中ハ壱汁三菜、吸物、御酒、大盃　御上ら本覚寺江、其ら次第ニ順

大盃の次第

（17ウ）杯、」覚善寺・内記迄巡り、止りハ、甚次郎ハ始終之世話人納めらるへしと、圓光寺申候処、甚次郎私用ニ而宿江下り、名代ニ兄之甚兵衛納之、

西蓮寺御肴として田村の一節を謡う

右大盃、御上御持被成候時、智照院・圓光寺共ニ申、西蓮寺との御肴ニ一章謡ハれ候へと申たる時、西蓮寺御前ニ進出て、
実に安楽の世界より、今此娑婆ニ示現して我等か為の観世音ニ而」仰くも愚かなるへし〱や、

御退出

（18オ）御上　右大器本覚寺へ御さし被成、御退出、其あとに京都ら御持参諸白弐升・饅頭十六

頂戴、

（約三行分空白）」

（空白）」

（18ウ）（19オ）

凡例

得度式の凡例
祖師の例に準じ夜の儀式

一、此儀式之時、大門閉之、御堂之唐戸悉閉、燭台をたてると申事ハ、祖師（親鸞聖人）之例ニ准して夜之儀式なり、

草花の畳紙

一、御道具之内　草花之畳紙弐ツ、
壱ツハ髪を納れ、壱ツハ剃毛を納る、若丁寧ニする時ハ左右壱対ツヽニして、左之鬢をはさむ」（19ウ）時ハ左ゟ受ケ、右之鬢をはさむ時ハ右之畳紙ニて受へし、清剃之時も左右壱対ニすへし、左様する時ハ草花之畳紙弐対として、柳筥も弐対ニすへしといへとも、無人故省略す、菊と萩との絵を書事ハ時分之気を書く也、

金銀の畳紙傍に置く柔紙手拭の用途

一、金銀之畳紙之傍ニ、柔紙壱束ト手拭弐筋とを置、柔紙ハ剃髪役の手をふき、剃刀を」（20オ）ふく為也、弐筋之手拭ハ、壱筋ハ御剃髪之時、御髪之かわきたるを拭ふ為也、壱筋ハ御顔江流るヽしづくをふく為也、爾れハ柔紙と手拭と別の柳筥ニ載置へきなれとも、是亦省略す、

一、水瓶　壱ツ、

右も左右壱対ニすへきなれとも、是も略す、
（20ウ）一、脂燭　是も左右壱対ニすへきなれとも、無」人故省略す、

御髪は御里御殿に送付

一、御髪ハ御里御殿ニ奉送へし、

其の来由

釈尊御出家之御時、宝冠・瓔珞を脱而悉く王宮ニ還さしめ、髻の中の摩尼ハ浄飯大王ニ奉り、身の瓔珞ハ憍曇弥に奉り、余の厳身の具ハ□輸多羅に与へ玉ふ、愛別の愁苦を断せんか為也と云々、今且此に形どる、」（21オ）但シ剃毛ハ御墓所ニ埋む、もし血脉相承之御方ならハ、御髪も別に送るへき御里なきゆへ、御墓所ニ埋へき歟、又畳紙ニ納たる儘ニて秘庫ニ納置せらるへき歟、

剃毛の処置

コノ一ケ条ハ水瓶ノ前ニ出スヘシ、
一、金銀之畳紙の内ニ、剃刀・錡〔鉸カ〕も弐挺ツヽあるへし、櫛も弐枚、平元結も弐把あるへし、或ハ亦平元結ハ金銀ニしても可成歟、今皆省略す、」

所役の着座次第

（21ウ）一、着座之次第
首座御剃刀役ハ、左之首座ニ可着、御引手ハ右之首座ニ可着、
其余ハ皆余間ニ可着座、会奉行・列奉行ハ余間之前かわニ着座、其外之役附ハ其後かわニ着座、当時ハ南ノ方一方の余間ゆへ、壱方計ニ着座、若両余間之時ハ南北ニ分れて着座す、仮令」（22オ）院家たり共、非役之衆中ハ一致の後がわに着座すへし、飛檐ハ飛檐の間、無

官の僧ハ外陣の余間ニ着座すへし、

儀式後の料理は精進の取扱

一、御儀式後の御料理、精進の御取扱也、忌日法事ニも非るゆへ、魚肉の御取扱子細なしといへとも、御得度ハ入道の御儀式ゆへ、御精進の御取扱、尤能似合申也、翌日格別ニ御振舞と云事ハ」(22ウ)可然、先当日ハ料進〔精カ〕之御取扱御尤なり、

翌九日に下々迄御得度の振舞

末寺中は願により延引

一、翌九日、御附役人川口左衛門以下下部ニ至るまて御得度之御振舞、弐汁五菜御料理頂戴、末寺中江も頂戴被仰付候得共、其〻指支の者多くありて、一同ニ御延引を奉願申候、

(約二行分空白)」(23オ)

末寺中よりの御得度祝儀

末寺中御得度御祝儀

一、銀壱両　本覚寺

一、同　圓誠寺

一、同　圓光寺

一、銀参匁　智照院

一、同　正善寺

一、同　浄徳寺

一、同　西蓮寺」(23ウ)

一、同　　　　　　　　佛性寺

一、同弐匁　　　　　　秀光

以上、

（約三行分空白）

本覚寺への御剃刀役依願状

（24オ）

今般

元君様御得度被

仰出候間、左様ニ御承知候而、

貴寺御剃刀之儀頼入候、

以上、

寅八月八日　　　圓光寺
実名書判

圓誠寺
実名書判

本覚寺殿

（24ウ）

右紙面、八月〔日〕朝、於御対面所弐ノ間、従圓光寺本覚寺江直ニ相渡す、

（約四行分空白）

西蓮寺御髪少々の拝領等を願う

（25オ）

一、九日朝、西蓮寺願被申候ハ、私儀御剃髪を蒙リ、首尾能相勤候事冥加之至、此上ハ何卒

永代寺の重宝にしたし

そりこほち玉ひし御髪少〻ト、御肩ニ被懸候御湯帷子を頂戴被仰付候はゝ、拙僧御役を
被し験に永代寺之重宝ニいたし置度候、其上御剃髪に擬したる御哥一首頂戴仕候はゝ、
難有仕合ニ奉存候、」

覚善寺も御手拭拝領を願う

（25ウ）

右願之趣、圓光寺ゟ川口左衛門迄申入、其ニ付、覚善寺も同役之事ニ候得者、御衣裏ニ
養せらるゝ御手拭を可被下置候やト申入、
川口左衛門早速達上聞、御詠哥ハ後刻可被下、頂戴物之義ハ其方より可然取計申されよ
と返答、

拝領物の申渡

（26オ）

右御上意、於勤番所申渡、西蓮寺江湯」帷子、覚善寺江ハ手拭相渡す、
同日、八ッ半時、川口左衛門ゟ圓光寺江上意申渡、圓光寺ゟ西蓮寺江勤番所ニおゐて披露、
西蓮寺願の如く御髪少〻被下置、御詠歌一首御添、

西蓮寺へ遣さる御詠歌

得道し侍りてまたの日、其折
からの髪なと西蓮寺のもとに
送り侍るとてよめる、」

（26ウ）

釈善慧

黒髪のあかさりし世のいとなミも

おもへハ同しうたゝねの夢

」

（約三行分空白）

二五　證誠寺善慧参内日記

善慧参内につき文化八年八月より十一月に至る日記

（表紙）

文化八年暮秋 日記 證誠寺殿

（原本、袋綴、縦二四・一糎、横一六・六糎）

（表紙ウラ）
「善恵上人御参内一件ニ付日記」

八月二十七日
小倉家の岡本監物に参内并に門跡号願につき馳走を頼む
九月朔日
今出川家勧修寺家へ依頼
今出川家の侍より報
万里小路家に参る
神事中にて入門不可
今出川家の植田よりの報
門跡の事は関白成り難しとす
四日に三院家京着す

（1オ）
未八月廿七日、（佛性寺）京着仕、
廿八日、小倉様（見季）上り、御機嫌御窺、
廿九日、岡本監物殿御参　内、又ハ内々御門跡号願度旨頼置候、随分世話可致旨申聞候、
九月朔日、今出川御殿（公久）・観（勧）修寺御殿（経則）へ上り、松たけ佛性寺ゟ献上仕候、夫ゟ植田伊勢守殿（成章）宅へ参、万事御世話御頼、右内々御門跡之事一々申出し御頼置候、山本彦左衛門殿へも右之趣頼置候、」
（1ウ）
四日ニ、湯口図書殿（直虎）ゟ書状参、御宅へ参候所、万里小路殿（建房）へ掛合、
五日ニ、万里小路御殿上り候処、神事故門内入事難成、然所御門前おいて取次之役人たてわき殿被出、段々申入候所、六日・七日両日之間ハうら門ゟ御出之由、案内可致由承、罷帰り候、
五日、夕方小倉様御直ニ、先代（善念上人）御参　内之由御聞被遊趣、右佛性寺（智了）御直ニ一々申上候、」
（2オ）
七日ニ、植田家ゟ用事申来参候処、右内々御掛合申候、御門跡之事、殿下様（鷹司政熙）迄極内々今出川様御役人植田殿ゟ申被上候所、甚六ヶ敷事ニ而難成由、植田殿ゟ御返答有之候也、
四日ニ三院京着、七日ニ三御殿へ上ル、

（2ウ）
一、八日、はん（晩）方迄万里小路殿御返事相待候へとも、御沙汰無之、依植田殿へ参、」右之趣
申入候所、今出川御殿ゟ御掛合之書状参約束也、

国許へ現状の報告書を出す

一、九日、国元へ要書出ス、
一、十日、小兵衛、要用ニ付帰ル事、

小倉家に参る

一、十一日、小倉様へ、しよしたい（所司代酒井忠進）御屋敷へ使僧事、時気御見舞、幷ニ御門主（證誠寺善慧）登城事申上候
由、御相談仕候、」

（3オ）
十三日、万里小路窺と而罷出候所、明十四日昼後参様被申聞候也、

所司代屋敷に御機嫌伺

十四日、しよしたい御屋敷迄、御窺とし而罷出、取次役人西依三郎平先御あんひ（安否）御窺之口
上申上ル、扇子箱一本入、箱台共ニ銀弐拾五匁ニ而出来、又其上申上候ハ、先年小浜表登
城仕候へとも、此度之所御在京之節ニ」候へハ、当御屋敷迄上人（善慧）被上候趣申入置、追而

（3ウ）
・役中役ニ殿へ申上候上ニ而返答有之候趣承、罷帰ル、

万里小路家より詰問

十四日、昼過、万里小路殿ニ罷出、申被聞候趣、猶子之儀、此度之所院家中ニも如何思召
候哉、書付を以被申上候様御申被聞候、是迄今出川家ゟ内々御申入も（有脱カ）之候へとも、御内
之義候へハ、此度使僧を申被入候所、」表むき之所候、此上ハ猶子之所院家中之答書付

（4オ）

猶子の儀は書付にてすべし

ニ而被申上候段々承、則答不仕罷帰り候也、

十五日、今出川御殿へ上り、湯口図書殿、右万里小路宗家大蔵殿と掛合之所一〻申伝候也、

万里小路家の意嚮

入院の時当家に相談も無く参内執奏も使僧を以てす当家に対し不届

十六日、昼過、万里小路罷出候所、御役人中ゟ申渡之趣、御先代善念上人之節とハ違、無住之節ゟ御《当代》入院之時、当家御相談なく」（4ウ）今出川家ゟ相済シ、圓光寺（秀導）を以届のミ計、以是行不届、是迄證誠寺役人共御当家へたいし不届之段、一〻申被聞候所御趣（マヽ）ト引受、御わひ申上候、

参内願の手順前後するは如何

今出川家へ相談

此度御参　内御願之所、表むき役僧ゟ願なき先ニ而、内ゐん之方ゟ当家へ御申入、是前後致候段、如何之御たすねニ付、直ニ今出川御殿へ参、図書殿へ談候所、役僧上京延引ニ付、此方ゟ御頼之便遣事ニ候、」

万里小路家へ詫びを申入る

（5オ）十七日、万里小路殿ニ而、御ふしん之事一〻申わけ仕、役僧（不脱カ）被行届候由御わひ申上候、取次人織田兵語（マヽ）、圓光寺・佛性寺両人参候、

門主より出願

同日、昼過、御門主御出ニ而、直〻御願申上被遊候也、

詫書の差出を要めらる

渡さる案文を今出川家に議る

（5ウ）十八日、昼過、万里小路ゟ御用申来、圓光寺・圓誠寺罷出承所、是迄役人御無礼之」趣、此度表むき御頼なし、内ゐんの方ゟ申被入候段、前後致段、申わけ無之ニ付、あやまり證文下書被遣候ニ付、文面之趣承知致難義御座候故、今出川家参、役人中内談仕候而罷帰ル、

詫書を差出す

十九日ニ、万里小路へ右一札上ル、

廿日ニ、今出川ニ而、国元添状之事頼入置、廿一日ニ、則国元へ書状出ス、」（6オ）

詫書を差戻され案文通りたるべしとされる

廿一日、万里小路へ罷出候処、指上候書付帰り、御渡し之案文之通ニ而出スへし由ニ而、今出川へ参、かけ合仕、あつけ置罷帰候也、

廿三日、今出川様江佛性寺参り、万里小路家へ指上候御詫書（下書）出来候哉承度、今日ハ可指出存心ニ御座候旨申上候得共、内々掛合之義共有之候へ者、先々」（6ウ）見合可申旨被申聞候、

詫証文差出は見合せ

門主等因幡薬師へ参詣

一、御前　御姫様　稲葉（因幡）薬師芝居へ御出、圓誠寺御供、其外大勢有之、留主居圓光寺・佛性寺也、

一、廿四日、圓光寺・圓誠寺両人、今出川様御内図書方江参候而、段々延引ニ相成候間、何卒今日ハ右御詫書指出度旨申入候処、内々掛合候趣有之候へ者、まづ今日ハ見合申候而可然旨被申候、夫ゟ直様植田伊勢守殿方へ参、右之様子申入候処、何れ今日ハ一辺」（7オ）御詫書可指出与被申之候、

今日も見合すべし

詫書を差出に参るも留守

一、同日、如別紙御詫書相認、万里様へ圓光寺・佛性寺参殿致候処、雑掌中留主ニ而、空帰宿せしめ候、尤彼御殿ゟ返答可致旨被申候、

一、廿五日、万里様ゟ、今日午刻過可致参殿旨被申来候、

一、同日、午刻過、万里様へ圓光寺・佛性寺参殿」（7ウ）之処、此通之御詫書ニ而いつ迄も御納無

案文通りの詫書ならずば納め難しとす今出川家に相談

之、何分此方ゟ指出候案文之通ニ無之而ハ御納無之由被申候而、御帰し也、直様今出川様へ罷出、図書殿へ掛合、示談ニ及候処、明日ハまづ〳〵延引之使遣候而可然被申候、

一、同夕、小倉様御入来、及御相談候処、此方之指図之通被致尤之由被聞候、

（約二行分空白）」

(8オ)

證誠寺院家本覚寺等口上覚参内の執奏を万里小路家に願う

口上之覚

今度本山證誠寺任旧例被致参　内度ニ付、先達而致上京、前々之通御執奏之義、万里小路様江被願候処、当御山主御入室之砌ゟ、役者之無念ニ而御取扱麁略之義有之、且又今般御参　内一件ニ付、以御内縁先内々諸事御聞繕」等之処、従其御殿御往覆被遊候段、別而御山主幷ニ役者之不行届之段被仰定候而、御執奏之義御領掌御延引ニ相成候、右ニ付、役者共不行届之義者勿論、先日以来毎々御断申上候得共、彼御殿ゟ被仰聞候ニハ、口達計ニ而ハ難相済由ニ而、御詫書之御案文罷出候得共、私共不能愚存、其《ソノ》御殿江相伺、御指図之通書付指上候得共」一円御取上無之、誠ニ当惑難渋至極ニ奉存候、此上者、何卒其御殿以御世話、万端被滞(マヽ)被為済候様、偏ニ奉願上候、尤御内等之義者、御領主之義ニ候得者、先日以来酒井讃岐守(忠進)様へも御往覆(復)有之候ニ、至処ケ様之御次第ニ而長々御逗留ニ相成候而ハ、寔ニ以申訳無之、何分此上ハ私共存寄無之候得ハ、其御殿ゟ可然様御取

(8ウ)

麁略の儀あり領掌延引

(9オ)

御詫書の差出を要めらる差出すも取上げられず当惑難渋至極

万端御世話願いたし

（9ウ）

計被成下度、一統奉願上候、以上、

未九月日

佛性寺（智了）
圓光寺（秀導）
圓誠寺（了秀）
本覚寺（秀芳）

今出川様
諸太〔大〕夫御中

（約四行分空白）

所司代屋敷へ参りたきを申入る

（10オ）一、廿六日、昼時、諸司代御屋敷参候而、上人此所へ御出之趣窺候所、成田乙三郎殿取次ニ而、中ノ口へ廻侍居候所、今日ハ役人下り候間、明日巳刻参様御申ニ御座候、

二十九日に密々に御出あるべきの返答

廿七日、巳刻参候処、鳥居次〔六郎左〕衛門殿ト御掛合ニ而、九月廿九日八ツ時、諸司代御屋敷迄御しのひ同様ニ而御出之くめんニ候、

今出川家方にては御内縁云々の文言不承知

（10ウ）一、同日〔廿八日〕、圓光寺万里様へ罷出、右之御詫書之義、別段ニ改、則御殿ゟ案文出候間、直様今出川様へ参り、湯口図書ニ令面会、此段申入候処、御内縁ゟ御掛合、且御返答御迷惑抔之有之候而ハ、此方いつ迄も御不承知ニ候間、此処除キ候様取計可然被申候、又万里

様へ参り、粟津玄蕃助へ右之段申入、明日同役中相談之上、此方ゟ返答可致旨被申候、

（11オ）一、廿九日、昼前、右ニ付何之御返答も無之故、」圓光寺昼過参り候処、小笠原寛治ゟ此〔右〕之処除キ候事不相成由被申聞候、其故今出川様へ参り、図書へ此段申入、弥〻両御殿御掛合ニ被成下候様頼置候、

万里小路方は除き難しとす
両家の掛合にて落着ありたきを頼む

（11ウ）一、同日、（未刻）御門主様諸司代屋鋪へ御出、則此節酒井讃岐守様也、若州之大守〔故〕之事也、

門主所司代屋敷に参る

一、御出御供之次第、先侍三人、あじろ、陸尺四人、輿脇侍四人、院家本覚寺、道服・五条、侍壱人、下部一人、」御沓持一人、御長柄壱人、笠籠一荷、先ニつり（釣）台二人、役僧佛性寺、直綴・五条、下部一人、已上、

御供の次第
網代輿

献上物之覚

献上物

一、御生菓子一箱　代四拾五匁計、但シ、箱台共、

一、御肴鯛一枚、はも一本、〆代壱分弐朱、
いせ海老五ツ、

（12オ）一、先達而安非〔否〕伺ニ使僧佛性寺、参候時之品ハ、」きれい扇一箱二本入、代弐拾五匁也、

〆

御取扱之次第

御取扱の次第

上壇の間にて対面

善慧の衣躰

酒井忠進の家老以下人名

所司代より返礼

一、表関レ玄ゟ御入、玄関ゟ四間奥ニ御上、御休息、其次之間ニ、院家幷ニ佛性寺控居、上壇之間ニ而御対面、殿様(酒井忠進)此方御上、御門山之色〻御咄有之、殿様あさ上下、上人(證誠寺善慧)素絹・五条・指貫、但シ、未参　内前ニ候間、もへぎ素絹ニ、紫紋白也、御家老・御用人夫〻」(12ウ)御挨《あいさつ》、御面会後、次之間ニ而、御用人酒井右衛門七殿を以、上人へ御用之筋有之候ハヽ、無御遠慮此方拙者へ可被仰聞旨被申候、

一、老役　三浦又兵衛殿、根岸吉左衛門、

一、御用人役　藤野九右衛門、酒井右衛門七、

一、御取次　鳥井六郎左衛門、成田乙三郎、

一、同日、夕、小倉様御入来ニ而、色〻御相談申上候、」(13オ)

一、卅日、諸司代酒井讃岐守様ゟ、昨日御登城之御返礼として、御使者来る、則北条十郎太夫与申仁也、乗駕ニ而道具為持来る、御印心(信カ)物交肴折、鯛壱枚、同雨(甘カ)鯛一枚、雨之魚一本、はも一本、はまぐり、〆五種なり、

外ニ、金二百疋来る、此方ゟ佛性寺を以対面せしめ候、則小倉様へ参候也、

一、同日、本覚寺・圓誠寺、万里様之掛合、」(13ウ)

十月

十月朔日

改めて示さる案文を万里小路家方へ返す

一、朔日、万里様（万里小路建房）へ本覚寺（秀芳）・圓誠寺（了秀）参り、掛合、則彼方ゟ右御詫書之案文出、今出川様（公久）へ参、図書（湯口直虎）与談候処、未心済致兼候間、可被返旨申、万里様へ返ス、明日御返答可有之旨被申候、

所司代へ返礼

一、二日、極晴天、佛性寺（智了）若党、在草り取、諸司代へ御返礼ニ出ス、口上のミ也、家老三浦又兵衛・根岸吉左衛門、御用人藤野九右衛門・酒井右衛門七、近習頭鳥《トリ》井」（14オ）六郎左衛門、右五人出浦（マヽ）之返礼ニ参る、則菓子袋台ニ而遣ス、代壱ツニ付御米一升つゝ、

小兵衛を国許に遣し金子送付を督促

一、三日、小兵衛国元へ遣ス、金子不登ニ付、飛脚ニ遣し候也、

一、四日、毎日此間中万里様へ出、掛合申候、

一、五日、圓光寺（秀導）万里様へ出、湯口図書も同万里様ニ而、

詫書文面漸く此方所存通りとなる

一、粟津玄蕃助与掛合以而、落着致し候哉、弥々右御詫書、此方之所存之通り相成候由ニなり申候、今日収メ可申ニ候得共、仲間他行ニ付、明日迄延引」（14ウ）

三院家等万里小路家に参り詫書を差出すその場で清書

一、六日、三ケ寺（本覚寺・圓誠寺・圓光寺）・佛性寺万里様へ出候処、右御詫書之案紙出、其通り彼御殿ニ而したゝめ収申候、役人ハ小笠原官（寛）司也、昼過可出様之事ニ候、

御聞済となる以後この様なこと無きよう念を押さる

一、同日、昼過、圓光寺・本覚寺、又万里様へ出候処、小笠原寛司を以御詫之処、御済レ聞ニ候、以後以ケ様之義無之様致度旨被申聞候、

一、并ニ右御所并ニ万里様迄之願書之下書、出申受来候、明日可指上旨申参候、

一、同夕、右願書・寺例等したゝめ申候、如別紙認、」

門主万里小路家に行き願書等を差出す
帰途今出川家に立寄る
配慮なきを責められる
詫書も願書も此方の内見に入れざるは不都合

（15オ）
一、七日、右願書、万里様へ持参、御前（善慧）御出也、御供ハ佛性寺・侍一人・下部一人也、
御帰り掛ニ、今出川様ニ御立寄候処、川口左衛門尉ゟ、此間之御詫書、此迄当御殿之御
世話ニ相成候処を、此度弥ミ収メ候時、一応不及内見、又今日願書之義も、此方へ一応
内見ニ入候而之上ニ指上可申之処、無其儀段、不都合之由申立、院家中之麁（粗）忽之由ニ而、
夕方ニ而も可致参殿様被申候、

三院家釈明す

一、同昼過、三ヶ寺今出川様へ参り、右之申訳仕候、」

金子に差支え所司代方に借金を願う

（15ウ）
一、国元ゟ金子不登ニ付、金子ニ指支、無拠諸司代讃岐守（酒井忠進）様へ願書出ス、別記の如し、使佛
性寺也、御用人酒井右衛門七迄参る、段ミ申入候処、承知之趣ニ而、右願書預り置申候、

願書充所の訂正

一、昨日（同日）万里小路家　御山主御持参之願書（マヽ）、当頭弁（建房）殿与御上付之処、当時神宮伝　奏之間、
只万里小路殿与計可認之旨被命之候間、書直し持参、役僧佛性寺、

金子の貸与は御断り

一、酒井右衛門七ゟ昨日之願書指戻候、尤頼之金子御断之旨書状相添、」

国許より金子三十八両到来

（16オ）
一、十月十三日、国本ゟ村国小兵衛悴并喜兵衛両人上京、金子三拾八両持参、書状等来る、
一、同日、十五日喜兵衛発足ニ而帰国、

善慧万里小路家へ参る
上人号勅許

一、十月十九日、万里小路家ゟ書状来る、則證誠寺只今参殿可致旨申来る、直様上様(善慧)万里小路へ御参殿、今日上人号　勅許之趣被　仰渡候、尤雑掌粟津玄蕃助ゟ被申渡候也、

一、直様今出川様へ、此段御風聴、」

一、同夕、小倉様(見季)御招キ申、御酒指上候、（16ウ）

執奏家へ御礼
名代本覚寺参る

一、廿日、一昨日上人号　勅許ニ付、不取敢執　奏家へ御礼ニ　上様御参殿先例ニ候、然処少々所労申立、名代本覚寺参る、頭弁様へ金百疋、是ハ干鯛一箱、金弐百疋、是ハ樽一荷、太夫様へ樽一荷、代弐百疋、上る、雑掌等へハなし、

参内の日程は二十五日

一、同行掛ニ今出川様へ参候処、伊勢守(植田成章)ゟ、内々ニ　殿下様(鷹司政熙)ゟ御知らせ有之候、弥々廿五日午刻ニ御参　内之由ニ候、」

一、同席ニ、本覚寺へ、万里小路ゟ只今　御所(禁中)ゟ被仰出候、廿五日午刻御参　内ニ相定申候、（17オ）

一、今日、三院家　御参　内御供之節、　御所ニおひて指控罷在候間、頭弁様御所ニて御しらべ被成候、今晩五ッ時分、院家中参殿可致旨申参候、然処夜分故明朝迄延引、朝参申候、

参内衣躰につき願書

一、同日、上様衣躰之事、万里小路へ頼申候覚、

衣躰之事

緋紋白の五条袈裟八藤大紋の指貫

（17ウ）

善教以来、及先〻住善阿迄累代之間、参　内之砌、香衣幷緋紋白之五条袈裟着用致来候処、先住善念参　内之刻、御当家政房卿（万里小路）依御持参、紫紋白之袈裟令着用候、今般善超参　内被仰出候節者、何卒復旧例、緋紋白之五条着用致度存候、且亦指貫之儀も、紫平絹ニ候処、善超里元之由緒を以、八ッ藤大紋之指貫令着用度存候間、右之両条、可然御沙汰偏ニ願上候、以上、

月日　　　　證誠寺（善慧、善超）」

（18オ）

万里小路様
御雑掌中

衣躰等につき仰渡さる

一、廿一日、本覚寺万里小路様へ参殿、被仰渡候覚、

一、昨日願之緋紋白・八ッ藤指貫之義、先内〻御免之趣ニ候、尤明日表向キ御免被仰渡候者也、

休息所は殿上諸大夫間虎之間

一、御参　内之節、上人　御所ニ於而御休息之処ハ、諸太夫（大、下同ジ）間之内虎之間也、

（18ウ）

一、随身之三ヶ院家、同諸太夫間之内竹」之間也、此ハ先例通ニ候、且ハ此度御調被成候処、如右ニ候也、

一、今出川様へ、右御参　内日限御治定之段、林要人を以申上候、勧修寺様右同断、

廿一日、
一、万里小路様ゟ、廿五日ニ中宮（近衛欣子）様・仙洞（後桜町院）様へ御参之由、被仰渡候也、
一、同日、勧修寺（経則）様ゟ、御参　内御治定之御祝として、山本与市郎御使者ニ来る、
一、御参　内之日　献物下札之義、　越前 證誠寺」

（19オ）
一、廿二日、今日右御衣躰之事、執　奏家ゟ何之御沙汰も無之候、
一、廿三日、院家・役者御参　内御用意御借り物ニ付、今出川様・勧修寺様へ参る、

濃紫五条袈裟着用先例の事情

（19ウ）
一、同日、万里様ゟ彼方ニ可罷出旨申来る、則佛性寺参候処、当御殿ゟ古へ善教上人へ濃紫
五条相送候、其因縁を以代々参　内之節、紫五条与申事ニ而候哉、承度旨、雑掌ゟ」被
申候、佛性寺曰、彼袈裟ハ実之袈裟ニ而ハ無之候、善教上人へ　後奈良院様ゟ御衣を賜
候、是を證誠寺ニおひて永ク摩滅なからん為ニ、袈裟ニ仕立今ニ伝来仕候、故ニ今ノ袈裟
なるニ任て濃紫唐草五条袈裟を賜り候旨申上候、

後奈良天皇下賜の御衣

衣躰の仰渡

一、同夕、佛性寺万里小路様へ参る、被仰渡候書付之覚、

（20オ）
就今度善超参　内衣躰之事、」
五条袈裟緋紋白、・指貫紫平絹、事、
右勝手可為着用事、
八藤大紋指貫

緋紋白五条袈裟紫平絹指貫は勝手次第

八藤大紋指貫は無用

右、不容易候、自不限参　内、自今於寺院も着用可為無用事、

右之通、奉書四ツ折ニ御渡し被成候、」

善超今出川家に参り取成を依頼す
今更無用の申渡立合は御断り

(20ウ)
一、右ニ付、小倉様へ段〻御相談申上、　上様（善超）植田伊勢守へ御出被成候、明日殿下様へ、右之由可申上候、一段乍内〻も仕度《シタク》可致旨乍申、今更無用与申渡之事、立合御断之由被申候、

一、同夕、川口左衛門尉（正秀）・寛治（小笠原）ニ参る、

参内所用の借物揃う

(21オ)
一、廿四日、御借物不残小倉様ニ相揃、今出川様内伊勢守・湯口図書来る、転見旅館」ニ而酒幷ニ飯出ス、一汁一さい、酒肴ハ三種也、

衣躰書付差替

一、万里小路家ゟ、昨日相渡候衣躰書付、可致返脚〔却〕旨申来る、

一、同佛性寺、右書付持参、　万里小路家ゟ、右書付改而出ス、別紙の如し、袈裟ハ緋紋白、指貫ハ紫紋白也、

此前行列書、万里小路様へ上る、

小倉様家来松田織衛・岡本監物一切引受ニ而、此方役者ハ世話一向無之候、」

参内
小倉家より出門
仙洞御所等に廻礼

(21ウ)
一、廿五日、御参　内、小倉様ゟ出門、　万里小路ニ而休足、午刻万里小路出門ニ而、　御所へ上ル、御門前ニ而輿下ル、ひらから（平唐）門之内諸大夫之間へ上ル、御所〱四ヶ所御礼参

内、廻勤関白（應司政熙）（伝）・天奏二ヶ所（廣橋伊光・六角有庸）・弁役之方（万里小路建房）廻、夜五ツ半迄ニ相済、」

（22オ）一、廿六日、万里小路御用、衣躰之事、廿八日朝、弁殿直談ニ而、衣躰吟味之事、同廿八日

夜、書付ニ而演悦へ御申渡候、

関白家に参る

一、廿八日、関白様へ御出有、廿八日夜ゟ仏性寺所労ニ而役外、

廿九日・晦日二日之間、右衣躰之掛合、」

十一月三日

（22ウ）一、三日ニ、万里小路へ、右衣躰御世話ニ付、林要人使者と而金弐百疋遣、

四日ニ、万里小路ゟ使参候所、右之金子御受無之返済有之候、

勧修寺家に参る

四日ニ、勧修寺家（経則）へ御出有之、」

（約三行分空白）

二六　證誠寺善超参内執奏願書

（東溟自筆、竪紙、縦二六・〇糎、横四九・〇糎）

乍恐奉願上候覚

執奏願

證誠寺由緒

一、越前国今立郡横越村山元山證誠寺者、開山親鸞聖人之嫡子善鸞上人、当国丹生郡山元与

申処ニ在住仕候而、一向真宗讃門徒開基仕候、善鸞之嫡子浄如上人、文永五年造立仏閣、

参内の先例

善教は万里小路充房の子

上人号の勅許

香衣綸旨幷に参内

号證誠寺、其後代々相続仕、明応八年九月廿三日、善秀参　内仕、一向真宗之源親鸞嫡家従　後土御門院様賜　綸旨、于今伝来仕候、其子善壽上人、　後奈良院様御宇参　内仕、権大僧都拝任仕候、善壽上人依無男子、御当家(万里小路)充房卿御息男入院、号善教上人、此時賜濃紫唐草五条袈裟、于今有之、其子従善光上人代々其血脉ニ御座候得共、度々火災有之、霊宝・記文過半焼失仕候而、致中絶候、其後元禄六酉年十一月十八日、善應上人号　勅許、香衣賜　綸旨、同月廿二日、参　内、奉拝　(平出)天顔、宝暦九年七月廿九日、善阿上人号　勅許、香衣賜　綸旨、同八月十二日、参　内、奉拝　(平出)天顔、寛政元年五月三日、善念上人号　勅許、香衣賜　綸旨、同六月四日、参　内、奉拝　(平出)天顔候、以先格此度も善超継目上人号　勅許、香衣　綸旨頂戴幷参　内、奉拝　(平出)天顔候様、奉願上候、右之趣、偏ニ宜御沙汰奉頼候、以上、

越前国今立郡横越村

文化八辛未年十月

山元山

證誠寺

善超　印

万里小路頭弁(建房)殿

御雑掌中

二七　證誠寺善超参内上人号勅許一会

（表紙）

文化八年初冬 参内記事

（東溟自筆、袋綴、縦二八・六糎、横二〇・三糎）

上人号小折紙を執奏家万里小路家に差出す

（1オ）

十月初旬

小折紙執　奏家江持参、

白直綴・種〔咒カ〕子袈裟、尤、此前日、執　奏家江願書、先例之通り差出ス、

小折紙案文如左、

（約三行分空白）

└

例書

善應

善阿

善念

（1ウ）

寺例

善應　二十五歳

元禄六年十一月十八日上人号

勅許

善阿　三十五歳

宝暦九年七月廿九日上人号

勅許

善念　三十八歳

寛政元年五月三日上人号

勅許

中奉書四ッ折、

上人号申文

（2オ）

申 越前国今立郡横越邑	上人号之事 證誠寺　二十七才 善超		

同奉書四ッ折、

上人号勅許

参内

巳上刻小倉家より出門万里小路家にて休息

巳半刻参内し諸大夫間に候す

小御所に候し龍顔を拝す

（2ウ）一、十月十九日、晩景、

上人号　勅許

　翌日、右礼物、記略之、尤、本人持参、衣躰如前、

一、同廿五日、参内、

（3オ）巳上刻出門、小倉豊季朝臣亭為旅館、到万里小路(建房)之亭、頭弁建房被及面謁、休足之間、於奥座中飯幷祝酒被出之、粟津玄蕃介・三宅大蔵之両家司伺候、

巳半刻参　内、平唐門内迄植田伊勢守(成章)為見舞出来、狩衣・烏帽子、予休足諸大夫中之間、同席盤(般)舟院、紫衣・七条袈裟、小倉中将(見季)・勧修寺経則・小河坊城(俊明)・万里小路等被見舞、半刻計之後、主上(光格天皇)於小御所御対顔、予装束香衣・緋紋白五条・平絹紫指貫、尤、此以前、内見之儀有之、拝顔之節、予自板敷進上ニ下段畳一帖目尤、二帖ノ縁ニ手不掛様心得之、進退共膝行低頭、退坐之時拝之儘退下、於板敷角柱之辺、障子之方為面起立、退出、中啓者、御廊下之辺ニ暫時見合之処ニ置之而、出御前、念珠同段、

（約二行分空白）

（3ウ）

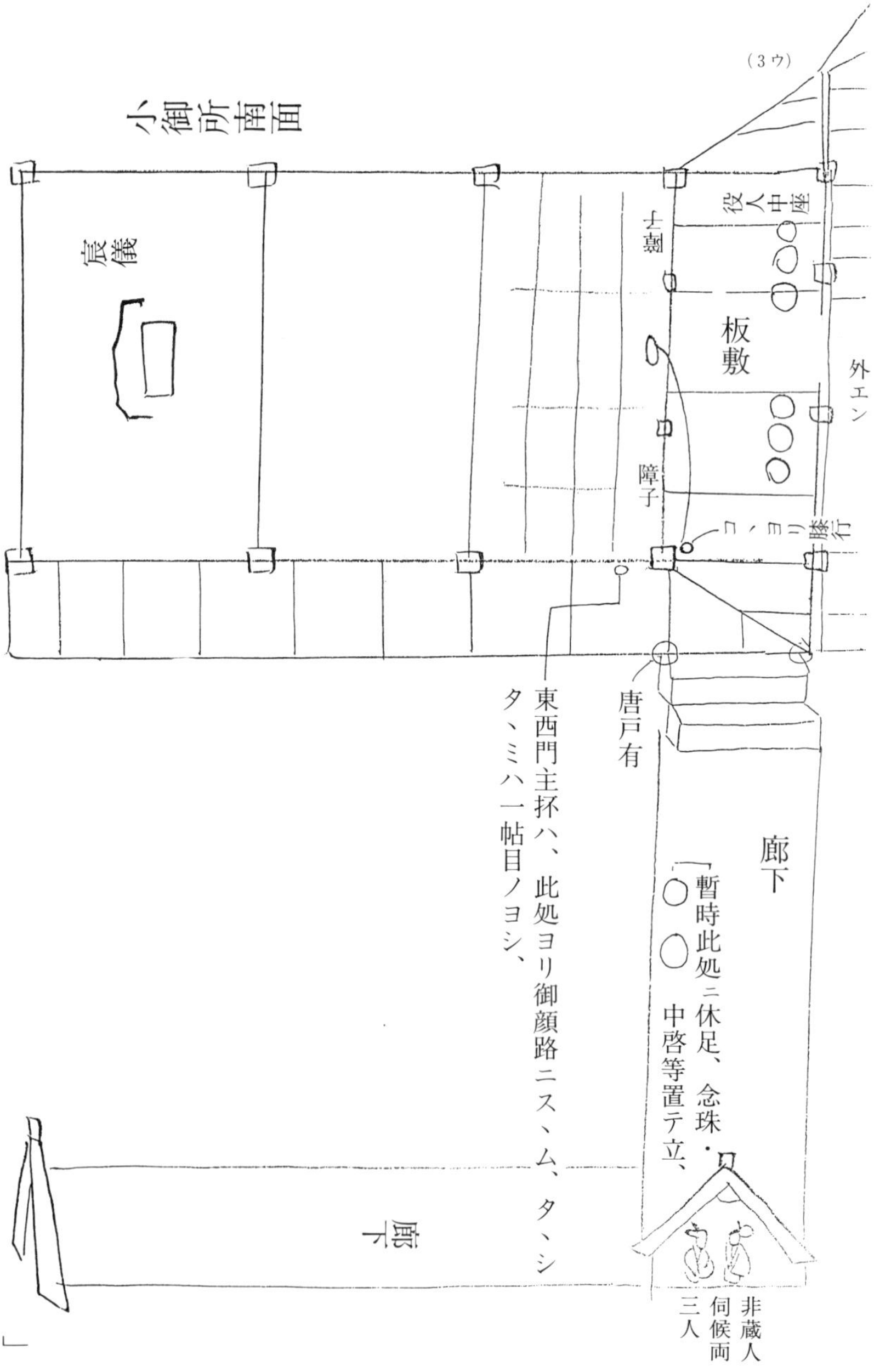
小御所南面
宸儀
役人中座
板敷
外エン
障子
障子
コヽヨリ
膝行
唐戸有
廊下
暫時此処ニ休足、念珠・中啓等置テ立、
東西門主抔ハ、此処ヨリ御顔路ニス、ム、タ、シタ、ミハ一帖目ノヨシ、
非蔵人伺候所三人
廊下

（4オ）〜（6オ）（空白）

（6ウ）自御開山親鸞聖人第九世

開基
従親鸞

第九世善秀

善秀 又号善充、天文七戊戌没、六十四、
道性上人之嫡　文明八丙申生、
明応八年　権大僧都拝任、参　内、
明応八己未年、賜於一向真宗源親鸞嫡家之綸旨、時年二十四、

善壽
善教

善壽 永正十二乙亥年生、天正十五丁亥年没、七十三、
権大僧都、
五年寺務
中絶相続候、

善教 実万里小路充房卿息、文禄二癸巳入室、
室、正妻善寿上人第二女、号伊登姫、

善光

善照 実柳原淳光卿息、
文禄二年、依門末之争論、彼輩申下シ、号スルニ以
善壽上人第一女伊弥姫配之、分派之後自清出
雲路水頭毫摂寺相続候ノ旧号ヲ襲フ、
カ輩役僧教証寺ナル者共、善照ニ党シ、本山歴代之塔墓ヲ集奪フテ
愚民ヲ門徒ヲ招欺誘ス、依之門末十ニ七八ヲ得タリ云々、

二八　證誠寺善慧参内備忘録

文化八年善慧参内につき上京中の自筆備忘録

（表紙）

善慧

参内記事

（善超自筆、横帳、縦一三・六糎、横一九・七糎）

（1オ）

装束の事

装束之事

参内日の装束両様

参内之日
一、鈍色、五条、表袴、念珠、檜扇、或ハ素絹、五条、指貫、念珠、扇、

右、両条之中可相定、尤色目等可聞合事、

治定の装束

八月十一日、谷口江相談、治定之服、
一、緋直綴、紫紋白袈裟、但シ、萠黄モ不苦、禁色、夏扇、念珠、

十月廿一日、
一、於禁中坐之次第、可尋事、

（約四行分空白）

装束の先例

院家

（1ウ）一、院家装束、先例白直綴、紫紋白五条、

先代善念上人

一、先住（善念）上人緋衣、緋紋白五条、八ツ藤指貫、但シ、於　禁中紫紋白、其余緋紋白被用之、
是万里小路政房卿依教示也、

（約八行分空白）

（2オ）
（2ウ）（空白）

調度の事

（3オ）調度之事

朱蓋

沓

轅

網代輿

箱二対

長刀

黒漆杖

柳筥

行列次第

参内日記
八月四日
岡田惣治等越前より上京

今出川家小倉家の後援を頼み参内一件につき調べる

院家三人等を二十二日迄に上京せしむ

茶弁当

（3ウ）〜（4ウ）
（空白）

（5オ）
行列次第

（空白）

（5ウ）〜（6ウ）
（空白）

（7オ）
参内日記

八月四日、
一、岡田惣治幷門下一人上京、今出川家（公久）・小倉家（見季）江参　内一件往復、於今出川植田伊勢守（成章）・
川口左衛門尉（正秀）応接、
八月九日、
一、於小倉家、参　内先例、献物・其余雑費等相調、入用控二三帖出来、
於今出川家、植田伊勢守・岡田惣治江対談、尤、予（善慧）参　内之儀、弥出来之由ニ而、院家其
外用掛り之面々当月廿二日迄ニ可令上京之旨、申渡之、岡田惣治及晩刻帰来、与岡本監
物種々内談、明日岡田惣治発足ニ付、院家三人幷唯称菴江上京催促之書状、予自書之、尤
従今出川家も植・川両人之書状、三院家其外江も通達之由、右等之書状者、明朝宿次飛脚
ヲ以、岡田帰国之前々ニ国許江着可有之趣、岡田取計之、岡田惣治」帰洛之序、予上京之
（7ウ）
届之為敦賀役所江罷向之間、飛脚江之書状前以可令着之積り、

十日、

岡田惣治帰国

一、岡田惣治幷門下等、京都発足、

十一日、

参内の時宜は当月下旬との関白下命

一、伊勢守来談、尤殿下(鷹司政煕)江内々予参　内之儀及伺之処、当月下旬随分可宜之旨、御下命之由話之、其外執　奏家彼是之儀談之、中将殿(小倉見季)自昨日依所労、不被能面会、

同日、

万里小路家へ参内一件出願

一、万里小路家江、予上京之儀通達、幷参　内一件略願立之趣令述之、音物奉書十帖、使岡本監物、万里小路ヨリ役僧ニ用向有、可出与云々、

同日、

有職家谷口文助の所説

一、谷口文助招之、衣紋万端談之、近衛立ハ両人可然哉、雑色ハ八人可然与云々、参内後諸方江之礼廻りハ、即日可然、尤殿下江ハ参内之儘之行装ニ而可参之由示之、轅ニ夾(挟)箱為持寺モ有之共、甚不向ノ事也ト云々、」

（8オ）

同人話ノ事、

車の事

○法中ハ、親族ノ車ヲ借テ参内ノ例ナリ、自分ノ車無之ニテハ不有ヘシ、納言以上ノ車ニハ、車副・雨皮持等ヲ被召具ノ事アリ、車ノヤウモ昔ハ身分ニ随テ美悪アリ、故ニ古ヘトテモ僧道ニ美ヲ好ムノ僻アリテ、他ノ車ヲカツテ参内等セシナラム、他ノ車ヲカル故ニ、車副牛童等モ、其マヽニ借之ノ由ニテ召具スル例也、

僧の鈍衣は公卿の直衣に相当

○僧ノ純衣(鈍カ)ハ、公卿ノ直衣ニアタル、故ニ僧正ノ可着モノ也、又今ノ素絹ハ、古ノコロモナリ、故ニ参内ノ時用之事甚略儀ナリ、然レトモ当時聖門主(聖護院入道盈仁親王)・妙門主(妙法院入道真仁親王)等、右ノ躰ニ而参内アリ、実ハ不当ト云ヘシ、僧ハ元来法服

／・七条、神妙之事也、

今出川家に行向う

十三日、
一、今出川家江行向、伊勢江面談、其節、予寺例等覚悟之分之書付差出シ、可然■■示之、

同、
一、湯口図書、勧修寺（経則）家江金子掛合之使者勤之、岡本彦左衛門面談之由也、

十五日、
一、湯口図書来話、万里小路（建房）江可行向之事、但シ役者之返答いまた無之由、

同、
一、谷口文介来話、

（8ウ）
十六日、
一、伊勢守江書状遣ス、但シ万里小路ハ行向断之儀也、

国許より書状到来す
上京すべき中に名無きを圓誠寺立腹す

廿二日、
一、従国許書状到来、但シ、使油屋常次郎、其趣者、先達而三院家ニ而得里立之書状ニ、圓誠寺之名前無之由、圓誠寺（了秀）立腹ニ付、又ゝ植田・川口江書状さし越、又ゝ書状可差向之旨申来ル、当家来江者、岡田幷善右衛門之名当〔充〕ニ而書状来ル、即刻右之次第伊勢守江申遣ス、使演説、演説文也、尤宿次也、

廿五日、
一、植・川両人之再書状、大津問屋江遣ス、

佛性寺等上京

廿七日、
一、佛性寺老衲幷村国小兵衛上京、

本圀寺へ参詣

廿九日、
一、本国寺〔圀カ〕江参詣、侍二人押・沓持・笠籠・六尺三人、

九月

九月一日、
一、夕方岡本監物来話、

三院家上京

九月四日、
一、三院家中上京、
同五日、
一、唯称庵万里小路江行向、神事中故断り、尤一両日之間指図可有之旨也、

（9オ）
（空白）
（9ウ）

参内節の道具並に借用先

（10オ）
一、朱傘　三本
一ッ里元　一ッ大外記（押小路師徳）　一ッ勧修寺
一、網代輿
一、箱　対、
今出川家
一、轅
一、沓　三足
（10ウ）
一、韈
一、大紋指貫
一、柳葉（マヽ）
一、長刀

（約四行分空白）

（11オ）〜（16ウ）　（空白）

雑々備忘

雑ゝ備忘

院家上京の節持参させる分

（17オ）相済、
一、院家上京之節、素絹・直綴・紫紋白袈裟持参可申付事、尤菊紋白、予着用之外制禁之事、
同、
一、轅簾寸法之事、

取寄すべき分

同、
一、箱挑灯四張、可取寄事、
同、
一、萠黄布衣八人分、可取寄事、
同、
一、唯称庵上京、可申付事、
同、
一、紫衣幷白縮緬袷、可取寄事、

購求の分

同、
一、平礼烏帽子八人分、可求事、
一、装束色目、早ゝ可聞合事、
相済、
一、紙之類、国許ニ而可取計哉之事、

取寄すべき分

同、
一、長刀袋、可取寄事、
同、
（17ウ）一、侍烏帽子四人分、可取寄事、
同、
一、平烏帽子、可取寄事、
払本残リ、
○一、十二匁五分五厘

書籍代金の残余

本代料残り、
○一、七匁五分、九匁五分、六匁五分、外ニ三国通覧、

（約十二行分空白）

(18オ)〜(19ウ)

（空白）

二九　證誠寺役者口上控

（折紙、縦三一・〇糎、横四四・四糎）

口上之扣

證誠寺は讃門徒派の本山

当山證誠寺者、讃門徒一派之本山ニ而、代々上人号蒙　勅許、参　内拝顔之寺格ニ候、

教化筋は蓮如御文を以て規範とし来る

尤然ル処教化筋之儀者、　信証院様（本願寺蓮如）五帖之御消息を以、安心之規範与致被来候、元来右御文章之義者、　証如上人様（光教）御代天文年中、御直筆之一本御附属ニ付、於今伝来尊崇被申候、

蓮如上人黒衣の御影を願いたし

右因縁を以、当住上人（善超）殊ニ帰依渇仰之余、今般　蓮如上人様（兼寿）黒衣之御影被相願度、御許容安置之上者、門末一統江真宗中興之御慈悲、猶以手厚ク教示被申度、依之　御影被相願候義ニ御座候、

御許容なれば院家中連署の願書を差出す

御許容可被下筋ニ御座候ハヽ、末寺惣代之院家共連印之願書、年内被指出度由ニ御座候、以上、

文政七年

霜月

越前
證誠寺
役者 印

三〇 善超離縁一件微細書

（善超自筆、折紙二枚、縦三二・七糎、横四五・〇糎）

（1オ）

離縁一件微細書

一、当山内室之儀者、勧修寺中納言殿(経則)御妹(今出川公言女)ニ而、則当方丈(善超)与実ハ従兄弟之親族ニ御座候、然ル処、当春無拠子細有之、離縁帰京之取計可被□□候、仏門御院(仏光寺)家光園(薗カ、下同ジ)院殿往年媒被致、後室ゟ之使者野村平吾、幷村国門徒共ゟ之託嗳等之筋も有之、旁を以不得止事、内証客分之体ニ而指置被申候処、去ル八月方丈上京之砌、勧修寺殿重役立入右京亮・三宅右衛門尉等へ、是迄之次第逐一以筆記被申立候処、則主人中納言殿へも及披露、所全(詮)不相続之義(儀)ニ候ハヽ、無力離縁之外無之旨返答相済、帰国之上、尚又方丈被相考候而、二ヶ条を以本人へ存□(念カ)被相尋候、一ニ者、家督之実子(ノチ善融)も有之候事故、剪髪いたし院号相加、神妙ニ生涯

善超内室は勧修寺経則の妹

当春離縁帰京の取計

去る八月善超上京し勧修寺家へ事情説明す

離縁の外無し

善超より内室に存念を質す

内室は離縁を望む

去る九日帰京のため発駕

村国門徒の動向

臨時の立寄を願う

光薗院後室口入のため下向せし際に村国門徒と関る

村国門徒は光薗院後室等と約束の筋あり

（1ウ）

被送候歟、二ニ者、勧修寺殿内存之通帰京被致候歟、両条何と共決心之上返答可被致旨、被申聞候処、其後離縁之書物達而被相望候旨、」人を以被申入候間、相違も無之哉与、念之為前後両三人を以被尋試候処、一致之旨ニ候故、則去ル九日発駕被申聞候処、上鯖江宿迄村国門徒共五六輩、市左衛門・佐右衛門・五兵衛・喜兵衛等罷出、臨時之立寄相願候ニ付、随身之青士共相驚、早速右之趣方丈江相達候処、若立寄被指留候ハヽ、多勢を以無体ニ引取可申体相聞候ニ付、於路次騒々之義被相憚、無拠願之通被聞込候、原来右発端ハヽ、内室一昨秋迄異見之為、長々里之勧修寺殿へ被預置候所、光薗院殿後室種々取扱被申、同道ニ而下向有之節、先村国へ下着被致、後日之事迄入魂被頼置候処、又々当春内室身分彼是之砌、方丈ゟ勧修寺殿□通達被申候ニ付、一昨秋之□□彼院家来野村平吾不取敢下向仕、本坊へ之託ハ指置、府中性海寺与歟申仏門（仏光寺）派之寺院ニ止宿仕、村国之門徒共ニ引寄、様々内談仕、其後漸京都ゟ持参之託状等指出し候へ共、傍ゟ村国門徒共ニ

（2オ）

兎角本人」不心得之筋無之杯与為申破、其上無筋之願等為指出候旁を以惑乱仕（×之）候故、無拠客分之次第ニ而被留置候、右子細を以、村国門徒共ハ、光薗院殿後室及野村平吾ニ深約束之筋有之杯、至今申立候義ニ御座候、乍去八月□上京之砌、直々勧修寺殿へ被行□（向カ）家司対談之節、光薗院殿後室右体不取計之趣意も有之候故、右後室をも態々被呼迎候へ

村国門徒共と密約ありても無益

村国にて生涯世話致すとの噂

勧修寺家の意嚮

民間に指置き世評を蒙るは両家の恥辱にて承知し難し

（2ウ）

共、兼而彼方心底ニ申訳無之子細有之候哉、面会辞退被申候ニ付、已後双方江口入之義、堅此方ゟも被申断候次第ニ候へハ、当時之処不定何事、当山勧修寺殿与直応接之義ニ候上ハ、野村平吾与村国門徒共、仮令何体之密約有之候迚、必竟〔畢カ〕無益之筋ニ御座候、又内室持参之金子調達之勘弁中村国ニ留置候抔申立候義も承知仕候へ共、右持参金子之儀ハ、決而諸門徒共心配可申筋ニ者無之、是亦、方丈之存念ニ有之候事、然ル処、彼等村方ニ留置候申訳計ニ種ゝ虚言申立、邪正を申乱候段不届之至ニ御座候、尤」兼而内室離縁之上ハ、右光園院殿ゟ内意も有之、旁以村国へ引取、生涯世話可致体之義、於方丈聞込被居候ニ付、此義も当秋勧修寺殿御家司江対話之節噂被致候処、未老年ニ而も無之、女儀本主離縁之上ハ、表立勧修寺家之息女、何様之次第候迚、民間ニ指置、彼是之世評可相蒙義、実ニ両家之耻辱此上無之候間、門徒共仮令懇志之上ニ候共、是等□〔之カ〕筋ハ決而不承知之旨、立入・三宅之両士共申答候趣、方丈物語被申聞候、以上、

丑〔文政十二年カ〕霜月

証誠寺
役者

三一　菊醤油調進之日記

（表紙）

菊醤油
調進之日記

（善超自筆、袋綴、縦二七・四糎、横二〇・一糎）

天保四年九月禁中へ菊醤油献上際の日記

善超九月十一日夕方入洛す

旅宿は親族小倉阿蘇丸宅

（1オ）

九月十一日、夕方、入洛、旅館ハ親族内小倉阿蘇丸与相定、翌十二日、右家ノ雑掌松田一学江中嶋氏願意取持之義厚相頼、　禁中へ申込之手筋、表向ニテ者如何、内証ニ而者如何与云義相調候処、幸一学私宅之町内ニ伊藤彦六与云者有之、是ハ　禁中御膳煮方之下司ニ而、是等之次第定而能案内存知可申上、「人柄も至極実」躰之者ニ候間、先此方へ早速可相尋趣ニ而、即刻彦六方へ内談いたし候処、彦六物語之次第両三条、左ニ筆記候事、

禁中へ献上の事

禁中御膳煮方の下司伊藤彦六の協力を要む

（1ウ）

禁中へ献上品

一、禁中へ献上之品、鯛、鯉、雁、鴨、まつ茸、栗、梨類之生物ハ、何レも献上いたし易ク、

献上し易い物難しい物
多くは供御に用いられず御末へ御下げ

仙洞よりの肴類も実は禁中にて御調理

新規献上願の方法

御膳部調進御用の者血判を差出す旧例

(1)御内儀の事は御末の女官の承知を要す

修理職下司の松田直兄へも相談

まんちう、菓子、酒、醤油等、人作之食味ハ、極而献上六ヶ敷事之由、」

（2オ）
一、藤堂和泉守(高猷)ゟ毎年中鯛三十枚ツ、献上ニ相成候ヘ共、供御ニ御用之義者決而無之、其儘御末へ御下ケニ相成候、惣而諸侯ゟ之献物、大略右体之趣也、供御之不軽事、是等を以推察可申由、

一、仙洞御所ゟ被進候御組肴之類、是以実ハ皆々於　禁中御調理有之、表向ハ御贈被進候御様子ニ相成候由、」

（2ウ）
一、不寄何品、表向新規献上相願候時ハ、附武家へ被　仰出、附武家ゟ諸司代へ相運、夫ゟ何レ之国ニ而も本人之家許聞糺之上、領主へ諸司代ゟ文通を以、何村誰江御用之品被　仰付候与被　命候が定法之由、

（3オ）
一、禁中・　洞中　御膳部之諸向調進御用相蒙候者共、何レも始ニ血判を以、聊」疎略仕間敷趣之書付指上候旧例之由、

一、御内儀与申候時ハ、御末之女官達承知之上、取計被申候次第も有之、尤表向之義迚も、御内儀之取繕無之候而ハ、公武共ニ調進一切難相成由、已上彦六物語、松田一学委曲ニ申述候事、

「(上欄書込)(1)松田伊予守直兄与申、当時修理職下司相勤候仁者、季鷹(賀茂)同門之好、旁旧来入魂之上、日々参仕

堂上の御献奉行は名目のみ

彦六より御膳吟味役へ更に御末筆頭尾張へ内々頼入る算段

彦六承知す

(2)尾張の意嚮

(3)証誠寺は然るべき縁家も有り取持をするも筋違か(4)

(5)極内の願心につき是非にと頼入らしむ

いたし候人故、以書通相招、内意申述相談いたし候処、御献奉行之義ハ、堂上ニ而御持被成候
へ共、実ニ名目計之義ニ而、随分御執持ハ可申候へ共、又御献奉行之役名之者堂上ニ而御持被成
候事ニ候へ共、此方へ御頼被成候而、決而順路ニ者御運ハ出来申間敷、加之出来申間敷、何も
夫迄之処ニ種々之物入も可有之哉ニ相考候趣、指図いたし候故、此方ハ放下いたし候事、」

（3ウ）

右之通之次第ニ候上ハ、他を彼是聞合候迄も無之義与決心いたし、又々一学相頼、」夜ニ入
彦六方〔試之一樽相携〕へ遣し、兼而聞及候御末之筆頭尾張与申人ハ、当時之羽振第一之趣ニ候間、彦六
ゟ御膳吟味役へ申述、夫ゟ右尾張へ面談を以、中嶋生朝家尊崇之赤心ゟ今般献上之願意、
并願意ハ有之候へ共、前件之如表立被　仰出候而者、自国領主之手前甚心配いたし候始

（4オ）

末、逐一申達呉候様、」一学を以彦六迄申遣し候処、彦六も若成就いたし候ハヽ、面目相立
候事故、承知いたし候、

四

○十三日、早天、吟味方へ入魂いたし、尾張へ面談為及候処、尾張申述候者、〔証誠寺殿を以〕中嶋願内願之
意之趣ハ、左も可有之事ニ候へ共、御世話被成候証誠寺殿ニ者、万里小路与申執　奏之御家
も有之、又〔当時之〕御縁家〔勧修寺殿ゟ〕御局督典侍《カウノスケ》殿（藤原徳子、勧修寺経逸女）も御上り被成候上ハ、我々御取持与申も」何与やら筋違之

（4ウ）

様存候由、一往辞退いたし候段、一学迄申来候故、又々押返し、表向之手筋者少々有之候
へ共、何分ニも極内之願心ニ候間、是非々々御末之衆へ相頼申度段、精々申入、中嶋生調

(7)(6)

(8)

主上奥へ渡御の節亥刻頃夕御膳調進あり尾張取計あるべき由

御末筆頭尾張の出自　医大町某の娘にて今出川家侍青木民部娘分として参仕

進之品ニ付万事心を添候事共、并二樽入候箱等之精密迄巨細吟味方を（山田迄）以弁述いたし呉候様、
（5オ）彦六へ相頼遣し候処、彦六夜分」四ッ過退出いたし、△今一往　一学宅迄来候而（◎ヲクノ文ノツ、キ也、有之候）（申述候ハ）前文之次第厚為申入（△今一往）（上席有之山田を以利害、）
候処、尾張ニも殆感心いたし、左候ハ、明日ニも、持参可申、乍去献上主之処、（越前）走證誠寺殿（其意旨勿論）
与申事ニいたし置候、中嶋与申立候而者、（是迄姓名不聞及候仁之事故取計趣ニ候間、呉々可得）ｃ甚六ヶ敷、前件之次第ニ候間、此義者ｃ追而取（本主之願心有之候ハ、）
繕方も可有之義、何レニも中嶋生厚志之程ハ、（深相心得候上、献上物相納候証拠之為、御用■■調度之類を以指向可申、内々取計方も可有之段、」）泯滅申間敷存之由、尾張申居候趣之事、
（5ウ）主上（仁孝天皇）御内儀へ渡御之節、亥刻比毎夕　御膳調進有之、其節右内献上之品、尾張相心得取計方も可有之由、是ハ煮方役ゟ噂いたし候趣、尤今般精々取持いたし候ハ、煮方下司（伊藤）彦六・松田一学・尾張ニ候也、

（上欄書込）
「(2)十三（四）日、
(3)此時彦六試之一樽持参、手筋之人々へ吹聴申候趣、
(4)御末之尾張、證誠寺里方并縁者之有無かねて承知いたし候段、不審ニ存、跡ニ而承（聞）合候処、右尾張与申老女ハ、大町何某与申医官之娘ニ候処、禁中へ御奉公ニ罷出候節、子細有之、今出川家六位侍青木民部少丞娘分ニ而、昔年参仕候因縁ニ而、

尾張承知す

尾張へ披露

(9)天朝を敬う慎密の致方との称誉

一樽は仙洞の御末石上迄指出せる由

(10)尾張より二樽落手の証到来

曾て下賜されし御茶碗と皿

(5)十五日、

(6)菊亭家之義ハ委曲ニ存居候由、誠ニ奇妙之手筋ニ相入相当り候事、

(7)△篤与勘弁之上、御届向迄御内密相伺、追而返答可申由ニ候間、先悪敷方ニ而ハ有之間敷趣、

返答いたし候事、

(8)○十七日、彦六上役ゟ山田伝右衛門可罷出段申来、彦六出仕いたし候処、尾張内答之旨、此間

御願一件承知、段々相談候処、内々定而御献上可然哉之旨ニ候間、明朝◎釆女口迄」

（6オ）

十五《八》日、四ツ時《早天》、彦六指添、大西定右衛門并僕両人、右之二樽箱ニ入、 禁中」釆女口迄

持参之事、同日未刻、彦六退出《いたし》◦噂之趣、

右箱入之二樽、御末ノ筆頭尾張ヘ《為》及披露候処、第一箱之製造、敬 天朝候慎密之いたし方

之由称誉いたし、直様御局向江及披露候趣(〆処)、・極内ハ御慰之為一寸備 天覧候哉ニ相考候由、尤二樽之中、一樽ハ、尾

（6ウ）

張存寄を以、即刻 仙洞(光格上皇)御所御末(筆頭石上与申老女中迄、)向人為御裾分指」出し可申由《旨》噂有之候趣、扨尾張ゟ二樽

落手書之代りとして、 主上供《御膳》御下り相成候陶器《御茶碗并皿》数〆七ツ、文匣入到来、但し切紙相添、

此御品ハ、折ふしいたゝき合

御座候ゆへ、おくり申度候、

女官 尾張

(11)極密の献上ゆへ筆記の類は望み難し

（7オ）

内々献上ニ候へ共、何卒御内儀ゟ落手書一紙取受、国許へ持帰度存念ニ而、種々」心配いたし候へ共、何分極密之献上故、先方ニも甚乍気之毒、筆記之類難指出、乍去中嶋氏之忠精遠察之上を以、　御下ヶ之品相送候、頓智取計之上ハ、強而書物類所望いたしかたく、却而名聞計之様ニも相聞候而ハ、中嶋生之忠精も無下ニ相成、又是迄取組候義空破談ニ及候哉も難計、先此度ハ無子細、謹而領掌いたし、（十九日早天、）則刻松田一学相頼、

世話になりし女中等へ金品を贈り謝す

（礼物相場ノ用意□）一礼廻勤為申候、

御末女中頭
　尾張へ　小たか五帖・金五百疋、
　外ニ愚詠一首、短冊ニ認、

尾張への贈歌

雲井までのほるへしとハおもひきや
つゆもはえなき菊のひともと

（7ウ）

御膳吟味役一人　三百疋
御末女中八人　三百疋 五百疋
伊藤彦六与申 煮役下司へ、始終心配世話人　五百疋

右之通取計、首尾無滞相済候上、今度一件彦六迄日夜数度往返いたし候、小倉家雑掌松田

(12)彦六へ斡旋の小倉家雑掌松田一学へも礼極内に運びし故に謝礼嵩さまずに済む甚だ大慶至極

仙洞の御末筆頭は石上

一学へ為肴料金三百疋ヲ相達《遣し》候事、尤表立候様ニ相成候時ハ、供御懸り之役人大勢之義ニ而、余程物入ニも相成候義ニ候へ共、実ニ極内之次第ニ運相成候故、一《役》両輩之外ハ全ク不存

(8オ)

分ニ事」済いたし、甚大慶之至、是全中嶋生家業之冥加ニ相叶候趣、伝聞之輩皆ミ《何レも》賞美いたし候由之事、

(上欄書込)

「(9)十五日《十八日》、

(10)洞中御末筆頭石上《イソノカミ》

(11)拝領是亦不軽之由、為関東使諸侯上洛之節、又ハ諸司代等ゟ御内儀迄願込有之、拝領有之候、其節御礼金余程被指上候由、承及候事、

(12)并彼□奔走為礼候、同家下部両人へ南鐐一片、」

右、献物略記、

天保四年九月十六日《九日夜》《廿日》、於京師旅館《灯下》執筆畢、

東　溟（花押）

(8ウ)

天保五年、　覚善寺故郷行之便宜を以、松田一学之書状、三所へ伝達之事、

(約六行分空白)

(9オ)

(空白)

懐紙　菊亭中納言正二位公久卿詠

短冊　公久卿母堂（保子）致子之筆

鷹司従一位関白輔平公女、菊亭故大納言尚季卿室」

余紙の書込

（9ウ）

三二　證誠寺善融願書

（竪紙、縦三二・〇糎、横六〇・五糎）

以書付奉願候事

王政復古

村国村正善寺を以て仰聞かさる

十一世善教代毫摂寺と本末を争う

善教より善應迄五代村国村へ転住

善應代に二派に分れ争う

横越の旧地に帰住

一、今般（平出）皇政御復古之儀ニ付、此中、拙寺末村国村正善寺御呼立ニ而、今後心得之儀共被仰聞候上、御書付御下ヶニ相成、本人帰坊之砌、直様拙寺へ持参仕、委曲承知仕候、尤、拙寺儀、只今御領分外ニハ住居仕候へ共、中古、（平出）探源院様（松平吉品）之厚キ御恩沢奉蒙、当時之地ニ再住仕候事ニ而、其所由与申ハ、則拙寺第十一世善教代実万里小路大納言充房卿之男、文禄二年、依門末之争論、清水頭毫摂寺分派仕候已来、彼是引続キ災害等御座候故、難得止事、慶長之初年、善教ゟ善應幼（若）年之砌迄五代之間、村国村へ伝（転）住仕居候所、善應幼（若）年ニ付、彼表ニ而又ゝ内乱之儀出来候而、門末共過半其節離散仕、既ニ一寺退転ニモ可及之所、善應歎訴仕候へハ、探源院様厚キ御心配ヲ以、横越之旧地ニ再住被仰付、依之門末共初一同安

福井藩主松平綱昌養女入輿

自今御領内同様に御沙汰を願う

福井松平藩民政寮

心仕候始末共、逐一伝来之旧記ニ御座候、加之、門前之禁制札等も、延宝元癸丑三月、
（平出）大守（松平光通）御通行之砌、格別之思召ゟ被下置候儀ニ御座候、右等之御因縁を以、元禄年中ニハ
太守綱昌（松平）卿之姫君、拙寺方江御入輿御座候儀ニ御座候、右体不一方御因縁御座候旁を以、
前〻再度之再建ニ御寄附物頂戴仕、其余寺法外之願書共旧来指上来事ニ候へハ、自今何事
も御領内同様宜鋪御沙汰被成下候様、偏ニ奉希度如斯御座候、以上、

明治三年　　横越
午之五月　　證誠寺

福井
民政御寮

III　本山寺法

三三　本山證誠寺条目

（表紙）

御条目

（袋綴、縦二七・一糎、横一七・二糎）

（1オ）

定

坊主の本分

一、坊主分之身者、当流聖人のすゝめたまゐる御聖教を拝見いたし、御正意にもとつくへし、

（1ウ）

其上ハ毎月会合之時、又者尋来る人あらは」可申聞事、

一、守護・地頭に疎略なく、世間之仁義を専とすへし、

御勤方

（2オ）一、御勤方近年被入御念候間、能心得たる人に相尋可致修習」事、

御供物等上下の節等の衣躰

一、御供物幷仏飯、上下之節者、袈裟・衣可着、但、御華立候節、御掃除之時者、輪袈裟可（2ウ）懸、又御華を呈候時、宮殿之御中掃」除之者ハ、衣・袈裟可着事、

一、常々内陣・余間江出入之時者、衣可着事、

一、勤行讃談之時、扇つかふへからす、」

法主調声の時は下座すべし

（3オ）一、上様御調声之時、下座いたすへき事、

（3ウ）一、余間幷ニ簾之間を以て相談之会所となす事、無用、又仏具之外一切之物入置事、可為無用」事、

安永三甲午八月

（4オ）定

後住の座席

一、院家以下末寺中新発意、継目御免成候共、当住職有之候間、院家後住ハ院家之末席、余間後住ハ余間之末席たるへき事、」

隠居願

（4ウ）一、継目御免成候共、当住我儘に遁世致間敷、御本山江願相済候上ニ而、隠居可致事、

隠居の座席

（5オ）一、隠居願相済候上ニ而、後住ハ先住之本座ニ着座すへし、隠居ハ、院」家ハ院家之末席、余間ハ余間之末席たるへき事、

衣躰の免許

一、継目未た不相済し而、御免無之衣躰着用する事、堅く可為停止事、」

得度

（５ウ）一、得度いまた不相済して、門徒之寺役を勤め、勧化をいたす事、不可然事、

（６オ）一、三季遅滞せしめし族におゐてハ、諸事之願不相叶」事、

前住上人御影

一、前住上人の御影いまた不相願して、亡父等之似影を願出、又位牌・御染筆を願候とも、御免無之事、」

本尊祖師御影紛失は住職失格

（６ウ）一、水火・盗賊等之災難之時、御本尊、又ハ祖師之御影紛失於有之者、当住職之身分可為曲事事、

月　日」

（７オ）右、旧記相改候処如斯、向後御条目之通、堅可相守者也、

文化三丙寅九月

連署者

本覚寺　秀芳（花押）」

（７ウ）

圓誠寺　了秀（花押）

圓光寺　秀導（花押）

智照院

秀興（花押）

正善寺

乗慶（花押）」

（8オ）

浄徳寺

西蓮寺

全明（花押）

佛性寺

智了（花押）

秀　乎（花押）

覚善寺

恵成（花押）」

新発意の座次

（8ウ）

一、新発意之分者、継目之前後を可致着座事、

右之趣、被　仰出候者也、

文化三丙寅十一月晦日」

三四　本山證誠寺役寺日勤定書

（表紙）

役寺日勤定書

（袋綴、縦二五・一糎、横一六・八糎）

定約之序

（1オ）夫僧分ハ、士農工商ノ四民ノ外ニアリテ、煖〔暖〕衣飽食シ、剰ヘ諸人ノ尊敬ヲ稟ル事、奚戒名字ノ比丘ト雖モ、全是仏弟子ノ一端ニ列リ、白毫恩賜ノ恵アレハナリ、爾レトモ良モスレハ、仏恩ヲ忘却シ、香花・灯明・帚除等モ報恩ト思ハズ、主家ノ課役ノ如ク存シ、甚シキニ至テハ、雇人ノ直ヲ歛〔斂カ〕テ給銭ノ為ニ駆役スルカ如ク思フコト、実ニ本意ヲ失シタルナ（1ウ）リ、如実ニ報恩謝」徳ノ思ヒニ住セハ、香花・灯明・洒帚ヨリ俗諦ノ役使日用等、是自己

僧分尊敬を受けるは仏恩による

俗諦の役使日用等は自己報恩の日務

世俗は一世の君臣仏子は恩三世に通じ恩現未に亘る

私の宿意を以て主家の公事を疎にすまじ君家の興隆を事とすべし

君水臣淵

報恩ノ日務ナリ、何ソ　主家ノ命ヲ埃〔竢カ〕テ而後止ムコトヲ得サルノ風勢ニテ勤ンヤ、慚愧スヘキノ至リナリ、故サラ君臣ト云中ニモ、世俗ハ一世ノ君臣ナリ、　仏子ニ於テハ恩三世ニ通ジ、報現未ニ亘ル、何ソ世ノ君臣ト斉シカラン、一世ノ重恩ノ存セハ、深ク誠忠ヲ抽ツヘキナリ、（２オ）爾ニ傷哉、澆季ノ弊、我勝手悪ケレハ、　君命ヲ无道ノ如ク思ヒ、已カ心ニ欲」セサルコトハ　主家ノ令ヲモ非理ノ如ク云ヒ、然モ眼前ニハ厳科ヲ恐テ阿リ諛ヒ、蔭ニテハ　君主ノ事跡ヲ悪口毀呰スル事、実ニ心口各異言念无実ニテ、誠忠ナキカ所致ナリ、併テ巧言ヲ以諂〔マヽ〕フトモ、不敬自然ト面目ニ溢ル、何ソ不慚乎、自今已後ハ起居動静誠忠ヲ尽シ、何事モ仏天ニ報〔奉〕ル身ト存セハ、雪夜ノ駆役モ凌ヘシ、炎暑ノ屈伸モ争カ厭フ事アラン、随テ同勤（２ウ）ノ者互ニ人我ヲ挾シ、私ノ宿意ヲ以テ」主家ノ公事ヲ疎ニスルコトアルマシキ事ナリ、只管　主命ヲ重シ、言行忠信表裏相応シテ、　君家ノ興隆ヲ緈トスヘシ、譬ハ　君家ハ本木ノコトシ、臣ハ枝末タレハ一枝ヲ折ル、夕ニ本末ノ傷トナルコト必然ナレハ、互ニ意殺ロ戦ヲ慎ミ、和合海ノ上ヨリ、　君家ノ公事ハ瑣細ノ事ト云ヘトモ、無覆蔵公論明判シ、山元ノ清流日夜滔ミトシテ、　君水臣淵ニ滞フラス、千里ノ遠ニ流ンコト、護法報恩ノ思ヒヨ（３オ）リ以テスレハ、」聯綿相続センコト豈ニ難カラムト謹テ言ス、

丁巳〔安政四年五月〕仲夏

（約八行分空白）」

（3ウ）（空白）」

（4オ）

役所出勤定

役所出勤定

両寺役所出勤の事

一、両寺役所出勤之儀ハ、両度御迨〔逮、下同ジ〕夜・二季彼岸・盆・七昼夜、其外臨時之御法会、或ハ納骨・年忌・多勢参詣、又ハ御来客等之節ハ、両寺共役所江出勤仕可申事勿論也、其余、平日ハ両寺出勤仕候得者、却而当番非番を混乱シ相互ニ譲り合、自然与等閑ニ成行申候、古語ニも意趣如面与申シ、「人別如面意も亦」異候得ハ、両寺居並ヒ役所を勤候得ハ、是非

恒例の仏事

（4ウ）物事齟齬仕り温純ニ治り兼申候、下部共召使候迄面々の意趣を以差図仕候得ハ、旦那弐人ニ召使ハレ申候心地ニ而引締無御座候間、平日者当番之者壱人出勤シ、非番之者ハ、御用無之間ハ自坊へ引取、僧分之本業ニ而御座候得者、責而一巻之聖教をも相窺ひ、自

平日は当番一人出勤

（5オ）行化他之用意、仏恩報謝之経営ニ仕度奉存候、」最モ臨時　御用有之候節ハ、縦令非番之者たり共参　殿仕相勤候事ハ勿論ニ御座候得共、　御用無御座間ハ、非番之者ハ自坊ニ引取可申候、不然ハ物ニ規矩無之、万事渺沫として主伴正傍之定式を失ヒ締無御座候、依之当番之者ハ　御晨朝ヨリ夜五ツ迄役所を退キ不申、但シ葬式、又ハ無拠法務、臨時言

当番は晨朝より夜五つ迄

（5ウ）上を遂、当番たり共出在仕可申候、尤其節両」寺示談之上役所江交代仕、壱人ハ急度相

詰申候、乍去　御上御用ニ而両人ヿ他出之儀ハ、随宜応変、定法ハ無御座候得共、願ひハ両寺一同他出ハ可有御用捨御座御事ニ候也、

右通、向後御定規被　仰渡候也、

(安政四年)巳　仲夏

」

年中勤式役寺共心得の条々

（6オ）

年中勤式役寺共心得之条々

晨朝

御晨朝

阿弥陀堂

一、阿弥陀堂　小経(阿弥陀経)　短念仏七遍、　回向世尊我一心、

御影堂

一、御影堂　正信偈　六首引　讃御巡読　回向願以此功徳、　御文非番役寺巡読

日没

御日没

一、阿弥陀堂　嘆仏偈　短念仏七遍、　回向自几教心、

十二日

十二日、御迨夜〔逮、下同ジ〕

」

（6ウ）

一、阿弥陀堂　前几御灯明　御焼香

一、御影堂　正信偈四句目下　六首引淘五、　讃巡読之回リ口　回向我説彼尊、　唱道村国末寺、　御文末代章、

十三日

十三日、御晨朝、

一、阿弥陀堂　勤式如常、但シ、御蠟燭、三尊ニ奉ル、
一、御影堂如常、
同日中、四時、
一、御阿弥陀〔堂脱カ〕前几御灯明　御焼香
（7オ）
一、御影堂　小経　念仏　掛和讃淘三、

二十二日
太子諱辰

廿二日、御晨朝、太子（聖徳太子）諱辰、
一、阿弥陀堂　小経　短念仏　掛和讃聖徳奉讃、
一、御影堂如常、

二十五日
元祖諱辰

廿五日、元祖（法然房源空）諱辰、
一、阿弥陀堂　小経　短念仏　掛讃源空章、

二十七日

廿七日、御逮夜、
一、阿弥陀堂　前几両灯　焼香
（7ウ）
一、御影堂　正信偈真四句下五淘、　回向我説彼尊、　唱道村国末寺、　御文聖人一流、

二十八日
宗祖御命日

廿八日、御晨朝、
一、阿弥陀堂　勤式如常、但、御蠟燭、晨朝ニ上ル、

一、御影堂　六首引、三淘、
同日中、四時、
一、阿弥陀堂　前几御灯明　焼香
一、御影堂　小経　短念仏　掛和讃淘三、　回向願以此、」

親鸞聖人祥月命日等は別記

（8オ）
右之通、不可失定規者也、
但、御正当・二季彼岸・盆・永代経等ハ、如別記可相心得事、
（約五行分空白）」
（8ウ）
（空白）」

役寺年中行事

（9オ）
役寺年中行事

晨朝の勤行

一、明六太鼓中、当番者両堂（阿弥陀堂・御影堂）江灯明ヲ点シ、非番者喚鐘ヲ鳴シ、直ニ阿弥陀堂下陳ノ中間ニ伺候シ、御出座ヲ奉侍可申事、
一、御影堂勤行終候ハヽ、当番ノ者仏飯ヲ盛、非番之者御文ヲ拝読シ、而後両堂御障子ヲ閉、灯明を消シ、退出可仕事、
但、御文拝読終候ハヽ、南余間床上江御文章」安置いたし置可申事、

（9ウ）
日没の勤行

一、御日没モ同前、当番之者より御灯明を点シ、非番者喚鐘ヲ鳴シ、両人共出勤いたし可申事、

報恩講等も前に準ず

一、報恩講・彼岸、又ハ臨時之御法会、毎月御逮夜等も、前件ニ準シ、御灯明并御仏飯等ハ当番ゟ勤之、喚鐘ハ非番ゟ鳴シ可申、但、七昼夜・彼岸諸行事ハ、別記之如ク心得可申事、

(10オ)

一、臨時客僧法談節、小経之勤行ハ当番壱人ニ而」可然事、

仏前献灯

一、御仏前献灯、紙燭を以点シ可申候、尤両堂中間之廊下ハ、手燭を以通ヒ可申、仮ニモ裸蠟〔燭脱〕を以堂内往来可為無用事、

仏飯並に仏器の洗所

一、御仏器ハ、仏飯処ニテ洗ヒ、決テ台処江下ヶ申間敷候、御飯鍋ハ、御次ニテ洗ヒ置、毎日昼後ニ翌朝之御飯米ヲ量リ入、当番之者江可渡、左候ヘハ御飯処ニテ仕込可申候事、」

(10ウ)

親鸞聖人並に前宗主の御逮夜御命日の仏飯は何も壱升

但シ、両度御逮夜・御命日、何モ壱升也、七昼夜・彼岸ハ如別記、

一、両御逮夜洒掃節、御真影御宮殿中之除塵ハ、袈裟・衣着用之事、

両堂の洒掃日

一、両御堂洒掃　二日 十七日　七日 廿二日　十二日 廿七日　無懈怠相勤可申事、

除塵と洒帚

但、六斎内、二日 廿二日　十二日 廿七日　四斎ハ、除塵并洒掃いたし可申、七日 十七日　両日ハ

(11オ)

掃除迄ニテ」置可申事、

掃除立花は交互に月当番

一、御掃除、立花、壱ヶ月宛月番引受ニいたし置、壱ヶ月ハ花当番、壱ヶ月ハ御掃除之当番

与相成候へハ、懈怠無之様可相成候、但、御用有之、遠国他郷江罷越候歟、又ハ法用ニ而
出在之節ハ、不拘当番、留主居之役寺ゟ万事相勤候事勿論也、
（11ウ）一、当番者、飯後毎日両堂三尊上旦之前几・」両御和讃机除塵、并花瓶水之有無転験いたし
可申候、

花の仕替時期

一、御花之儀ハ、夏時《マキ》〔蒔〕草花ハ六斎日掃除前ニ換可申、但、冬向キ松榊等之樹木立花ハ、両御
迨夜之中間ニ一度仕替、月三斎ニ而可然、乍去御花枯レ申候節ハ、臨時立換可申候事、
一、両堂結界之外并惣椽共、六斎掃除日ニ者、台処僕ニはかせ可申事、」
（12オ）一、年忌、又ハ納骨参詣有之候節モ、御灯明ハ当番ゟ点シ、両人共出勤仕可申候、御経後御
披露ハ、当番ゟ相勤可申、御閉帳・御灯明消等ハ、非番ゟ相勤可申候事、
一、年忌・納骨参詣之者、非番之者江申出候共、其日当番之役所出勤之者ゟ取次可申事、

即日の納骨

一、納骨ハ、一日モ無滞、当番之者ゟ即日御廟処江納可申候事、」
（12ウ）一、病気ニ而御晨朝出勤難叶節ハ、前夜より役所江届可申候、但、急病節ハ、太鼓中ニ届可申
候事、
一、臨時御開殿願有之節ハ、当番ゟ相勤可申候事、
一、年忌・納骨参詣有之節ハ、非番之者自坊江引取居候共、早速役所出勤之者ゟ沙汰いたし

可申候事、」

当番者役所を明けるまじ

(13オ)一、当番者、夜分役所ヲ引キ候節ハ、両御堂ヲ巡験シ、火用心・盗賊・防禦入念可申事、

一、当番之日、私用有之無拠他出いたし候節者、両寺入魂上、相互ニ交代いたし、役所ヲ明申間敷候之事、

当番は夜五つまで

一、御暑〔晨カ〕朝終候ハ、、当番之者役所江出勤いたし、御用之外ハ夜ル五迄ハ退出いたし間敷候事、

但、法用有之候節ハ、臨時御用捨有之候事、」

(13ウ)一、両寺之家内私用ニ而在郷等江往返致候節、表門より出入可為無用事、

一、当番者、毎朝役所出勤いたし、台処僕・丁稚江日課之所務申付置、余事ニ掛り可申事、

但シ、日雇・諸職人等モ早朝差図ヲ致し、其後自坊勤行ニ引取可申候事、

日記の記載

一、役所江几〔脚〕一曲・硯・帳面等具置、日記、又ハ門徒信施物、或ハ日雇・手伝・諸職人来去、下男・下婢等之出入、不洩様記録いたし可申事、

下男等への奥向御用の申付け

(14オ)一、御奥向御用有之、下男・下婢・丁稚、他処江御使等」事ハ、役所江被　仰渡、役所より夫〻可申付事、御上〻様御直ニ下部江被　仰付候事、恐多候事、

火事の見舞葬式等の対応

一、隣村遠郷共ニ火事見舞並自他葬式・諷経等之事ハ、非番当番ニ拘ラス廻り勤ニ仕可申候、

若当番之者より勤候事ニ仕置候テハ、両度も重勤いたし候事出来仕候間、廻勤ニ仕可申候之事、

（14ウ）一、非番之者タリ共、他処江出候節ハ、役所処江届可」申事、

末寺門徒の公事訴訟

一、末寺門徒口〔公〕事訴訟、或ハ諸方役筋引合等之事ハ、当番非番会談上尚難決筋ハ、山本玄蕃共ニ役所江会議可仕事、

一、自他ニ不限葬式之節、　御上様御出輿ノ時ハ、当日之御晨朝後、両寺立合、御乗物・掃除・先箱等、夫々吟味仕、御行装之用意いたし可申事、」

当村他門者死去節の枕経

（15オ）一、当村他門之者死去節ハ、其日当番之者罷出、枕経を読シ可申、若又門徒内死去之節ハ、其掛之者より枕経読誦いたし可申事、

右之条々、堅相守、可抽忠誠旨、申渡候也、

当山役処

安政四丁巳仲夏　覚善寺」

導明寺」

（15ウ）為後日立合

山本玄蕃」

三五　真宗山元派宗制寺法

（表紙）

真宗山元派宗制寺法

（袋綴、縦一九・二糎、横一三・九糎）

（1オ）

宗制寺法公認の出願

宗制寺法御認可願

明治十七年第十九号御布達第四条之御趣意ニ順ヒ、今般宗制寺法別冊之通相定度候間、御認可被成下度候条、此段相願候也、

明治十九年四月五日

真宗山元派管長
藤原善住㊞

内務大臣伯爵山県有朋殿

「

書面の通り認可す

（1ウ）

書面之趣、認可候事、

明治十九年四月廿四日

内務大臣伯爵山縣有朋　印」

目次

（2オ）

目次

以上、」

（2ウ）

（空白）」

（3オ）

宗制

宗制

立宗の原由

第一章　立宗原由

宗祖見真大師〔親鸞聖人〕、大無量寿経ニ依テ、浄土真宗ノ名ヲ立ツ、時実ニ後堀川〔河〕天皇元仁元年ニシテ、圓光大師〔法然坊源信〕没後十三年ナリ、先是圓光大師浄土門ヲ開クト雖モ、没スルニ及ビテ微意顕ハレサル、至ル故ニ、見真大師浄土門中ノ正義地ニ墜ルヲ慨シ、七高僧伝灯相承ノ宗義ヲ顕揚シ、遂ニ浄土真宗ヲ開ク、之ヲ立宗ノ原由トス、

本宗教旨

真諦

俗諦

第二章　本宗教旨

一宗ノ教旨ハ、真俗二諦ニシテ、真諦トハ、仏号ヲ聞信シ大悲ヲ念報スルヲ云ヒ、俗諦トハ、人道ヲ履行シ王法ヲ遵守スルヲ云フ、是則他力ノ安心ニ住シ報恩ノ経営ヲナスモノナレバ、之ヲ二諦相資ノ妙旨トス、

一宗の本尊

第三章　一宗本尊

本尊は阿弥陀如来

自余の諸仏等は奉安せず

（3ウ）

一宗ノ本尊ハ、阿弥陀如来一仏トス、コレ一向専念ノ宗義ニ拠ルガ故ニ、」自余ノ諸仏・菩薩、及ビ神明ヲ奉安セズ、然レトモ之ヲ尊敬シテ軽蔑スベカラサルコトハ、宗祖已来ノ垂誡ニアリ、

但、聖徳太子・七高僧・宗祖大師、及歴代宗主ノ影像ヲ安置スルモノハ、一宗弘通ノ恩

ヲ謝センガ為ノミ、

所依経論

第四章　所依経論

本宗所依ノ経論釈如左、

三部経

三部経

大経

大無量寿経　康僧鎧訳

観経

観無量寿経　畺良耶舎訳

小経

阿弥陀経　鳩摩羅什訳

七高祖

七高僧ノ論釈章疏

十住毘婆娑論　龍樹菩薩造

十二礼　同　造

（4オ）

往生浄土論　天親菩薩造

同　註　曇鸞作

讃阿弥陀仏　同　作

安楽集　道綽作

観経疏　善導作

往生礼讃　同作
法事讃　同作
般舟讃　同作
観念法門　同作
往生要集　源信作
選択集　源空作

宗祖選述

教行信証
浄土文類聚鈔
愚禿鈔
入出二門偈
三経往生文類
尊号真像銘文
一念多念証文
唯信鈔文意

（4ウ）

親鸞聖人の選述教書

」

浄土和讃
高僧和讃
正像末和讃

此他、歴代宗主著述教書ノ書目略之、

勤行式

第五章　勤行式

（5オ）凡ソ本宗ノ勤行ハ、経文・偈頌ヲ読誦シ、伽陀・梵唄ヲ諷詠シ、仏徳ヲ嗟嘆ス」ル報謝ノ行ナリ、其具略ノ差異ハ、ミナ法会ノ軽重ニ依ルモノトス、

得度式

第六章　得度式

得度ハ、仏門ノ通規ニシテ、出俗入真ノ法式ナリ、本宗ニ於テハ師弟ノ約ヲ定ムルニアリ、

帰敬式

第七章　帰敬式

帰敬式ハ、在家ノ男女ヲ問ハス、教法ヲ篤信スルモノ、志願ニ依テ、施行スルモノトス、

葬式
引導等の式は用いず

第八章　葬式

凡ソ葬式ハ、別ニ引導等ノ式ヲ用ヒズ、死家或ハ寺院ニ於テ、剃刀・法名ヲ授ケ、葬場ニ於テ、焼香・勤行スルモノトス、

但、生前得度式・帰敬式ヲ受ケシ者ニハ、剃刀・法名ヲ授ケズ、

学規

第九章　学規

（5ウ）学業ハ、博ク内外ノ両典ニ亘リ、諸宗ノ教理ヲ研尋スベシト雖モ、特ニ一」宗所依ノ経典章疏ヲ講究シ、愚凡出要ノ肝腑ヲ決スルヲ必要トス、是皆報恩ノ経営布教ノ作用ニ供スルニアリ、

本宗僧儀

品行整粛を宗とし他の模範となるを要す

第十章　本宗僧儀

本宗ノ僧侶ハ、蓄妻噉肉シ、戒律威儀ノ作法ヲ標セズ、其相在家ニ似同スト雖モ、已ニ名ヲ仏弟子ニカケ、職ヲ化他ニ任スルモノナレバ、殊ニ品行整粛、他ノ模範トナランコトヲ要セシム、

本宗行者

報恩の心

第十一章　本宗行者

本宗ノ行者ハ、報恩ノ心ヲ以テ職務ヲ勉励シ、躬行実践自他ヲ双益ス、故ニ福利ヲ禁厭祈」呪ノ法規ニ求ルカ如キハ、本宗ノ禁シテ許サヽル所ナリ、

宗制附録

（6オ）

附　録

證誠寺の由来
宗祖越後下向の途次越前丹生郡山元の草庵に暫く留錫す

宗祖見真大師（親鸞聖人）、年三十五、承元元年、越後国々府ヱ左遷ノ途次、越前丹生郡山元之草庵ニ暫ク留錫ス、然ルニ宗祖ノ教化ニヨリ緇素雲集シ、法ヲ求メ道ヲ問フモノ殆ト虚日ナシ、後北国・関東ヲ巡リ、二十五年ノ星霜ヲ経テ上洛ス、然シテ嘉禎元年、嘗テ親教ヲ受ケシ徒ラ再ビ下向ヲ請フニ、自ラ六十三歳ノ寿像ヲ彫刻シ、其子善鸞ニ附属ス、善鸞父ノ志ヲ継キ山元ニ来リ弘教スルニ、四違ノ道俗其教化ニ沐浴スルモノ尠カラズ、後二条天皇嘉元

山元山護念院證誠寺の額を賜い勅願所となる

二年八月二日、朝廷山元山護念院證誠寺ノ寺額ヲ賜ヒ、勅願所トス、爾来諸所ニ移転シ、文明七年三月、第八世道性、遂ニ寺基ヲ越前横越ニ定ム、連続相承、以テ今日ニ至ル、其

伝灯

伝灯如左、

（6ウ）

宗祖親鸞

宗祖親鸞

藤原氏、皇太后宮大進日野有範之長子、承安三年四月朔日、生、
養和元年春、青蓮院慈圓ノ室ニ入テ得度、法名範宴ト称ス、」年甫テ九歳、
山門ニ住侶トナル、
同年十一月、叡山ニ在テ登壇受戒、
建仁元年春、吉水源空ノ室ニ入リ、綽空ト更名ス、年二十九、
同三年、藤原兼実ノ季女ヲ娶ル、
元久二年、師源空撰択集ヲ授ク、此ニ名ヲ善信ト更ム、

越後に配流山元證誠寺の草創

承元元年二月、叡山・南都ノ僧徒源空ヲ誣奏セシニ坐シテ、越後ニ配セラル、途次山元ノ別宇ニ留錫シテ、浄土真宗ノ教ヲ授ク、之ヲ山元證誠寺ノ草創トス、後愚禿ト称シ、親鸞ト更名ス、

建暦元年十一月、勅免ヲ蒙リ、爾後東北諸国ニ遊化ス、

元仁元年、常陸国稲田ニ在テ教行証文類ヲ作リ、真宗ヲ開闡ス、

弘長二年十一月廿八日、平安押小路南万里小路東善法院」ニ寂ス、時年九十、

（7オ）

見真大師の諡号

明治九年、勅シテ見真大師ト諡ス、

第二世善鸞

第二世善鸞

親鸞ノ子、

承元元年十月十三日、生、

称慈信房、又号護念房、

越前に来り山元に住居す

文暦元年、父親鸞ヨリ、法脈相承ノ票トシ、紺紙金泥十字ノ名号等数品ヲ受ケ、越前ニ降リ、山元ニ住居ス、然リト雖トモ教化ノ志シ深キニヨリ、長男浄如ニ譲リ、諸国ニ遊化ス、

建治三年九月十四日、奥州大綱ニ寂ス、時年七十一、

第三世浄如

十二歳に上洛し親鸞に常随宗祖遺骨を奉じ山元に帰住す

勅願所の宣下

第三世浄如

善鸞ノ長男、

嘉禎二年十二月二日、生、

浄如十二歳ニシテ上洛シ、祖父親鸞ニ面謁シ、夫ヨリ常随給仕シ、当流ノ法義ヲ授リ、宗祖遷化ノ後、分骨ヲ荷負シテ」山元ニ帰住ス、（7ウ）

嘉元二年八月二日、後二条天皇ノ勅ニヨリ参　内、拝　天顔、此時山元山護念院證誠寺ノ宸筆ノ勅額ヲ賜リ、勅願所ノ宣下ヲ蒙ル、

応長元年九月五日、寂ス、時ニ年七十六、

鸞如

第四世鸞如

浄如ノ長男、

文永二年二月十三日、生、

康永元年正月十三日、寂ス、時ニ七十八、

旦應

第五世旦應

鸞如ノ弟、

元応元年二月廿三日、生、

応永五年五月七日、寂、年八十、

如顕

第六世如顕

旦応ノ長男、

貞治三年九月三日、生、

「

（８オ）

道閑

第七世道閑

文安二年三月七日、寂ス、時年八十二、
如顕ノ長男、
至徳三年二月五日、生、
文正元年六月三日、寂ス、年八十一、

道性

第八世道性

道閑ノ長男、
永享十一年正月三日、生、
寺基を越前横越に定む
文明七年、故有テ横越ニ移リ、仏閣ヲ造立ス、
明応七年、退職、
大永元年九月九日、寂ス、時年八十六、

善充
善秀とも称す

第九世善充

又称善秀、道性ノ長男、
文正元年四月三日、生、
上人号勅許
後土御門天皇明応八年九月廿三日、依先規参内、勅許上人号、拝任大僧都、当時応仁文明紛乱ノ後ニシテ、深ク皇居ノ衰頽シタルヲ悲歎シ、臨時貢物ヲ献スルニ、（８ウ）　叡感不浅シテ、一向真宗ノ源親鸞嫡家ノ綸旨、及菊
一向真宗源親鸞嫡家の綸旨
桐ノ章ヲ賜ハル、

天文二十年五月二十六日、寂ス、時年八十七、

善壽

第十世善壽　善充ノ次男、
天文六年六月五日、生、
天正十五年正月朔日、寂ス、時年五十一、

善教

第十一世善教　善壽ノ子、
実ハ、万里小路黄門充房ノ息、（文禄二年、卅六歳ニ入室、）
永禄元年三月一日、生、
慶長五年五月五日、寂ス、時年七十八、

善光

第十二世善光　道性ノ外孫、
永禄五年正月五日、生、」
元和七年三月二十六日、寂ス、時年六十、

（9オ）

善如

第十三世善如　善光ノ長男、
慶長七年九月二十日、生、
正保元年五月二十六日、寂ス、時年四十三、

善岌

第十四世善岌　善如ノ長男、

元和五年二月三日、生、
明暦二年正月十八日、寂ス、時年三十八、

善養

第十五世善養　善如ノ次男、
寛永十三年一月五日、生、
宝永五年十一月四日、寂ス、時年七十二、

善應

第十六世善應　善岌ノ長男、
承応二年五月三日、生、

上人号勅許

（9ウ）

元禄六年十一月十八日、上人号　勅許、参　内、於清涼殿拝」　天顔、
享保六年八月朔日、寂ス、時年六十九、

善閑

第十七世善閑　善應ノ長男、
元禄四年七月六日、生、
宝暦四年八月三日、寂ス、時年六十四、

善阿

第十八世善阿　善閑ノ長男、
享保七年五月一日、生、
宝暦九年七月二十九日、上人号　勅許、参　内、於清涼殿拝　天顔、

安永四年二月五日、寂ス、時年五十四、

善念

第十九世善念　善閑ノ次男、
寛延二年正月六日、生、
寛政元年五月三日、上人号　勅許、参　内、於聖護院宮殿拝」　天顔、（10オ）
享和三年五月三日、寂ス、時ニ年五十五、

善超

第二十世善超　善念ノ子、
実ハ、今出川大納言従一位実種ノ息、
天明五年正月朔日、生、
文化八年十月二十五日、上人号　勅許、参　内、於小御所拝　天顔、
安政二年七月十三日、寂ス、時ニ七十一、

善融

第廿一世善融　善超ノ長男、
文化壬申（九年）七月十五日、生、
明治十一年八月廿四日、拝任権少教正、
明治十一年十月七日、上人号勅許、北陸道御巡幸之際、参内福井東本願寺
別院」行在所、拝　天顔、（10ウ）

管長職

明治十七年十二月五日、受管長職、
明治二十八年乙未十二月二十七日、寂ス、時ニ年八十四歳、

善住

第廿二世善住　善融ノ次男、
嘉永五年八月十一日、生、
明治十八年、受管長職、拝任権少教正、
同廿八年十二月一日、参　内於広島大本営、奉伺　天機、
同卅八年二月廿三日、参　内於宮城、奉伺　天機、
同卅八年三月卅一日、退職、

善瑩

第廿三世善瑩　善住ノ長男、
（11オ）
明治十三年三月三日、生、
明治卅八年四月三日、受管長職、
昭和五年十二月十一日、退職、

善敬
第二十四世

第廿四世善敬　善瑩ノ長男、
明治四十二年二月六日、生、
昭和五年一月十四日、受管長職、

真宗山元派寺法

(11ウ)

真宗山元派寺法

本山

第一章　本山

第一条

真宗山元派ノ本山ハ、一派中一寺ニ限ル、

證誠寺

第二条

越前證誠寺ハ、一派共有ノ本山ニシテ、派内ノ寺院、僧侶、及門徒ヲ管轄スル権力ヲ有ス、

法主

第二章　法主

宗祖以来の系統

第三条

法主ハ、宗祖以来ノ系統ヲ以テ、伝灯相承ス、

管長

第四条

一派ノ管長ハ、法主ニ非サレハ、之ニ当ルヲ得ス、

第五条

(12オ)

法主ハ、派内ノ法度ヲ允可シ、執事ヲシテ之ヲ執行セシム、

第六条

法主の特権

法主ハ、左ノ諸件ニ特権ヲ有ス、
法灯ノ継嗣ヲ専決スル事、
宗義安心ノ正不ヲ裁決スル事、
僧侶ヲ度スル事、
帰敬式ヲ行フ事、
堂班・服制ヲ許可スル事、
仏祖影像ノ裏書及ビ仏号ヲ書シ附与スル事、

第三章　執事

執事

第七条

執事ハ、法主ヲ匡補シ、興学・布教及ビ派内ヲ統理スル百般ノ事務ヲ執行スルモノトス、」

（12ウ）

第八条

前条ノ事務ニ於テ、派内ニ対シテハ執事其責ニ任スベキモノトス、

第九条

執事ハ、例規ニ依リ派内ノ僧侶ヲ懲戒スルコトヲ行フ、但、度牒ヲ奪フガ如キハ集会ノ議

ヲ経ルモノトス、

第十条

執事ハ、派内ノ僧侶法臈十五年以上ニシテ、其任ニ適スル者ヲ以テ、之ニ任ス、

第十一条

執事ハ、法主之ヲ任免ス、但、其任免ニ先チテ、集会ノ公認ヲ経ベキ者トス、

第四章　集会

第十二条

集会ハ、一派ノ盛衰利害ニ就テ意見ヲ陳述シ、施行ヲ求ムルコトヲ得、」(13オ)

第十三条

集会ハ、派内ノ法度ヲ創定、若クハ改正シ、本山維持・興学・布教ノ経費、予算・支出方法等ヲ議定スル為ニ之ヲ開ク、

第十四条

集会ハ、法度ニ関スル諸件ニ付、派内僧侶ノ建言ヲ受クル所トス、

第十五条

集会ハ、議事ノ大小ニヨリ総末、若クハ総代会衆ヲ召集シテ、之ヲ議セシム、

第五章　法度

法度

第十六条

派内ノ法度ヲ創定シ、若クハ変更スルガ如キハ、必ス集会ノ議ヲ経ルモノトス、

第十七条

(13ウ)
集会ノ決スル所ト雖トモ、法主ノ認可ヲ得、執事署名シテ公示スルニ非レ」ハ、派内ノ法度トナスヲ得ス、

第六章　用度

用度

第十八条

派内僧俗の寄贈する浄財

本山維持及興学・布教ノ用度ハ、派内僧俗ノ寄贈スル浄財ヲ以テ、之ニ充ツ、

第十九条

前条用度ノ予算、及支出ノ順序方法ハ、集会ノ可決ヲ要ス、

第七章　末寺

末寺

第二十条

末寺ハ、総代会衆ヲ撰挙シ、集会ニ参与セシム、

第廿一条

末寺ハ、一派ノ法度ニ服従スヘキ者トス、

第廿二条

(14オ)末寺ハ、集会ノ可決ニ依リ、相当ノ課金ヲ出シ、本山ノ経費ヲ助クヘキモノトス、

第廿三条

末寺ハ、学業ヲ勉励シ、教導ニ拮据シ、以テ宗門ヲ維持スルヲ本分ノ務トス、

寺法細則

寺 法 細 則

寺院区別

第一章　寺院区別

第一条

本山と末寺

一派ノ寺院ヲ分テ二類トス、曰ク本山、曰ク末寺、

第二条

末寺と道場

末寺ノ中分テ二類トス、曰ク末寺、曰ク道場、

僧侶分限

第二章　僧侶分限

第三条

（14ウ）本派ニ於テハ、得度以上ヲ以テ、僧侶ト称ス、

第四条

得度ノ規約ハ、別ニ之ヲ定ム、

教師分限

第三章　教師分限

第五条

五等級

教師ノ等級ヲ五等ト定ム、其称号左ノ如シ、

一等教師　二等教師　三等教師　四等教師　教師試補

第六条

教校卒業ノ僧侶、及ビ法臈十年以上ノ者ヲ、教師ノ分限トシ、其等級ハ、布教ノ勤惰、功績ノ有無ニ就テ進退ス、

第七条

説教と葬儀

教師試補已上ノ者ニ非レハ、公衆ニ対シテ説教シ、及ヒ葬儀ヲ取扱フコトヲ許サス、」（15オ）

第四章　堂班服制

第八条

堂班

派内ニ於テ、堂班ヲ定ムルコト、左ノ如シ、

一級内陣上座　二級内陣本座　三級内陣列座　四級余之間
五級外陣列座　六級平僧

第九条

教師ノ等級ヲ以テ、堂班級内ノ順列ヲ定ム、

第十条

服制

派内ニ於テ用ユル服制、左ノ如シ、

七条袈裟　五条袈裟　小袈裟　咒字裟〔袈脱カ〕　輪袈裟

法　服　純〔鈍カ〕色　素　絹　直　綴　間袈衣

指　貫　下　袴

第十一条

(15ウ)各寺ノ格ニ依テ、所服ノ色章ヲ異ニス、

住職任免

第五章　住職任免

第十二条

末寺ノ正副住職ハ、教師試補以上ニシテ、年齢満廿一年以上ノ者ニ限ル、

第十三条

後住職及副住職ハ、其寺現住職ヨリ檀家惣代及法類連署ヲ以テ薦挙セシメ、若シ住職没後ナレハ、檀家惣代及ヒ法類ヨリ薦挙セシム、
但、都合ニヨリ、特ニ本山ヨリ之ヲ任スルコトアルヘシ、
第十四条
住職事故アリテ、退職セント欲スル者ハ、後住職ヲ薦挙スルニ非サレハ之ヲ許サス、
但、本山ヨリ之ヲ罷免スルハ、此限ニ非ス、

第六章　教校学科
教校学科
（16オ）
第十五条
本派ノ学科ハ、専門・普通ノ二科トシ、其科ニ随テ各等級ヲ設ケ、教徒進学ノ次第トス、
第十六条
派内ノ僧侶ヲ教育スル処ヲ、教校ト称シ、本山境内ニ置ク、

第七章　布教方法
第十七条
本派ノ布教ハ、必シモ方法ヲ一定セス、普ク有縁ノ機類ヲ開導スルヲ本意トス、

第八章　什物保存
什物保存

寺院伝来の宝物等明細簿

第十八条

寺院伝来ノ宝物・古文書・名器等ハ、各寺明細簿二本ヲ制シ、其住職及檀家総代之ニ検印シ、一本ヲ本山ニ納メ、一本ヲ其寺ニ備ヘ置カシム、」

第十九条

（16ウ）明細簿ニ記載シタル古文書・宝物・什器類ハ、厳ニ之ヲ保存シ、之ヲ典売スルヲ許サス、

第二十条

寺院ニ属スル宝物・什器ヲ得タルトキハ、寄附ト買得トニ拘ラス、其都度本山ニ開申シテ、明細簿ニ編入ヲ請フベキモノトス、

但、寄附物ニシテ、別段寄附人トノ契約アルモノハ、其旨申出ベシ、

第廿一条

住職交代ノ節ハ、明細簿ニ照シ、前後住職及檀家総代立合ノ上、検印授受スベキモノトス、

寺院廃立

第九章　寺院廃立

第廿二条」

（17オ）末寺住職及檀家挙テ異安心・不正義ヲ主張シ、法主ノ教誡ニ服従セザルトキハ、不得止廃寺ノ手続ヲナスコトアルベシ、

第廿三条
永続ノ目途ナキ寺院ハ、住職・檀徒・法類ノ協議ヲ以テ、之ヲ廃センコトヲ申出ルトキハ、調査ノ上、其手続ヲナスコトアルベシ、

第廿四条
新寺起立、廃寺再興ノ如キハ、永続ノ目途ヲ調査ノ上、其手続ヲナスベシ、

懲戒例目

第十章　懲戒例目

第廿五条
派内僧侶ニシテ、宗制寺法等ヲ守ラサル者、及品行不正ノ者等、渾テ宗門ニ妨ケアル者ヲ懲戒スル目、如左、

譴責　停堂班　停説教　免住職　褫学師　奪度牒」

寺法附則
得度規約

(17ウ)得度規約

第一条

資格

凡、得度ハ、篤ク本宗ノ教義ヲ信シ、性行端正ニシテ、終身僧侶トナランコトヲ欲スル者

ニ非レハ、之ヲ許サス、

第二条

誓約状と保挙状
誓約の条件

得度ノ節、本人ノ誓約状、及ビ僧侶二人以上ノ保挙ヲ要ス、誓約ノ条件、左ノ如シ、

一、終身僧侶ノ本分ヲ守リ、専ラ勤学布教ニ従事可致事、

一、師命ニ随順シ、法類ニ和合シ、宗規ヲ紊乱致間敷事、

一、言行ヲ謹慎シ、威儀ヲ粛整シ、宗門ヲ汚辱致間敷事、」

第三条

度牒の書式

(18オ)度牒ハ、法主之ヲ授、書式左ノ如シ、

○コ、ニ図アリ、次頁ニ移ス、

第四条

受度者の年齢は満九歳以上

(18ウ)受度者ハ、年齢満九歳已上ニシテ、学力試験ノ上之ヲ許シ、度牒ヲ授ケ、僧侶ノ分ニ加ヘ、墨直綴・墨袈裟ヲ着シ、一般ノ法会ニ参与セシム、

但、説教及ヒ葬儀取扱ハ、之ヲ許サス、

第五条

得度式

得度式ハ、本山ニ於テ之ヲ行フ、

割印
真宗
度牒
之証

何県府華士族平民
何国何郡区何村町
苗字　誰　幾男
苗　字　名
何年何月

右度、為本宗僧侶、加何県府下何国何郡区何村町何寺
衆徒、仍授牒如件、

年　月　日

真宗山元派本山
證誠寺住職
苗　字　名

第六条

所属ノ寺院ナキモノハ、之ヲ度セス、

但、後年所属ノ寺院ヲ転スル節ハ、本人並ニ甲乙所属寺ノ連署ヲ以テ、本山ニ願ヒ出べキモノトス、

第七条

宗内他派ニ於テ得度スル者、本派ニ帰スルアレハ、本派ニ於テ別ニ度式ヲ行ハザルヘシ、」(19オ)

但、度牒ハ、更ニ之ヲ授クルモノトス、

第八条

他宗僧侶の転本派は度式を要す

他宗ノ僧侶、本派ニ転スルトキハ、更ニ度式ヲ行フヘシ、」

第九条

本派ノ僧侶、他派ニ転ゼントスルトキハ、本人及保挙人連署具状シ、本山ノ認可ヲ得テ、度牒ヲ納ムヘシ、

第十条

本派僧侶、事故アリテ他宗ニ転スルコトアレハ、保挙人ニ命シテ度牒ヲ収メ、之ヲ本山ニ納メシム、

但、不得止シテ帰俗スルモ、本条ニ同ジ、

托鉢規程

(19ウ)
托　鉢　規　程

托鉢免許証牌

第一条

本派ノ僧侶托鉢ヲ行セントスル者ハ、免許証牌ヲ本山ヘ請願スベシ、

第二条

托鉢証牌ハ、一地方ニ於テ三人以上同時ニ出願スルニ非レハ、之ヲ授与セズ、

但、後年ニ至リ加入補闕ヲ願ヘ出ルモノハ、此限リニアラス、

第三条

托鉢証牌ヲ得タル者ハ、必其地方庁ヘ届出ベシ、

但、東京ハ警視庁ヘ届出ベシ、

行装

第四条

托鉢ノ行装ハ、正依（白服・麻直綴・黒袈裟）ヲ着シ、網代笠ヲ蒙リ、鉢若クバ頭陀嚢(20オ)（鼠色木綿）ヲ用ヒ、余物ヲ携帯セス、必ス一様ノ体タルベシ、各人ノ所」好ニ随フヲ許サス、

時限

第五条

托鉢ヲ行フハ、午前第七時ヨリ第十一時マデヲ限リトス、

但、遠路往返ノ為時間ヲ遷延スルハ、此限ニアラス、

第六条

托鉢中ハ、威儀ヲ粛整スベシ、往来人ト談話シ、市店ニ入テ物品ヲ購求スルヲ許サス、

第七条

途上縦令悪言罵詈、或ハ非法ノ挙ヲナスモノアルモ、決シテ之ト抗スルヲ得ズ、

第八条

托鉢中、鉢盂ト唱ヘ、受施ノ時ハ、其仏本願力等ノ四句偈ヲ唱フベシ、

第九条」

(20ウ)托鉢者ハ、施者ノ請ヒニアルニ非レハ、人家ニ接近シ濫リニ歩ヲ駐ムベカラズ、且、施物ハ施者ノ意ニ任セ、敢テ余物ヲ乞フヲ許サス、

但、斎食ヲ供セントスル施主アル時ハ、其請ヒニ応シ、該家ニ就キ読経スヘシ、

第十条

証牌ヲ得タル者ト雖トモ、二人以下之ヲ行スルヲ許サス、若シ十一人以上ニ及ハ、、必ス其列ヲ分チ一列十人以下タルヘシ、且ツ公衆往来ノ便ヲ妨クヘカラス、

二人以上一列十人以下

第十一条

托鉢中ハ、必ス免許証牌ヲ携帯シ、何時タリトモ警察官等ノ検閲ニ供スヘシ、

第十二条

（21オ）羅災等ニテ証牌ヲ遺失スル時ハ、其事由ヲ詳記シ、再ビ下附ヲ出願スヘ」シ、

第十三条

移住等ノ節ハ、前条ニ準シ、証牌ノ書替ヲ出願スベシ、

第十四条

事故アリテ証牌ヲ返納セント欲スル者ハ、前条ニ準ジ、証牌ヲ添ヘ届出ヘシ、

第十五条

証牌所持ノ者死亡ノ節ハ、檀徒・法類ヨリ証牌ヲ本山ニ返納スヘシ、

第十六条

托鉢者若シ此規程ニ違犯スルノ行為アル時ハ、監督者ヨリ具申シ、証ヲ収奪シ、本山ヨリ」
地方庁ヘ届出ヘシ、

（21ウ）第十七条

証牌の雛形

証牌ノ雛形ハ、左ノ如シ、

木製　縦六寸　横二寸

表

第何号

真宗山元派管長印

焼印

托鉢免許之証

裏

何府県何国何区郡何町村

何寺住職衆徒

何　某

年月日

年月日生

Ⅳ　法主御消息

三六　善應上人署判御消息写

（袋綴、縦二六・七糎、横二一・四糎）

親鸞聖人の勧めらるは信心一つ

信心は専修専念一向一心に弥陀如来を頼み奉ること

（1オ）
夫親鸞聖人《ソレシンランシヤウニン》ノス、メマシマストコロハ、信心《シンシム》ノヒトツヲモテ根本《コムホン》トセラレサフラフ、ソノ信心《シンシム》トイフハ、モロ〳〵ノ雑行雑修《ザフギヤウザフシユ》ヲステ、、専修専念一向一心《センシユセンネンヰチカフヰチシム》ニ弥陀如来《ミダニヨライ》ヲタノミタテマツルヲ以信心《モテシンシム》トハイフナリ、カヤウニフカクタノミタテマツルトキ、无始已来《ムシイライ》ツク

（1ウ）
リトツクル悪業煩悩《アクゴフボムナウ》ヲ残《ノコ》ル」トコロモナク願力不思議《グワンリキフシギ》ヲモテ消滅《セウメチ》シテ、正定聚不退《シヤウヂヤウジユウフタイ》ノクラヰニ住《ヂユ》シ往生治定《ワウジヤウヂヂヤウ》ノ身《ミ》トハナルナリ、故《カルガユヘ》ニ

信心の御詠歌

御詠歌《ゴエイカ》ニイハク、蓮台《レンダイ》ノウヘニザセントネガフトモ　信心《シンシム》ナクバイカデマイラン

コノ御詠歌《ゴエイカ》ノコ、ロノゴトク、一流《ヰチリウ》ノ肝要《カンエウ》ハ、タヾ此信心《コノシンシム》ヒトツニカギレリトコ、ロウ

（2オ）
ベ」キモノナリ、

」

神明とは

（2ウ）
夫神明《ソレシンメイ》ト申《マフ》スハ、仏法《フチホフ》ニヲヒテ信《シン》モナキ衆生《シユジヤウ》ノムナシク地獄《ヂゴク》ニオチンコトヲカナシミオ

信なき衆生求済のため仮に神と現わる

聖人常陸にて説法の節浄衣白髪の老翁毎度聴聞す

望みに任せ剃刀を戴かしめ信海の法名を与う

老翁は鹿島大明神とぞ

神明は念仏の行者を守護

ボシメシテ、是《コレ》ヲナニトシテモスクハンガタメニ、カリニ神《カミ》トアラハレテ、イサ、カナル縁《エン》ヲモテソレヲタヨリトシテ、ツイニ仏法《ブチホフ》ニス、メイレシメンタメノ方便《ハウベン》ニ、神《カミ》トハアラ（3オ）ハレタマフナリ、サレバ開山親鸞聖人《カイサンシンランシヤウニン》ノ」常陸《ヒタチ》ノ国《クニ》御経回《ゴケイクワイ》ノコロ、御説法《ゴセチホフ》ノ座《ザ》ゴトニ白《ハク》髪《ハツ》ノ老翁《ラウオフ》、シカモ浄衣《ジヤウエ》メシタルガ毎座参詣《マイザサンケイ》セラル、、アル日聴衆《ヒチヤウジユ》ノアトニノコリ聖人《シヤウニン》ニ御対面《ゴタイメン》アリタキヨシヲ申入《モフシイレ》ラル、、聖人《シヤウニン》トリアヘス向顔《カフガン》ナサレシカバ、老翁申《ラウオフマフ》サル、ヤウハ、白髪《ハクハツ》ニテ候《サフラ》ヘバ御剃刀《オンカミソリ》ヲ戴《イタヾキ》タクゾンジ候《サフラフ》、コノアヒダノ聴聞《チヤウモン》ニ日比《ヒゴロ》ノ宿念満足《シフネンマンゾク》（3ウ）仕《ツカマツ》リテ」コソサフラヘ、コノウレシサニ禅門《センモン》トナリ、称名申居候《シヨウミヤウマフシイサフラ》ハントゾノゾマル、、聖人《シヤウニン》サゾ殊勝《シユシヨウ》ナリトテ鬚髪《シユハツ》ヲハラヒタマイ、トリ〳〵仏法《フチホフ》ノ御物語《オンモノガタリ》アリテ、法名《ホフミヤウ》ヲ信《シン》海《カイ》トゾカキマイラセタマフ、諸人不思議《シヨニンフシギ》ニオモイ下向《ゲカフ》ノアトヲシタヒケレバ、鹿島《カシマ》ノ神林《ジンリン》（4オ）ニカクレタマフ、人《ヒト》〳〵アツマリ社檀《シヤダン》ノ扉《トビラ》ヲヒラキミレバ、カキアタヘ」タマヒシ法名《ホフミヤウ》バカリゾオガマレタマフ、サテハコノ老翁《ラウオフ》ハ鹿島太明神《カシマダイミヤウジン》ニコソトテ、諸人《シヨニン》ノ感涙袖《カンルイソデ》ニアマリケル、社人《シヤニン》オドロキ垂迹《スイシヤク》ノ御方便聖人《ゴハウベンシヤウニン》ノ御化導《ゴクエタウ》アサカラストテ、信心肝《シンシムキモ》ニ銘《メイ》ジ一子《ヰチシ》ノアリシヲ御弟子《オンデシ》トナシタマフ、シカレバイマノトキノ衆生《シユジヤウ》ニヲヒテ弥陀《ミダ》ヲ頼《タノミ》、信心決《シンシムクヱチ》（4ウ）定《ヂヤウ》シテ念仏《ネムブチ》ヲ申《マフ》シ、極楽《ゴクラク》ニ往生《ワウジヤウ》ス」ベキ身《ミ》トナリナバ、一切《ヰチサイ》ノ神明《シンメイ》ハカヘリテワガ本懐《ホングワイ》トオボシメシテ、ヨロコビタマヒテ念仏《ネンブチ》ノ行者《ギヤウジヤ》ヲ守護《シユゴ》シタマフベキモノナリ、

光明名号と信心

（5オ）夫《ソレ》宗家《シユケ》ノ釈《シヤク》ニ、光明《クワウミヤウ》名号《ミヤウカウ》ト信心《シンシム》トノ三《ミツ》アイハナレスト釈《シヤク》シマシマス、サレバ名号《ミヤウカウ》ハ父《チ、》ノゴトク、光明《クワウミヤウ》ハ母《ハ、》ノゴトシ、マタ光明《クワウミヤウ》名号《ミヤウガウ》顕因縁《ケンインエン》トモオホセラレテ候《サフラフ》、タトヘバ父《ブ》母《モ》ノ縁和合《エンワカフ》シテ子《コ》ヲ生《シヤウ》ズルニ、則《スナハ》チ父母《ブモ》ノ慈悲《ジヒ》ヲモテ終《ツイ》ニハ人《ヒト》トナルコトデアル、ソノゴ

阿弥陀如来の光明

（5ウ）トク弥陀如来《ミタニヨライ》ノ光明《クワウミヤウ》ハ母《ハ、》ノ」ゴトク、名号《ミヤウカウ》ハ父《チ、》ノゴトクニ十方衆生《ジフハウシユジヤウ》ヲアハレミタマヒ、信心《シンシム》ノ子《コ》ヲハグ、ミタテ、悟《サトリ》ノ成人《セイジン》トナシタマフハ、阿弥陀如来《ワアミダニヨライ》ノ大慈大悲《ダイジダイヒ》ニアイキハマルトコロナリ、マコトニ阿弥陀如来《ワアミダニヨライ》ト衆生《シユジヤウ》トハフカイ御縁《ゴエン》ノアルハ松《マツ》ノ二葉《フタバ》ノゴトク、

信心さええたらば往生疑いなし称名念仏すべし

（6オ）親《オヤ》ト子《コ》トヨリモ至《イタツ》テシタシヒ御縁《ゴエン》ガアルユヘニ、光明《クワウミヤウ》ニモ納《オサ》メラレ」一大事《ヰチダイシ》ノ往生《ワウジヤウ》モキハマル、シカレバ信心《シンシム》サヘヱタラバ往生《ワウジヤウ》ニハツユチリホドモ疑《ウタガイ》ハナイ、コノユヘニ弥陀《ミタ》如来《ニヨライ》ノ御恩徳《ゴオンドク》ノ深遠《ジンオン》ナルコトヲオモイ、称名念仏《シヨウミヤウネムブチ》セシムベキ者也《モノナリ》、

永正五暦《エイシヤウゴネン》十一月四日

本願業力

（6ウ）夫《ソレ》本願《ホングワン》トイフハ、五劫思惟《ゴコフシユイ》ノ大願《ダイグワン》ナリ、業力《ゴフリキ》トイフハ、兆載永劫《テフサイヰヤウコフ》ノ行業《ギヤウゴフ》ナリ、コノ願《クワン》」

仏の願行

行《ギヤウ》ノ功徳《クドク》ハ、ヒトヘニ未来悪世《ミライアクセ》ノ愚癡无智《グチムチ》ノワレラガタメニカハリテハゲミヲコナヒタマヒテ、十方世界《ジフハウセカイ》ノ男子女人《ナンシニヨニン》ノウヘゴトニ生死《シヤウジ》ノキヅナキレハテ、、不退《フタイ》ノ浄土《ジヤウド》ニ生《シヤウ》ズベキ（7オ）別異《ベチイ》ノ弘願《ググワン》ナルガユヘニ、仏《ブチ》ノ大願業力《ダイクワンゴフリキ》ヲモテ、凡父《ボンブ》ノ往生《ワウジヤウ》ハ」シタ、メ成就《ジヤウジユウ》シタマヒケル、故《カルガユヘ》ニ仏《ブチ》ノ願行《グワンギヤウ》ハサラニ他《タ》ノコトニアラス、一向《ヰチカフ》ニワレラ衆生《シユジヤウ》ノ往生《ワウジヤウ》ノ願行《グワンギヤウ》ノ躰《タイ》ナリ、シカレバ仏躰則往生《ブチタイスナハチワウジヤウ》ノ願《グワン》ナリ行《ギヤウ》ナリ、カクノゴトクノ本願不思議《ホングワンフシギ》ノ名号《ミヤウカウ》ヲサシヲイテ、自力《ジリキ》ノ諸行《シヨギヤウ》ヲモテ往生《ワウジヤウ》センズルトオモハンコトハカナシカルベキ執心《シフシム》ナリ、

弥陀如来の他力本願

（7ウ）ヒトヘニ弥陀如来《ミダニヨライ》ノ他力本願《タリキホングワン》ヲタノミ、一向《ヰチカフ》ニ」无量寿仏《ムリヤウジユフチ》ニ帰命《クヰミヤウ》シテ真実報土《シンジチホウド》ノ往生《ワウジヤウ》ヲネガヒ、称名念仏《シヨウミヤウネンブチ》セシムベキモノナリ、

明応四年正月十日

」

親鸞聖人の一代
二十九歳に吉水の禅室を尋ね真門に入る
越後の国府に左遷

（8オ）抑《ソモ〳〵》開山聖人《カイサンシヤウニン》二十九歳《ニシフクサイ》ニシテ吉水《ヨシミツ》ノ禅室《センシツ》ヲ尋《タヅネ》テ真門《シンモン》ニ入《イリ》、同年《オナジキトシ》救世菩薩《クセボサチ》ノ霊夢《レイム》ヲ蒙《カフム》リ、三十三歳《サンシフサンサイ》ニシテ選択《センヂヤク》ヲ相伝《サウデン》シタマフ、シカルニ流刑《ルケイ》ノキザミ、祖師聖人《ソシシヤウニン》ハ三十五歳《サンシフゴサイ》ニシテ都《ミヤコ》ヲ出《イデ》、越後《エチゴ》ノ国国府《クニコクブ》ニ左遷《サセン》セラレ、五年《ゴネン》ノ居諸《キヨシヨ》ヲ経《ヘテ》、貴賤上下《クヰセンジヤウゲ》ノ男女《ナンニヨ》ニ対《タイ》シ末世《マチセ》（8ウ）相応《サウオフ》ノ要《エウ》」法《ホフ》ヲシメシ、下根劣機《ゲコンレツキ》ノ得生《トクシヤウ》ヲオシヱタマフ、シカルトコロニ、建暦元年《ゲンリヤクグワンネン》

先師法然上人報恩謝徳のため関東に布教
貞永元年頃帰京

辛《カノト》未《ヒツジ》十一月十七日《シフヰチクワチシフヒチニチ》ニ洛陽《ラクヤウ》ヘカヘラセタマイテ他力《タリキ》ノ真門《シンモン》ヲヒラキ、専修念仏《センシユネンフチ》ノ一法《ヰチホフ》ヲヒロメタマヘト、岡崎中納言範光卿《ヲカサキチウナゴンノリミツキヤウ》ヲ以勅免《モテチヨクメン》ヲ蒙《カフム》リタマフトイヘドモ、法然上人帰洛《ホフネンシヤウニンクヰラク》ノ

（9オ）
後幾《ノチイクバク》ナラズシテ入滅《ニフメチ》ノ由《ヨシ》キコヘケレバ、古京《コキヤウ》ニカヘリテモナニカセン、師訓《シクン》」ヲヒロメテ滅後《メチゴ》ノ化義《クヱギ》ヲタスケンニハトテイソキノボリタマハス、先師報恩謝徳《センシホウオンシヤトク》ノタメ東関《トウクワン》ノサカヒコ、カシコニオホクノ星霜《セイセウ》ヲカサネタマヒ、貞永元年《テイエイクワンネン》ノコロ御上洛《ゴシヤウラク》アリケリ、マコトニ専修念仏《センシユネンブチ》ノ義《ギ》ヲヒロメタマフニ、凡疑謗《オホヨソギハウ》ノ輩《トモカラ》モ終《ツイ》ニハ改悔《カイクヱ》セシメ、皆邪見《ミナシヤケン》ヲヒルカ

（9ウ）
ヘシ門弟《モンテイ》トナリタマフ、カレトイヒ」コレトイヒ、仏恩《フチオン》・師恩《シオン》ヲ報謝《ホウシヤ》スベキ者也《モノナリ》、
延徳《エントク》二年九月廿日

親鸞聖人の一生
他力念仏の行化六十年
常陸稲田郷等に前後二十五年

（10オ）
「倩《ツラ〳〵》親鸞聖人《シンランシヤウニン》ノ一生《ヰチシヤウ》ヲ案《アン》ズレバ、二十九年《ニシフクネン》ノ間諸宗《アヒダシヨシユ》ヲヒロク修学《シユガク》シ、他力念仏《タリキネンブチ》ノ行化《ギヤウクヱ》ヲトフラヘバ六十年《ロクシフネン》、御在世《ゴザイセ》ヲイハヾ九十年《クシフネン》、或時《アルトキ》ハ諸宗《シヨシユ》ノ偏執《ヘンシフ》ニヨテ遠流《オンル》ニ処《シヨ》セラレ、越後《エチゴ》ノ国五年《クニ、ゴネン》、常陸《ヒタチ》ノ国稲田《クニイナダ》ノ卿《カフ》〔郷〕ニ十年《ジフネン》、下妻《シモツマ》ニ三年《サンネン》、相横《サカミ》〔摸〕ノ国足下《クニアシサケ》〔アシシモ〕ノ郡《コホリ》ニ七年《ヒチネン》、ソノウ

（10ウ）
チ鎌倉《カマクラ》ニ少《スコシ》ノ間御逗留《アヒダゴトウリウ》アリテ、」前後二十五年《ゼンゴニシフゴネン》マシ〳〵テ、或時《アルトキ》ハ邪見放逸《ジヤケンハウイチ》ノチマタヲ往《ヲウ》返《ヘン》シ、御命《オンイノチ》モスデニキエナントシタマフトキモアリ、多年経々《タネンキヤウ〳〵》ニ眼《マナコ》ヲサラシ、一代蔵経《ヰチダイザウキヤウ》

教行信証など著作百余巻

ヲ開《ヒラ》キ経律論釈《キャウリツロンシャク》ノ要文《エウモン》ヲヌキンデ、、教行信証《ケウギャウシンショウ》・和讃《ワサン》・正信偈《シャウシンゲ》、惣《ソウ》ジテ御製作《ゴセイサク》ヲイ

(11オ)

ハヾ百余巻《ヒャクヨクワン》ニヲヨビ、種〻《シュ〳〵》御苦労《ゴクラフ》ヲマシ〳〵タハ、コレミナ専修念仏《センシュネンブチ》ノ一行《ヰチギャウ》」ヲヒロメ、衆生《シュシャウ》ヲ浄土《ジャウド》ニミチビキタマハンガタメ、末世《マチセ》今時《イマトキ》ノ我等《ワレラ》衆生《シュジャウ》ノ他力真実《タリキシンジチ》ノ信心《シンシム》ヲ得《エ》タテマツリテ、往生極楽《ワウジャウゴクラク》ノ身《ミ》トナルコト、ソノミナモトヲタヅヌレバ、祖師聖人《ソシシャウニン》ノ御出世《ゴシュチセ》ノ御恩《ゴオン》ナリ、シカラバ報恩謝徳《ホウオンシャトク》ヲオモフベキ者也《モノナリ》、」

他力信心の決定

(11ウ)

夫男子《ソレナンシ》モ女人《ニョニン》モ他力《タリキ》ノ信心《シンシム》ヲ決定《クヱチヂャウ》スルトモガラハ、カタジケナクモ機法一躰《キホフヰチタイ》ノ正覚南無《シャウガクナモ》阿弥陀仏《ワアミダブチ》ノコノ身《ミ》ナルユヘニ、コ、ロニ信《シン》ズルモ正覚《シャウガク》ノ一念《ヰチネン》ニカヘリ、口《クチ》ニトナフルモ正覚《シャウガク》ノ一念《ヰチネン》ニカヘル、タトヒ千遍万遍《センヘンマンヘン》トナフルトモ、正覚《シャウガク》ノ一念《ヰチネン》ヲハイヅベカラス、

正覚の一念

(12オ)

タヾコレ弥陀仏《ミダブチ》ノ行《ギャウ》ヲ行《ギャウ》ズルナリトコ、ロウベシ、故《カルガユヘ》ニ先徳《セントク》ノ曰《イハク》、帰命《クヰミャウ》ノ心《シム》」本願《ホンクワン》ニノリテ三業《サンゴフ》ミナ仏躰《フチタイ》ノウヘニ乗《ジャウ》ジヌレバ、身《ミ》モ仏《ブチ》ヲハナレタル身《ミ》ニアラス、コ、ロモ仏《フチ》ヲハナレタルコ、ロニアラス、口《クチ》ニ念《ネン》ズルモ機法一躰《キホフヰチタイ》ノ正覚《シャウガク》ノカタジケナサヲ称《ショウ》ジ、礼《ライ》スルモ他力《タリキ》ノ恩徳《オンドク》ノ身《ミ》ニアマル、ウレシサヲ礼《ライ》スルユヘニ、我等《ワレラ》ハ称《ショウ》ズレドモ念《ネン》ズレドモ、自《ジ》

(12ウ)

力《リキ》ノ機《キ》ノ功《コウ》ヲツノルニアラズ、タヾコレ阿弥陀仏《ワアミダブチ》ノ凡夫《ボムブ》」ノ行《ギャウ》ヲ成就《ジャウジュウ》セシトコロヲ行《ギャウ》ズ

ルナリトオホセラレタリ、コノウヘニハ弥陀《ミダ》如来《ニョライ》ノタノマセテタノマレタマヒテ、ワレラヲヤスクタスケマシマス御恩《ゴオン》ノフカキコトヲオモイテ、行住座臥《ギャウヂュザクワ》ニツネニ念仏《ネンブチ》ヲ申《マフス》ベキモノナリ、

つねに念仏申すべし

」

他力の信心

(13オ)夫《ソレ》祖師聖人《ソシシヤウニン》、弘長第二《コフチヤウダイニ》ノムカシ今月《コムクワチ》(十一月)廿八日《ニシフハチニチ》午《ムマ》ノ時《トキ》ニ、御年満九十《オントシマンクジフ》ニシテ前念命終《ゼンネンミヤウジフ》ノ業成《ゴフジヤウ》ニヨリ後念即生《ゴネンソクシヤウ》ノ素懐《ソクワイ》ヲ遂《トゲ》タマヒキ、シカレドモ御真影《ゴシンエイ》ヲ眼前《ガンぜン》ニトヾメ、次第相承《シダイサウジヤウ》シテ実語《ジチゴ》ヲ耳《ミヽ》ノ底《ソコ》ニノコシ、他力信心《タリキシンシム》ノ教今《オシエイマ》ニマス〳〵サカリナリ、サレバ他力《タリキ》ノ信心《シンシム》トイフハ、(13ウ)諸《モロ〳〵》ノ」雑行《ザフギヤウ》ヲステ、一向一心《ヰチカフヰチシム》ニ帰命《クヰミヤウ》スルヲモテ本願《ホングワン》ヲ信楽《シンゲフ》スル躰《タイ》トス、サテハコノ真実《シンジチ》ノ信心《シンシム》ヲバ弥陀如来《ミダニヨライ》ノ他力《タリキ》ヨリサヅケラル、トコロノ仏智《ブチチ》ノ不思議《フシギ》ナリ、故《カルガユヘ》ニ帰命《クヰミヤウ》ノ一念《ヰチネン》ヲ以往生治定《モテワウジヤウヂヂヤウ》ノ時尅《ジコク》トサダメテ、ソノトキノ命《イノチ》ノブレバ自然《ジネン》ト多念《タネン》ニヲヨブ道理《ダウリ》ナリ、コレニヨリテ平生《ヘイセイ》ノ称名《シヨウミヤウ》ハ一念往生治定《ヰチネンワウジヤウヂヂヤウ》ノ」(14ウ)ウヘノ仏恩報尽《フチオンホウジン》トナルベキトコロナリ、御釈《オンシヤク》ニ、一念无上《ヰチネンムジヤウ》ノ仏智《ブチチ》ヲ以《モテ》ハ凡夫往生《ボムブワウジヤウ》ノ極促《ゴクソク》トシ、一形憶念《ヰチギヤウオクネン》ノ名願《ミヤウグワン》ヲモテハ仏恩報謝《ブチオンホウシヤ》ノ経栄《ケイエイ》トストイヘリ、他力往生《タリキワウジヤウ》ノ心《シム》ハ帰命《クヰミヤウ》ノ一念《ヰチネン》ヲ以往生治定《モテワウジヤウヂヂヤウ》ノ時尅《ジコク》トヲモイ、一期《ヰチゴ》ノアヒダハ仏恩報謝《ブチオンホウシヤ》ノタメニ念仏申《ネンフチマフシ》テ命《イノチ》ヲカギリトスベシ、是則聖人《コレスナハチシヤウニン》

無常転反の教
我も人も是生
滅法の仮の依
身

人身を受ける
ことを喜ぶべ
し

極楽往生

安楽仏国に至
るには名号と
信心

（14ウ）ノ素懐《ソクワイ》ニ相叶《アイカナイ》、師恩《シオン》」報謝《ホウシヤ》ノツトメトナルベキコトナリ、コノヲモムキヲ男子《ナンシ》モ女人《ニヨニン》モ心底《シムテイ》ニ受持《ジユヂ》スベキ者也《モノナリ》、

」

（15オ）倩《ツラ〳〵》世間《セケン》ノアリサマヲ観《クワン》ズルニ、昨日《キノフ》サカヘシ花《ハナ》ハ今日《ケフ》ハシボミ、アシタノボタンハクレノチリトナル、流《ナガ》ル、水《ミヅ》ハ夢《ユメ》ノ間《アヒダ》モトヾマラス、フケユク夜半《ヨハ》ノ鳥《トリ》ノ声《コヱ》ハ无常転反《ムジヤウテンベン》ノヲシヱナリ、日《ヒ》モ入相《イリアイ》ノ鐘《カネ》ノヒヾキハ諸行无常《シヨギヤウムジヤウ》ノコトハリナリ、我《ワレ》モ人《ヒト》モ是生滅法《ゼシヤウメチホフ》ノカ（15ウ）リノ依身《エシン》ハイツノ日《ヒ》ノ」イツノ時《トキ》ト定《サダ》マレバ、カウガンハ白骨《ハチコツ》トナリ、心法《シムホフ》ハ中有《チウウ》ノ旅《タビ》ニヲモムキヌ、カヽル転反无常《テンベンムジヤウ》ノ身《ミ》ヲヱルコトモ、ヲロソカノ善根少《ゼンゴンスコシ》ノ功徳《クドク》ニテヱルコトカタシ、シカルニ今《イマ》タマ〳〵人身《ニンシン》ヲ受《ウケ》ルコト喜《ヨロコビ》ノ中《ナカ》ノヨロコビナリ、剰《アマス》サヘ他力《タリキ》ノ信心《シンシム》ヲ（16オ）領解申極楽往生《リヤウクヱマフシコクラクワウジヤウ》ノ身《ミ》トナルコトハ、タトヘバ一眼《ヰチガン》ノ亀《カメ》ノ浮《ウ》」木《ボク》ニモコヘ、梵天《ボンデン》ノ芥子《ケシ》地上《ヂジヤウ》ノ針《ハリ》ヲツラヌクニモスギタリ、サレバ仏《ホトケ》ノ教《ヲシヱ》ニハ信心《シンシム》ヲソナウルモノハ必《カナラ》ス彼国《カノクニ》ニ生《シヤウ》ズトノベタマフ、亦聖人《マタシヤウニン》ノ和讃《ワサン》ニ、

安楽仏国《アンラクブチコク》ニイタルニハ、无上宝珠《ムジヤウホウジユ》ノ名号《ミヤウガウ》ト、信実信心《シンジチシンシム》〔真〕ヒトツニテ、无別道故《ムベチダウコ》ト説《トキ》タマフ、

（16ウ）コレラノ趣《ヲモムキ》ヲマモリ信心賢固《シンシムケンゴ》〔堅〕ナレバ、」十方浄土《ジフハウジヤウド》ニマサリタル極楽報土《コクラクホウド》ニ往生《ワウジヤウ》シ、三明《サンミヤウ》

六通《ロクツウ》自在《シザイ》无㝵《ムクエ》ノ仏《ホトケ》トナルコト更《サラ》ニ疑《ウタガイ》ナシ、男子《ナンシ》モ女人《ニヨニン》モコノギヲ心底《シムテイ》ニトヾメ、信心《シンシム》不退《フタイ》ニマモルベキモノナリ、
」

弥陀の本願は四十八
殊に肝心は第十八の誓願

(17オ)夫《ソレ》弥陀《ミダ》ノ本願《ホングワン》ハ、多門《タモン》ニシテ四十八《シシフハチ》ナリ、中《ナカ》ニモ肝心《カンシム》ハ第十八《ダイジフハチ》ノ誓願《セイグワン》ナリ、コレヲバ至《シ》心信楽《シムシンゲフ》ノ願《グワン》トモ云《ユ》イ、亦《マタ》ハ往相廻向《ワウサウヱカフ》ノ願《グワン》トモイフナリ、コノ願《グワン》ノ趣《ヲモムキ》ハ、男子《ナンシ》女人《ニヨニン》ヲイハス貴賤貧福《クヰセンヒンフク》ヲモロンゼス、タノミタテマツレ御助《オンタスケ》アラントノ誓《チカイ》ナリ、ヒトタビ頼申《タノミマフ》セシウヘニハ、ネテモサメテモ御恩《ゴオン》」報謝《ホウシヤ》ノ称名《シヨウミヤウ》ニ懈怠《ケダイ》ナク真実信心《シンジチシンシム》ヲモテ唱申《トナヘマフ》スバカリナリ、

南無阿弥陀仏

(17ウ)故《カルガユヘ》ニ法然上人《ホフネンシヤウニン》ノ曰《イハ》ク、唯往生極楽《タヾワウジヤウゴクラク》ノタメニハ南无阿弥陀仏《ナモワアミダブチ》ト申《マフシ》テ疑《ウタガイ》ナク往生《ワウジヤウ》スルゾト、オモイトツテ申外《マフスホカ》ニハ別《ベチ》ノ子細《シサイ》サフラハズ、コノ御言《ミコトバ》ハ末代《マチダイ》ノ衆生《シユジヤウ》ニ相応《サウオフ》シ、愚癡《グチ》ノ者《モノ》下根《ゲコン》ノ人皆往生《ヒトミナワウジヤウ》ヲトゲル証文《シヨウモン》ナリ、是則第十八願《コレスナハチダイジフハチグワン》ノコ、ロナリ、サレバコノ称《シヨウ》

不可思議功徳名号

(18オ)名念《ミヤウネン》」仏《ブチ》ノ不思議《フシギ》ナルコトヲ、称讃浄土経《シヨウサンジヤウドキヤウ》ニハ不可思議功徳《フカシギクドク》名号《ミヤウカフ》トイヘリ、ソノユヘハ、十方衆生《シチハウシユジヤウ》有智无智《ウチムチ》ヲイハス男子女人《ナンシニヨニン》ヲキラハス、称名申《シヨウミヤウマフス》バカリニテ安養浄土《アンヤウジヤウド》ニ往《ワウ》生《ジヤウ》シテ忽《タチマチ》ニ諸上善人《シヨジヤウゼンニン》ノ数《カス》ニイリ、三十二相《サンジフニサウ》ノ仏形《ブチギヤウ》ヲソナヘ、悉皆金色《シチカイコンジキ》ノ膚《ハダヱ》〔膚〕トナルコト、

(18ウ)不思義《フシギ》〔議カ〕ノ中《ナカ》ノ不思議《フシギ》ナリ、今《イマ》サイハヒニコノ願《グワン》ニアイタテマツリ、」願文《グワンモン》トイヒ経文《キヤウモン》トイ

ヒ疑《ウタガイ》サラニナキコトナリ、コノギヲ心底《シムテイ》ニトヾメ、信心不退《シンシムフタイ》ニマモルベキモノナリ、」

諸仏の捨て給える女人を阿弥陀如来は御助けあるべし

(19オ)
法門《ホフモン》无量《ムリヤウ》ニシテ数塵沙《カスヂンジヤ》ニコエタリ、シカレドモ女人《ニヨニン》ヲ転《テン》ジテ仏《ホトケ》ニナルハ弥陀《ミダ》ノ本願《ホングワン》ニハシカジ、ソノユヘハ、一切《ヰチサイ》ノ女人《ニヨニン》弥陀《ミダ》如来《ニヨライ》ヲヒシトタノミタテマツリテ、後生《ゴシヤウ》タスケタマヘト申《マフ》サン女人《ニヨニン》ヲバ、カナラス御助《オンタスケ》アルベシ、サレバ諸仏《シヨブチ》ノステタマヘル女人《ニヨニン》ヲ阿弥陀《ワアミダ》
(19ウ)
如来《ニヨライ》ヒトリ我《ワレ》タスケズンハ、マタイヅレノ」仏《フチ》ノタスケタマハンゾトオボシメシテ、无《ム》上《ジヤウ》超世《テフセ》ノ大願《ダイグワン》ヲオコシ我《ワレ》諸仏《シヨブチ》ニスグレテ女人《ニヨニン》ヲタスケントテ、五劫《ゴコフ》ガアヒダ思惟《シユイ》シ永劫《ヰヤウコフ》ガ間《アヒダ》修行《シユギヤウ》シタマヒテ、世《ヨ》ニコエタル大願《ダイグワン》ヲオコシテ、女人成仏《ニヨニンジヤウブチ》トイヘル殊勝《シユシヨウ》ノ願《グワン》ヲコシマシマス弥陀《ミダ》ナリ、コノユヘニ、フカク弥陀《ミダ》ヲ頼《タノミ》、今度《コムド》ノ我等《ワレラ》ガ後生《ゴシヤウ》タスケタマヘト

女人の極楽往生

(20オ)
申《マフ》サン女人《ニヨニン》ハ、」皆《ミナ〱》悉《コト〱ク》極楽《ゴクラク》ニ往生《ワウジヤウ》スベキ者也《モノナリ》、此義《コノギ》ヲ心底《シムテイ》ニトヾメ、信心不退《シンシムフタイ》ニ可守《マモル》守者也《ベキモノナリ》、」

自力難行を捨て一向に他力易行に帰す

(20ウ)
抑《ソモ〱》一流《ヰチリウ》ノコヽロハ、自力難行《ジリキナンギヤウ》ヲステヽ、一向《ヰチカフ》ニ他力《タリキ》ノ易行《イギヤウ》ニ帰《クヰ》スルヲ本《ホン》トスルナリ、

御恩を報ずる称名念仏

凡《オホヨソ》自力難行《ジリキナンギヤウ》トイフハ、我身《ワガミ》ニ行《ギヤウ》ヲナシ、ミダレルコ、ロヲヤメテ我力《ワガチカラ》ヲモテ往生《ワウジヤウ》ヲ願《ネガフ》ヲ自力《ジリキ》トイフナリ、然《シカル》ニカクノゴトクノ自力《ジリキ》ノ修行《シユギヤウ》ハ、ワレラ濁乱《ヂヨクラン》ノ衆生《シユジヤウ》ノウヘニハ修《シユ》（21オ）シガタシ、モトヨリ煩悩具足《ボンナウグソク》ノ衆生《シユジヤウ》ナレバ難行《ナンギヤウ》ニテハカナイガタシ、サレバ」弥陀《ミダ》ノ本《ホン》願《グワン》ヲ他力易行《タリキイギヤウ》ト申《マフ》スハ、ワレラガチカラニアラス、阿弥陀仏《ワアミダブチ》ノムカシ法蔵比丘《ホフゾビク》タリシトキ、衆生《シユジヤウ》仏《ホトケ》ニナラスバ我《ワレ》モ正覚《シヤウガク》ナラジトチカヒマシマストキ、ソノ正覚《シヤウガク》スデニ成就《ジヤウジユウ》シタマヒシスガタコソ、イマノ南无阿弥陀仏《ナモワアミダブチ》ナリ、是則《コレスナハチ》我等《ワレラ》ガ往生《ワウジヤウ》ノサダマリタル証拠《シヤウコ》ナリ、（21ウ）コレニヨリテワレラガチカラヲイレズ一向一心《ヰチカフヰチシム》ニ」弥陀一仏《ミダヰチブチ》ノ悲願《ヒグワン》ニ帰命《クヰミヤウ》スル、タチドコロニヲイテカタジケナクモ、如来《ニヨライ》ノ御方《オンカタ》ヨリ往生治定《ワウシヤウヂヂヤウ》セシメタマフガユヘニ、コノ御《オン》ウレシサノ御恩《ゴオン》ヲ報《ホウ》ズル称名念仏《シヨウミヤウネンブチ》バカリナリ、コノユヘニ他力易行《タリキイギヤウ》トハイフナリ、老《ラウ》若男女《ニヤクナンニヨ》トモニコノムネヲコ、ロヘテ、安心決定《アンシムクヱチヂヤウ》ノウヘヨリハ命ヲカキリニ御恩報謝《ゴオンホウシヤ》ノ（22オ）称名《シヤウミヤウ》ガ肝要《カンエウ》ナリ、コノヲモムキヲ心底《シムテイ》ニトヾメ、信心不《シンシムフ》」退《タイ》ニマモルベキモノナリ、

明応八年五月日

（22ウ）当流《タウリウ》ノコ、ロハ、他力《タリキ》ヲ信《シン》ズルノ外《ホカ》ニハサラニ別義《ベチギ》ナシ、故《カルガユヘ》ニ聖人《シヤウニン》ノ曰《イハク》、義《ギ》ナキヲ義《ギ》ト

御恩報謝の称名

存命の内に信心を極むべし

念仏は行住坐臥時処諸縁を嫌わず

スト信知《シンチ》セリトノベタマフ、唯是《タヾコレ》自力《ジリキ》諸行《シヨギヤウ》ノチカラヲ捨《ステ》テ仏智不思議《ブチチフシギ》ノ他力《タリキ》ヲアヲギ、行住座臥《キヤウヂユザグワ》ヲヱラハス御恩報謝《ゴオンホウシヤ》ノ称名《シヨウミヤウ》タエザルバカリナリ、此外《コノホカ》ニワスレテモ諸法諸宗《シヨホフシヨシユ》ヲ

（23オ）ミダリニ誹謗《ヒハウ》」スルコトナカレ、イツレモ釈迦一代《シヤカヰチダイ》ノ説教《セチケフ》ナレバ、如説《ニヨセチ》ニ修行《シユギヤウ》セバ其利《ソノリ》益《ヤク》アルベシ、サリナガラ末法濁乱《マチホフヂヨクラン》ノ我等《ワレラ》ゴトキノ在家止住《ザイケシヂユ》ノ身《ミ》ハ、聖道諸宗《シヤウタウシヨシユ》ノ教《ケフ》ニオヨバネバ、ソレヲ我《ワガ》タノマス信《シン》ゼヌバカリナリ、唯《タヾ》ナニゴトヲ申《マフス》モ命終《イノチヲワリ》サフラハヾイタヅ

（23ウ）ラゴトニテアルベクサフラフ、命《イノチ》ノ内《ウチ》ニ我信心《ワガシンシム》ヲキワメサフラハデハ、」一定後悔《ヰチヂヤウコフクワイ》イタシサフラハンスルゾ、カネテ能〻《ヨク〳〵》信《シン》ヲトリ安心決定《アンシムクヱチヂヤウ》スベキモノナリ、コノギヲ心底《シムテイ》ニトヾメ、信心不退《シンシムフタイ》ニマモルベキ者也《モノナリ》、

」

（24オ）他力《タリキ》ノ信心《シンシム》ヲヱタルトヲリヲバ、イクタビモ〳〵人《ヒト》ニタヅネテ、本願《ホングワン》ノ蜜意《ミチイ》他力《タリキ》ノ安心《アンシム》ヲバ治定《ヂヂヤウ》スベシ、一旦聴聞《ヰチタンチヤウモン》シテハ必《カナラ》ス〳〵アヤマリアルベキナリ、コレニヨテ親鸞聖人《シンランシヤウニン》ノ御言《ミコトバ》ニイハク、行住坐臥《キヤウヂユザクワ》、時処諸縁《ジシヨシヨヱン》ヲ嫌《キラ》ハズ、念仏《ネンフチ》ヲ申《マフ》スハ一向一心《ヰチカフヰチシム》ナリト、我《ワレ》トウ

（24ウ）マクカタリテ、曾《カツ》テ念仏《ネンフチ》ヲ口《クチ》ニ申《マフ》ス事《コト》ハナクシテ、一月《ヒトツキ》ニ」一度《ヰチド》・二度《ニド》仏事《フチジ》執行《シユキヤウ》僧饍《ソウゼン》ノツイデニ、人《ヒト》ニツレラレテ睡〻《ネムリ〳〵》片言《カタコト》ノミニ称名《シヨウミヤウ》申《マフシ》テ、我《ワレ》ハ往生《ワウジヤウ》ノ一理《ヰチリ》ヲ心得《コヽロエ》タルトイ

真実の信心に基づき報土往生を願い称名念仏すべし

フコトアルベシ、モテノ外《ホカ》ノキ、アヤマリ、是則《コレスナハチ》无間《ムケン》ノ業因《ゴフイン》トナルベシトオフセラレテ候《サフラフ》、不審《フシン》ノ面々《メン〳〵》ヨク〳〵コノヲモムキヲキ、ハケ、真実《シンシチ》ノ信心《シンシム》ニモトヅキ報土往生《ホウドワウシヤウ》ヲネ(25オ)ガヒ、称名念仏《シヨウミヤウネンブチ》」セシムベキモノナリ、

明応七年三月五日書之、

他力安心の正意

(25ウ)夫聖人一流《ソレシヤウニンヰチリウ》ニヲイテ一往聴聞《ヰチワウチヤウモン》シテ、他力安心《タリキアンシム》ノ正意《シヤウイ》ニマドヒヌル人多《ヒトオホ》シ、サレバ先徳《センドク》ノ御言《ミコトバ》ニモ、口《クチ》ニタヾ称名《シヨウミヤウ》バカリヲ唱《トナヘ》タランハオホヤウナリ、ソレハ極楽《ゴクラク》ニハ往生《ワウジヤウ》セズ、

念仏の謂れ

此念仏《コノネンフチ》ノイワレヲヨク知《シリ》タル人《ヒト》コソ仏《ホトケ》ニハナルベケレトイヘリ、コノ趣《ヲモムキ》ヲ一旦聴聞《ヰチタンチヤウモン》シテ、(26オ)サテハ念仏《ネンブチ》ノイハレヲヨクシリタラン人《ヒト》コソ極楽《ゴクラク》ニ往生《ワウジヤウ》ス」トノベタマヘルハ、タヾ南《ナ》無阿弥陀《モワアミダ》仏トマフセバ疑《ウタガヒ》ナク往生《ワウジヤウ》スルゾト思《ヲモイ》トルコトニテハアラジ、深《フカ》キイハレノアルヤウニオモフハ、聖人《シヤウニン》ノ御安心《ゴアンシム》ヲワキマヘザルユヘニアシクコ、ロヘテ、安心《アンシム》ニモフカキコ、ロモチアルヤウニオモヒ、我身《ワガミ》モマドヒ人《ヒト》ヲモマヨハスコト以外《モテノホカ》ノヒガコトナリ、(26ウ)念仏《ネンブチ》ノ」イハレヲシルトハ更《サラ》ニ別《ベチ》ノ子細《シサイ》ニアラス、モロ〳〵ノ雑行《ザフギヤウ》ヲナゲステ、一心《ヰチシム》ニ弥陀如来《ミダニヨライ》ニ帰命《クヰミヤウ》スレバ、不可思議《フカシギ》ノ願力《グワンリキ》トシテ仏《ブチ》ノカタヨリ往生《ワウジヤウ》ハ治定《ヂヂヤウ》セシメタマフト、

弥陀の本願他力真実の趣

一向念仏は他力本願を専にす

（27オ）疑《ウタガヒ》ナク往生《ワウジヤウ》スルコトノアリガタサタフトサヨトオモヒテ、ソレヲヨロコビ申《マフ》スコヽロヲ念仏《ネンブチ》ノイワレヲ能知《ヨクシリ》タル人《ヒト》トハイフナリ、コノホカニ安心《アンシム》トテムツ」カシク心得《コヽロヱ》タルハカヘス〱アヤマリナリ、男子《ナンシ》モ女人《ニヨニン》モコノヲモムキヲ心底《シムテイ》ニトヽムベキ者也《モノナリ》、」

（27ウ）夫《ソレ》弥陀《ミダ》ノ本願他力真実《ホングワンタリキシンジチ》ノ趣《ヲモムキ》ヲ、障子《シヤウジ》カキゴシニイテ聴聞《チヤウモン》シテ、我心中《ワガシムヂウ》ニサゾトタトヒ領解《リヤウゲ》ストイフトモ、カサネテ信心決定《シンシムクエチヂヤウ》ノ人《ヒト》ニソノヲモムキヲヨク〱アヒタヅネテ、信心《シンシム》ノヒトツヲバ治定《ヂチヤウ》スベシ、ソノマヽ我心《ワガコヽロ》ノリヤウケンニマカセバ、心《カナラ》ズ〱アヤマリオホカルベシ、チカゴロコレラノ子細《シサイ》マタハアシキコヽロヘドモ、」当時世上《タウジセイジヤウ》ノウチニサカ（28オ）ンナリ、サレバ開山聖人《カイサンシヤウニン》ノ曰《イハ》ク、一向念仏《ヰチカフネンブチ》ハ他力本願《タリキホングワン》ヲ専《モチハラ》ニシテ立《タテ》タル宗《シュ》ノ念仏《ネンブツ》ニテ、コト〱ク自力《ジリキ》ヲハナレタル宗《シュ》ニテ候《サフラフ》トユイテ、師主《シシュ》ヲモドキ寺《テラ》ヲソシリ、私《ワタクシ》ニ利口《リコフ》ヲトリタテ宏才《カウザイ》ヲイヒ出《イダ》シテ、門徒《モント》ヲヒキワケ宗《シュ》ヲロンジ、我《ワレ》ト人《ヒト》ヲスヽムル躰《テイ》アルベシ、コ（28ウ）レオホキナル自力《ジリキ》ニテ」アラスヤ、カヤウノモノニハ同坐《ドウザ》ノ人《ヒト》モ永劫无間地獄《ヰヤウコフムケンヂゴク》ヲスミカトスベシ、仏説《ブチセチ》ニソムクガユヘナリトオホセラレテ候《サフラフ》、ヨク〱聴聞《チヤウモン》シテ他力《タリキ》ノ安心《アンシム》ヲバ治定《ヂヂヤウ》スベシ、イタヅラニ名聞人《ミヤウモンヒト》ナミノ心中《シムヂウ》ニ住《ヂユ》シテ一往聴聞《ヰチワウチヤウモン》シテハアヤマリアルベシ、

（29オ）シカリトイヘドモ无二《ムニ》ノ懺悔《サンクヱ》ヲイタシ、一心《ヰチシム》ノ正念《シヤウネン》ニヲモムカバ、イカデカ聖人《シヤウニン》ノ」御《コ》本意《ホンイ》ニ達《タチ》セザランヤ、コノ趣《ヲモムキ》ヲ心底《シムテイ》ニトヾメ、信心不退《シンシムフタイ》ニ可守者也《マモルベキモノナリ》、」

神明とは不法不信の輩を仏道へ入れしめん方便に神として示現

（29ウ）夫《ソレ》一切《ヰチサイ》ノ神明《シンメイ》ト申《マフス》ハ、仏法《ブチホフ》ニヲヒテホカニハ違《イ》スルスガタヲシメシ、ウチニハ仏道《ブチダウ》ヲス、ムルヲモテ本意《ホンイ》トス、サテハ不法不信《フホフフシム》ノトモガラ、三悪道《サンアクダウ》ニ堕《ダチ》センコトヲカナシミ、ナニトゾシテイサ、カナル縁《エン》ヲムスビテ、ソレヲタヨリトシテ仏道《ブチダウ》ヘス、メイレシメンタメノ（30オ）方便《ハウベン》ニ神《カミ》トハアラハレタマフ、コノユヘニフカク生死《シヤウジ》ノ」ケガレヲイムハ、生死《シヤウジ》ノ輪廻《リンヱ》ヲイトフイマシメナリ、常《ツネ》ニアユミヲハコバシムルハ仏法《フチホフ》ヲス、ムルコ、ロナリ、シカレバ

生死を厭う

ホカニハ生死《シヤウジ》ヲイムヲモテ其儀《ソノギ》トスレドモ、ウチニハ生死《シヤウジ》ヲイトフヲモテ本懐《ホングワイ》トス、コノユヘニ　諸神本懐抄《シヨジンホングワイシヨ》ニモ、鼕々《ドウ〳〵》タルツヾミノヒヾキハ生死《シヤウジ》ノユメヲオドロカスタヨリ（30ウ）ナリ、」颯々《サテ〳〵》タルスヾノコエハ生死長夜《シヤウジヂヤウヤ》ノネフリヲサマスナカダチナリ、人《ヒト》利根《リコン》ニシテ因《イン》果《グワ》ニアキラカナルモノニハ、スグニ経法《キヤウホフ》ヲモテ済度《サイド》シタマフ、聖教《シヤウゲウ》ニクラク因果《インクワ》ニマドヘルヤカラニハ、ソノタ、リヲナシテ信心《シンシム》ヲトラシム、是則《コレスナハチ》今生《コンジヤウ》ノ寿福《ジュフク》ヲイノルハ結《ケチ》

諸神本懐抄

今生の寿福を祈るは結縁の始め

（31オ）縁《エン》ノハジメナルベケレドモ、神明権現《シンメイゴンゲン》ノ本懐《ホングワイ》ノ」至極《シゴク》ニアラザレバ、神《カミ》ノオンコ、ロニ

弥陀を信じ後生を願うは利物の終り

難《カナイガタシ》レ叶、弥陀《ミダ》ヲ信《シン》ジ後生《ゴシヤウ》ヲネガフハ利物《リモチ》ノオハリナルベケレドモ、チリニマジハル本意《ホンイ》ナレバ、マコトノチカヒニカナフベシトイヘリ、サレバ現世《ゲンゼ》ノ寿命《ジユミヤウ》福禄《フクロク》ヲイノルトモ、サ

神明仏陀の冥助

（31ウ）キノ世《ヨ》ノタネナキモノハエルコトカタシ、タヾ過去《クワコ》ノ宿善《シフゼン》ニムクフ修因感果《シユインカンクワ》ノ道理《ダウリ》」必然《ヒチゼン》ニシテ、神明仏陀《シンメイブチダ》ノ冥助《ミヤウジヨ》モカナヒガタシ、タトヒマタオモヒノゴトクカナイタリトモ、サカンナルモノハカナラスオトロフルナラヒナレバ、ヒサシクタモチガタク、ユメマボロシノ世《ヨ》ナレバイツマデカタノシマン、ハカナキ世間《セケン》ニノミフカク著《ヂヤク》シテ後世《ゴセ》ヲネガハズバ、

一向に念仏を申し極楽浄土を願うが諸神の意に叶う

（32オ）一切《ヰチサイ》ノ諸神《シヨジン》ハカナシミタマハンコトイクバクゾヤ、タヾ一向《ヰチカフ》ニ」念仏《ネンブチ》ヲ申《マフ》シ、極楽《コクラク》浄土《ジヤウド》ヲネガハヾ、アユミヲハコビタマバストモ、諸神《シヨジン》ヱミヲフクミフカクヨロコビヲナシタマフベシ、ヨク〳〵此趣《コノヲモムキ》ヲコヽロウベキモノナリ、

」

神は邪見の心を受け給わず後世を願わず信心なき人は邪見の極みなり

（32ウ）夫《ソレ》我《ワガ》身《ミ》清《シヤウ》浄《〲》ナリトイフトモ、ソノコヽロ邪見《ジヤケン》ナラバ、神《カミ》ハウケタマフベカラス、マタ我《ワガ》身《ミ》不浄《フジヤウ》ナリトモ、コヽロニ慈悲心《ジヒシム》アラバ、神《カミ》ハコレヲヨロコビタマフベシ、後世《ゴセ》ヲネガハス信心《シンシム》ナキ人《ヒト》ハ、是邪見《コレジヤケン》ノキハマリナリ、マタ他力本願《タリキホングワン》ノ念仏《ネンブチ》ヲ信《シン》ズル人《ヒト》ハ、則《スナハチ》慈悲《ジヒ》ノ

（33オ）コヽロナリ、我往生《ワガワウジヤウ》ヲトグルノミナラス、還相廻向《ゲンサウヱカフ》ノ徳《トク》ニヨリテ、」カヘリテ一切衆生《ヰチサイシユシヤウ》ヲ

念仏申す人は慈悲の心なり

神明は称名念仏申す行者を護り給う

十一月二十八日の報恩講

誠に心中より真宗の安心決定無き者

ミチビキテ、苦《ク》ヲヌキ楽《ラク》ヲアタフベキガユヘニ、念仏申人《ネンブチマフスヒト》ハ慈悲《ジヒ》ノコヽロナリ、カクコヽロヘテ一念《ヰチネン》ニ弥陀《ミダ》ヲ信《シン》ズルヒトハ、専《モツハラ》神慮《ジンリヤウ》ニカナヒ、現世《ゲンぜ》ノ冥加《ミヤウガ》モ有《アリ》、トリワキツカヘストモソノ利益《リヤク》ニハアツカルベシ、タヾ神明《シンメイ》ハ信心《シンシム》アリテ弥陀《ミダ》ノ浄土《ジヤウド》ヲネガフヒトヲ

（33ウ）ヨロコビ、専《モチハラ》称名《シヨウミヤウ》念仏《ネンブチ》申《マフ》ス」行者《ギヤウジヤ》ヲマモリタマフナリ、此趣《コノヲモムキ》ヲミナ〳〵信用《シンヤウ》スベキモノナリ、

（34オ）抑《ソモ〳〵》今月廿八日《コムクワチニシフハチニチ》ノ報恩講者《ホウオンカウハ》、昔年《シヤクネン》ヨリノ流例《ルレイ》タリ、コレニヨテ一宗《ヰチシフ》ノ道俗男女尼女房《ダウゾクナンニヨアマニフボフ》タラントモガラ、報恩謝徳《ホウオンシヤトク》ノ懇志《コムシ》ヲハコブトコロナリ、マコトニ二六時中《ニロクジチウ》ニヲヒテ称名《シヨウミヤウ》念仏申《ネンブチマフ》スコトハ、ムカシモ今《イマ》モ退転《タイテン》ナシ、是則《コレスナハチ》開山聖人《カイサンシヤウニン》ノ法流《ホフリウ》、一天四海《ヰチテンシカイ》ノ勧化比類《クワンクヱヒルイ》（34ウ）ナキガイタストコロナリ、」コレニヨテ七昼夜《シチヂユヤ》ノ時節《ジセチ》ニアヒアタリ、不信心《フシンシム》ノ面ゝ《メン〳〵》ニヲヒテハ、極楽往生《コクラクワウジヤウ》ノ信心決定《シンシムクヱチヂヤウ》セシムベキモノナリ、是則今月聖人《コレスナハチコムクワチシヤウニン》ノ御正忌報恩《コシヤウキホウオン》タルベシ、シカアラントモガラニヲイテハ、報恩《ホウオン》ノコヽロザシナキニニタルモノナリ、是《コレ》ニヨテ一流念仏者《ヰチリウネンフチシヤ》ト号《ガフ》スルナカニ、マコトニ心中《シムチウ》ヨリ真宗《シンシユ》ノ安心決定《アンシムクヱチヂヤウ》ナキ間《アヒダ》、或《アルイ》ハ名聞《ミヤウモン》、或《アルイ》（35オ）ハ」ヒトナミニ報恩謝徳《ホウオンシヤトク》ノ称名申《シヨウミヤウマフス》ヨシノ風情是有《フぜイコレアリ》、以《モテ》ノ外《ホカ》シカルベカラザル次第《シダイ》ナリ、

スデニヒマヲツイヤシ開山聖人《カイサンシヤウニン》ノ御前《オンマヘ》ニ参詣《サンケイ》ノトモガラ、イタヅラニ名聞《ミヤウモン》ヒトナミノ心《シム》底《テイ》ニマカスルコト口情《クチヲシキ》〔惜〕次第《シダイ》ナリ、スコフル不足《フソク》ノ所存《シヨゾン》トイヒツベシ、シカリトイヘドモ

真実の正念に赴くべし

(35ウ)改悔懺悔《ガイクヱサムクヱ》ヲイタシ真実《シンジチ》ノ正念《シヤウネン》ニヲモムカバ、イカデカ」聖人《シヤウニン》ノ御本意《ゴホンイ》ニ達《タチ》セザランヤ、コノヲモムキヲ老若男女《ラフニヤクナンニヨ》トモニカタクアヒマモルベキ者也《モノナリ》、

文明二年二月十一日

一心に阿弥陀如来に頼み助けを求むべし

(36オ)抑《ソモ〳〵》男子《ナンシ》モ女人《ニヨニン》モ、タヾ一心《ヰチシム》ニ阿弥陀如来《ワミタニヨライ》ヲ一念《ヰチネン》ニフカクタノミマイラセテ、御助《オンタスケ》サフ」ラヘトマウサン衆生《シユジヤウ》ヲバ、十人《ジフニン》ハ十人《ジフニン》、百人《ヒヤクニン》ハ百人《ヒヤクニン》ナガラ、コト〴〵クタスケタマフベシ、

疑う心露ほどもあるべからず

是更《コレサラ》ニ疑《ウタカフ》心《コヽロ》ツユホドモアルベカラス、カルガユヘニ先徳《センドク》ノ曰《イハク》、時時《トキトキ》ハケダヒスルコ(36ウ)トアリトモ、往生《ワウジヤウ》セマジキカトウタガイナゲクベカラス、弥陀如来《ミダニヨライ》」ヲ一度《ヒトタビ》タノミマイラセテ、往生決定《ワウジヤウクヱチヂヤウ》ノノチナレバ、モシケダイアルトキニハ、サテモアサマシヤ、カヽル懈怠《ケダイ》ノアルモノナレドモ御助《オンタスケ》ハ治定《ヂヂヤウ》ナリ、アラアリガタヤトウトヤトヨロコビ念仏申《ネンブチマフス》心《コヽロ》ヲ、他力大行《タリキダイギヤウ》ノ御《ゴ》サイソクトヲモヒ、行住座臥《ギヤウヂユザクワ》ニツネニ念仏《ネンブチマフ》申スベキ者也《モノナリ》、

解怠することありとも御助けは治定なり

命縮まるは極楽も近くなること

法然房源空上人の詠歌

行住座臥に常に念仏申すべし

（37オ）当流《タウリウ》ニハ他力《タリキ》ノ信心《シンシム》ヲモテ凡夫《ボンブ》ノ往生《ワウジヤウ》ヲサキトセラレタルトコロニ、ソノ信心《シンシム》ヲ決定《クヱチチヤウ》シタマヘルカタハ、メデタキ本望《ホンモフ》コレニスグベカラス、サリナガラソノマ、ウチステ候ヘバ、信心モウセ候ベシ、細ゝニ信心ノミゾヲサラヘテ弥陀ノ法水ヲナガセトイヘルコトアリ、（37ウ）マコトニ一日スデニ暮ナバ命モツヾマリ、極楽モ」チカクナルコトヨトヲモヒ、夜《ヨ》モアケナバキノフノムカシニ今日《ケフ》ハカワリ、一夜《ヰチヤ》未来《ミライ》ガチカクナル、イマヤ往生《ワウジヤウ》ノ期《ゴ》モキタラント由《ユ》〔油〕断《ダン》ナク仏恩《ブチオン》ヲヨロコビタマフベシ、サレバ　空上人《クフシヤウニン》ノ詠歌《エイカ》ニ曰《イハ》ク、極楽《ゴクラク》ハ日日《ヒビ》ニチカクゾナリニケリアハレウレシキ老《ヲイ》ノクレカナ、トヨマセタマヘリ、コノウタノコ、ロ（38オ）ノゴトク」ニ、昼夜不断《チウヤフダン》ニ御恩《ゴオン》ノフカキコト、極楽《ゴクラク》ノチカヅクコトヲヨロコビ、行住座《ギヤウヂユザ》臥《グワ》ニツネニ念仏《ネンブチ》ヲマウスベキモノナリ、

（38ウ）夫《ソレ》タマ〳〵人身《ニンシン》ヲウケ、无量世《ムリヤウセ》ニモアヒガタキ本願《ホングワン》ニアヘリ、コノタビ生死《シヤウジ》ヲハナレテ」无上《ムジヤウ》ノ仏果《ブチクワ》ニイタランコト、イママサシク是時《コレトキ》ナリ、コノタビ弥陀《ミダ》ノ本願《ホングワン》ニスガリテ西《サイ》方浄土《ハウジヤウド》ヘマイラズシテハ、无数劫《ムシユコフ》ニモ成仏《ジヤウブチ》トゲガタク三途《サンヅ》八難《ハチナン》ニシヅミ、六道《ロクダウ》四生《シシヤウ》ニメ

急ぎ今日より弥陀如来の他力本願を頼むべし
女人の身は五障三従
阿弥陀如来は悪機を助け給える御姿
(39オ)
グリテ、トコシナヘニ苦患《クグエン》ヲウケンコト、後《コフ》」悔《クワイ》ストモ、タレカスクハンヤ、イソギ今日《コムニチ》
ヨリ弥陀如来《ミダニヨライ》ノ他力本願《タリキホングワン》ヲタノミ、一向《ヰチカフ》ニ无量寿仏《ムリヤウジユブチ》ニ帰命《クヰミヤウ》シテ、真実報土《シンジチホウド》ノ往生《ワウジヤウ》ヲネガ
ヒ、称名念仏《シヨウミヤウネンブチ》セシメ、イキタヘマナコトヂントキ、娑婆《シヤバ》ヲイデ、浄土《ジヤウド》ニ生《ムマレ》、長時《ヂヤウジ》ニ无量《ムリヤウ》
ノ快楽《クヱラク》ヲウケンコトハ、ヨロコビノナカノヨロコビニアラズヤ、コノウヘニハ」ナヲ〳〵
(39ウ)
タフトクオモヒタテマツラン心《コ、ロ》ノヲコラントキニハ、南無阿弥陀仏《ナモワアミダブチ》〳〵ト念仏申《ネンブチマフス》ベシ、
是則仏恩報謝《コレスナハチブチオンホウシヤ》ノ念仏《ネンブチ》ト申《マフ》スナリ、コノオモムキヲ心底《シムテイ》ニトヾムベキ者也《モノナリ》、」
(40オ)
夫一切《ソレヰチサイ》ノ女人《ニヨニン》ノ身《ミ》ハ、五障三従《ゴシヨウサンシヨウ》トテ、男《ヲトコ》ニマサリテカ、ル深《フカ》キツミノアルナリ、是《コレ》ニヨ
リテ、ナニトコ、ロヲモチ、マタナニト阿弥陀仏《ワアミダブチ》ヲタノミマイラセテ、他力《タリキ》ノ信心《シンシム》トイフ
コトヲキ、ワケ往生《ワウシヤウ》ヲネガイタマフゾナレバ、ナニノヤウモナク、タヾ我身《ワガミ》ハ罪業深重《ザイゴフジンヂウ》
(40ウ)
ノアサマシキ女人《ニヨニン》ノ身《ミ》ソト」オモヒテ、フカク阿弥陀如来《ワアミダニヨライ》ハカ、ル悪機《アフキ》ヲタスケタマヘル
御《オン》スガタナリトコ、ロヘマイラセテ、フタゴ、ロナク弥陀《ミダ》ヲタノミタテマツリテ、御助《オンタスケ》
サフラヘトオモフ心《コ、ロ》ノ一念《ヰチネン》ヲコルトキ、カタジケナクモ如来《ニヨライ》ハ八万四千《ハチマンシセン》ノ大光明《ダイクワウミヤウ》ヲ放《ハナチ》テ、
(41オ)
其身《ソノミ》ヲ摂取《セフシユ》シタマフナリ、是《コレ》ヲ弥陀如来《ミダニヨライ》ノ念仏《ネンブチ》ノ行者《ギヤウジヤ》ヲ摂取《セフシユ》」シタマフトイヘルハ、コ

ノヲモムキナリ、コノ心《コヽロ》ヲ信心《シンシム》ヲヱタル人《ヒト》トハイフナリ、コノウヘニハネテモサメテモ、
タツテモイテモ、南无阿弥陀仏《ナモワアミダブチ》ト申《マフ》ス念仏《ネンブチ》ハ、弥陀《ミダ》ニハヤタスケラレマイラセヅルカタジ
ケナサノ御恩《ゴオン》ヲ、南无阿弥陀仏《ナモワアミダブチ》ト唱《トナヘ》テ報《ホウ》ジ申《マフ》ス念仏《ネンブチ》ナリトコヽロウベキナリ、カヽル不可《フカ》
（41ウ）思議《シギ》ノ宿縁《シフヱン》ニアヒマイラセテ、」无上殊勝《ムジヤウシユシヨウ》ノ他力《タリキ》ノ一法《ヰチホフ》ヲ聞分《キヽワケ》候《サフラフ》コト、アラアリガタヤ、
トフトヤト、ミナ〳〵行住坐臥《キヤウヂユザクワ》ニヨロコビ申《マフ》スベキ者也《モノナリ》、
明応七年八月廿二日書之、

親鸞聖人の出自

（42オ）夫開山聖人《ソレカイサンシヤウニン》ハ、皇太后宮《クワウダイコクフ》ノ太臣《タイシン》〔大進カ〕（日野）有範《アリノリ》ノ御子息《ゴシソク》ナレバ、マコトニカヽル果報《クワホウ》メデタキ御家《オンイヘ》」
ニムマレサセタマヘバ、三公九卿《サンコウキフケイ》ノ位《クラヰ》ニモノボリ、玉《タマ》ノ冠《カンムリ》ヲイタダキ、石《イシ》ノ帯《ヲビ》ヲマトヒ、
綾羅《レウラ》ノ袂《タモト》ヲカサネ、金殿《キンデン》ノ甍《イラカ》ヲフミ、龍顔《レウガン》ニ咫尺《シセキ》シタマヒテ、アルトキハ歌《ウタ》ノ莚《ムシロ》ニ吟興《キンケウ》ヲ
（42ウ）ツクシ、アルトキハ舞《マヒ》ノ宴《ヱン》ニ管絃《クワンケン》ヲ」奏《ソウ》シ、栄花《ヱイクワ》ニホコリ栄耀《ヱイヨウ》ニアマリタマフベキ御身《オンミ》
ナレドモ、西方弥陀如来《サイハウミダニヨライ》ノ御化身《ゴクヱシン》トシテ、煩悩《ボムナウ》ノ林《ハヤシ》・生死《シヤウジ》ノ園《ソノ》ニイリ、五濁悪時悪世界《ゴヂヨクアクジアクセカイ》
ニヲモムキ、他力念仏《タリキネンブチ》ヲス、メタマフ、西方《サイハウ》ノ一門《ヰチモン》ヲヒラキ、弘願他力《ググワンタリキ》ノ一法《ヰチホフ》ヲス、メタ
（43オ）マフベキ内因《ナイイン》ノキザシ有《アリ》、造悪不善《ゾウアクフゼン》ノ悪人女人《アクニンニヨニン》スデニ三悪道《サンアクダウ》ニシヅミ」ナントスルヲ観《クワン》ジ

九歳の春慈鎮和尚の坊にて得度

タマフコト、タトヘハ幼《イトケ》ナキ子《コ》ガ井《イ》ノホトリニアソブガゴトクナレバ、ハヤクモス、メテ極楽《ゴクラク》ニ引接《インジヤウ》ナサント思召《ヲボシメシ》、利生《リシヤウ》ノ外縁《ゲエン》ニモヨホサレタマイテ、九歳《クサイ》ノ春《ハル》ノコロ、則人皇《スナハチニンワウ》八十一代安徳帝《ハチシフヰチダイアントクテイ》ノ御宇《ギヨウ》養和元《ヤウワクワン》辛《カノト》丑《ウシ》年《ネン》ニ、御父有範卿《オンチヽアリノリキヤウ》ノ御兄範綱卿《オンアニノリツナキヤウ》ト相具《アヒグシ》ナサレテ、慈鎮和《シチンクワ》(43ウ)尚《シヤウ》ノ」貴坊《キバウ》ニテ鬢髪《ビンバツ》ヲ剃除《テイヂヨ》シ、墨《スミ》ノ衣《コロモ》ニ御身《オンミ》ヲマトイ、天台三観仏乗《テンダイサングワンブチジヤウ》ノ理《リ》ヲ修学《シユガク》シタマイテ後《ノチ》、専修念仏《センシユネンブチ》ノ真門《シンモン》ニイリタマヘリ、カクノゴトク御苦労《ゴクラフ》ハ是皆我等衆生《コレミナワレラシユジヤウ》ノタメナリ、男子《ナンシ》モ女人《ニヨニン》モ御恩《ゴオン》ノフカキコトヲオモフベキ者也《モノナリ》、

別して神を信ぜずとも弥陀

(44オ)抑《ソモ》〱一向一心《ヰチカフヰチシム》ニ念仏申《ネンブチマフス》行者《ギヤウジヤ》ハ、神明《シンメイ》ノ御本懐《ゴホングワイ》ニ達《タチ》シ、フカクヨロコビマモリタマフニヨテ、男子《ナンシ》モ女人《ニヨニン》モ信心決《シンシムクヱチ》定《ヂヤウ》ノ人《ヒト》ハ、別《ベチ》シテ神明《シンメイ》ヲアガメザレドモ、弥陀一仏《ミダヰチブチ》ヲ信《シン》ズルウチニ、神明仏陀《シンメイブチダ》モコモリ候《サフラフ》、ムカシモ南都《ナント》ニ一《ヒトリノ》学匠《カクシヤウ》アリ、春日《カスガ》ノ祠《ヤシロ》ニ参籠《サンロウ》セシニ、夢《ム》(44ウ)中《チウ》ニ明神《ミヤウジン》ト言語《ゴンゴ》ヲマジユ、明神《ミヤウジン》ノ」御音《ミコヱ》ヲノミキ、テ明神《ミヤウジン》ノ面《ヲモテ》ハカクシタマヘリ、ソノユヘヲトヒタテマツリシカバ、汝《ナンヂ》ガ学文《ガクモン》ノ功《コフ》ガアリガタクヲボユレバコソ問答《モントウ》モスレ、汝《ナンヂ》ガヤウナル名門《ミヤウモン》フカキ信実《シンジチ》ノ信心《シンシム》ノナキガカナシクヲモイ、ウタテサニ面《ヲモテ》ハムケタフモ(45オ)ナキゾト答《コタ》ヘマタヘリ、シカレバ神《カミ》ヲ別《ベチ》シテ信《シン》ゼスアガメネドモ、弥陀如来《ミダニヨライ》ヲ深《フカク》」信《シン》ズル

の信心誠なればば神は喜び給うべし

称名念仏に勤めるが一切諸神の御本意

信心《シンシム》ダニマコトナレバ、一切《ヰチサイ》ノ神《カミ》ハフカクヨロコビタマヘリ、若一念《モシヰチネン》モ神明《シンメイ》ヲカロシメソシルコヽロアラバ、弥陀如来《ミダニヨライ》ヲソシル道理《ダウリ》ナリ、タヾネテモサメテモ仏恩御慈悲《フチオンオンジヒ》ノフカキコトヲヨロコビ、称名念仏《シヨウミヤウネンブチ》ニ懈怠《クヱダイ》サヘナケレバ、一切諸神《ヰチサイシヨジン》ノ御本意《ゴホンイ》ニ達《タチ》スルモノナリ、ヨク〳〵此趣《コノヲモムキ》ヲコヽロウベキ者也《モノナリ》、」

（45ウ）右《ミギ》、此条々《コノデフ〳〵》ノヲモムキ、ヨク〳〵コヽロウベキ者也《モノナリ》、近代《キンダイ》ハ仏法《フチホフ》ヲ人皆聴聞《ヒトミナチヤウモン》セシムルトハイヘドモ、一往《ヰチワウ》ノ儀《ギ》ヲキヽテ真実《シンジチ》ノ信心決定《シンシムクヱチヂヤウ》ノ人《ヒト》コレナキ間《アヒダ》、一流《ヰチリウ》ノ安心《アンシム》モウト〳〵」

（46オ）シク候間《サフラフアヒダ》、他力《タリキ》ノ信心一《シンシムヒトツ》ヲ面〻《メン〳〵》アナカシコ〳〵心底《シムテイ》ニ受持《ジュヂ》スベキ者也《モノナリ》、」

釈善應上人（花押）」

（自筆、巻子本、巻紙、縦一七・九糎、横一七九・一糎）

三七　善阿上人御消息

抑一流血脈相伝者、他力信心の趣といふは、何の様もなく在家無智のあさま敷五障女質、極悪の凡夫たりとも、唯諸の雑行雑修なんといへる僻める思ひを皆うちすてゝ、此度一大事の後生御助け候へと、一念弥陀如来に帰命し奉れハ、念をへたてす時を不経、遍照無㝵

衆生光明遍照
十方世界念仏
摂取不捨

信心歓喜

の大光明を放ち給ひて、其人を摂取而捨てたまハす、一期の間は彼心光に照護せらるゝ也、されハ此意を経にハ、光明遍照、十方世界、念仏衆生、摂取不捨とハ説給へり、又信心の躰とゆふハ、経に曰、聞其名号、信心歓喜となんいへり、誠に宿善開発して南無阿弥陀仏の所謂をよく聞開きぬれハ、我等一切衆生の平等に助かりつるすかたなりとしらるゝなり、次に信心歓喜といふハ、往生の一事は帰命の一念に、忝も仏の方より治定せしめたまふと信すれハ、歓喜の思ひ自ら不議身口の二業に顕れ候物をや、此人を社平生業成の行者と談し、即得往生の人とは示したまふなり、既に和讃にも、若不生者の誓ひゆへ、信楽実に時至り、一念慶喜する人ハ、往生かならす定ぬと述給へり、然れハ信心獲得の身ハ弘誓大悲の恩徳を存し、時〻講会の砌には、互ひに信心の有無おも沙汰し、行住座臥の四威儀によらす、恭敬の心に執持して報謝の称名せしむへき者也、穴賢〻〻、

釈善阿（花押）

明和三歳
四月日

和讃講中江

付　善念上人御消息（安永七年五月）

（善阿上人御消息ノ奥ニ収ム、自筆、巻紙、縦一七・八糎、横四一・〇糎）

経蔵建立につき随分の施財を頼む

右　前住上人文の通、面〻信心決定あるへきこと肝要ニ候、なを又此度おもひ立候経蔵建立の義、旧来の志願たる間、おの〳〵報謝の誠を抽て、随分之施財頼むことに候なり、

安永七戊戌五月日　　釋善念（花押）

御経講中江

三八　善念上人御消息

（自筆、巻紙、縦一九・二糎、横二五二・〇糎）

阿弥陀如来の大願

光明と名号を以て往生浄土の因縁と定めたまう

正信偈文

抑阿弥陀如来と申奉るハ、いかよふなる仏そ、又いかなる機の衆生を助たまふそなれは、諸仏の御手に漏たる悪人・女人を、われ独助すくわんと大願を起《ある》して、五劫に思惟を尽し、永劫に修行をつとめたまひて、既厥願成就して阿弥陀仏となりましします、しかるに此阿弥陀如来にハ、光明と名号の二をもつて往生浄土の因縁とさためたまふなり、かるかゆへに正信偈文の中《ナカ》に光明名号顕因縁と示して、先此辺照無㝵の光沢に逢奉りぬれは、積《ツモ》るとこ

南無阿弥陀仏の尊号の意
南無二字の意
阿弥陀仏四字の意

ろの罪障みなきえて、此光明の中に摂取せらるゝなり、されは信心の定るといふも、此光明に逢たてまつる時尅ときこへたり、又南無阿弥陀仏といへる尊号ハ、われらをやすく助たまへるいわれを顕《アラ》したまふ御姿なり、先南無の二字は、阿弥陀如来を一心一向にたのミ奉る意なり、又阿弥陀仏の四字は、たのみたてまつる衆生を光明の中におさめとりて、一期の命つきなは、かの極楽浄土へおくりたまへる意なり、されは南無阿弥陀仏の六字ハ、われらか浄土に往生すへき御ことわりそといまわしられて、いよ〳〵難有たのもしく、たつとみよろこひたてまつりて、御恩報謝の念仏行住坐臥に称へきものなり、穴賢ゝゝ、

今度の当山再興すみやかに成就せしめたし

右ふミのことく、信心決定あるへきこと肝要なり、猶又今度当山の再興すみやかに成就せしめたく候間、相ともに仏祖の御恩徳をふかくよろこひ奉り、懇《コン》志の丹情を可被抜ものなり、

釋善念（花押）

天明七丁未三月

惣講中江

三九　善念上人御消息

（自筆、巻子本、巻紙、縦一七・五糎、横二六〇・〇糎）

阿弥陀如来の四十八願第三十五女人往生の願

抑阿弥陀如来の四十八願の中に、第三十五の願を、女人往生の願といへり、又は仏にならんすらんことの疑をはらさんために、女人成仏の願とも名つけたり、その願文にのたまわく、其有女人、聞我名字、歓喜信樂、発菩提心、厭悪女身、寿終之後、復為女像者、不取正覚と誓ひたまへり、此願のこゝろハ、たとひわれ仏をえたらんに、十方世界の女人本願の名号をきゝて歓喜信樂して菩提心をおこし、女身をいとひにくまんに、命終《いのちをわる》の後女身たらハ、正覚ならしと誓たまへり、

第十八念仏往生の願

問云、第十八念仏往生の願に、既に十方衆生と誓たまふ、しかれハ諸の善人悪人・男子女人一切ミなもるゝものあるへからす、なんかゆへに別願をおこしたまふ、いかんか是を意得へきや、

別願を立てらる意

答曰、第十八願に男女をゑらはす助たまふこと明なりといへとも、かさねて此願を建たまふハ、大慈大悲のふかく限なきなり、そのゆへハ、女人の身ハ男にまさりて罪ふかく障多し、又疑のこゝろふかきによつて、別願を挙たまへり、このこゝろを和讃に聖人のいわく、弥陀の大悲ふかけれは、仏智の不思議をあらわして、変成男子の願をたて、女人成仏ちかひたり、

弥陀の名願

又いわく、弥陀の名願によらされは、百千万劫すくれともいつゝのさわりはなれねハ、女身をいかてか転すへきとなり、

はしめは三十五の願文を釈し、後にわ〔は、以下同ジ〕善導和尚の釈文を現せり、まつ弥陀の名願といふハ、念仏往生の本願、すなわち南無阿弥陀仏なり、この本願を信せすしてハ、千劫万劫にも女身を転すへからすとなり、されは无始よりこのかた三塗にしつみ六道に輪廻して、とこしなへに苦患をうけんこと、いかにかなしむともたれかすくわん哉、しかるに阿弥陀如来こそわれひとり助んとある無上の大誓願をおこしたまへり、此本願をたのミたてまつりて、一念南無と帰命したてまつれは、正定聚の位に住して命をわらんとも、女身を転し浄土にむまれて、入仏大会証悟无性の悟をひらき、長時永劫無為の法楽をうけんこと、よろこひのなかの歓なにことか是にしかん、たゝ一向に本願に帰し念仏申すへきなり、穴賢ゝゝ、

入仏大会証悟无性の悟りただ一向に本願に帰し念仏申すべし

かへす〳〵、女人の身ハ、男にまさりて罪ふかく障多き事、処ゝ《しょく》経論に説あらわしたまへり、しかるに今此文にしるすことく、大経にわ三十五の願をたてゝ、別して女人を救ひ、観経にわ韋提希夫人のために念仏往生を闡《ひらき》、小経にわ善女人と説たまふ、されハ一切衆生の中に女人を先とし悪人を本とたすけたまふ事のありかたさたつとさをおもわは、ふかく本願を信し仏恩報尽の念仏、行住坐臥に称へきものなり、

阿弥陀経には善女人と説き給う

證誠寺

寛政十二庚申年
善念（花押）
夏六月廿七日

当国川北
尼女房講中江

越前国川北尼
女房講中

四〇　善超上人御消息写

（表紙）

再興御書盡

（袋綴、縦二五・一糎、横一六・七糎）

○本書に、三通の御消息を収録す、いま便宜年紀に従い、分割収載す（四〇、三九、四二）、但し、三九は原本を以て収載。

文政四年十二月二十三日御影堂焼失
前住上人の尽力再建せしもの

（1オ）

御再興御書

抑去ヌル文政四トセノ冬十二月廿三日、思ヨラヌ御影堂ニ火有トイフ程コソアレ、オリフシ魔風シキリニ吹オチテ炎ホ空（マヽ）ニトヒ、煙リ軒《ノキ》ニウツ巻トミル程ニ、前住上人（善念）ノサシモコ、ロヲ盡サセタマヒシ魏々タル大堂、タチマチ目ノ前ニホロヒウセテ、一場ノ夢トナリ（1ウ）畢ヌ、其カミ諸方ノ門葉日夜ニ身《ノ》命ヲ《ヲ》」ナケウチ、又莫太（大）ノ懇志ヲ運ヒテ柱ヲタテ棟ヲ上シヨリコノカタ、イマタイクハク年月モ過サルウチニ、フタ、ヒカ、ル有サマ、コレソマコトニ人間有為ノナラヒ、イマサラオトロクヘキニアラストイヘトモ、ミルニ目モクレ魂（2オ）消テ、悲歎ノヲモヒシハラクモヤム事ナシ、

悲歎の思い暫くも罷むこと無し

シカレトモ仏日猶地ニオチスシテ、祖師聖人（親鸞）ノ真影ヲ始奉リ、」其余ノ画像・木像恙ナク煙リノナカヲ守護シ奉リ、今別殿ニ安坐ナラシメ奉ル事、ヨロコヒトナケキトコモ〳〵胸ニセマリテ、袖ノナミタイト、ヒカタクコソハオホヘ侍レ、ソレニツケテモ、ワカ山元ノ一流ヲ汲、聖人ノ御門葉ノタラン身ハ、老若（2ウ）ト男女トヲイハス、コトサラニコノ世ノ常ナキ事ヲ思ヒ、明日シラヌ」命ノホトヲカヘリミテ、片時モ早ク一念帰命ノコトワリヲ聴聞シテ、信心決定可有事肝要ニ候、扨其信心ノ

片時も早く信心決定あるべ

きこと肝要
雑行雑修自力
なんといえる
悪き心を振り
捨てよ

正定聚の分人

親鸞聖人勧化
の恩徳喩うべ
きもあらず

骨を砕き身を
粉にしても報
ずべし

此度の火災は
懶堕心懈怠心
の御戒めか

懇志の丹精を
抽んでて再建

趣ト云ハ、何ノ様モナク、モロ〳〵ノ雑行雑修自力ナントイヘルワロキ心ヲ振捨テ、一心ニ阿弥陀如来ワレラカ後生ノ一大事御助候ヘト頼奉ルハカリ也、此頼ム一念ノ立処ニ无始（3オ）ヨリコノカタ、六趣」四生ノ間ニ置テ造リト作レル輪廻ノ妄業、コト〳〵ク弥陁ノ大悲願力ニホロホサレテ、涅槃究竟ノ真因ハシメテキサスカ故ニ、我等コトキ煩悩成就ノ身タリナカラ、摂取不捨ノ光益遇《にひ》奉ル、シカルニ娑婆ノナラヒ、モトヨリ老少不定ナレハ、兄ニ（3ウ）前立子ニオクル、ノ差別ハ有トモ、一期ノ命ツキテ草庵ニ眼ヲ閉ルユフ」ヘ、則无漏ノ宝国ニ生レ、涅槃常住ノタノシミヲ受ヘキ身ナルカ故ニ、是ヲ正定聚ノ分人トハ申也、マタクコレ如来智願ノ回向ナルユヘニ、此一念ノ時、速ニ往生ノ業事成弁ストコソ受玉ハリ候ヘ、此広大ノ仏恩、行住坐臥ニ憶念称名シテ深ク喜ヒ奉ル可《シ》、サレハ時末代トハイヒナカ（4オ）ラ、カヽル要法ニ逢奉リ、曠劫」多生ノ輪廻ノキツナヲ切、安養ノ往生ヲ期スルコト、偏ニ祖師聖人ノ勧化ノアマネキカ致処也、此恩徳ノ広大ナル事、迷盧高シト云ヘトモ蒼溟深シト云ヘトモ、喩《フ》ヘキニアラス、骨ヲクタキ身ヲ粉ニシテモ報スヘキ事ニテ候《也》、シカルニ（4ウ）此度、カヽル火災ニ合コトモ、偏ニ是予カ懶堕心懈怠ノ心中ヲイマシメタマフカト（マヽ）、」冥慮ヲハ、カリヲソレ侍リ、アハレ何トソ遠カラヌウチニ御影堂成就シテ、二《フタ》度ヒ真影ヲウツシ奉リ、百万端ノ報謝ニ擬セント思フ処也、然《レ》者、一流ノ門葉予カ志ヲタスケ、祖師深

成就せしむる様に偏に頼みたし

重ノ恩徳ヲ思ヒ、懇志ノ丹精ヲ抽テ再建成就セシセ《ム》ル様、偏ニ頼ミ思フ処ニ候也、穴賢〻〻、

（5オ）

文政五年閏正月廿八日

山元寺務

善超御在判

（5ウ）

惣末寺中

惣門徒中

四一　善超上人御消息

（自筆、巻子本、継紙、縦三一・五糎、横一九五・八糎）

天正元年兵火により山元の仏閣全て焼失寺墓を所々に遷す

去ぬる天正元年のころかとよ、山元の仏閣のこりなく兵火の為にほろひうせし後ハ、しきりに世故の多難にかゝりて、こゝかしこと移住せしほとに、わつかに真影安置の一宇をミいとなミ来りて、如来の尊容をある時ハ脇檀に安し、あるときハ唯かたはかりの処に拝ミなれ奉る事、すてに二百六十余回の星霜をへたり、されハ歴代の寺務職そのなかにハ、

普く喜捨の浄財を募り一宇を造立することは思立つ

蓮如の御文

此度の再興

弥陀堂再営の志ある人もをさ〳〵侍りつらんなれ共、時いまた到らすして、きのふけふまても聖容を破窓の露にうるほし、霊光を頽簷の塵にけかし奉ること、あに悲歎なきことをえんや、しかるに愚老か年齢すてに六十歳に近く《過侍りて》命終の期足下にのそめり、居なから暖衣飽食して信施を費さんよりハ、あはれいくほともなき身命を仏恩報謝の方になけうち、自他を勧誘して普く喜捨の浄財をつのり、更に一宇を造立して大悲の聖容をうつし奉らはやと思ひたちぬ、此心もし冥慮にそむくことなくんハ、志願尤空しからし、伏て望らくハ、四方有縁無縁の男女、仏法の興隆をよミんし報謝の誠をいたす輩、ともに予か悲懐をたすけて仏閣の成立を期せんことを、けたし我一流の門徒に於てハ、とり分こゝろえおかるへき次第あり、其故いかんそなれハ、大谷の中興（蓮如）上人文明七年の文にいはく、たとひ此七日の報恩講中に於て足手をはこひ、人まねはかりに報恩謝徳の為と号す共、更に以何の所詮も有へからさるものなり、されハ弥陀願力の信心を獲得せしめたらん人の上に於てこそ、仏恩報盡共、又師徳報謝なんと共申すことハあるへけれと、是信心なくして名聞人並の心底を深く誡め給ふところ、まことに尊き遺訓と申すへく候、しかれハおの〳〵此たひの再興に付ても、まつ我身の出離の一大事をいくたひもかへりミて、あひたかひに信心の得否を申合さるへきこと肝要にてこそ候へ、我人宿因多幸にして、四海泰平の日に生れ、仏法

阿弥陀如来に我等が後生助け給えと頼み奉るべし

如来御座所の経営にも丹精

聴聞にもいさゝかことかくましき身にて有なから、不法懈怠にあかしくらし、慚愧の心とてハ露はかりもなく、いまにもあれ絶息閉眼セハ、ふたゝひ三悪の火坑におちいりて、長時永劫の苦をうけんこと、かへす〳〵もくちをしく浅ましき次第にあらすや、心をしつめてひそかに思慮をめくらさるへきことにて候、一人なり共愚老かこの教諭に耳おとろきて、如来招喚の勅命に一念信順し申さるへきそならハ、十劫の暁よりやるかたなき大悲の御胸をやすめ奉り、此上の御よろこひや候へき、されハ珍らしからぬくりことにて候へ共、祖師已来相承の安心の一途、又〻申述候へし、これを明らかに聴聞ありて未了解の人〻ハ、いそき信心を決定し、かきりなき御恩徳を念報申さるへし、其信心を決得すと申ハ余のことにあらす、雑行雑修自力なんと申ひかおもひをミなふりすてゝ、一心に阿弥陀如来我等か今度の一大事の後生御たすけ候へとたのミ奉るはかり、此一念のたち所に其まゝ光明中に摂取せらるゝ我身そと、聞ひらくより外ハ是なく候、此一念発得して冥加をつゝしミ、真実に他力仏恩の称名を相続する族をさして、かたしけなくも釈尊ハ則我善親《チカキ》友とほめさせ給ひ、宗祖ハことに御同行御同朋とまてかしつかせ給ひて候、されハ吾等凡夫の有漏の穢身ハ猶此娑婆にありなから、はやすてに入正定聚の巨益を蒙り奉ると申ことハ、上もなき大果報の身の上にて候、此信心教への如く、領納したらん身ハ足手をはこひ、如来御坐

の懇志を抽んでられたし

処の経営にも丹精の懇志を抽てられ候ハヽ、夫こそ如来・聖人の御こゝろにもあひかなひ、如実に修行する他力念仏の行者とハ申へきことにて候也、穴かしこ〳〵、

天保十三年

仲春之日

山元寺務

釋　善超（花押）

惣門徒中

四二　善超上人御消息写

○四〇ノ冊子中ニ収ム、

親鸞聖人の正像末和讃

（10オ）竊ニ惟見（マヽ）ハ、吾祖聖人ノ正像末和讃ニ、造悪コノム我弟子ノ、邪見放逸サカリニテ、末世ニワカ法破スヘシト、蓮華面経ニ説玉フト宣ヘリ、当時此コロノ世ノアサマシサ申モナカ〳〵オロカ也、人間ノ定命ステニ五十年ノ今、暫時ノ栄利ヲ貪ランカ為ニ歴代拝瞻ノ仏祖（10ウ）ヲ棄奉リ、アマサヘ親属」門葉ノ愁若悲歎ヲモ顧ミサル人ハ、夫何ノ心ソヤ、爾ルニオノ

一念帰命の他力信心を決定すべし

師を謗る者は謗法の者親を謗る者は五逆の者という

川北惣同行中

〳〵ニ於テハ、此度ノ異議邪説ニモ惑ハサレス、本廟崇重ノ心モ今ヒトキハ、昔ニマサリ
（11オ）テ見エ侍ル事、如来・聖人ノ冥慮サコソトオシハカラレ侍リテ、尊ク有難クコソオホヘ候
ヘ、カヘス〳〵モ一念帰命ノ他力信心ヲ決定シ、アケクレ仏恩報盡ノ称名ヲ」本トスヘキ
身ノ上ニ於テハ、第一ニ地頭・領主ヲ外護ノ知識ト敬ヒ、仏法ニツケ世法ニ付、タヽ穏ヤ
カニウツクシク一期ヲ送ラルヘキ事、当流ノ掟ヲソムカヌ念仏行者ノスカタナル可シ、事殊
ニ末灯抄ト申ス聖教ノ中ニハ、善知識ヲオロカニ思ヒ、師ヲソシル者ヲハ謗法ノ者ト申ス
（11ウ）也、親ヲソシル者ヲハ五逆」ノ者ト申ス也ト、深ク誡シメ玉ヒテ候ヘハ、是等ノ御遺訓ヲ
モ常〻思ヒ謀リテ共同行ニモムツマシク、イヤマシニ法義相続可有事モトモ肝要ニ候モノ
ナリ、穴賢〻〻、

天保十五年十二月

善超　御在判

（12オ）川北惣同行中」

四三　善融上人御消息案

（自筆、巻子本、巻紙、縦一七・〇糎、横二七一・七糎）

急ぎて生死得脱の道を求むべし

阿弥陀如来に帰命する一念の信心

そもく当流において次第相承せる宗の肝要と申ハ、あまねく門末をして一味の安心決定せしめ、其うへにハ報謝の称名相続の輩も繁昌せしむるやうとおもふ計に候、しかれハ我一流の門徒たらん輩ハ、老若男女にかきらす一同ニいそきてもとむへきは、出離生死の一事に極り候、既に善導大師の言葉にも、人間忩々として衆務をいとなめハ、年命の日夜に去る事をおほへすと宣へり、我も人も此世一旦の境界にのミ執着して、未来の一大事をハそれとも思はす、いたつらに光陰を送りて、又もめつらしからぬ三途の旧里にかへり、ふたゝひ長時永劫の苦を受んことハりとも悲歎すへきことにハ非すや、是によりて各々はやく有縁の要法に帰して、生死得脱の道をもとむへき也、夫に就て我開山聖人（親鸞）より相承する正意の安心といふハ別の事にハあらす、まつもろくの雑行雑修自力のこゝろをふり棄て、我等か今度の一大事後生助け給へと、弥陀如来に帰命する一念の信心をもて、宗の肝要と伝ふる所なり、しかれハ我身をかへりみれハ、煩悩成就の凡夫・女人、永く出離の道を失ひ、三悪趣ならてハ外にゆくへき方もなき身なりけるを、かたしけなくも弥陀大悲の誓願のミかゝる機をむねとして捨て給はす、濁世の悪機を本と救ひましますハ、たゝこれ願力

无上涅槃の妙果

善念上人五十回忌の法会

片時も早く一念帰命の信心を領納すべし

師徳報謝の志

の不思議なりと信して、露計も疑ふ心を交へす一念帰命し奉る行者なれハ、如来ハたゝちに心光をもてその衆生を摂取して捨て給はす、命終れハすミやかに无上涅槃の妙果を証すへき身とハ成給へり、此心を聖人ハ能発一念喜愛心、不断煩悩得涅槃とハ示し給へり、しかるに我等宿因多幸にして真宗の家に生れ、超世の悲願にもふあい奉り、万劫にも得かたき信心を取て、安養の往生を期する身となりし事、是ひとへに宗祖聖人の恩沢の致す所也、ことに今年ハ前〻住上人（善念）五十回の忌辰に相あたり、かねてハ歴代相承の知識の遠回等も相重り、○三月初の比よりして かたの如く法会を修せんと思ふ所也、是につけても一流を汲○《み聖人の御》門葉たらん人〻ハ、《貴賤老若をいはす》何れもまつ《とく》生死無常の遁れかたき事を知りて、片時もはやく一念帰命の信心領納申さるへき事ニ候、されハ大谷の中興（蓮如）の上人ハ、この信心を獲得せすハ極楽にハ往生せすとものたまひ、又ハ《或ハ》いのちのうちに不審もとく〱はれられ候ハてハ、定て後悔のミにて候はんとも呉〻いましめおかれしうへハ、後生の《我未来》一大事かならすなをさりにせす未安心の人〻においてハ、いそき此度《たび》の法会を所縁《ゑん》となし《して》取つめて信心決定申さるへき事肝要に候、さて此信心治定の上ハ、行住坐臥を撰はす報仏恩の称名おこたりなくあいたしなミ、如《実》法に法義を《王法仁義の掟をまもりて》相続あらハ、《申さるべきこと》是則如来・聖人の御本懐ニあいかない、別してハ《ことにハ》此たひ修する所の師徳報謝の志にもあいそなわりつへきものなり、穴かしこ〱、

嘉永五年
仲春之日

山元寺務
善融（花押）
并惣末寺中
惣門徒中

四四　善住上人御消息

（自筆、巻子本、巻紙、縦二三・五糎、横一五四・五糎）

当一流の本意は偏く信心決定の行者となさしめること

安心決定なくしては死して再び三途の旧里へ立帰る

抑《そもそも》宗祖（親鸞聖人）以来血脈相承する本意といふハ、余の義にはあらす、只門葉をしてあまねく信心決定の行者となさしめ、一人ものこらす他力本願に基き、念仏もふさん輩も繁栄せしむるよふにもあれかしと思よりは、外にあるへからす候、

然は、万劫にも受かたきハ人身、億劫にも値かたきハ仏法なり、爾ルニ今、たま〳〵人身を受たりといゑとも、若し此世一旦の栄花にのミふけりて、しかと安心決定なくして空く過きなハ、死してふたゝひ三途の旧里へ立帰りて長時永劫の苦を受けんこと、実ニ万劫の後悔、悲しかるへきことに非すや、能〻心を沈めてふかく思按あるへきことなり、

信心歓喜

顕には王法の禁令を守り冥には仏の照覧を顧みるが肝要

夫一流の安心と云ハ、其元大経（無量寿経）にハ聞其名号、信心歓喜と説給へく、宿善開発の行者、名号六字の謂れを聞開き、疑なく我往生を願力に任せ奉る計《ばか》りなり、此一念の信心一ツにて弥陀にはやたすけられ参らせぬれハ、浄土の往生は疑ひなく思之《て》喜ふ心を信心歓喜とハ申なり、如斯信し奉る身の上ハ、昼夜不断ニ本願を仰き行住座臥に称名相続せらるへく候、猶存生の間は、顕にハ王法の禁令を守り、冥にハ仏の照覧《らん》を顧《かへ》りみ、真につけ俗につけ身を慎しミ、如実ニ法義相続の処肝要に候也、あなかしこ〳〵、

明治十九年一月三日

山元寺務

釋　善住（花押）

惣門徒中

（自筆、巻子本、巻紙、縦一八・〇糎、横一四四・五糎）

四五　善瑩上人御消息

実に光陰は水之流るゝが如く、又矢之行くが如く、いつの日にか会ひ奉り得んかと思ひ居

宗祖親鸞聖人六百五十回忌大法会

堂宇の荘厳略相備う

稀にも会い難き大勝縁

賑ぎ賑ぎしく参集ありたし

たりし、宗祖大師（親鸞聖人）六百五拾回之大法会も早や目前に相迫り、我等宿縁多幸にして爰に身命恙なく、今や此の勝縁に値遇せんとするハ誠に喜びの中の喜び、何事か是れに如んや、而も上　仏祖の冥助と下門葉信徒之懇念により、堂宇之荘厳略ボ相備り、仏祖崇敬之道稍や相整ふ、之れ予の深く満悦に存ずる処なり、然りと雖も若し此の荘厳崇敬にして只一片名聞の穢心に留まり、真実に　師恩報徳之誠心より出でしに非ずんバ、其の効恰も画餅に等しく、全く無益之業に終りぬべし、されば未信得信之区別なく、稀れにも会ひ難き此大勝縁に値遇せんことの仕合せを想ひ、親しく　御影前に跪いて廻心懺悔之心をおこし、真実の信心獲得ありて、一っには其身正定聚不退之分人となり、一っには　祖師聖人の御本懐に相かなひまいらする様、賑ぎ〳〵敷く参集の程待ち請けはんべるべく候、あなかしこ、

明治四十四年三月

山元寺務

釈　善瑩（印文、「善瑩」）印

同行中江

四六　證誠寺御影堂仕様書幷工料仕切之覚

（竪紙、縦二七・二糎、横二三八・五糎）

御堂仕様書幷工料仕切之定

御影堂の仕様
正面十一間半
内陣は奥行四間半

一、御堂一宇、見付拾壱間半、高サ弐丈四尺ニ而、瓦下地也、又中之間四間ニ三間半、又両脇弐間半ニ三間半也、又樫板椽七尺五寸宛三方也、又行馬より障子側迄間壱間半也、内陣ハ障子側より段奥行四間半也、又三方高檻五尺出、登り高欄付也、又仏壇深サ三尺宛、檀縁入椽張り、鏡板ハ張下地ニして、又後堂壱間通り付、奥行も見付同断也、又向拝大キサ、見付五間ニ出、弐間弐尺也、同柱四本立、大サ壱尺弐寸角也、

去亥年三月、仕様書指上候通り也、

覚

向拝の虹梁
木鼻は見返りの龍
桝形

一、向拝虹梁三丁、両方渦劔樋を彫、

一、同木端、龍之見返り、

一、同桝形四組

手挟
一、同多夾雲水之彫物

破風桁隠
一、同桁両破風付桁隠二ッ
〆五口、仕上候手間代
銀壱貫九〔弐〕百弐拾弐匁　内　八百八拾六匁九分御普請相調、残り九百五拾三匁壱分、残而壱貫三拾五匁壱分、

前側柱九寸角
一、前側柱九寸角六本、
一、三方供ニ蓮台柱并天界肘木共ニ、
〆弐口、仕上空買付手間代
銀六百三拾匁　内　四百弐拾匁、御普請相調、残り弐百拾匁、

丸柱一尺丸
一、丸柱壱尺丸ニ而三拾弐本内　樫弐拾弐本、杉拾本、
〆仕上空買并貫穴付手間代
銀壱貫六百四拾五匁内　八百六拾八匁御普請相調、残り七百七拾七匁、

丸束丸寸丸
一、丸塚〔束〕九寸丸ニ而四本、

外側柱七寸角
一、外側柱七寸角弐拾弐本、又六寸角拾本、
〆弐口、仕上空買付貫穴彫手間代
銀九百三拾九匁内　六百拾匁御普請相調、残り三百弐拾九匁、

正面は唐戸七間
一、見付巻戸七間

両脇蔀戸
一、両脇蔀戸四本、但狐構〔格〕子也、

両脇車戸
一、両脇車戸八本、但壱間戸八本也、

〆三口、仕上候手間代
　銀七百六拾弐匁、

虹梁
一、前側中四間虹梁壱丁

一、前側両脇三間四尺五寸弐ッ割之所、虹梁四丁

一、前側角虹梁弐丁、

一、中之間三間半弐ッ割之所、虹梁四丁

行馬
一、行馬側四間、虹梁壱丁

一、行馬ならひ弐間半、虹梁弐丁

一、行馬ゟ障子側つなき、虹梁壱間半弐丁

一、内陣之内弐間半、虹梁両方ニ弐丁

一、内陣之内七尺五寸、繰上虹梁弐丁

一、側つなき七尺五寸、虹梁六丁

〆拾口虹梁共不残、渦劔樋彫候仕口迄仕上候手間代
銀壱貫八百六拾五匁　内　壱貫六拾弐匁御普請〔相脱カ〕調、残り八百三匁、
一、柱上ニ頭貫平桁置候仕上
一、枡形側三斗拾四組
〆弐口共ニ、仕上仕口不残仕候手間代
銀八百拾匁　内　七百六拾匁御普請相調、残り五拾匁、
一、惣濡椽ハ樫板ニ而、又畳下不残松板張り、一切鏉懸仕上手間代
銀壱貫五拾匁

菊桐御紋付

一、両破風懸狐構子下魚、菊桐御紋付而
右、仕上手間代
銀五百五拾八匁　内　五拾匁、御普請相調、残り五百八匁、
一、外側之分惣長押打
右、仕上手間代
銀三百三匁
一、軒出八尺五寸ニ而、又弐重棰ニして隅木下ニ敷花附、棰ハ壱間ニ付、弐本込也、

右、仕上手間代
銀壱貫弐百七拾五匁　内 五百八拾匁御普請相調、残り六百九拾五匁、
一、御障子側上返又上
一、縁〔椽〕側行馬先キ帯戸四本
一、後堂窓五ヶ所
一、後堂口雨戸弐本、敷居・鴨居不残取付、
〆四口、仕上手間代
銀四百七拾壱匁
一、奥老屋之間ニ雨戸七本と敷居・鴨居取付而、
右手間代
銀七拾五匁

来迎柱

一、来迎柱弐本入、其上壱手桝形弐組上
右手間代
銀四百六拾五匁　内 七拾匁御普請相調、残り三百九拾五匁、
一、御地固之外、水縄張り

一、桁下ゟ惣立前捨〔車ヵ、下同ジ〕力人足之外工料
弐口〆手間代
銀七百五拾匁
一、空道具地之物、以上峯〔棟〕木上ル迄小屋組等、惣躰固リ能仕上手間代、但捨力之外
銀七百五拾五匁弐分　内　百五拾匁同断、
残り六百五匁弐分、

屋根

一、御屋根隅木・棰等不残取付、瓦下地ニ仕候事ハ、先以茅負布裡、瓦座打、惣屋根板打、
瓦葺計ニ仕立上候手間代
銀六百四拾匁　内　弐百弐拾匁御普請相調、
残り四百弐拾匁、
一、内陣三方惣蹴込入而手間代
銀六百四拾弐匁　内　弐百弐拾匁御普請相調、
残り四百弐拾弐匁、
〆銀拾四貫八百八拾三匁弐分也、
内
五貫六百七拾六匁九分、去辰五月迄ニ御作事相調申候、残而
九貫弐百六匁三分也（貼紙にて訂正）
銀九貫百弐拾四匁三分也、

十八口に工料
銀を割付く

右、此引残候銀子を以、御普請仕上申候間、前文之通り、十八口ニ工料銀割付御払可被下候、且又、右一口〳〵仕上候分御見分相済候上ニ而、代銀可申受定会得仕候、又銀壱貫八百八拾三匁弐分者、寛政六年寅年六月朔日、別段ニ書付差上置候得者、右、此書面ニ其仕様書・同工料書載不申候得共、右拾四貫八百八拾三匁弐分之銀高、惣〆之内ニ工料有之候間、別申受間敷候、為後日如此御座候、以上、

寛政九巳年
棟梁
志比
大久保万吉
副棟梁
同

山元山
御肝入中

（継紙、縦三六・〇糎、横九七・五糎）

四七　證誠寺御影堂再建ニ付条々

条々

御影堂再建に
つき条々
前住上人の思
召を継承し正

一、御影堂間数之儀者、先達而も申述候通り、前住上人（善念）之思召を相継、畳之間九間之定を以

面畳の間九間奥行は門末の存念次第

令再建度段、決心候間、各中此段承知可被呉候、乍去奥行之分者門末之存念ニ任セ、不要之費無之様取計有之度存候事、

棟梁は上糸生村の甚蔵とす

一、棟梁之職、糸生甚蔵ニ治定候、已後彼是申立候者有之候共、取上申間敷候事、

手斧始は八月には致したし

一、早春已来、追々国内一統勧進いたし候事ニ候得者、手斧始之儀及延引候而者、頗失面目候哉ニ存候間、来ル八月ニ者是非右之取計有之候様いたし度存候事、

尤と存ずるならば調印すべし

右之条々、尤之儀ニ被存候ハヽ、各中調印之上、已後猶以被抽丹精、馳走之儀偏ニ頼入存候也、

文政五年
午七月日　　善超（花押）

惣末寺中

連判する上は異論起りても随心仕らず

右、被　仰出候趣、奉畏候、依而寺別連判仕候、然上者、横合ゟ如何様之異論指起候共、末寺分壱人も随心仕申間鋪候、以上、

月　日　　本覚寺　秀芳（花押）

圓誠寺　浄照（花押）

圓光寺

秀乗（花押）

正善寺

乗演（花押）

浄徳寺

乗真（花押）

西蓮寺

全明（花押）

佛性寺

釈智了（花押）

法栄寺

霊道（花押）

四八　證誠寺御影堂再建棟梁大工甚蔵請負証文（竪紙、縦二九・五糎、横一一九・〇糎）

指上申証文一札之事

棟梁請負証文

銀十四貫文

一、銀拾四貫目也、㊞

右者、今度御当山御再建ニ付、私儀御呼出し被成下、棟梁役被為　仰付、難有仕合奉存候、然上者、御作事方之儀、別段指上候仕様帳面之通、始中終無滞念入仕立指上可申儀、毛頭相違無御座候事、

諸入用払方は年中四度払

一、御普請中諸入用御払方御仕切之儀者、一ヶ年之内、三月晦日・七月盆前・十月晦日・極月廿日、㊞已上四度御定を以御払可被成下旨、奉畏候、右御仕切之外、前金等一切御願申上間敷事、

一、御普請中、大工・木挽仲間之内ニおゐて、御法度相背申者有之候節、早速棟梁方迄可被仰付、其旨不寄何事も急度為御慎可申事、

大工木挽工料飯料等全て含む

右、申上候通り、毛頭相違仕間敷候、別而御作事中、大工木挽工料・飯料・多葉粉等ニ至迄諸雑用、右之銀高ニて払方仕候義、実正ニ御座候、且亦指上候仕様帳面之通り御普請仕候上、私義万一何程之損失御座候迚、一銭も御呑銀等御願申間敷候、及後日是等之筋合を以、彼是異論申立、御再建御妨ヶニ相成候義御座候ハヽ、何時なりとも、右指上置候書付通りを以、　御公儀様江被　仰立、御糺明之上、余大工江御作事被仰付候とも、

いかほどの損失ありても増銀は願わず

其時我ゝ御本山江者勿論、御用相勤候大工職ニ対し、聊も意恨〔遺〕を相含、故障之筋㊞合中立間敷候、為後証指上候仕様帳面幷加判之証文、依而如件、

文政五年午八月日

上糸生村
棟梁大工　甚蔵㊞
同村
後見大工　弥兵衛㊞
同村
庄屋　茂右衛門㊞

横越
御本山
御役所
御肝煎衆中

四九　證誠寺本山役所肝煎同行連署証文

（竪紙、縦三〇・五糎、横六六・〇糎）

相渡申証文一札之事

棟梁甚蔵の事門末一統も承知

一、今度当本山御影堂御再建ニ付、棟梁役之儀、御上〔善超上人〕より其許江被　仰付候段、御門末一統承知之上、御作事相任セ〔方〕候処相違無之候、此上已後、万一外ゟ彼是妨ヶ筋申出候者於有之者、此方ゟ急度取締いたし、其許江聊も難題相掛申間敷候事、

工料支払は年中四度割

一、工料御払之儀、一ヶ年之内、三月晦〔日脱カ〕、七月盆前、十月晦〔日脱カ〕、極月廿日、已上四度〔ニ相定、夫迄〕御作事被相勤候分者、無相違相渡し可申事、

居小屋の代として覚善寺の建物を貸与
膳腕鍋釜等の貸与

一、御作事中、居小屋之代として、覚善寺之立物一ヶ処相渡し候事、尤其余、膳碗・鍋釜等、朝夕入用之雑具者、御台処方ニ有合之品を以用立可申、外ニ夜具薄縁十人前、夏者蚊帳二釣貸渡し可申事、

万一工料遅滞の際の対処法

一、御作事約束通出来候上、万壱工料聊ニ而も相滞候ハヽ、御遷座御延引者勿論、御門末参詣之者雖為一人、御堂内江為立入申間鋪候、若彼是理不尽申立候者有之候ハヽ、此書付を以、自他夫々之御領主江被訴出、公辺之御裁断可被相願候、其時毛頭異論有之間敷候、為後証相渡し申一札、依而如件、

相渡申一札之事

御影堂

一、御影堂　　一宇

後堂四尺通の工料銀五百匁
障子側舛形等の工料銀三百匁
都合八百匁の増銀

右者今度、市左衛門・甚次郎掛合相渡候砌、御堂無後堂、銀拾四貫匁と相定候得共、何レ後堂入用之場所ニ候故、肝煎会合相談ニ而相定候趣者、後堂四尺通、此工料銀五百匁、其上御障子側舛形等、所々取直し、此工料銀三百匁、都合銀八百匁、拾四貫匁之外ニ増銀相渡申義、実正ニ御座候、然上ハ不都合無之候様吟味之上、定之通無間違相立候事、為後日肝煎同行判形相添相渡申処、仍而如件、

本山役所
肝煎同行連署

文政六癸未
四月日

本山
役所

肝煎同行
横越　孫右衛門㊞
同　宇兵衛㊞
同　善兵衛㊞
村国　儀右衛門
同　西兵衛
同　新左衛門
同　市左衛門
同　新兵衛㊞

御棟梁
甚蔵殿

VI　東溟上人筆物

五〇　飛騨郡代大井永昌天保飢饉撫恤顕彰碑文稿

（東溟自筆、一幅、縦九六・二糎、横六〇・五糎）

天保七年春より秋に至る迄霖雨暴風洪水の災打続く

いにし（去）天保丙申（七年）の春より夏秋までも、青天白日を見る事まれにして、霖雨暴風洪水の災異うちつゝきしほとに、九夏三伏のころといへ共、暑衣を用る日ハわつか（僅）に三日にハ過さりけむ、かゝりしかハ、四方の国々おしなへて五穀実のらす、米粟日を逐て貴くなり行まゝに、下民の食たちまちに尽ぬ、野に出山に入て草根木葉を採食しかと、いかてこゝろよく

飢饉

飢腹を療すへきや、はてハ疫癘さへきそひ（競）おこりて、呻吟哭泣の声きこへさる里なく、老

疫病蔓延す

たるも若きも道路に倒れ死する者、此国のミにてもおほよそ（凡）日に百をもてかそふ（数）へし、おや（親）ハ子を救ふことあたはす、夫も妻をたすくるによしなし、こゝろある人誰かハ是を憫

飛騨郡代大井永昌の巡察

まさるへき、爰に飛騨国の　御郡代大井永昌大人、其比此地巡察の折なりけれハ、管下の民庶も亦、終にかく流離零落せん事を憐ミ、春までも猶此地に駕をとゝめて民の憂ふる状をもて

寛恤の大政

上聞をおとろかし、さま〳〵うたえ（訴）申されしかハ、寛恤の大政すミやかにおこなはれて、官

官倉の米穀を飢民に頒ち貢税半減の仰せ窮民普く凍餒を免がれるは百七十五カ村

倉の穀を散して飢民を賑はすへく、貢税ハ其過半を減すへきよしの仰せ下りしほとに、窮民普く凍餒を免かれ、眷属ふたゝひ泰平の天日をあふくもの、丹生・南条・今立・大野の四郡に、白山の麓の村〻を加へて百七十五村なり、其中の父老胥議して云く、吾ともからたま〳〵此凶饉にあふといへ共、幸にして

上の明鑑と良吏の撫恤とによりて、身《長幼ともに》を溝壑に委することを免かる、何の歓か是に比せむ、蓋し我も人も口にハ常に節倹質朴を述つゝ、心に欲するところハ声色滋味のほかなかりしも、此凶荒《こゝに》に遇てはしめて従来の非を悔るといへ共、いまよりして後年の豊熟にあひなハ、ふたゝひ驕泰のこゝろを生せん事、神の冥鑒《明譴》まことにおそるへし、冀くハ此旨趣《（困厄と此》を

困厄と徳政を石に刻し不朽に伝えん

石にほり《刻し》《仁政とのふたつなから》、永く不朽に伝へて子孫の炳誡《教》にそなへ、いさゝか甘棠の意に倣はんと、来りて事の顚末を文を旨趣を予に〇求む、《つけ、かつ記するに、通俗の語をもてせん事を》嘗てきく君子成人之嘉尚する美候故に、辞するに固陋を以てせす、《人の美を成事ハ、古聖の好する処》

故にも、固陋をかへりミす、丁酉《（天保八年）》の冬、謹て筆をとるものハ、山の―也、

天保八年東溟撰文

丁酉の冬、謹て筆をとる者ハ、山元の老衲東溟なり、

五一 越前海岸漂着銭貨詠

（東溟自筆、竪紙、縦二四・五糎、横三七・三糎）

丹生郡蒲生浦茱崎浦の浦人銭三万枚を拾い上ぐ

朝鮮銭の常平通宝

瑞祥

いにし年の冬、日ころかせ《(風)》吹、浪いと高かりし後、かまふ《(蒲生)》・くミ《(茱)》崎なといへる浦人か磯めくりすとて、ゆくりなく拾ひあけたりし銭、およそ三万はかりもや有けん、其せに《(銭)》こゝの延宝の年ころよりして、朝鮮の国にてつき〳〵物せし常平通宝のミなりとそ、舟ハあら浪にとくちりほひしにや、いまかく千里へたてしこと《(異)》国の宝の、おのつからにより来しハ、此国をうしはき給ふ、　君のうるはしき政に愛て、海原しらす神たちのさゝけしにやあらん、又その所のたミ《(民)》ともをあはれミて授けしにやあらん、そハとまれかくまれ、いとめつらし、いとおむかしと思ひて、

国たミを常にたひらにをさめます君のミかけのたふときそかも

越の海のありその小貝夫ならてよせし宝そいやめつらしき

このひとひら、ある人の乞のまに〳〵、

弘化三とせの冬しるす、

山元老樵 東溟（花押）

五二　楠木正成懐古記

（東溟自筆、竪紙、縦三二・五糎、横四六・〇糎）

楠木正成舎弟正遠の息恵秀律師

恵秀十三世の孫至城院

内大臣菊亭実種の息東溟

元弘・建武のいにしへ、南朝にて無二の忠臣といはれし、贈正三位正成（楠木）卿の令弟右兵衛尉正遠朝臣の息恵秀律師といへる大とこの、塵の世をのかれて栖れし地ハ、平泉寺にて、正成卿の兵器・古墳なともいまにありと云ことハ、年ころきゝおきしに、こたひゆくりなくその十三世の後なる、西念寺の隠衲至城院てふ人にまみえしをり、おちもなく物話られしをきゝて、懐古の心しきりに動きけるまゝ、ひとゝせよミおきし、ミなと川かへらぬ水の云云といへる歌に、後醍醐の聖主、はた権中納言藤房（万里小路）卿のをもとりそへておくり侍ることゝなりしハ、

嘉永四とせの夏のはしめ

菊亭藤内府実種息

龍顔拝

山元老衲

東溟しるす（花押）

五三　栗田部福田氏蔵石剣詠

（東溟自筆、竪紙、縦三〇・三糎、横七〇・五糎）

佐々成政が籠りし城墟より出土の石剣粟田部の福田氏に伝来

曲玉・管石・古鏡・古剣のたくひ、上古の遺製を見るへきもの、たまたま世につたはれるもあれと、あるハかけ（欠）あるハ朽なとして、またき（全）ものハえかたきわさなるを、此石剣、天保のはしめ、いにしへ佐ゝ成政のこもれりし城墟よりいてゝ、首尾かくる所なく、いま粟田部なる福田氏につたはりて、家《ふかく》のしつめ（鎮）となれるハ、いともめてたきことにこそ、こをいま手にとり見るに、木理の如き所もあれハ、化石にやと思へと、そハおほつか（覚束）なし、又、伊勢の僧太玄か、これなん文献通考に載たる大平刀と（也）定めたるもいかゝあらん、たゝひろく神代の石剣として秘蔵せんハ論なかるへし、

神代の石剣

嘉永六とせの夏 六十九翁 東溟しるす、

詠歌

つちのそこに　うもれはつへき　神たからも　きミか代まちて　あらはれにけり

五四　若狭小浜藩主酒井家御霊屋維持ニ付寄附米下附願書

（東溟自筆、竪紙、縦三三・三糎、横九二・〇糎）

若狭太守酒井忠囿以来の霊牌を安置
元禄四年に御影堂を造営

前住善念代の天明末年一山焼失す
寛政元年小浜表へ登城

御霊屋御影堂再建費の助力

罹災の度毎に門徒離散あり
追々百余軒退転す
諸向の凌方必至

御歴代霊牌の御前に毎年御寄附米を下す

以書取奉願候事

一、旧来拙寺ニ安置仕候　(平出)大守御霊牌之儀ハ、　寶光院様(酒井忠囿)始と仕、唯今ニ至迄連綿奉尊崇候、就中、右御代元禄四年ニハ、拙寺祖師堂一宇、正木千丁を以皆造営被　仰付、加之　(平出)御遺命を以、　(平出)尊牌安置可仕段被　仰出候由、寺説ニ申伝候、右、規格と相成候而、　御代々之　(平出)尊牌、于今尊崇仕候、乍去、已前ハ　(平出)御魂屋と申も実ニ形計之儀ニ而有之候所、拙寺養父善念代、天明之末年、一山焼失仕候、其後寛政之初年、養父善念上京致参　内候帰路、已前之格合も有之、旁小浜表ヘ登　城仕候節、重キ御役方ヘ直ニ歎訴仕、　御聞届被成下、　(平出)御霊屋建立之方ヘ白銀三十枚御下ニ相成、祖師堂再興為御助力金子五十両御寄附被成下候故、其後　御魂屋一宇、経蔵兼帯ニ相建、　御霊位者、其中央ニ皆々安置仕、香火之奠儀無懈仕来候事ニ御座候、然ル処、拙寺一派之門徒共、凶荒・水旱・火災等之度毎ニ次第以減少仕、前住代とハ離末之一ヶ寺も有之候而、大小之門徒凡百軒余ハ、追々ニ退転仕候為体故、諸向之凌方必至之折柄ニ相成候故、末寺門徒共、毎々呼集示談仕候ヘ共、外ニ為指助力筋之出所勘弁迚も無御座、実ニ痛心歎息仕候而已之儀ニ御座候、右ニ付、甚恐入候儀ニ御座候ヘ共、何卒　(平出)寶光院様以来之　御牌前ヘ、自今以　思召毎年　御寄附米被　下置候様相願度奉存候、左候ハヽ、　御霊屋ハ不及申

拙寺昨今年は筆紙に尽し難き程に難渋す

上、大小之建物等迄も、唯今被為入候、　(平出)殿様出格之　御仁愛を以、永ク朽廃不仕、
修覆も粗行届可申哉与奉存候、近年　御城下之大火災、其余難去　御物入も被為有候趣も
承知仕罷有候へ共、実ニ拙寺昨今年難盡筆紙難渋ニ相迫、無拠歎訴仕候条、不悪
(平出)御汲憐被成下候ハヽ、一同蘇息仕、難有次第奉存候、以上、

嘉永六年　　　　横越
丑霜月廿二日　　　　證誠寺[印]

敦賀
御役所

五五　献策私評稿

ペリー来航の水戸徳川斉昭献策六条に対する東溟献策私評稿

（表紙）

献策私評草稿本

越山

（印文「號東溟」）
老樵㊞

（自筆、袋綴、縦二四・八糎、横一六・五糎）

（表紙ウラ）
「○東都ニテ近来製セラレシ蒸気船、其輪破レ易ク、井伊侯（直弼）ノ修造ノ大船名ノミニシテ、実用ニアタラザル物ト云説アリ、然ルヤ否ヤヲ不知、　」

蛮舶渡来の変水戸景公の献策六条

第一策は禁断仏教

（1オ）
蛮舶渡来ノ変ニ付テ、水戸ノ景公（斉昭）、献策六条アリシト云、其中修造軍艦ト、調練水軍ノ二策ハ、今日ノ急務トモ云ベシ、謝絶蘭人・廃棄西学・開拓蝦夷ノ三策ハ、用捨ニ緩急アルベシ、唯第一策ノ、禁断仏教ノ一策、最モ国家ノ興廃、吾法ノ安危ニ関係スル処ニシテ、シカモ源公（斉昭）ノ特ニ心ヲ用ヒ玉フ処ナルベシト雖ドモ、恐ラクハ大ニ天下ノ人心ヲ動カス

特に意を用いし所なるも失策と云うべし

朝廷累世の尊奉に悖り神君家康創業の制度の棄蔑なり

百代不易の聖訓

水戸藩の神儒混合の新令

失策ト云ヘシ、其故如何トナラバ、吾仏教ノ人心ニ浸潤スル事、其源　宣化天皇ノ御宇ニアリテ、」(1ウ)今上(孝明天皇)ノ聖代ニ至ルマデ、凡ソ千三百廿年ニチカシ、時澆末ニ属シテ、弘教伝法ノ高僧絶テナシト雖ドモ、仏日イマダ地ニ墜ズ、况ヤ吾真宗ノ如キ、化風昔ニ似スト雖ドモ、称名讃嘆ノ声、猶海内ニ充満ス、爰ニ源公、天下ノ大政ヲ執テ、僧侶ノ不規濫行ヲ禁遏シ玉フハ尤モ可」然、モシ公然トシテ仏宇ヲ毀摧シ鐘磬ヲ滅却スルガ如キハ、決シテ其号令壅塞スル処有テ、兵禍蛮舶ヲ待ズ近ク蕭墻之内ニ起ランカ、是何故、然ルゾナレバ、遠クハ」(2オ)朝廷累世ノ尊奉ニ乖戻シ、近クハ　神君(徳川家康)創業ノ制度ヲ棄蔑シ玉ヘバ也、神祖昔日、千里眼ヲ照シテ天主教ノ蔓延ヲ苦慮シ玉ヒ、上ハ王侯ヨリ下ハ民庶ニ至ルマデ、是ヲ仏教中ニ係属シ、法名剃刀、葬祭ノ礼、シカシ乍ラ是ミナ邪教ノ濫吹ヲ誡厳シ玉フ処ニテ、決シテ其法ニ惑溺シ玉フニハ非ス、此一事ヲ以テモ其大度量、平右府(織田信長)・豊太閤(豊臣秀吉)ノ二公ニ卓越マシ〳〵タル事ヲ知ベシ、然レバ　皇国ニアリテハ実ニ」(2ウ)百代不易ノ聖訓ト云ベシ、然ルヲ

景公、私意ヲ以テ　神祖ノ聖謨ヲ棄去テ、過年既ニ封内ノ頑民ニ令シテ、葬祭スベテ僧人ノ手ヲカ(借)ラズ、強テ神儒混合ノ新令ニ従カハシメ、墓銘コト〳〵ク在世ノ通称ヲ以テ刻セシメ玉フト聞ク、蓋シ常陸一國ニアリテハ新法苛政ナレドモ、其害尚大ナリトセズ、是ヲ満天下ニ施スト云ニ至リテハ、恐ラクハ騒擾ヲ招ク基本トナルベシ、天正年間ノ旧記ヲ閲

石山合戦と勅命講和

スルニ、織田右府公(信長)ノ戦闘ニ熟セシ、嚮フ処天下既ニ敵ナシ、爰ニ於テ、上将百員勇兵数
(3オ)万ヲ以テ攻討レシカドモ、」纔カニ僧侶門徒ノ籠レル石山ノ孤城ヲ抜コト能ハズ、数度ノ敗
績ニ懲テ暫ク怒心ヲ押ヘテ、カリニ　勅命ヲ其際ニ用ヒ一旦和平ヲ行ヒ、其後急ニ将士ヲ
催督シテ鷺ノ森ニ迫リ、鼓躁シテ進ムニ及デハ、其危キ事、大石ヲ以テ累卵ヲ壓ガ如シ、爰

本能寺の変

ニ忽チ明智光秀ガ本能寺ノ一変アリテ、右府公ノ兵皆旗鼓ヲ棄テ崩壊シ、顕如上人(光佐)不慮ニ

仏罰

活路ヲ得ラレタリ、学仏ノ徒ヨリシテ傍観スレバ、是ヲ仏罰ト云ンモ過タリトセズ、実ニ
(3ウ)天意ノ測リ難キ処ヲ知ル、今ヤ、外ニハ蛮夷ノ巨艦ニ乗シ、大炮ヲ」載来リテ、国家ヲ窺
瞰〔覦〕セントス、此時モシ内ニ何ケ宗徒ニモアレ為法ノ志ヲ励マシ、不惜身命ノ号令ヲ出サ
バ、武門ノ中ニモ必ス組スル英雄豪傑輩出シテ、陳渉ガ函谷ヲ破リシヨリモ易〻タランカ、
是実ニ可ノレ怖甚シキモノニ非ズヤ、故ニ愚ハ源公ノ献策第一条ヲ見テ、不レ覚戦慄ヲ生シ、

君父のために不惜身命の心

坐右ニアリシ客ニ告テ云、子ハ平日、神ヲ崇メ傍ラ儒ヲ学フ、今試ニ問ン、国家ノ為、又、
君父ノ為ニ不惜身命ノ心アルベキコト、武弁ノ家ハ云マデモナシ、凡民ノウヘニ在テ、今
源公ノ欽慕シ玉フ神学者流・儒学者流ト云モノ、中ニ、国家ノ大事ニ処シテ不惜身命ヲ唱
フル者幾百人カアルベキ、乞試ニ是ヲ語レ、タトヒアリトモ是多クハ神仏混合、アルヒハ
儒仏一致ノ輩ナルベシ、伝ヘ聞ク、蛮舶中ニハ白夷・黒夷ナド云賊アリテ、其性最モ色ヲ

皇国の民心はみな惜身惜命の人なり

（4オ）貪ルコト、飢タル虎ノ如ク、」其身ノ炮下ニ死スルコトヲ顧ミザルモノ多シト、今吾　皇国ノ民心ハ不レ然、久シク泰平ノ化ニ育セラレ、暖衣飽食ミナ是惜身惜命ノ人也、其惜命ノ徒ヲ率ヒテ不惜ヲ禦ク、吾恐ラクハ勝利ノ得難カランコトヲ、加之、武人農商ニ至ルマテ従来多クハ仏教中ノ人ナレバ、オノガ帰崇ノ法ヲ毀滅セント欲シ玉フ源公ノ心術ヲ探リ知ラバ、十ニ八九《五三》ハ進退号令ヲ守ラズ、必ズ国政ヲ腹誹スル者ノミ多カラン、是敗軍ノ兆ニテ、又深ク怖ルヘキ処也、

六策の第一策は大失策

愚ガ臆断ヲ云ハヽ、六策ノ第一策ハ、是士民ニ異心ヲ生セシムル大失策ニシテ、ユメ〳〵良策ニ非ズ、其余ノ五策ノウチモ、論スベキ事ナキニ非サレトモ、今ハ暫ク是ヲ略ス、

幕府のなすべき急務
禁裏への上奏と諸国大社への奉幣

魏々タル　征夷府ニアリテ、今日ノ急務何レゾト云ハヾ、蛮船（4ウ）再ヒ来リテ不敬ノ議」アルベキ時ノ為ニ、請フ、早ク　天朝ニ奏達シ玉ヒ、進ミテハ、弘安四年ノ吉例ニヨリテ、諸国ノ大社ヘ奉幣使ヲ立ラレ、普ク神祇ノ冥助ヲ仰キ、退キテハ、敬仏礼神、全ク　神祖ノ聖謨ニ従ヒ、

夷賊討伐

武勇謀略ノ将帥ヲ選ミ、諸侯ヲ率ヒテ　大将軍親ク是ニ将トシテ夷賊ヲ討伐シ、神力ニ武力ヲ加ヘテ、異教ノ醜類ヲコト〳〵ク海上ニ齏粉トナシ、　宸襟ヲ安シ奉リ玉ハヾ、是実ニ　征夷大将軍ノ重任ニカナヒ、　皇国万全ノ良策ナルベシト、謹テ白ス、

嘉永六年十二月八日の稿

（嘉永六年）
癸丑杪冬八日稿
」

五六　證誠寺善超書状

（自筆、竪紙、縦三二・五糎、横四五・八糎）

八月十八日付書状披見す大病後足に腫気あり歩行難渋

浄信院の事

大和の妙厳寺

八月十八日御認之書状、同廿三日府中飛脚之衆ゟ慥ニ相達し、及披見候、其地無違変相続之段、珍重不斜事ニ候、老人病症段〻全快候へ共、大病後足ニ少シ腫気有之、歩行難渋、不相変眼薬調理申居候、一統ヘ此段不悪御伝頼入候、扨十楽同行彼是ニ付、浄信院一旦帰国も可然与之由、依之早速本人呼寄心底承候所、十楽村同行之心底何分ニも不宜、迚も良昭義ハ永続難仕段見留メ、無拠上京致候事ニ候へハ、御懇之所ハ感佩候へ共、又〻立帰、法用ノ一ツも相勤候へハ、再度上京之義ハ難出来、又六条ニ而も、夫〻圓誠寺用人松井中務抔至而懇切ニ致呉候而、よろしき寺有之次第、相続為致呉候心底も有之、其所ヲ辞退帰京いたし候而ハ、是も又〻頼込と申事も難出来、依之貧学研精ノ覚悟ニ而、猶以逗留致度段申答候故、此段御承知呉候頼入存候、此頃大和クタラ村妙厳寺と申余間寺、改派ノ無調法ニ而住職擯斥、跡住職今以無之、門徒三百、末寺四五ヶ寺有之、相応よろしき寺ノ由、此寺へ浄信一官上陛内陣ニ而入寺為申度と、圓誠寺心配申居候最中と承候、浄

信事も日〻修学ニ心ヲ入、評判も不悪、不遠可然と申も可有之趣ニ相聞え候段、先ハ安心
可願候、

十楽村等門徒

一、十楽村其余之門徒、彼是西蓮寺之私領ニ引込候、姦計是ハ老人十楽ニ隠居、官辺ニ許容ノ
上、居残る門徒ノ支配ヲ被命候上ハ、別院ゟ指紙無之ニ、仮令門末たり共、法役決而相成
不申段、其表ゟ西蓮寺へ厳命可有之事、且ハ淨徳寺等へ御示談有之、如実ノ僧分本山幷
老人之目かねと申義ニ而相続被申付可然存候、尤淨信已後ノ住職ハ、圓光寺之坐席と申
義、必定ノ事ニ候、村〻御門徒彼是申立候共、夫〻地頭へ使僧を以老人ノ口上、又ハ本山
ゟニ而も慥ニかけ合可有之事ニ候、乍去使僧万端ニ心得方ノ僧無之、此一条ハ心配者ニ有之
候、猶其中ニ淨徳寺ニ而可有之歟、御考可有之候、

帰国道中金銭の事

一、愚老帰国道中金御心配ノ段承り候、但し、二三両ノ義ハ仮令何程於京都難渋致候而も、何
分ニも貯置、マサカノ時ハ直ニ帰国可申覚悟ニ有之候間、此段ハ御安心頼入候、九又迎ニ道
明寺ニも不及、無是非事ニ候ハヽ、香山ヲ相頼、道中ノ守護致しもらひ可申事ニ候、老人
無拠人ニ被頼、西奉行浅野中務大輔(長祚)へ取入、色〻公事内済等ノ世話致遣し候故、九月ニ
相成候ハヽ、右ノ礼物フルヒ〳〵モ六七両ノ入手ハ可有之事と存候、左候ハヽ、松村ノ飯
料、又ハ道中帰路ノ分ハ、夫ニ而相済可申と心底ニ算用申置候、此段信姫・上総へも文面御

読聞セ安心申候様御頼申入候、

為千代の縁談

一、為千代、五分一ノ縁談、愚坊ニハ余り感心も無之趣ニ相心得候、依之いまた決定ノ約束も無之歟ニ存候故、彦根ノ大木殿、又ハ殿ノ御舎弟ニも息女有之由承り、何分一生相応ノ為筋ニ相成事ニ候様、心配いたし見可申存候、有無ノ事ハ、老人帰国ノ節迄ニ取調申度、出来サヘ致候へハ、年分米ノ二十俵位ハ決定ノ事と承り候、豊姫ノ首尾不宜候処故、五分一も彼是二ノ足ヲ双方ニふミ被申候事と、遠察申候事ニ候、

一、老人世話致候町人公事ノ礼物ハ、定而節句後早ヽ位と相心得候、猶其上ニ色ヽ頼込候口も有之候ハヽ、今少シ滞京可申歟ニ存候、其義ハ追ヽ可申入存候、

大山智厳という男

一、大山智厳実ニ尻ヤリバナシノ男ニ而、於今便宜無之、橋本へ対し老人面皮無之、一せんさし可申義ニ相心得申候、老人引付申候三条俵屋ノ飯料四百匁余、老人ヲ相手ニ先方ハ催促申候、又高野自分応対か岡宇兵衛と申衣屋ニ止宿ノ飯料及衣代、凡二十両余もかしニ相成、甚タ難渋、但し是ハ法印直応対故、老人ハ心配申ニ不及候事、

十楽別院

一、十楽別院指当り住職望仁無之候ハヽ、布目アタリへ御示談、西派ノ僧ヲ以看護為致候様の御取計可有之事、迚も空坊ニ致置、門徒ノ法用も相勤候人無之候へハ、例西蓮ノ謀自ラ行ハレ、甚不宜事ニ候間、仮令原ノ小僧位ニ而も留守ハ是非入用之事ニ候、兎角門徒ニ被附

込不申様肝要ニ候事、

養智院

一、養智院事、昨日京都ゟ送り参り居候、岡屋武兵衛の手代惣介ゟ書状到来、此度西浦賀観音院へ三百三十両ニ而入寺之約束相調、当九月ニハ住込可申、歴々ノ世話人も有之、此義出来候へハ、老人方へも算用可有之、若遅滞ニ及候ハヽ、香山ニ而も遣し候而も、一寺ノ主人と相成候上ハ別条無之事と存候、聊安心申候、

瘧の気少し不快にて乱筆

老人又々昨日瘧ノ影サシ、少し不快故、文尾乱毫ニ相成候、尤当分之事、御案シニ及被(マヽ)不申事ニ候、此段家族へも御申聞頼入候、

香山事、種々六ヶ敷候処、当年本山ノ勤番伊勢桑名自慶院引受世話致呉候趣ニ付、改メ香山彼方へ送り一札、老人ゟ入用ノ由申来、何レ一両日之中落着可申事と存候、

在京　老人(善超)

京都よりの書状

(善融)信光院殿　内用

(自筆、竪紙、縦三一・五糎、横四五・八糎)

五七　證誠寺善超遺言状

疲労不食にて不起の症と覚悟し遺言す

此方次第以疲労不食ニ付、不起之症と令覚悟、依之両三ヶ条申遺候事

遺骨にして国許に運び倹約の葬式をすべし

十楽村別院の事

院家席寺格守らずば門徒離散必定

上総へ院号の事

一、炎熱之折柄、身体国方江運送決而無要也、圓誠寺へ内談、早々可為火浄、其上拾骨、国許江持参、倹約之葬式可然事、

一、十楽一坊浄信院帰住候ハヽ、本山ゟ呼寺号授可申、又、自判之門徒無之段、嘲弄之仁も有之間、四五軒之門徒切出シ、別院江附属可被申事、仮令浄信院相属〔続カ〕不致候共、非身分之僧入寺ハ可為無用候、院家席可為勿論候、此格不相守候ハヽ、門徒離散眼前之事、

別院之開基ハ、愚老ニ候間、代々院家免許、則孝順之道也、

一、此方没後、上総事、院号為名乗可被申事、

安政二年

卯六月　日

無㝵光院

善超七十一歳書（花押）

信光院殿〔善融〕

五八　无㝵光院殿御葬送帳

東溟上人御葬儀記録

（表紙）

安政二乙卯七月改

无㝵光院殿御葬送帳

山元山役所

（長帳、縦三九・六糎、横一五・五糎）

所々への通達

当山二十世善超上人御歳七十一歳

五月以来御不例

七月十三日御遷化

（1オ）

覚

一、当山二十世善超上人事、京都今出川家ゟ御入寺被為有候、御歳七拾一才、京都御殿向へ御用有之、三月上旬御発足被遊候処、五月以来ゟ御不例之処、御老躰ニ候得者、格別之事共不存候、然ル処七月八・九日頃ゟ御急病ニ而、十三日明六ツ時、御遷化被為有候、御召使之者壱人指添置候人ゟ、早速（平出）今出川（実順）家雑掌中初として、執奏万里小路（正房）家夫ゝ

（1ウ）

へも内ゝ及示談候上、於京都蜜（密）葬仕候、夫ゟ京都表ゟ御大病之飛脚参候事、」以切紙申

入候、然者、　（平出）御前様御大病之御飛脚、今日着致候ニ付、右之趣御同行衆中へ為相知

候様被　仰出候、此段御承知可被成候、以上、

月　日　　本山
　　　　　　役人□

末寺中同行中宛

御末寺中并ニ御同行中

（2オ）

御葬送の儀は八月十八・九日頃弔問の使者等は辞退

一筆啓上仕候、然者今般善超上人様御儀、当夏以来聊御病気之処、終御養生之験無御座、先月十三日明六ッ時御遷化被為有候、依之御葬送之儀者、当十八・九日頃取営中度存念ニ御座候、若御使者御指向等思召御座候共、遠方之儀故御断申上候間、此段宜敷御披露可被下様、如此ニ御座候、恐惶謹言、」

月　日　　證誠寺内
　　　　　　覚善寺
　　　　　　　高橋玄蕃

小倉万里小路今出川各家雑掌宛

小倉（輔季）様御内
　御雑掌中様

（正房）万里小路様御内
同断
（実順）今出川様御内
同断

右三ヶ所へ壱通ツヽ、是ハ本山ゟ京都へ表へ表向之たつしかき（達書）ニ候、其節使者ハ瓜生村甚右衛門・村国村権左衛門両人ニ候、

此文言、甚不宜敷候処有之、後来其心得可有之者也、

一筆啓上仕候、然者今般老上人様御儀、当夏以来御病気之処、御養生不相叶、先月十三日暁方御遷化被為有候、此段以書中為御知申上候、則御葬送御日限之儀者、追而及御沙汰候、先者為其早ゝ、以上、」（2ウ）

月　日　道明寺

高橋玄蕃

光闡寺様

光闡寺宛

京地に於て遷化

一筆致啓上候、然者　（平出）老上人様御上京被遊候処、当五月以来御所労之処、御養生不相叶、於京地先月十三日御遷化被致候、此旨以書中為御知申上候、尤御葬送御日限之義者、追而及御沙汰候様、各ゝ様迄拙僧共ゟ宜敷可得御意旨被　仰聞、如斯ニ御さ候、以上、

月　日　　道明寺

高橋玄蕃

真覚寺本正寺宛

真覚寺様

本正寺様

（3オ）

御存生中銀子の融通を受く暫時返済の猶予を願いたし

一筆啓上候、然者当表　（平出）老上人様御儀、於京都五月以来聊御不例之処、終御養生之験無之、先月十三日暁方」旅館ニ而早去被致候趣、此中上方ゟ飛脚之者申来、夫ニ付御存生中御懇意之上、御内証ゟ御融通等被相願候筋共、新法主（善融上人）ニも逐一承知被致候事故、何レ不遠御返済被申候存念ニ御座候共、暫時之処御猶予之儀被相願度、此段御内御含置之処、各ゝ様迄可得御意旨被申付、如此ニ御座候、恐惶謹言、

月　日

村国（秀光）
佛性寺

本保高橋三蔵宛

本保
　高橋三蔵様
　　御取次中様

右壱通者、御内証ニ而少ヽ銀子御融通有之由、夫ニ付右之通相認遣し候事、

（3ウ）

一筆啓上仕候、然者当表　（平出）老上人様御儀、於京都五月以来聊御不例之処、終御養生之験無之、先月十三日暁」旅館ニ而卒去被致候趣、此中上方表ゟ飛脚之者申来、夫ニ付御存生之中御懇意被成候事故、此段一寸各ヽ様迄可及御沙汰旨被申付、為其如斯ニ御座候、恐惶謹言、

証誠寺内
　覚善寺

福井岡部氏並に本覚寺宛

福井
　岡部様御内
　　御取次中様
　本覚寺様御内
　　御役僧中様

一筆致啓上候、然者　（平出）当表老上人様御儀、於京都五月以来御不例之処、終ニ御養生験

無之、先月十三日暁旅館ニ而卒去被致候趣、此中上方表ゟ飛脚之者申来、夫ニ付当十八日頃御葬送取営申度存念ニ御座候、此段各〻様迄可及御沙汰旨被申付、如斯御座候、恐惶謹言、」

（4オ）

月　日　　　證誠寺内
覚善寺

狛帯刀様御内
御取次中様

狛帯刀宛

一筆致啓上候、然者（平出）老上人様御儀、当夏以来御病気之処、終御養生之験無之、先月十三日暁方遷化被致候ニ付、当十八日頃葬送取営申度存念ニ罷有候、夫ニ付御使僧御指向等之御沙汰御座候共、遠方之儀故御断申上度、此段宜敷御披露可被下様、為其如斯ニ御座候、恐惶謹言、

遠方に付き御使僧の指向辞退

月　日　　　證誠寺内
覚善寺
道明寺

輪番所宛

御輪番所
御取次中様」

（4ウ）

御達書

一、今般拙僧実父善超事、当五月以来聊不例之気味御座候ニ付、種々医療相加候得共、終御養生之験無御座、先月十三日暁卒去被致候、依之此旨京都執奏万里小路（正房）初、幷ニ親族今（実順）出川家等夫々及沙汰、当十八・九日頃葬送取営申度存念ニ御座候故、早速此段御達申上候間、御聞届置可被下様、偏ニ奉申上候、以上、

八月　日

證誠寺
信光院
善融
書印

小浜藩敦賀代官所宛

敦賀
御代官所

是ハ、奉書中所ニッ折、横書ニ相認、則御使僧浄徳寺候也、

葬送儀は当八月二十日巳の上刻に治定

（5オ）

以手紙申述候、然者

（平出）老上人様御儀御葬送御日限之儀者、当月廿日巳ノ上刻御治定ニ候、此旨各々様迄拙僧共ゟ可及御沙汰旨、被申聞候、以上、」

家門中宛

御家門中へ

以手紙申入候、然者　御《平出》法主様御葬送御日限之儀者、当月廿日巳ノ上刻御治定ニ候、
此段承知之上、前晩登　山可有之被　仰出候、以上、

両寺

本山
役所□

末寺中宛

御末寺中へ

以手紙申入候、然者　老《平出》上人様御儀、当月十三日御遷化被為有候、則御葬送御日限之
儀者、当廿日巳ノ上刻」御治定ニ候、其節村々一統為拝礼　登山可有之様被　仰出候、
以上、

(5ウ)

本山
役所

同行中宛

御同行中

導師を本覚寺に依頼

一統之御触之写

老父事、当夏已来御病気之処、終養生其験無之、当十三日暁遷化被致候ニ付、来ル廿日
葬送取営申度、依之任先格導師之儀相頼申候、以上、

八月十四日　　寺務職

山内村
本覚寺（道秀）殿

鎊附の事
大門前に立てる看板

（6オ）

鎊附之事

一、大門之前ニ立る、

長サ壱丈壱尺計リ、

右ニ品、門之左右ニ立、脇ハ大しゝかきニして、

一、御玄関口へ、

紫菊桐之幕張

当日ハ御玄関内ニ而、宇兵衛麻上下ニ而、御使僧幷ニ諷経僧之悔を請る事、

一、御阿弥陁堂之正面ゟ野送道、不残しゝ垣中壱間余ニして二重ニ垣を致ス事、

本堂前の案内札

一、本堂正面しゝかき口へ、

御使僧御使者
御諷経僧入口

如斯ニして立る事、

門内会所口の案内札

（6ウ）一、門内会所口へ立る事、

諷経僧宿所

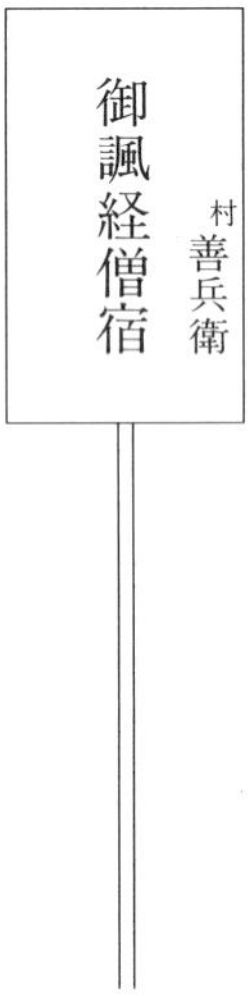

使僧宿所

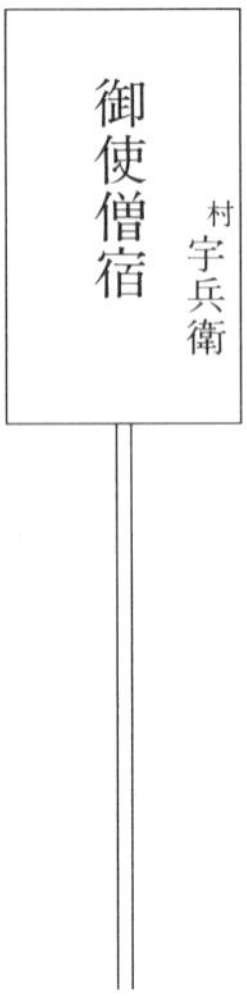

右之通り、両家ニ而下宿致し、猶其処之宿札、又右ニ同し、

楽人宿所

楽人下宿　　治郎左衛門

諸人足飯宿

導師宿所

一、導師宿　導師門外ニ下乗、　　覚善寺

本覚寺殿　当日落合候上、人足六人迎ニ遣ス、

末寺宿所

一、同末寺宿　　道明寺

一、於京都蜜〔密〕葬有之候故、今略之候也、

御荘厳の事

（7オ）
一、御荘厳之事

御影堂
一、四華　　金銀裏折
一、五具足　　蠟燭銀蠟百匁掛
一、森〔盛〕物　　八具
花白蓮　タゴ　一具　同惣金銀　タゴアヒ入　一具　同口紅　是ハ菓子蓮花モリ　一具
カケ〔キ〕ツハタ　一具　菊《キク》　箱森〔盛〕　一具　ボタン　□□　一具　ス、キニハケ
トン　マンシウ　一具　竹ニ朝顔　カゴモリ　一具　花長サ三尺五寸、」
世話方　宇兵衛　善兵衛　十兵衛　五兵衛　長兵衛　甚兵衛

他本山の使僧
毫摂寺
誠照寺
本覚寺

（7ウ）

〔毫摂寺〕清水頭本山使僧　光闡寺　上下共十八人役僧附
〔誠照寺〕鯖江本山使僧　真覚寺　上下共供廻十二人
福井
本覚寺使者

卓の銹

卓之銹

横二間　奥行壱間　白打敷　白ミすひき也、

八月二十日の本葬次第

（8オ）廿日、

一、本葬次第之写

一、太鼓　辰ノ下刻

一、供〔洪〕鐘　巳ノ上刻

一、木板　巳ノ下刻

一、御上様　御案内

御装束法服七条

御両主様へ、会奉行ゟ、

次ニ　導師本覚寺殿へ、下宿覚善寺迄、

次ニ　御末寺中へ、法服七条、下宿道明寺迄、

次ニ　御使僧　御使者、下宿村宇兵衛方迄、

次ニ　御諷経僧へ、下宿村善兵衛迄、

（8ウ）

次ニ　装束　堂僧中へ案内、但し鈍色五条、

次ニ　楽人中、下宿村治郎左衛門迄、

阿弥陀堂

惣灯明

御棺

あミた堂正面ニ直し、

御蠟燭

次ニ阿弥陀堂

御開殿　　圓誠寺殿

次ニ　御影堂　　惣灯明

次ニ　喚鐘　　七五三

但し、七五之間ニ堂僧出勤、五ゟ三之間ニ余間ゟ次第、導師迄着座、

導師　　調声

小経

（9オ）

短念仏　　回向　願以此終テ、

阿弥陀堂正面ゟ御影堂正面迄縁川〔側〕ゟ、

行列次第

行列之次第

列奉行　淨覚寺

加役村国村

吉右衛門

釜屋宇兵衛

○以下横書、丁付一四オに及ぶ、連続するものにつき、史料の性格上、追込みに組む、

警固麻上下　大小　白帷子　　役僧鈍〔色カ〕直五条　　侍装束上ニ同し、　　警固　同

同人　三人　（9ウ）導師本覚寺殿　　沓持壱人白帳〔丁、以下同〕

警固同断　　役僧同断　　侍同断　　警固　同」（10オ）」

同　　松明白帳　　灯籠　同

六人　御輿台白帳　二人　　二人　　四人　楽人

同　　松明白帳　　灯籠　同（10ウ）」

布衣侍　　灯籠　　警固　同　同

御棺　添輿禅門　力者四人白帳　（11オ）二人　六人

布衣侍　　灯籠　　警固　同　同」

御上様

青侍 麻上下 白帷子 大小　道明寺
青侍 同断　御香箱持 堂僧 鈍色五条

(11ウ)

御沓持壱人 白帳

恵照院様

青侍 装束上ニ同し、　覚善寺
青侍 同断　御香箱持 堂僧 鈍色五条

御沓持壱人 白帳

(12オ)

役僧壱人

浄信院殿

青侍壱人

沓持壱人 白帳

圓誠寺殿 供廻 同断

松岡院殿 供廻 同断

(12ウ)

浄徳寺殿

侍壱人

民部殿 供廻 同断

西蓮寺殿 供廻 同断

佛性寺殿 供廻 同断

(13オ)

法栄寺殿 供廻 同断

草履壱人

兵部卿殿同断供廻　聴松庵殿同断供廻　式部卿殿　侍壱人（13ウ）
草履壱人　正善寺殿新発意也、　草履壱人

両御法主様并ニ浄信院様
北余間ゟ御簾之間へ御入、
高橋玄蕃　草履壱人　道場中　惣同行中（14オ）　惣法中南余間ゟ後堂へ入ル、

御本堂　蠟燭鎊
次ニ堂僧　出勤
次ニ御開殿、下座ゟ次第、

次ニ余間中、
次ニ内陣　院家、
　南余間下ニ、御末寺中・役僧・侍・沓持迄不残着座、
次ニ導師調声、　十四行偈　短念仏　回向　我説」(14ウ)
若し十四行偈之内、御使僧・御使者之御方有之候ハ、、南余間後さや之間へ休息案内、
引次　路念仏　下陣調声
路念仏之間ニ、堂僧ゟ余間・院家、下座ゟ次第立列、南余間ゟ三官出席、

○コ、ニ図アリ、次頁ニ移ス、

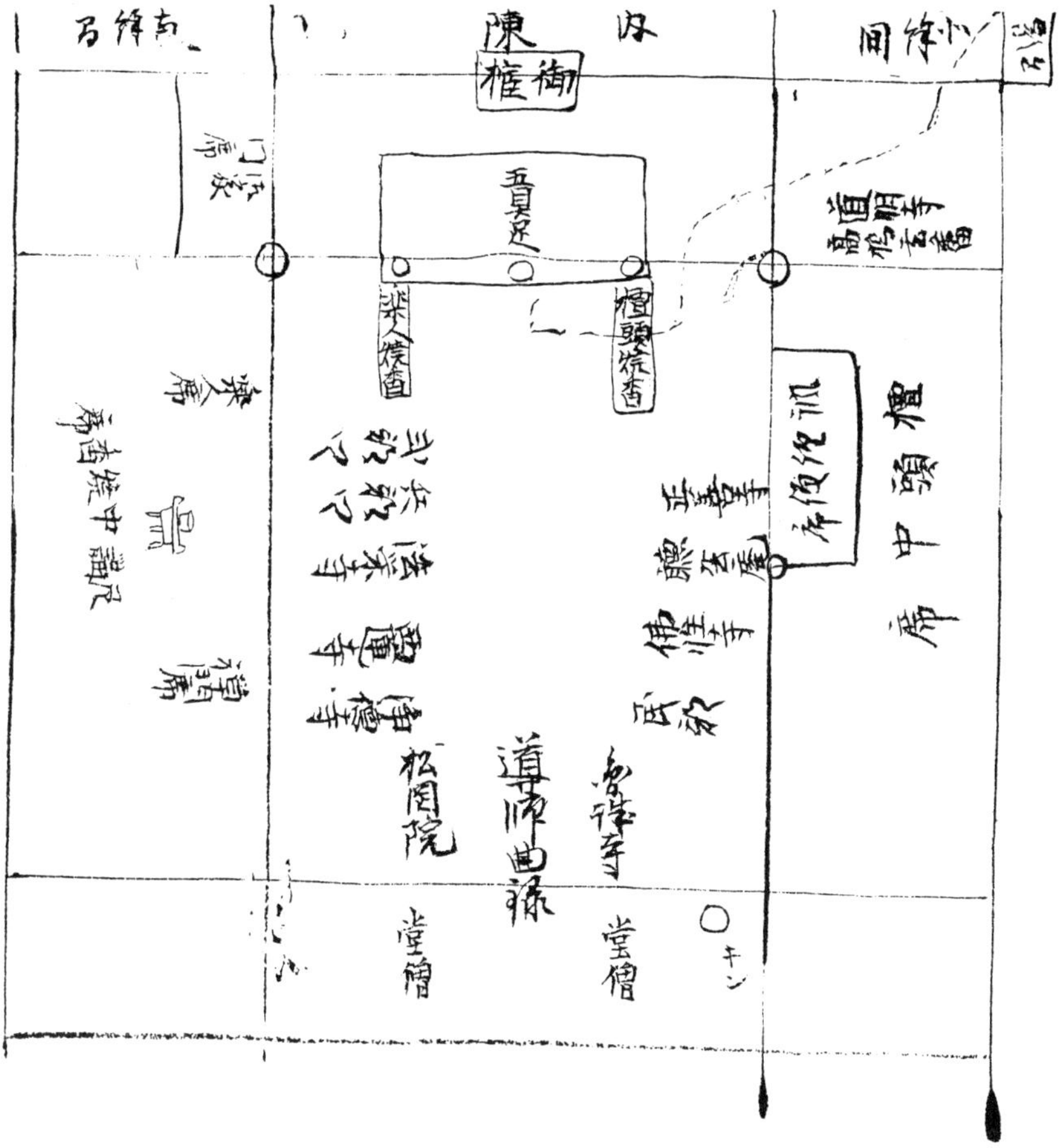

次ニ路念仏終テ、導師　焼香　　正信偈　調声

次ニ御上様　御焼香　会奉行ゟ御案内、

次ニ恵照院様　同断　五劫思惟　調声　終テ、

（15オ）

浄信院殿　御焼香

（浄照）圓誠寺殿

松岡院殿

（秀厳）浄徳寺殿

浄徳寺新発意也、民部殿

（最勝）西蓮寺殿

（秀光）佛性寺殿

法栄寺殿

西蓮寺新発意也、（最円）兵部卿殿

佛性寺老僧（誓鎧）聴松庵殿

本覚寺新発意也、（道教）式部卿殿

新発意也、正善寺殿

京都今出川家ゟ使者可参処、俄ニ指支之書状参、則高橋玄蕃方へ代香頼来候間、此処ニ而高橋焼香致ス事、

今出川殿
誠照寺殿
毫摂寺殿
福井
本覚寺殿使者
道明寺
高橋玄蕃

横越村治郎左衛門事、无量寿院殿御代ゟ由緒有之、高橋之次ニ焼香致ス事、」

（15ウ）

短念仏　楽人焼香　檀頭　同　禅門　同　尼講中
三重念仏　渕《リン》五ツ〔淘カ〕
和讃　本願力ニあいぬれハ、正覚の花ヨリ、
回向　願以此功徳リン三ツ
退出

御輿　中へカキ出ス、
御肩入
両御法主様
次ニ浄信院殿
本覚寺殿
次第　惣法中

野送行例〔列〕之次第

○以下横書、丁付一九ウに及ぶ、史料の性格上、追込みに組む、

（16オ）
警固　同　　役僧（直綴五条／ミミミミ）　侍
　　　　　　　　〔丁、以下同〕
　　　　　　　　白帳　鈍色五条
四人　導師本覚寺殿　朱傘壱人　二人　沓持壱人（白帳）
警固　同　　役僧（同断）　侍
（16ウ）

警固　同　同　同　同　松明　先箱
十人　二人　御輿台白帳二人　二人　長刀白帳壱人
警固　同　同　同　同　松明　先箱

(17オ)
灯籠　同　布衣侍
四人　楽人　御輿　朱傘白帳壱人　力者四人　添輿禅門
(17ウ)
灯籠　同　布衣侍　御供道明寺
草履壱人

灯籠　役僧
(18オ)
後箱壱人　二人　浄信院殿　朱傘壱人　沓持壱人　圓誠寺殿供廻同断
灯籠　侍

侍壱人

松岡院殿供廻同断
浄徳寺殿
草履壱人
朱傘壱人
民部殿供廻同断
（18ウ）
西蓮寺殿供廻同断

佛性寺殿供廻同断
（19オ）
法栄寺殿供廻同断
兵部卿殿供廻同断
聴松庵殿供廻同断
式部卿殿

侍壱人
正善寺殿
（19ウ）
高橋玄蕃
道場中
惣同行中
草履壱人
同断
草履壱人

一、野卓　三具足
一、野勤　導師焼香　次ニ浄信院殿　末寺惣焼香
葬
三誓偈　短念仏　回向
(20オ)
御火かけ
御上様御名代　道明寺　惣末寺　順席
退出
一、葬後於本堂勤行、
小経　短念仏　回向
装束　道服　五条

八月二十一日

一、灰葬　廿一日晨朝過、
偈文　短念仏　回向　末寺惣焼香　装束道服五条　七条　導師計リ
御骨　朱傘
持者　道明寺

御末寺中　順席　御供　堂僧　禅門　同行中　」

(20ウ)
一、御入骨　太鞁〔鼓〕　鐘　喚鐘
中陰堂荘厳　御影堂北余間
中陰堂勤行　小経　短念仏　三重　和讃　光明月　次第二首引《カケ》　回向
願以此　御文　白骨　恵照院様御調声

此前ノ処ニ白骨荘
厳白打敷

次ニ廿一日御逮夜ヨリ廿六日々中迄御法会、

北面ニ立ル事、

差定
廿一日
御逮夜　正信偈　六首引　和讃ミタ成仏　回向　法話御文

八月二十二日

（21オ）

初夜なし、」

晨朝如平日、和讃次第廻讃

廿二日
日中　上巻半袖　念仏　和讃　タトヒ大千世界　二首引　回向

同
逮夜　上巻下半袖　念仏　添讃　尊者阿難二首引　回向　法談

八月二十三日

廿三日
日中　伽陀　一首　下巻　上半袖　和讃无㝵光仏（二首引）　回向

同
逮夜　正信偈　六首引　回向　法談

八月二十四日

廿四日
日中　伽陀　登高座　下巻下半軸　下高座　伽陀　往生論　短念仏
和讃如来ノ興世（二引）　回向」

（21ウ）

八月二十五日

廿四日
迨〔逮〕夜　正信偈　和讃大心海（六首引）　回向　法話

廿五日
日中　伽陀　登高座　観経壱軸　下高座　伽陀　偈文　短念仏
三重和讃　恩徳広大（二首引）　回向

同
逮夜　文類偈　和讃　如来作願ヲタツ　六首引　回向　法談

八月二十六日

日中　伽陀　登高座　小経　下高座　伽陀　論偈　三首引　和讃
三朝浄土　三首引　回向」

（22オ）

次ニ霊前ニ而小経　短念仏　回向

当日御諷経僧　法常寺《五郎丸》使僧　徳正寺《莇生田》　圓《出口》瑞

廿三日

本多内蔵《（副昌）》之助殿

使者御使番　瀧　藤十郎　侍二人　長柄壱人　鑓《ヤリ》壱人　後箱壱人

草履壱人　籠之者　三人

白木大三方ニ麦粉トして麦粉十袋、取次僧浄徳寺、後ニ御法主様御挨拶、則御賄ハ本山

ニ而上下共、

（22ウ）

下宿村宇兵衛門口菊桐之幕張、入口ニ御使者下宿トして高札立る事、

御霊前ニ圓誠寺・松岡院両人、白衣ニ紫五条ニ而御番、

使者献立

（空白）

（23オ）

門末一統香奠
額

一、御香奠

院家　銀七匁

内陣　〃五匁
余間　〃三匁
新発意
老僧

誠照寺等よりの香奠

一、金百疋　誠照寺
白三方ニ誠照寺大僧都トシテ、
一、銀拾五匁　毫摂寺
一、同拾匁　同御姫様ゟ、
十六日瓜生甚右衛門帰国後参京都、
一、南鐐一片菓子箱一ヶ　小倉殿
九月三日、書状来ル、
一、金百疋　今出川殿
十六日、御香奠、
一、金百疋　京都西役所公用人 安達直右衛門
同
一、南鐐一片　櫛野弥太夫
廿日
一、銀拾匁
南鐐一片　間部十三郎
(23ウ)
一、銀五匁　島津源馬
一、銀五匁　北山儀兵衛

一、同五匁　府中 光善寺
一、銀十匁　福井 本覚寺
一、同五匁　コサカ 明正寺
一、同五匁　上サハヱ 西正寺
一、同五匁　五郎丸 法常寺
一、同五匁　徳正寺
一、同五匁 三〻　戸ノ口 光蓮寺
一、同五匁　新出 誓願寺
御見舞
銀五匁　赤坂村 常福寺
御香奠
銀拾匁
廿八日
御菓子料
一、銀弐匁　五郎丸 浄覚寺
香料
銀三匁
九月朔
一、銀三匁　金谷村 妙楽寺
（24オ）
御見舞
五匁　岌松村 称名寺

御香奠
七匁

御見舞御香奠
一、銀五匁　布目村 長法寺

一、銀五匁　鯖江 南光寺

二日
一、温鈍〔饂飩〕十包　銀　同 西福寺

一、菓子箱一ツ　珠光院

一、銀銖一ツ　照臨庵 心光院様

五日
一、銀弐十匁　府中 陽願寺

一、麦粉五袋　使僧 乗覚寺

十一日
一、銀拾五匁　市波 本向寺

追悼歌

追悼

東溟上人世を辞し給ひけるときゝて、驚きにたへすいたみて心はかりを、

言の葉と面かけはかるかたみにて　いかにはかなき世になりにけむ　」(24ウ)

また古年の夏都にのほりける時、君にまみえて約せし事なと夢のことく成ぬれハ、

ありし世にいひけん君か言の葉を　思ひいつれハなみた成けり

本照

十三日
一、銀五匁　御香　　鯖江 三原鶴樹

奉　尊霊御前追悼
三原鶴樹

いにし文月の十日あまり三かの日、世を過させ給ひしと聞侍りしに、けふなむ長月のその下にあたり、また後の月見なれハ、いとゝ世におハしませしことゝも思ひ侍りて、

鶴樹上

さやけさもなをうらかなし山のはに　入にし月ののちの今宵ハ

しほりつるそてのなみたに」うかへるは　あやしむかしの君か面かけ

（25オ）

長蔭上

言の葉の道のちまたに迷ふ子を　すてゝいつちに君か行らむ

大善慶四郎兵衛越知通世

今はたゝ露に濡つゝ鳴むしを　よそならぬ身となりし秋かな

通世

斉藤祐三敏樹

梅窓老尊師御身まかり給ふをいたミ奉りて

敏樹
上

寄筆懐旧

よを花と月と雪とに香し　むかしを忍ふ水くきのあと」

八月廿七日、末寺門徒中へ触渡之趣、

(25ウ)

命日の変更

御触之趣

一、今般　(平出)老上人様、去ル十三日御遷化ニ付、是迄三日之御命日、十三日与相改リ候間、
其段可被致承知、猶又御忌中五十日之間、諸事相慎可有之事、右之趣御門末一統御触流
ニ御座候間、此旨可被相心得如斯候、以上、

卯八月廿七日　　横越
本山役人

村
寺号
拝御門徒中

○コヽニ図アリ、次頁ニ移ス、

白打敷

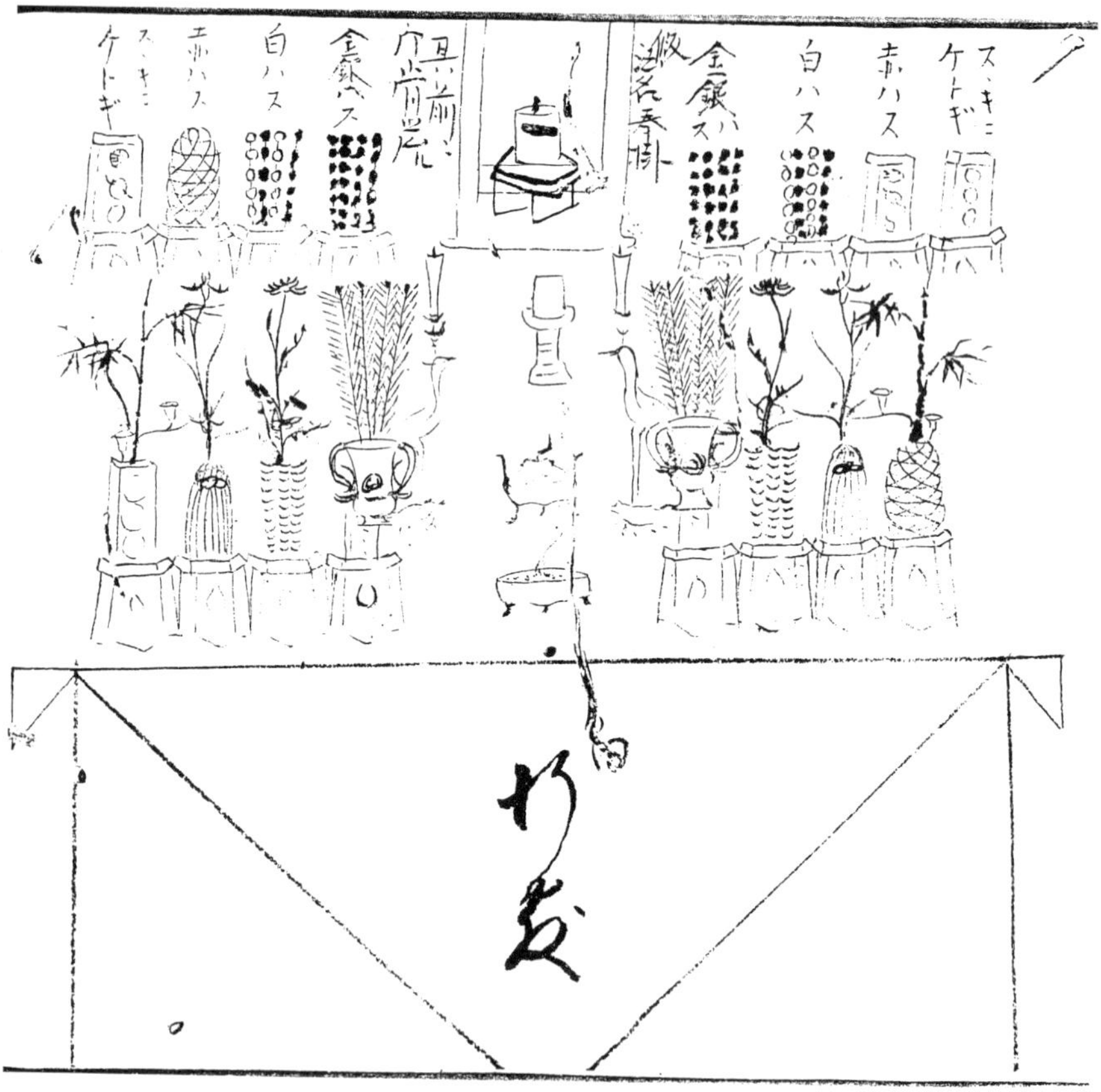

初七日より七七忌までの勤行

（26オ）
一、従初七日至七〻日、

本堂勤行

逮夜　正信偈　三首引

中陰堂勤行

同　三部経壱軸宛廻読　短念仏　添讃　回向

日中　正信偈　三首引　但し中陰堂計り

四十九日

逮夜　三巻壱軸　短念仏　添讃　回向

日中　観経壱軸　短念仏　添讃

（26ウ）
九月廿七日

一、きん弐百ひき　鯖江君侯 御簾中

御香てん　使番 三原鶴樹

一、植田頼母ゟ入懇ノ上、御借用有之、金六両之中三両二歩入、残弐両二歩有之候、証書返納有之事、

十月二日
一、拾匁　石田村　西蓮寺
九日
一、五匁　府中　圓宮寺
十日
一、銀三匁　御香奠　鯖江　斎藤祐三
一、金二朱　御香奠　同藩中　植田頼母

導師への礼状

（27オ）

本覚寺導師之状

逐日冷気相加候処、弥御安全清光被申候由、珍重不斜存候、然者過日老父葬送之砌ハ、導師之処御世話ニ相成悦存候、右挨拶モ早速可申入候処、彼是不計延引ニ相成、依之今日一寸如挨拶〻道明寺指越申候、印迄ニ薄施之一封、就老人随身被申候一品、御形見之験迄ニ進入申度、宜敷受納被成呉候ハ丶、大慶之至ニ可存候　先ハ此段申述度如此候、以上、
（傍書：申述度、而ハ、有之、麁末之）

十月十八日

本覚寺殿　　寺務職

導師への布施と御遺物贈遺

（27ウ）

布施

一、銀壱枚　　銀札八十六匁也、

一、茶地丸龍ノ紋御輪袈裟　一筋

上書ニ御遺物ノ三字認之、

(空白)」

(28オ)

(空白)」

(28ウ)

弔文控
今出川家

今出川(実順)殿書翰

善超上人様御儀、夏以来御不例之処御養生不被為叶、先月十三日御遷化被成候由、為御知御紙面之趣、三位中将(今出川実順)殿江委細申入候処、御驚歎思召候、依而御悔宜申入旨御座候、随而御香奠金百疋御霊前江御備被進候間、宜御取計御頼申入候、尤別段御使を以可被仰入之処、遠路義ニ付無其儀、此段御承知可被成候、依而右為可得御意、如是御座候、恐惶謹言、

八月十九日　　中村右兵衛

覚善寺様

高橋玄蕃様」

(29オ)

上包

越前横越證誠寺様参　　今出川殿御内
覚善寺様　　中村右兵衛
高橋玄蕃様
金子入

小倉家

(29ウ)
小倉侍従殿(輔季)ゟ書状控

一筆致啓上候、然者　(平出)御法主様御儀、当夏以来御病気之処、終ニ御養生不為叶、去月十三日御遷化之旨為御知被仰越、此段申入候処、驚恐入思召候、嘸御愁傷不浅御儀、御遠察被成候、依之麁薄之至候得共、御香料南鐐一片御霊前江被相備、麁末之御儀ニ候得共、御菓子一箱為御見舞被進之候、宜敷御披露奉願上候、御葬送当月十八日御治定ニ候得共、遠路御使者御断之由、如貴命遠路御日数も無之、任御示ニ乍略儀、此段御断被申入度候、依之宜敷御取計奉頼上候、謹言、

(30オ)
八月十日　　関　監物
重頼

上包美濃紙
小倉侍従殿内

越前
證誠寺様
御役人中　　　　　　　関監物

八月十日　　　　　従京都
〆

万里（正房）小路家書状

御手状令披見候、然者御院主様御事、終ニ御養生無御叶、去月十三日御遷化之趣、委曲御書中之段及言上候処、驚思召候、依之御悔之御使も可被立之処、遠路之儀不被為能其儀候、此段宜敷御報旨中納言殿被命候、早〻不備、

八月十日　　　　粟津右近将監
　　　　　　　　北　帯　刀」

（30ウ）

覚善寺様
高橋伊織様

上包美濃紙
　　證誠寺御室内
　　覚善寺様　　　　粟津右近将監
　　高橋伊織様　　　北　帯　刀
　　　御報

〆

八月十日

東溟家集

『東溟家集』略解題

『東溟家集』は、真宗山元派本山證誠寺の第二十世善超上人、すなわち東溟上人の、自筆の和歌集である。證誠寺の所蔵にかかる。袋綴本。一冊。縦二一・六糎、横一四・二糎、墨付七十九枚。表紙の左端に「東溟家集」と見える。表紙・同見返し・裏表紙の見返しにまで歌の書込みがある。和歌本文の料紙は木版引の罫紙。一丁十八行、中央で振分けて片面九行から成る。頭部に歌題用に横一線を引く。一行に和歌一首を記しているが、二首、三首を記した所もある。中央の歌に比し、左右の歌が細字で書かれていて、補充にかかるものであることを窺わせる。また、上欄の余白、左右の罫外にも歌の書込みが見られる。

これらの書様より察するに、本家集は、表紙に「東溟家集」と見えるが、東溟上人がいわゆる家集を作るべく、自ら詠じた和歌を集め、補充しながら集大成をはかったもので、家集土台というべきものである。いうまでもなく、家集は個人の歌集であり、私歌集を指す。歌題の上、あるいは歌の頭に、入、「入」、○、「○」⊙、△、、、＼、「＼」、不入、「不入」、去、「去」（括弧は朱書を示す）の符号が付されているが、これも家集を作成するための基準・心覚え等を示すものと考えられ、本書の性格が家集土台なることを裏付けている。その意味で、本書は歌集のなかでも希有な存在というべきであろう。成立年代は、幾度となく補充がなされていて決め難いが、表紙に見える「癸卯夏」の記載を当初の年次と考えれば、天保十四年（一八四三）、東溟五十九歳の時に一通りの基本的なものが出来上っていたことになろう。

本家集の構成は、丁の折り目の上部の記載によって知られる。分類と丁数の初めを示すと、次の通りである。「春」（一オ）、「夏」（一二オ）、「秋」（一九オ）、「冬」（二九オ）、「法」（三四オ）、「雑」（四〇オ）、「春補」（五六オ）、「夏補」（六一オ）、

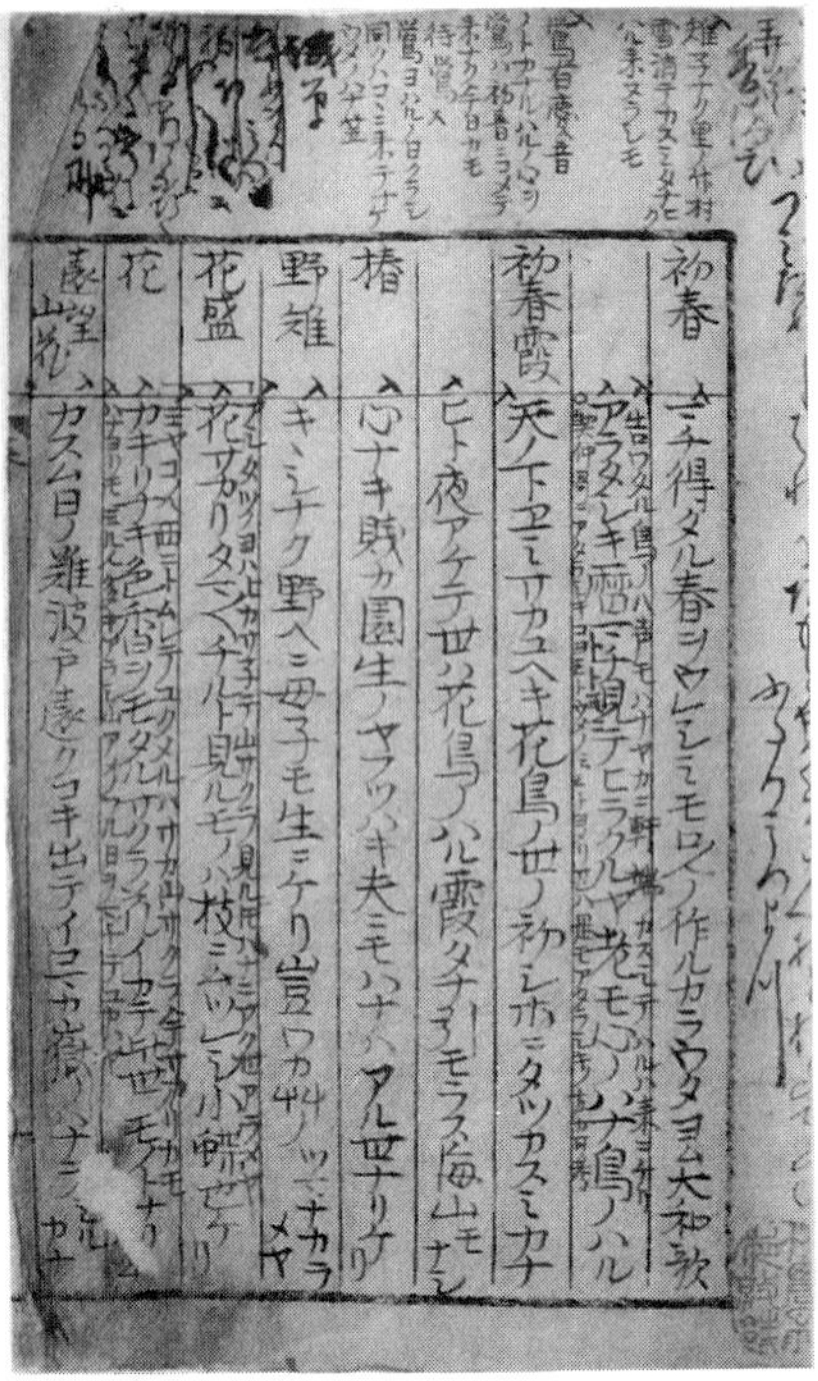

東溟家集（巻頭部分）

「秋補」（六五オ）、「冬補」（六九オ）、「(法補)」（七二オ）、「雑補」（七三オ）。推敲の歌も多く、ことに四季詠の後半部、法（釈教歌）の部分などに多く見られる。また撰歌のための符号は、「秋」「秋補」の部分が概して種類も多いことが注目される。

収載されている和歌は、若干重複もあるが、全一七三〇首である。分類に従っていえば、春四三五首、夏二〇三首、秋三一五首、冬一六三首、法九七首、雑五一七首となる。他に若干の発句もある。

越前鯖江という一地方の近世歌人の、大部な自筆原本の歌集がいまに伝存していること自体、貴重であるのみならず、それが所謂家集の編集過程を示す家集土台というべきものの実例となるものであることも、希有な存在といわねばならない。このような本家集が紹介・翻刻されることは、近世の和歌の研究にとっては勿論、和歌文学史上に於ても、蓋し有意義なことであろう。

凡例

一、本家集は、本山證誠寺所蔵の東溟上人自詠・自筆の「東溟家集」と題する、東溟家集を編むための土台として集大成した歌集の稿本を底本とし、全文翻刻した。

一、原本の体裁は、努めてこれを存した。上欄に追加・補充された詞書・和歌等も、出来るだけその位置に翻刻した。半丁九行の罫紙に通常は一行に一首書かれているが、追補して一行内に二、三首が書かれていることもあり、この場合は、当初に書かれた中央の歌、次いで細字で書かれている右側の歌、左側の歌の順で翻刻し、追補分には＊を付して区別した。また枠外の追補分にも＊を付した。

一、原本の丁替りは、紙面の終りに当る箇所に」を付して示し、且つ新紙面に当る部分の行頭に、その丁付け及び表裏を（1オ）（2ウ）の如くに標示した。

一、和歌の分類を表わす目じるしとして、丁の折り目の上部に「春」「秋」などの書込みがある場合は、丁の表の上欄に「春（折り目書）」の如く記載した。

一、原本に用いられている古体・異体・略体等の文字は、現時通用の字体に改めた。

一、校訂に当って、歌の詞書の部分に読点（、）を加えた。但し、上欄の追加・補充分には、組版上これを略した。

一、抹消文字は、左傍に抹消符（ミ）を付してこれを示し、文字の上に別字を重ね書きした箇所にあっては、後に書かれた文字を本文として採り、その左傍に（・）を付し、右傍に×を冠して元の文字を傍注した。但し、上欄分はこれを略した。

一、和歌の表記は漢字仮名混じり文、片仮名を主体としているので、可能な限り仮名部分の左に（　）を付し漢字を充て、参考に供した。

一、家集作成のために付した、入「入」○「○」⊙△、＼「＼」などの符号は、凡ねその位置に翻刻しておいた。その関係は位置・重なり具合等から「○」↓△、「入」↓△、○↓、の順序で付されたことが考えられる以外は明らかでない。

一、自詠の歌以外は、詞書・和歌いずれも一字下げにして区別した。

「（表紙）

翡翠カハセミ

癸卯夏（天保十四年）

志賀山越　良筑□ことにかん也、

むら〳〵にこけのミちか□□りけりさく□ちかしく□□へ

こゝちも□にち□しくいふむこまのひつかも

楽　作楽誤歟　字書如此　公卿

他郷　賊

東溟家集」

（表紙見返し）

「〽」入「社頭」聞鶯　サカキ《賢木》葉ハ雪猶白キ神垣ニ春ヲ埋マヌ鶯「ノコヱ」

雪消《ゲ也》　雪気《け也》　シカスガニ　○竹影掃階塵不動　タン〱カイ

月穿潭底水無痕

しはす（師走）に弘化と改元ありてほとなく春立しに　○神祇也

入〽めつらしく年の名をさへ雪の中にあらためてたつはる霞かな

毎山有春　衛

入〽むさしの（武蔵野）ゝ霞のおくとなりにけり雪にむかひしちゝ（秩父）ふかひ（甲斐）か峯

入〽春といへハかすミ（霞）にほ（匂）はぬ山もなしいつれか雪の梢なりけん

「毎家有春」

入「たかき屋」になく鶯の声のミかむくら（葎）か陰も梅のはる「かせ」

○湖落花　家隆卿

ハルノ日ハナタ（灘）ノシホヤ（塩屋）ノアマ（蜑）人モ云云

春（折り目書）

入「雉子ナク里ノ竹村雪消テカスミタナヒクハル来ヌラシモ」

入「鶯有慶音
ノトカナルハルノ心ヲ鶯ハ初音ニコメテ来ナク今日カモ」

入「待鶯
鶯ヨハルノ日クラシ同クハコ、ニ来テナケウメノハナ笠」

試筆
六十あまり三つの□□

入 弄花香満衣
つミためしはなにたもとやかをるらんあとおふてふのふたつミつよつ

（1オ）

初春

入 マチ得タル春ヲウレシ（嬉）ミモロ（諸）人ノ作ルカラウタ（唐歌）ヨム大和歌

入 アラタ（新）シキ暦マチ見テヒラクルヤ老モ心ノハナ（花）鳥ノハル（春）

○「契仲（沖）歌ニ、アタラシキコヨミ（暦）トウメノ云云トヨメリ、
サレハ是モアタラシキノ方カ可考、」

初春霞

入「*告ワタル鳥ノ八声モハナヤカニ軒端カスミテハル（春）ハ来ニケリ」

入 天ノ下ヱミ（笑）サカユ（栄）ヘキ花鳥ノ世ノ初シホニタツカスミ（霞）カナ

入 ヒト夜アケテ世ハ花鳥ノハル霞タナ引モラス海山モナシ

椿

入 心ナキ賤カ園生ノヤフ（藪）ツハキ（椿）夫ニモハナ（花）ハアル世ナリケリ

野雉

入 キ、（雉子）シナク野ヘ（辺）ニ母子モ生ニケリ豈ワカ（若）草ノツマナカラメヤ

花盛

入 花サカリタマ〳〵チルト見ルモノハ枝ニムツ（睦）レシ小蝶也ケリ

花

入「*アシタツ（葦鶴）ノヨハヒ（齢）カサネテ山サクラ（桜）見ルトモハナ（花）ニアク世アラメヤ」

入カキリナキ色香ヲモタルサクラ（桜）花イカテ此世ノモノトナリ□（ケ）ム

入「*ミヤコ（都）人西ニトムレ（群）テユクメルハサカ山サクラ今サカリカモ」

入「*ハナヨリモミル人多キアラシ（嵐）山アメ（雨）ノフル日ヲマチ（待）テユカ（行）ハヤ」

遠望山花

入カスム（霞）日の難波戸遠クコキ（漕）出テイコマ（生駒）カ嶽ノハナヲミルカナ」

（1ウ）

アラシノ山ノサクラサク（咲）コロト云下句ニテ

入ワレハトテ都ニノコル人モナシアラシ（嵐）ノ山ノサクラ（桜）サク比

春風解氷

入人ミナノ心ノミカハ水ニサヘトヽコホリ（滞）ナキ池ノハルカセ（春風）

入冴帰リムスフハシラス春カセノ氷リノコサヌ池ノサヽナミ（小波）
「クレテマタトモ」

鶯声和琴

入心ユク春ノシラヘ（調）ヤ鶯ノ《モ》初音ニアハス軒ノツマ妻《コト》○本行ヨミ
ヲソヘシ　フル　ミミ

入「鶯ノナクネモハルニ入アヤハ心コトナルシラヘ也ケリ」

入「ウクヒスモ心ノ
ハルヲツマコト
ニヒキ合セタル
今日ノ初音カ」

入「鴬モナカル、水
ノシラヘヲヤタ
ノシキコト、声
アハスラム」

入改
心ゆくはるのし
らへやうくひす
もはつ音をそへ
し軒のつまこと

入
故郷春
咲匂フ菜ノ花園
ニイニシヘノハ
ルオモホユル志
賀ノフルサト

（2オ）

入「*ウクヒスノハツ《初》音ヲソヘテ春ハマツ《待、先》楽シキコトノシラヘ《調》ヲソキク」

春水満四沢

入 オリタチテ根芹ツム《摘》ヘキ沢ソナキハル日ニ四方ノ雪トク《解》ルコロ

草菴ノ花盛ニ

入 ヨソ《他所》ニノミ心チラサハ柴ノ戸ノ花ヤアル《主》シノ我ヲ恨ミム

春浦

入 イソ《磯》山ノ処々ニ花咲テ浦ノミルメ《海松布》ハハル《春》ソオホカル

糸サクラ《桜》ノ陰ニ美人立り

入 糸サクラ見テヲ解ラシタヲヤ《手弱》女カムス《結》ホ、レタル春ノコ、ロ《心》モ

糸桜

入 佐保姫ノ花ノ白キヌ《絹》オル《織》手ヨリハツレテ匂フ糸サクラカモ

入「*ウチナヒク姿ハ風ノ青柳ニ花ヲムスヘル糸サクラカナ」

「*タレカ此ヤナキノ糸ニカクハシキサクラヲサヘニムスヒトメケム」」

志賀花園春

入 宮人ノ舞モ小蝶ノ夢ノ世ニ見ヌ春忍フ志賀ノハナ《花》園

入 春山
ヒト夜寝テアクルワヒシトカコツカナ月ト花トノ葛城ノヤマ

入 弘化と改元なりし冬春立けるに
めつらしく年の号をさへ雪の中にあらためて立はるかすミ哉

入 河暮春
チルハナノウキテ流ル、山川ハ春ノユクヘモ見ルコ、チセリ

（2ウ）

入 イニシヘ（古）ノ滋賀ノハナ園花ナラヌ草ノ緑ニ春風ソフク（吹）

水郷春望

入 筏士ノ声ハカスミ（霞）ニ残リケリ梅津桂ノハル（春）ノ見ワタシ

入 大井川水上遠ク霞ム日ハスサキ（洲崎）ノ松ノハル風モナシ

江山春興多

入 雪消テ山モ此比カスム江ノミキハ（汀）ノタツ（田鶴）ヤハルヲ知ラム

春祝

入 青柳ノナヒクヲ民ノ心ニテ君カ恵ハ四方ノハルカセ（春風）

暮春

入○ 花園ノ露ニムツレ（睦）シ小蝶サヘチリ〳〵（散々）ニナルハルノクレカタ（暮方）

暮春山

入 チル（散）花ノ梢ニ春ハクレ（暮）シカト霞ヒト重ヲ残ス山ノハ（端）

暮春風

入 チリ（散）交ルサクラ（桜）山吹ヒト方ニ吹ヨセテケリ庭ノハルカセ（春風）

夕花

、夕附日桜ニ匂フ山ノ井ノアカ（飽）テモクル（香）、ハナ（花）ノカケカナ

入春池　「鰒玉三」

、桜チル池ノ浮草ウツ（埋）モレテカハツ（蛙）ハ雪ノ底ニナク也

桜柳交枝　「雲錦ハ第二青柳ニノミ」

、枝カハス柳ニハカリ春風ヲ吹セテハナ（花）ヲ見ルヨシモカナ

＊咲花ノ梢ニカ、ル糸ユフ（遊）ハ同シ垣ホ（穂）ノヤナ（柳）キナリケリ

「枝＊カ（交）ハスハナ（花）ノサカ（盛）リヲマチ（待）ミテヤ柳モヱミ（笑）ノマユ（眉）ヒラクラシ」

「＊エタカハスヤナ（柳）キノ糸ヤムス（結）フラムサカ（盛）リ久シキノキ（軒）ノサクラ（桜）ハ」

関暁花

、関守カマタ（未）夜ヲ残ス灯モ花ニカスメル逢坂ノヤマ

老ノ後ミヤコ（都）ニノホリテ西山ノ花見シニ、

、アラシ（嵐）山老テフタ、ヒ来テ見レハ昔ニ帰ル花ノ白雲

年内立春

、関ノ戸ハアケ（明）ユク（行）ハル（春）ニ霞メトモマタ年越ヌアフサカ（逢坂）ノヤマ

、巻ノコス暦ノ末ニハル来ト《タツハルヲ》ハ空ニシラル、《ソラニシラスカ》軒ノウメ（梅）カ、（香）

「青柳ノ糸モナカハ、紅ノウスハナサクラ枝ヲカハシテ」

、

「糸ユフニ蝶ノ飛カトミユルカナヒトツカキホノ《マカキノ》ヤナキサクラハ」

「枝カハス軒ノヤナキハサク花ノツユノ玉ヌク糸ニサリケル」

「関花

関越テ往モ帰ルモ此コロハ花見ル友ニ逢サカノ山」

竹鶯

雪キエヌ竹ノハヤシモ鶯ノナクネニハルノフシハ見エ《セ》ケリ

海辺霞

まち恋しはるのしるしを何にかハミつのはままつかすミこめすハ

湖上帰雁

カヘル雁コヽヲイツコト思フラムサヽナミカスムシカノアケホノ

こゝろむる筆にはしめてとほなかきはるに栄えよ大和ことの葉

「＊立ソメ（初）テ年ノコナタノハル（春）ノ名ヲソラ（虚）言ニセヌアサ（朝）カスミ（霞）カナ」

春雨

、ハルサメハ音ヲ忍フノ葉カクレ（隠）ニタエ（絶）〳〵伝フ軒ノ玉水」

都立春

、コキマセ（扱混）シ柳サクラ（桜）モ折近キ都ニハルノタツカスミ（霞）カナ

（３オ）

、ウチ（打）日サス（射）ミヤコ（都）ノ空ヲ初ニテ四方八方ニ立ハル（春）カスミ（霞）カナ

名所立春

難波カタ枯葉ノ芦モ霜解テ一夜アクレハ春風ソ吹

元日

、今朝ヨリノ春ニヒラク（開）ル花モワカ心ニ似タル軒ノウメ（梅）カ枝

、春立ヌイサヤ心ヲコト（言）ノ葉ニ用ヒノカヽミイソチ（五十路）重ネテ

文案ニ墨オシスリ（磨）テ鶯ノ初音マタ（待）ルヽケフ（今日）ニモアルカナ

試筆ノ歌

、池水ノ氷トトモニ打トケテハル（春）シルモノハコヽロ（心）ナリケリ

「＊ハナトリ（花鳥）ニ老モ心ヲヤリ《ハわか》水ノトヽコホリナキハル（春）ハ来《ソ楽シキ》ニケリ」

「*アメ《（天）》ノ下イツクノタレカシラサラム世ハ花鳥ノハル《（春）》ノメクミ《（恵）》ヲ」
立カヘリ《「ハルトイヘハ」》老カ《モ》コヽロ《（心）》モ《ノ》若水ニマツ《（先）》サク梅ノ薫リヲソ汲

社頭初春

雪消ヌ三輪ノ神杉ソノマヽニカス《（霞）》ムヤハル《（春）》ノシルシナルラム

落花

谷川ニ花ノ浮ハシ《（橋）》カケテケリ梢ヲワタル峯ノハル風

（3ウ）「谷川ニ云云ノ歌ヨリハ奥ニ出タル山サクラ誘フアラシノ云云ノ方マサルヘキ也」

「*サ《（咲）》ケハチル花ヲウキ世ノナラ《（習）》ヒソト思ヒ分テモヲシ《（惜）》マルヽカナ」
「*カセフ《（風吹）》ケハハナニ並ヒシミ山木ノソノ梢サヘウツ《（埋）》モレニケリ」

幽栖春雨

ハルサメ《（春雨）》ハ身ノ類ヒトヤ世ニフル《（旧）》モ人ニシラ《（知）》レヌ浅茅生ノ奥

早春水

鶯ニサキ立ハルノ音信ヤ氷トケ《（解）》ユク谷ノ下ミツ

関早春

夜ヲコ《（込）》メテ関ノ戸カスム逢坂ハ鳥ノ虚音ニ春ヤ越ケム
吾妻ヨリ来ル春シルク鳥カナク関ハ明仄ノ逢坂ノ山

牡丹
咲にほふ花ハとなりのふかミ草
垣こす蝶を我身ともかな

春田
ハルノ田ハツムヘキ花モ多カル
ヲネタシヤシツカスキカヘシツ
、

浜霞
マチ恋シハルノ
光ヲ何ニカハミ
ツノハマヽツカ
スミコメスハ

（4オ）

初春見鶴
初ハルノ沢辺ノタツ《（鶴）》ヲ老カ眼ニ残ル雪トモ思ヒケルカナ

万物感陽和
天地ニ春ノ光ハ充ニケリタナヒク《（棚引）》カスミ《（霞）》匂フハナトリ《ウメカ、》

雪消松緑
、ウラ〱トカスム《（霞）》春日ニ雪解テ緑ニ帰ル小マツ原カナ
○「雪*トクルノヘ《（野辺）》ノ小マツ《（松）》ハ若草ニサキタツハル《（春）》ノミトリ《（緑）》ナリケリ」

春風暖入簾
朝日影ホノメクス《「ノキノイヨ」「ミミミミ」》ニサシ入テ袖サム《（寒）》カラヌ春風ソ吹

心静酌春酒
カク乍ラ万世メクレハナ《（花）》鳥ヲ心ノトモ《（友）》ノハル《（春）》ノサカツキ《（盃）》

若菜
、宮人ノ袖ニサヘコソツマレ《（摘）》ケレ九重チカキ野ヘノ若菜ハ

湖上春曙
カヽミ《（鏡）》山ナレテ向ヒシ影モナシサヽ波カスム志賀ノ曙

春枕

、梅薫リ月ハカスミ《霞》テ独寝モ寂シト知ラヌ夜ハ《半》ノ手マクラ《枕》

山寺春鐘

、山寺ノ軒端ノサクラ《桜》散シヨリ春モ寂シキ鐘ノオト《音》カナ

「暮春風
ツレナシヤ花ニマカヒシ雲ヲサヘ残サシト吹ハルノ山風」

春声

、初春ノワラハ《童》アソヒ《遊》ノ手マリ《毬》歌モ民ヤスキ《安》代ノ声ニサリケル

*「ウナヰ《髫髪》ラカハル《春》ヲタノシム手マリウタ《歌》モ民ヤスキ《安》世ノ声トコソキケ」「第四ヲサマレル世ノトモ」

「暮春藤
我菴ノサクラハ早モチリニケリ木末ノ藤ニ春ヲユツリテ」

暮春

。、行春ヨヲシム《惜》ニトマル一日タニアラハ心ノナクサ《慰》マ、シヲ

*「何処ニカハル《春》ノユク《行方》ヘヲトメテマシ野ニモ山ニモハナ《花》ハチリケリ」

「池暮春
サクラチル池ノ面ニハ山フキノイハヌ色ナル花モ交レリ」

橋上藤

、フチ《藤》サケハ梢ニナヒク紫ノ雲ノ絶間ヤ峯ノカケハシ《懸橋》

*「ハル《春》深キ谷ノ木末ヲ咲コシテハシ《橋》ノナカ《半》ハニカ、ルフチナミ《藤波》」

古寺藤

、古寺ノ軒端ノ藤モ紫ノ雲ニ心ヤカケテサク《咲》ラム

「

、花初散
木ノモトニ今朝一ハナハチリソメツキノフヤ宿ノ盛ナリケム

「落花
山サクラカキ根サヤカニチリニケリハルヤ梢ニノコラサルラム」

関落花
あふ坂の杉もさくらとなりにけり花吹たむる関のあらしに

（4ウ）

蝶

、咲交ル花ニムツ《睦》レテ飛蝶ノツハサノ色モ桜山吹

川落花

、山川ハイツク《何処》ニハル《春》ヲ誘フラム今日モ桜ノ浮テ流ル、

○、流レテハ帰ラヌ春ノ川淀ニシハシ《暫》チリ《散》ウク山サクラ《桜》カナ

苗代蛙

、月カスム苗代小田ノユフ《夕》去ハアセ《畦》コス水ニカハツ《蛙》啼也

関落花

○、逢坂ノ杉モサクラ《桜》トナリニケリ花吹タムル《回》関ノ嵐ニ

落花浮水

、チレ《散》ハウキ浮ヘハ誘フ山水ニ「ノイツク《何処》ニカケムハナ《花》ノシカラミ《柵》」花ノシカラミイカヽカケマシ

田タカヘス処花散タリ

サクラ《桜》チル陰ニ田カヘスシツ《賤》ノヲ《男》カ笠モハタレ《斑》ノハナ《花》ノ白ユキ

「*タネマク《種蒔》トハル《春》ノ山田ハカヘシテモカヘラヌハナ《花》ヤ浪ノウタカタ《泡沫》」

三月廿日アマリ、足羽社ニテ花ノチルヲ

旅行花
なミまつの木の
まく〵の花をミ
てやとりいそか
ぬはるの日くら
し

橋霞
コマ並テセタノ
長ハシナカキ日
ノカスミヲワタ
ルハルノタビ人

足羽山サクラ（桜）ヲサソフ（誘）ハルカセ（春風）ニ神垣コユル花ノ白浪
、立帰リ足羽ノ山ノアス（明日）モ来ム一木ハノコ（残）セハナノ春風
（5オ）
、春フカミ足羽ノ宮ニサス（差）柴ノ緑モ見エスチルサクラ（桜）カナ

燕

アハレ（哀）ナリ傾ク軒ノ古巣ヲモフルサテ通フ春ノツハメハ「又モカヨフツハメハトモ」
ヒヽナ（雛）遊ヒ
ヲトメ（乙女）ラカヒヽナ遊ヒト打ムレ（群）テモヽ（百）ノコヒ（恋）アル花ムシロ（筵）カナ

連峯霞

、咲ツヽク尾上ノ花ノ面影ヲ《ニ》雪ニ《ヲ》ノコシテタツ霞カナ「雲評云、本行珍重也、」

湖霞

、凪ナキ（凪）テ塩津菅浦カスム日ハヨル（寄）サヽ波ノ音モキコエス
、「＊サヽナミ（小波）ハオト（音）モキコ（聞）エスナリニケリカスム（霞）ソナタヤシホツ（塩津）スカウラ（菅浦）」

河霞

アスカ（飛鳥）河氷リハテ（果）ヌト見シ淵モ春ハ霞ノ瀬ニカハル也

都霞

サクラニハ似テ
ニヌハナヲカラ
人ハタクヒナシ
トモ思ヒケルカ
ナ

「菜花
山フキハ匂ヒモ
ウスシ是ヲコソ
世ニタクヒナノ
花トイハマシ」

「心ナキ里ノウナ
ヰカヲルモウシ
ウヱテ蝶マツ園
ノ花菜ヲ」

「山賤カ園生ノス
、ナイカナレハ
フリステ難キ色
ニサクラム」

「雨中花
ミノカサニ身ヲ
ヤツシテモ行見
ハヤ雨ノフル日
ノ山サクラハナ」

（5ウ）

、花ノ錦柳ノ糸ノタテヌキ《経緯》ニ都ノ大路カスムハル《春》カナ

梨

、山寺ノハル《春》ニウヘ《宜》コソ匂ヒケレトヒ《問》トハ《問》ルヘキツマ《妻》ナシ《梨》ノハナ《花》

、カスミ《霞》サヘ浮世ヘタテシ山里ニ物思ヒナシ《無、梨》ノ花咲ニケリ」

菜花ニ蝶遊ヘリ

、類ヒナノ花ノアタリトムツル《とてこゝに共、とてことに共》、モアハレ小蝶ノ春ノヒト、キ《一時》

月前梅

春モ猶閨モル月ハ寒キ夜ノ枕ニ匂フ《かよふ共》風ノ梅カ、《香》

故郷ノ軒モル月ハカスム夜モオホロ《朧》ケナラス匂フ梅カ、《香》

春アサキ軒トハ見エス梅ノハナ薫ル木間ニ月モカスミテ

花漸盛

今日モ猶フ、メ《含》ル花ソ雑リケルアス《明日》ヤ実ノサカリ《盛》ナラマシ

雨後花

フ、メリシ花モヒト夜ノ雨マチテ咲ノ盛ヲ見スルケフ《今日》カナ

○隣家花

「サキチルトイハシ語ラシサクラ花コレモトナリノ宝ナリケリ」

こゝろしてまつのはるかせ共　第二　マツノハルカセ　よし

○風定花猶落「ハル風ハ吹オト垣ノコナタトモ枝ニ絶テシヲ猶チリニチル山サクラカナ」

（6オ）

○花意　ハルコトニマテトモサカズヲシメトモチルヤサクラノコ、ロナルラム

花ノ外

○此ヨリ下可拾、

桜咲隣ニ乞テネカ（願）ハクハ花ノアルシ（主）ト一日イハレム

竹間花　「鰒玉四」

竹垣ニ枝サシカハシ咲花ノ木高カラヌモヒトフシ（節）ソカシ

山家花

山里ハ塵ノ外ナル世ノ春ニコ、ロ（心）ノトメ（求）テ花ヲ見ル哉

隣*家花

我*ヤ（宿）トノサクラ（桜）ト見ツ、人コハ（乞）、トナリ（隣）ニ乞ンハナ（花）ノ一エタ

○ワ*カ菴ノ軒ノ松カセ吹タユ（弛）メトナリ（隣）ノハナハ今日サカリ也

○一*枝ハ中垣コエテサク（咲）ハナヤワレニユルセルイロ（色）香ナルラム

庭落花

吹カハル春風見エ《セ》テ中垣ノコナタ（此方）ニノミモチルサクラ（桜）カナ

谷落花

○山サクラ誘フ嵐ノ路ミエテ谷ニ渡セル花ノ浮ハシ（橋）

○「エ*タ乍ラウキテナカル、ハナイカタ（筏）嵐ヤ谷ノオクニフクラム」

春声

ハリアリノ声ノ匂ヒモタヽナラス桜カモトノマリ（鞠）ノ遊ヒハ

依花客来
サクラコソケフノアルシヨ花ナクハタヽニ来マシキ君ヲ思ヘハ

落花
限リアレハサソフ（訪）嵐ノ音キカヌ花モ垣根ノ雪トチリケリ「コソチレトモ」

「心地そこなひけるころ人のもとへ云やりける歌
花をたによそに見なしてかきこもる身ハ力なき老の鴬」

池上花
咲花ノ影見ル池ニ浮魚ヲ雪ノ中トモ思ヒケルカナ

花ノコロ独言ニ
イカテ身ヲ小蝶ニカヘテ花園ノ花テフ花ノツユ（露）ニムツ（睦）レム

立春
ノトケシ（長閑）ト思フ心ニ立ハルハカスミ（霞）モマタヌ物ニサリケル

山寺花
山寺ニ栽シサクラ（桜）ハチル（散）コトノ定メナキ世ヲ花ニ知レトカ

関春月
○逢坂ノ関ノ下道雪消テ杉間ノ月ソホノ（仄）ニカスメル

（6ウ）

梺落花
花ハマツ梺ヨリコソチリ（散）ニケレサカ（盛）リヲ峯ノ春ニノコシテ

「野梅
薫リクル梅ハ思ヒノ外ソカシ立枝モ見エヌノヘノカスミニ」

「夜梅
春夜ハネヤモル風ニ灯ノマタヽクカケモ梅カ香ソスル」

曙梅
露寒キ梢乍ラモアケホノヽ春ヲ過サヌ梅ノ下カセ

梅有佳色
世ノチリニケカレヌ色ソ類ヒナキ梅ハ薫リノ高キノミカハ

梅遠薫
玉スタレウコカスカセモナキモノヲウメハ遠クモカホリケルカナ〔ヲカ〕

山残雪

桙コソ此ノコロカスメ白山ノ雪ハ春トテ村消モナシ

梅

西コソト秋見シ方ノ枝カヘテ《ナラトモ》梅ハ南ヲ花ノハツシホ《（初入）》

*「ウメカヽ《（香）》ヲサソフトナラハ手枕ノスキマ《（隙間）》ノカセ《（風）》ハサム《（寒）》クトモヨシ」

暮春

手向山クレユク《（暮行）》ハルノ色モヲシ《（惜）》木末ノハナヲヌサ《（幣）》トチラ《（散）》シテ

*「小垣内ノ八重ヤマフキ《（山吹）》ノヒトヘ《（一重）》ニチリ《（散）》モノコラテ春ソクレユク《（暮行）》」

谷残雪

春ノ日ノ至ラヌクマ《（隈）》ト谷陰ノ小マツ《（松）》ハ猶モ雪ノ下草

隣家花

ユフツヽ《（夕星）》ノ影ノマキレ《（紛）》ニ中垣ノソナタ《（其方）》ノハナ《（花）》モヲラ《（折）》ハ折テム

隣家夜梅

心シテ《アリテ》月ノ下カセ《（風）》誘ヘタヽ花ハ隣ノ軒ノウメ《（梅）》カヽ《（香）》

春氷

春サム《寒》ミ日影ハ猶モウスラ《薄》ヒノ一重ヲノコス《残》庭ノ池水
「ハルアサ《浅》ミ雪ノシツク《雫》モ日クル《暮》レハツラ、トナリテサユ《冴》ルル軒カナ

梅

○心アル人ノ袖ニハウツル《移》トモ風ニナチリ《散》ソ宿ノ梅カ、《香》
「桃花山ト云コトヲ乞シニ」*
「タカキ名モ世ニミチトセノ春ヲヘテカケスクツレヌモ、ノハナ山」
*梅柳渡江春
*ウメカ、《香》ヲヤナキノ風ニハコハセテハルハ入江ニミチニケルカナ
ウメヤナキヲリカサシツ、ワレモイサ舟サシ出ンナニハエノハル《入江ワタラン舟ヨソヒセヨ》」
「*正輯主ノ女ノ初ヒ、ナニ」
「*メツラ《珍》シキハナノヱミ《笑》見ルヨロコ《喜》ヒモクミ《酌》テシラル、モ、《百》ノサカツキ《盃》」
「*アル人ノムスコノ初弓ニ」
「*ヨロコ《喜》ヒヲソヘツ《ソヘテモ》、クムヤ手ニトルモケフ《今日》ハツ花ノモ、ノサカツキ《盃》」
ス、シロ
七クサ《草》ニツミ《摘》モラサレシ山陰ノハタ《畑》ノス、《清》シロ《白》ク、《茎》立ニケリ

（7オ）

夕雲雀
スミレサクモトノ芝生ヤタトルラムタクレオツ

ルノヘノヒハリ
ハ
夕月ニ今ソオチ
クル大空ノクモ
ニ入カト見エシ
ヒハリモ
　雲雀
程モナクオツル
トシラテ空ニノ
ミ思ヒアカルハ
雲雀ノミカハ
カクハシキスミ
レ花菜ノ野ヘヲ
オキテナト空ニ
ノミ雲雀タツラ
ム　アカルヒハ
リソ

蕨

霞タツ野ヘノウハラ（茨）ノ下ワラヒ（蕨）折人ナシニ春タケ（闌）ニケリ

花挿頭

カサセ（挿頭）トモ老ハカクレスチル（散）花ニカシラ（頭）ノ雪ヤソヒテ見ユラム

子日

鴬モ今日ヲ初音ノ小マツ原マツヒカル丶ハ心也ケリ

アツサ（梓）弓ハルニ心ノヒカル丶ハ子日ノマツ（松）ソハシメ（初）ナリケル

雉

スミレ（菫）サク園ノフルハタフルキ世ヲ汝モ忍ヒテナク雉子カモ

霞

日枝アタコ（愛宕）サラヌ高根モ雪消テ都ノ四方ニ立霞哉《カモ》

「四季物語」*

「*ヒエアタコサラヌ高根ノ雪ノフ丶キ袖サムキ朝ナ〳〵」

滝落花

ハル風ニタキツ（激）ミナワ（水泡）ノ数ソフハ岩根ノサクラ（桜）チレハナリケリ

池上落花
冴カヘル雪トミルマテチル花ニ池ノカヽミモ半クモレリ

花下鐘
小ハツセノサクラハ雪ト見エナカラノトカニクル、カネノオト哉

（7ウ）

花漸盛
今日モ猶フ、メル花ノ見ユルカナアスヤ実ノサカリナラマシ

人ノ家ニカハレタル鶯ヲ
籠ノウチニナ

辛夷花
我園ノコフシ（辛夷）ノ花ハ咲ヌレトサクラ（桜）ニカヘテ折人モナシ

依花客来
花ノ本ニ待人来ケリ見セハヤト《ノ心ヤユキテ》思フ心ヤユメ（夢）ニ入《ミエ》ケム

花下晩鐘
同シクハ野寺ノ花ノユフ（夕）ハエ（映）ニ打オトロ（驚）カス鐘ナクモ哉
*「春ノ日モ早ク（暮）レ告ル（鐘）カネノ音ニ余波オホカルハナノユフ（夕）ハエ（映）」

柳
「入」花サカヌ菴ニ《ヲ》モ人ノトヒ（訪）来ヤトカケ（掛）テマタ（待）ル、青柳ノ糸

雨中春庭
雨フレハ籬ノサクラ山吹モヌレテトヲ（撓）ヽノ庭ノ木カクレ

春雨
八重ニ立カスミノハテ（果）ハ雨トナリテカツ（且）〳〵（々）ツタフ（伝）軒ノ玉水

谷鶯
春来テモ梅ハフ（含）ヽメル谷ノ戸ニヒトリハル（春）シルウクヒス（鶯）ノ声

ル、顔ナル鶯モ
雲井ヲシタフ思
ヒヤハナキ
行メクリ只籠ノ
ウチヲ鶯ハオノ
カ野山トタノム
ナリケリ

松藤

フチナミ（藤波）ヲ梢ニカケテ紫ノ色ユルサレシ峯ノ高マツ
「*マツ（松）カ枝ニ心ヲカケシフシ〔チカ〕ナミハトモニ千トセ（歳）ノハル越ントカ」

寄雲花

夏カケテキエ（消）ストナラハ白雲ニマカフ（紛）モヨシヤ三芳野ノハナ

風前花

ハル（春）風ヲノトケキ（長閑）モノト思《タノミ》ヒシハ花ミヌ程ノ心ナリケリ

柳先花緑

「入」花ハマタヒモ解アヘヌ春風ニマツ打ナヒク青柳ノ糸

山家鶯*　松田会

入 柴*ノ戸ノタル氷ハ春モソレナカラマツ打トケシ鶯ノ声
入 谷*ノ戸ノムカシ（昔）ワスルナ鶯ハイテヽ喬木ノ春ニアフトモ
」

（8オ）

初春鶯

入 オノカ音ニ春ヲシレトヤ梅ハマタフヽメル（含）枝ニ来ナク鶯

雪中鶯*

「入」「行路柳
ハナ見ニト朝タツ袖ノユキスリニツユマツカワク青柳ノ糸」

「柳ノモトニ
馬ニ乗レル
人立リ」

「入」柳カケコマトヽムレハ立カミニミタレテカヽル糸モノトケシ

「打ナヒク花田ノイトノシツクラニコマモヤナキノ陰ヤタノシキ」

入「*春アサミ打チル雪ノ花園ニニホフ《匂》モサム《寒》キウクヒスノ声」

春虫

入 サヽカニ《蜘蛛》ヨ糸モテツナケ《繋》春風ノ誘ヒ棄ンハアタラ《惜》桜ヲ

湖落花

辛崎ノ松吹コユルハルカセ《春風》ニサヽナミ《小波》白ク花ソチリウク

江柳

「入」青柳ノナヒク《靡》ヲツリ《釣》ノ糸ト見テ入江ノ魚ヤカツ《且》ヒソム《潜》ラム

浦春月

オホロ《朧》夜ト春ニ名高ノ浦風モ音セヌ浪ニ霞ム月影

禁中花

立ナレテ袖イカハカリ薫ルラムハル《春》ハサクラ《桜》ノ雲ノウヘ《上》ヒト《人》

川山吹

ヨシノ《吉野》川サクラ《桜》ハチリ《散》テユク水ニヒトリカケ見ル岸ノ山吹

蛙

ヲシメ《惜》トモ花ハナカレ《流》テユク水ノ帰ラヌ瀬々ニカハツ《蛙》ナクナリ

「入」渥美家ニテ
春雪
サエカヘリフルトハスレト言ノ葉ノハナヲ埋マヌハルノアワ「雪」

心アリテ月コソテラセ薫リノミメテ、ヤムヘキヨルノサクラヲ
月のもとあなおもしろのさくら

（8ウ）

三月尽鐘

ハナ《（花）》鳥ニシハシオクレシ春モ《ルトミシハルモ》又ケフ《（今日）》ニツキ《（尽）》ヌル入アヒ《（相）》ノカネ《（鐘）》

曲水宴

言ノ葉ノハナ《（花）》ヲソヘテモナカサ《（流）》ハヤケフ《（今日）》ハ弥生ノモ、《（百）》ノ盃

霞中花

サクラ《（桜）》咲尾上ハルカニ霞ム日ハ花ノ香カトフ《（飛）》ハルカセ《（春風）》モナシ

山家暮春

柴ノ戸ノ藤ノサカリ《（盛）》モ過ニケリケフヤ弥生ノカキリ《（限）》ナルラム

河上桃

山河ニ影ヲ浮ヘテ《ウツシトモ》サク桃ノ花ハ声アルニシキ《（錦）》ナリケリ

梅香留袖

サソ《（誘）》ヒ来ル風ノナサケカ墨染ノ袖ニモ余ル梅ノ匂ヒハ

月前花

咲花ノ木ノ間ニカスム月ヲ見テ吾身小蝶ノ夢カトソ思フ

三香亭ニテ梅

戸やひらけハそてにかけも薫りて
そての共可考

梅
子日見し小まつか原に梅さきて又もひかるゝわか心かな

（9オ）

神垣ニ隣ヲシメ《占》テ咲梅ハチリ《塵》ノ外ナル色香ナリケリ

鶯

入
吾園ハ梅ト柳ノ多カレハヨソ《他所》ニウツラヌウクヒス《鶯》ノ声

若木梅　「鰒玉三」

今ヨリノ春ノカサシ《挿頭》ト吾タノム若木ノ梅ソ人ニヲラ《折》スナ」

*アル年ノ春、近キ野山ノ花見ントテ松洞《河島》ヲモ誘ヒケレト、サハ《障》ルコトアリトテ来サリシカ歌アリ、モレテウキ身ニハ小テフノユメ《夢》ニシモミセテヨケフノ花ノマト居ヲト云コシケル、

カヘシ

*ヨシサラハシハシ小蝶ノ夢ニタニトヒ来テケフ《今日》ノ花ヲアハレメ

盛花

フヽメ《含》ルモチル《散》モ見ユレト我宿ノ花ノ盛リハ今日ト定メム

古寺花

山寺ノサクラ《桜》ハウヘ《宜》モクレナヰ《紅》ノ塵ノ外ナル色香也ケリ

春鳥

社頭落花
又モ降雪カト三輪ノ神杉ヤ木ノ間ノアラシ花誘フコロ
○かみかきや杉間のあらし

浦霞
ウラ風ハ干潟ノ松ニオト絶テ浪路ノトカニ立カスミカナ

原霞
春草ノ緑ヲコメテ霞ム日ハイト、果ナキ武蔵野ノハラ

春ノ日ニ峯ノ檜原モ雪消テカ、ナク《（鳴）》鶯ノ声カスムナリ

落花

筑波嶺ノハナ吹オロスハル《（春）》風ニ雫ノ田井ハ雪ノムラ《（斑）》消

コトヨリモマ《（未）》タキ咲ヌト見シヤトノハナ《（花）》ハチル《（散）》ニモオクレサリケリ

菫

藤ハマタ咲ヌ岡ヘノツホ《（壺）》菫コヤ紫ノハナ《（花）》ノハツシホ《（初入）》

春日望山

消ノコル雪ヲソカヒ《（背向）》ニ見セ乍ラ白嶺霞メリ春深ミカモ

海辺霞

春フカミ浦風ナキ《（凪）》テシホカマ《（塩釜）》ノ煙モトモニ立霞哉

浜霞

マチコヒ《（恋）》シ春ノシルシ《（徴）》ヲ何ニカモ美豆ノハマ《（浜）》松霞コメスハ

春クレハナミ《（波）》ノミルメモウトハマ《（浜）》ノカスミ《（霞）》ヤ沖ニ立カハルラム

関霞

逢坂ヤ月ハノコラデアクル夜ノ鳥カ音霞ム関ノ杉ムラ

（9ウ）

夜春雨

音セヌモ降トハ知ヤ梅カ香ノ枕ニシメル夜ハノハルサメ

「雪*消ソフノキ（軒）ノ玉水ツク〳〵トアメキ（雨）、アカスハルノ夜スカラ」「私云、夜ノヤフ欤、」

谷春雨

打シメリ岩ホノ苔モハルシルヤ雨ニカスメル谷ノ木隠レ

帰雁

春寒キ越路ノ雪ニヤス（休）ラフヤマ（未）タキ都ヲ出シ雁カネ（音）

「*イク千里カヘル雲井ニ日カスヘ（経）ハハル（春）モヤツ（尽）キンハルノ雁カネ」

○

山帰雁

帰ル雁旅寝ハハルモ猶サムシ《サムカラントモ》（寒）花ノ錦ノ衣カセ山

帰雁離々

春ハ又必ス同シ路ニトモ契リオカテヤ帰ルカリ（雁）金

春駒

ツ（繋）ナカレヌハルノ心ノユクマ、ニ牧ノ若コマ（駒）コヱイサムナリ

フ（踏）ミシタク草ノ原ヨリ立鳥ノ名モ雲雀毛ノコマイハフ（嘶）也

○「花枝サノミヤハ折モヤツサム我ニ只一枝ユルセ花ノ山モリ」

寄花述懐

春ヲヘテ我身老木ノサクラ《桜》ハナ《花》残ル匂ヒモ誰ニ訪レム

花ノ比アル人ノモトヘ、

花盛君ガ園生ノ胡蝶トモナラヌ吾身ヲ悔《クイ》ノヤチタビ《八千度》

人ニ誘ハレテ平野社ノ夜ノ桜ヲ見ニ行テ

花ノ為マツノ煙ハウキ《憂》モノヲタカメテ初シヨルノサクラソ」

(10オ)

名所花

○ヨルハ《カミハ夜ヲマチテソミラン》サソ神モ見ルラムカツラキ《桂木》ノ桜ヨ月ノ比マチテサケ

老後見花

○我モ老花モ老木ノ家サクラ《桜》アハレ《哀》ト思ヘ衾トソ見ル

サクラ《桜》ハナ《花》知ヤシラスヤ年毎ニ老ハソメマスハルノコヽロ《心》ヲ　五十嵐当坐

「水*辺春月」

「暮*ヌマハ花ノカケ見シ山ノ井ニアカスモカスムヨハ《夜半》ノ月カナ」

桜下柳

「人」花モ見ス過ラム人ニマツハ《ヲセキトメヨ》レヨサクラカカケ《陰》ノ青柳ノ糸

サクハナノイノチヽムルモノナレヤユフヘノアラシアカツキノアメ

入
霞中鶯
八重ニ立野ヘノカスミモ鶯ノナク音ハカリハヘタテサリケリ

花下馬
あつさ弓はるの心のしつくらにこまもさくらのかけや楽しき

「遅日
山ノハニカタフク後モ菅ノ根ノ永キハ春ノ日影也ケリ」

(10ウ)

落花

〵ハルコマ（駒）ノ立カミ白クナルマテニ山路ノサクラ雪トチリカフ

山カセノフキノマニ〳〵サソハレテ谷ニモ尾ニモハナ（花）ソチリカフ

蝶

〵菜ノ花ニテフ（蝶）ヨ小テフヨシハシ（暫）ハト思フ心ソ老モカハラヌ

花似雲

我山ノ花ヲモ雲ト見ン人ニカホ〔ヲ〕リテ告ヨ軒ノマツカセ（松風）　五十嵐席上

貴賤知春《毎家有春》

高殿《たかき屋に》になく鶯の声のミかかせから軒《むくらか陰も》梅のはるかせ（春風）

馬上見花

〵我こまも年のあゆミにならハなん花よりはなの山路行日ハ

花の哥のなかに

〵世の中のさか山さくらさきのまもなくてちりけり《ルコソ》あはれ世のさか

社頭落花

〵をしめ共かミ（神）垣こえてちる花《行はるの》ちり（散）にましはる花の白雪

二月の末本かく寺に一夜とまりて

うれ《嬉》しくも大木の花の陰に寝てひと夜小てふ《蝶》のゆめ《夢》を見しかな

「滝霞」

「福井ノ大ハシ近キ処ニテ河上霞ヲアスハ川キシヘノモ、ハフ、メトモカスミニハルノケシキヲゾクム」

「音羽川氷ナカル、タキツセ《滝っ瀬》ノハヤクモハル《春》ニカスムソラ《空》カナ」

社頭聞鶯

ヤハ《和》ラクル光ヲ受テ鶯ノ声マツ匂フハルノカミカキ《神垣》

ウメ《梅》カ香ハカミ《神》ノシメユフ《標結》御園生ニ千代ノハル《春》シル鶯ノコヱ《声》

サカキ《榊》葉ハ雪猶白キ神垣ニ春ヲウツマヌ鶯ノ声

毎山有春

ハル《春》ノ色ヲタチカサネ《重》テモ見ユルカナカスミ《霞》ノオクノトホ《遠》ツムラ山

ムサシ《武蔵》野ノカスミノオクトナリニケリ雪ニ向ヒシチ、《秩父》フカヒ《甲斐》カネ《嶺》

雪キエヌ山又山モハルカスミ《春霞》タナ引ケフ《今日》トナリニケルカナ

ハル《春》トイヘハカスミ匂ハヌ山モナシイツレ《何》カ雪ノ木末ナリケム

春月

コトワリニスキテモカスム光カナ老カ六十ノハルノヨノ月」

（11オ）

「*ある者の愛て子ノハツ《初》弓ヲコトホク《言祝》トテ」

*ヨロコヒヲ添テモクムヤ手ニトルモケフハツハナ《初花》ノモヽ《百》ノサカツキ《盃》」

*ムツキ《睦月》ノハシメ人ノ見セタル詠草ノオクニ

ツミ初シコトノハ草ノイロ〳〵ニ老も雪マノハルヲシルカナ

「池落花」

「クモル《曇》トテタレカウラ《恨》ミムチル《散》ハナ《花》ヲウケテ見セタル池ノカヽミ《鏡》ハ」

「三月昼」

「スカ《菅》ノネ《根》ノ長シトいかてたの《頼》みけんハル《春》モヤヨヒ《弥生》ノ今日トナリニキ」

「松間花」

「松カ枝ニカケテウツラヌ白雪ハ同シ尾上ノサクラ也ケリ」

ハルモヤヨヒノ今日トナリニキ

「花下言志」

「サクラ《桜》ハナ《花》シルヤ知スヤ年毎ニ老ハソメマスハルノ心ヲ」

「山霞」

「春ノ日ニカヘリミスレハカスミケリワカスム《住》山ノチカキ木末モ」

田家柳

枝カハスサクラ一木ノサキシヨリ四方ニ薫レル峯ノマツカセ

山松ノ緑カ中ノサクラハナ村コノニシキタレカオリケム

「入」賤カスム門田ノクロ（畔）ノサシ柳ハルヘ（経）テ高クナレル《ナリニケルトモ》カケカナ

「折花」　舟津会

イササクラ（桜）神垣コエテ手折ミン白波ノ名ハ花ニタツトモ

枝カハス松ニナラハ、山サクラ千代モ見ルヘキ花ノサカリヲ

春灯　同

カヽクルモ昼ユヱ（故）ナラスナリニケリ柳サクラノ窓ノ灯」

「舟津ノ会ニ、主人政貞（橋本）」

（11ウ）

「大寺ノヤナキ（柳）サクラ（桜）ノニシキ（錦）ニハイカテクラ（比）ヘン山カケノ庭、トアリケルカヘシ、」

「神垣ノヤナキ（柳）サクラ（桜）ニクラヘテハ春モハエ（映）ナキ古寺ノ庭」

花下馬

あつさ（梓）ゆみ（弓）はる（張、春）ハの心のしつくら（倭文鞍）にこま（駒）もさくら（桜）のかけや楽しき

弘化四年未正月成筆

六十アマリ三ツノハシメノアサカスミタナヒク（棚引）ハル（春）ニアヘル楽シサ

コトシ又花ニモミチ（紅葉）ニアソハヽヤ身ノオユ（老）ラクハサモアレハアレ

三月廿七日朝とく、ひかしの方に有明の三日月はかりのこりたる

をミて
弥生山有明月に大空のはる（春）のかきりをミ（見）はてつるかな

あるとしのはる、歌の会にもれし又の日暮、春鴬といふ題にて、
はるをし（惜）むかすにももれし老か身ハ世をうくひすの音こそなかるれ

窓前鴬
をり（折）かけ（掛）し窓の呉竹雪消て世ハはる（春）なれや鴬のなく
入
鴬ハはるの長歌うたふなりうめ（梅）もほゝゑむ窓の日かけに

雨中春草
短かしとミし若草もはる（春）雨の露なひく迄立のひにけり

社頭落花
をし（惜）め共神垣こえて行はる（春）のちり（散）に交はる花の白雪」

（12オ）

首夏藤
夏木立若葉ノ中ノ藤並ハ春ニモ越シ匂ヒナリケリ
*夏来ての若紫の藤なミハはるにも越しにほひ也け《てむつましきかな》り

夏（折り目書）
叡峯夏雨
きらゝ坂はや虹見えてなるかミもよかハにうつ

るゆふ立の雲　又夕立ハヨカハニウツルナルカミノオト歟

「冨春館会ニ新樹　ヨムウタノミチモ若葉ノウメサクラ宿ノ栄エハトリ〳〵ニシテ」

「天保九年ノ夏京ノヤトリニテ」「シハシ吾ミヤコニカヘリスム菴ノネサメコト、ヘヤマホト、キス」「卯花咲タル宿ニ空ヲアフキテ人立リ」

余花

サカリ《盛》ニハモレシ恨ヲハルケヨト夏来テ匂フ山桜カモ

*「オモ《思》ホエスサクラニアヘリホト、キス《郭公》初音キカント分ル山路ニ」

新樹

水《瑞》枝サス《差》吾家サクラ雲ト見エ雪ト散シハ夢カウツツ《現》カ

故郷新樹

花園ノハルハ小蝶ノ夢ナレヤ若葉ニソヨク《戦》志賀ノ山カセ

思卯花

コマ《駒》並テ分シ山路ノ卯花ハ心ニ消ヌ雪ノオモカケ《面影》

葵

神山ノサクラ《桜》ニ替テ宮人ノ葵ヲカサス《挿頭》ケフニモアルカナ

待郭公　「鰒玉三」

郭公契リ置タニ偽リノアル世忘レテ何マタルラム　「玉ニナトマタルラム」

*「ホト、キス、シハ去年モ此コロトソラニカソヘ《数》テハツ音ヲソマツ」

*「ホト、キスサコソ初音ハヲシム《惜》トモマツ人カスニワレ《我》ヲモラスナ」

「〳〵」「郭公」マツヘキコロトナリニケリ卯花垣根春ヲヘタテ、

入「臼井年亂難波ヨリウツリテ京ニアリケルニヒナヒタル難波菅笠ステ、キケコ、ハ都ノ山ホト、キス」

初聞郭公

我為ノ初音ト思ヘハ人伝ノ後モウレシキ山ホト、キス

杜郭公

郭公「ホトトキス」名コソ老曽ノ杜ナラメナク《ハツトモ》音ハ人ノキ、モフルサシ

(12ウ)

関郭公

逢坂ノ関トシ知ラハ郭公行モ帰ルモ名ノリ忘ルナ

山郭公「鰒玉三」

入逢坂ノ山ホト、キス夜ヲコメテ杉ノ木間ノ月ニ鳴ナリ

社頭郭公

珍ラシト神モ初音ヲ小簾ノ外ニ聞ヤ足羽ノ山ホト、キス

月前郭公

オノカ音ニ月ノ桂ノ一枝モ折シリ顔ノ山ホト、キス

明易キ月ノ恨ミモ一声ニハル、雲間ノ山ホト、キス

都郭公

イクチヽ（幾千々）ノ人カ聞ラム郭公都大路ニ名ノル一声

五月雨久シク晴サリケルコロアル人ノモトヘ文ノハシニ

「〵」

「フセ庵ノ軒ノタカムウナタチノヒテ枝サスマテモハレヌ雨哉」

「イツマテソ日数フル屋ノカヘニ生ル草ノ雫モ五月雨ノ空トモ」入

「渓五月雨
山人ノカチワタリセシ谷川モ浅瀬ヲシラヌ五月雨ノコロ」入

「山家五月雨
菴メクルホソ谷川モ五月雨ニ山下トヨム水ノオトカナ」

（13オ）

福井ノ大ハシ（橋）近キ宿リニテホト、キスマツ（待）コ、ロヲ

神モサソ卯花垣ニマツ（待）ラムヲ名ノレ足羽ノ山ホト、キス

里郭公

岡ノヘノ里トヒナル、郭公心ノマツ（待、松）ヤ色ニ見エケム

菖蒲殿ノ画ニ

雲ノ上ニカリフク今日ノアヤメ殿露モカサシ（挿頭）ノ玉ト見エツ、

杣五月雨

斧ノ柄モトモニ朽木ノ杣ナラシヒカテ程フル五月雨ノ空

故宅五月雨

○ハレ（晴）ヤラテ日数フル屋ノ忍フニモアマル雫ヤ五月雨ノ比

名所五月雨

ナミナラヌ日数モ越ツ五月雨ニ行カフ雲ノ末ノマツ山

五月雨久

五月雨ハ日数フル屋ノイヨスタレ（伊予簾）イヨ〳〵朽テ巻ヨシモナシ

栗ノ花咲テチレ、ト五月雨ノ雲ハ猶コソ軒端トチケレ

入「山夏月
涼シサハナラノ葉分ノ影ナカラ外山ニフクル短夜ノ月」

入「雨後鵜川
夕川ハ雨ノナコリニ浪高シウカヒノ手縄心ユルスナ」

夏牛

夏日ノ大路ニアエ《ヘカ》クコトヒ《特負》牛コトニ車ノオモ《重》ケナルカナ

入 江夏月

芦ノ葉ノ露ニ宿カル影見レハ涼シキ月ノ玉江也ケリ

入 名所夏月

浦ナミニ涼シキ月モ浮ミル《海松》ノヨル《寄、依》〳〵秋ヤチカノシホカマ《塩釜》

「*消カテノ雪ノヒカリヤソハルラム白山出ル月ノス、シサ《涼》」

(13ウ)

入 野夏草

花スミレ《菫》ツミシヤイツコ《何処》面影モ今ハ夏野ノス、キ《薄》高カヤ《茅》

入 鵜河

報イ来ム後ノ夜川ノヤミ《闇》ハサソ鵜舟ノ篝身ヲモテラ《照》サテ

入 鵜舟廻嶋

鵜飼舟報イモ早クメクル《巡》世ヲ嶋陰ノミト思フハカナ《果無》サ

入 蚊ヲニクミテ

老ノ耳疎キ乍ラモスタク《集》蚊ノ声ハ枕ニカクレ《隠》サリケリ

「扇*モテ手モタユ《弛》キマテハラヘ《払》トモマクラ《枕》ヘサラ《去》スキホフ《競》蚊ノ声」

夏暁

○入 焚棄シヨヒノ蚊遣ノウス煙窓ニノコリテ白ム短夜《「アクルシノ、メ」「ミミミ」》

夏夜

入 蚊ヤリ火ノ煙ハ消テ手枕ニ涼シクカハル月ノサヨカセ《小夜風》

夏山

入 浮雲ノ一村過ル夕立ニ夏ノ時シルフシ《富士》ノシハヤマ《柴山》

入 五月雨ノ雲間ニ見テモ白山ハ猶白雪ノ高嶺也ケリ

夏海

入 夏トイヘハ浦風ナキ《凪》テ菅タヽミ《畳》敷ルカ如キ波ノ上カナ

「夏*ノ日ハカセ《風》サヘナキ《凪》テウラナミ《浦波》ノ松カ根アラフ音モキコエス」

（14オ）

入 夏雪*

六*月ノテル日カシコム旅人モアユヒヲ雪ニヌラスシラ山

白*山ニ我モ登リテ六月ノテル日ノ影ヲ雪ニワスレキ

夏筵

○入　井夏月
影宿ス山ノ井ノ水涼シサハアカヌ夜乍ラ月ソシラメル

入　夏夜ノ月ノ影シク菅ムシロ（筵）スカ〳〵（清々）シサヲ何ニタク（類）ヘム

○「*打水ノシメリウケタル竹ムシロシキテ木カケノユフ（夕）ス、ミ（涼）セム」

夏月

入　タツユノ玉チルハカリ涼シキハ月ノ桂ヤ水（瑞）枝サスラム

夏虫

入　夕立ノナコリ（名残）露ケキ草村ニマタキ（未）秋知ル虫ノ声々

「*クレヌマノアツ（暑）サオモヘハ水ニスムヒル（蛭）テフムシ（虫）ノ名サヘカシコシ」

夏蝶

入　葉サクラニ夏モ小蝶ノムツル（睦）、ハ花ノ薫リヤ枝ニノコリシ

「*葉サクラニヤトル小蝶ハ見シハナノキノフ（昨日）ノ香ヲヤトメ（求）テ来ツヌラン」

海上納涼

入　六月ノテル日モコ、ニ忘貝ヨスル「拾フ」ナキサ（渚）ノマツノ下カセ

雨後納涼

入　夕タチ（立）ノナコリ（名残）ノツユノ玉スタレ（簾）マケ（捲）トオロセト涼シカリケリ

入　夕タチノナコリノツユヲカケソヘテ軒端ノイヨス（伊予簾）風ソ涼シキ

入 松下泉

秋近キ山下清水ムスフ（掬）手ニサハルハ松ノ落葉ナリケリ

入 晩夏泉声

秋ハ早隣マチカク楢柴ノ木陰ノ泉音ヲ聞ニモ

（14ウ）入 六月ノ月ハ有明ノ手枕ニ流レテ清キ山水ノオト

夕顔

夕顔ノ花サクシツ（賤）カ竹垣ハヒト（一）フシ（節）有テ見ユル宿カナ

「ヒル顔
ヒル顔ハアシタユフヘノ草ノツユニヌレジト思フ花ノ心カ」

田家蚊遣

夕月ノ門田ニウツル影モナシ賤カ蚊遣ノ煙クラヘニ

澗底蛍

フタツミツ通フ蛍ハ谷ノ戸ニ夏ヲ見セタル光ナリケリ

夏草

夏山ノ木下露ニヌレテ咲ウケ（朮）ラカハナ（花）ノ色モメツラシ

夏草露
アサツユハトヲ、ニオケト穂ニハマダイデヌ夏野ノス、キ高カヤ

*「卯花ノチレハ咲ツク朝顔ヲタ（誰）レアキ草ノカス（数）ニイレケム」

晩夏月

「秋マタテ涼シキ影ハ月ノウチノカツラ一葉ヤコヨヒチルラム」

夏乍ラ月ハ雲間ニ秋ヲハヤワレテ見セタルカケ（影）ノ涼シサ

夏月

霞キエ霧マタコメ（籠）ヌ中空ニ涼シクスメ（澄）ル月ノ色カナ

祇園会ノホコ（鉾）ト《ニ》《ミ》物スル児ニ扇ヲツカハストテ書付シウタ、

タク（類）ヒナヤ神ノ園生ノ朝露ヲ袖ニカケタル児ユリノハナ

○夏月易明*

*ヲシ（惜）マレテ傾ク迄モナカリケリ空ニアケユク夏夜ノ月」

「あるとしの夏ミやこに上りてこゝかしこ見ありきける日、窪堂なるとめ来りしの梅のもとに杖をとゝめてひとり言に梅よ知れ必す花の折にとも老ハいのちの定めなき身を」

(15オ)

入 五月ノ末ツカタ紫野黄梅院ノ庭ニロナシ（梔）ノ花ノサキタルヲ見テ

入 言ノ葉ノ道ヲ楽ム法ノ師ノ栽シモアヤシロナシノハナ

宗彦長老カヘシ

入 言ノ葉ヲワカモノニセシ法ノ師ヲムカヘテ今日ハロナシノハナ

竹風夜涼

入 影ソヨ（戦）ク葉分ノ月ハ秋乍ラ猶若竹ノ窓ノサヨカセ（小夜風）

「*カセソヨクイサ（小）、ムラタケ（群竹）イサ、カモナツ（夏）ノケシキハ見エヌ夜ハカナ」

「あるしの尼

閑居納涼

筇月かこれ
をきゝつけ
て
しはし共いひて
梅さくをりこと
に必すとへな木
のもとの庵」

入 涼シサヲ我袖垣ニコ（籠）メテケリ軒ノ松風遣水ノオト

池五月雨

入 松カ根ニ鳰ノ浮巣モヨリ来ラシ池水マサル五月雨ノ比

夏山家

入 風ノ音モ高キ梢ニナクセミ（蟬）ノ端山ノ菴ソ夏ハスヽ（涼）シキ

杜新樹

入 若葉サ（射）ス比トハナリヌ咲ハナノ白ユフ（木綿）カケシ杜ノコスヱ（梢）モ

夏田

入 千町田ノ早苗ナヒカス夕カセ（風）ヲイツカ穂並ノウヘ《にかけて》ニ見ルヘキ

○山里モカヤリハ
タケドユフ暮ノ
空ニ夏ナキ月ノ
涼シサ
又いろ哉

(15ウ)

首夏雲

チリ（散）ノコル（残）花カアラヌカ木々ハ皆青根カ峯ニカヽル白雲

郭公

心アリテ寝覚ヲ時トナノル（名乗）ラシ老カマクラ（枕）ノ山ホトヽキス

蓮

△ 夕立ノツユ《アカツキノ歟》ヲ浮葉ニユリ（揺）タ（溜）メテ入江ノハチス（蓮）カセ薫ルナリ

「○山家夏月
柴ノ戸ハ涼シキモノ、夏ソトハ明ヤスキ夜ノ月ニコソ知レ」

「月前水鶏
ハカラレテ水鶏ニアクル柴ノ戸モイタツラナラヌ月ノス、シサ」

「夜納涼
ウタ、ネノハシ居乍ラニ小夜フケテ涼シクシメル麻ノ衣手」

「橋納涼
ユフ去ハアツサ流レテ行水ノ音ニアキアル野路ノタナハシ」

江夏月

置ツユニ影ミル程モ夏カリノ玉江ノアシ（葦）ノ短夜ノツキ

「○」芦ノ葉ノツユニ宿カルカケ見レハス、（涼）シキ月ノ玉江ナリケリ　「重出」

浦夏月

ヨ（寄）セクル（来）モス、シキ浪ノ玉笥フタ（二）見ノ浦ノ夏夜ノ月

夏シラヌ見ルメハ是ソウラ浪ノヨル〳〵（寄、夜）ハル、真砂地ノ月

コ（漕）キヨ（寄）セテ又今宵モヤ赤石カタ（潟）夏ナキ浦ノ月ノ友フネ

納涼

ユフス、（夕涼）ミハシ（端）居ナカラノウタ、（転）寝ニシク（如）物モナキ夢ノ手枕

「瓦*屋ニ日影ノ名コリヤ、サメ（覚）テ涼シクナリヌ竹ノ下カセ」

真清水ノ岩モル音ヲキ、乍ラハシ（端）居ニムスフ夏夜ノユメ

ミナ（水無）月ノテル日モシハシ忘草コハ忍フ吹ノキ（軒）ノユフカセ（夕風）

河骨

山吹ノ影ミシ水ニ夏来テハ涼シクサケル河骨ノハナ

氷*室

（16オ）

*ユフ立ノ雨ニアラレ（霰）ノ交ルコソ氷室ノ山《なつ共》ノシルシナルラメ

　*氷室夕立

*ユフ立テト、ロク（轟）神ノオト（音）ノミヤ夏ヲツケ野ノ氷室ナルラム

　*都夕立

*カケ（陰）モナキ都大路ノユフ立ニ日カサ（笠）ヌラシテ急ク子ハタソ

　夏祓

人ナミニ立交ラヒテミソキ（禊）川ス、シキ瀬ニモアヘルケフ（今日）カナ

　夏滝

六月ノテル日乍ラモ岩ハシル滝ノ音キケハ猶ソス、シキ

　嶺照射

五月山アケ行雲ニ立ソ添嶺ノ火串ノマツ（松）ノケフリモ　「五月雨ノナコリノ雲ニトモ」

「照射厭雨（ツカ）火串サヘトスレハシメル雨モ夜ニサツヲモオノガウキワザヤ知ル」

「ウキ業トサツヲモシルヤ峯高キ木ノ間ノ火クシ雨ニシメリテ」

　早苗

八束穂ノタリ（垂）穂ノ秋ヲ千町田ニネキ（祈）ツ、賤カウ、ル若苗

　廬橘

軒近ク吾代ニウヱシ立花ノナトテ昔ノ香ニ匂フラム

夏夕待月

夕立ノ雲一村ニオホハレテマテ《待》トモ月ノオソ《遅》キ山ノハ《端》

〳〵簾外蛍

「〳〵」夕立ノナコリ《名残》ノツユ《梅雨》ノ玉スタレ《簾》ユラ《揺》クト見レハ蛍ナリケリ

「〳〵水上蛍」
「底ニ見ル影サヘ涼シ池水ノ芦ノ乱レテ通フ蛍ハ」

「書ノ内」窓前蛍

「〳〵」呉竹ノ窓ニアツムル蛍コソ見ヌ世ヲテラ《照》ス光ナリケレ

葉カクレニヤトル蛍モカツ見エテ窓ニソヨグ《戦》風ノ竹ムラ《叢》

池蛍

池水ニカケヲウツシテ飛蛍フタ《二》ツモヨツ《四》ト見ユルス、シサ

○「〳〵」池水ノウキ草サソフ夕カセニ蛍モノリテユクヒカリ《光》カナ

「〳〵」*池水ハスミ《澄》スツマシキ処トヤユキテモカヘル蛍ナルラム」

「古池ノマコモカクレニトフ蛍是モムカシノ宿ノオモカケ」

（16ウ）

入 水辺蛍

涼シサヲナレ《汝》モトメ《求》来テ真清水ノ音スル方ニ飛蛍カモ

入 海上蛍

伊勢ノ海ノ渚ノ玉トアマ《海女》人ノ袂ス、シクチル蛍カナ

入「雨後蝉
ユフ立ノ雲ハアシトク杉山ノ木末ニ蝉ノ声ヲノコシテ」

入「黄梅院ノ庭ニ夏菊ノ咲タルヲ
色ニ香ニソマスケカレヌ法ノ師ハ心ノチリモ夏キクノハナ」

「マツヒラクサトリノ花モカクヤアラン見ルニチリナキ庭ノ夏キク」

入 旅夕立

ス、カ（鈴鹿）山フリハヘ（振延）越ツ夕立ニ関ノ小川ノ水ヤマサル（勝）ト

入 野夕立

イカニシテヌル袖ホサム旅衣日モユフ立ノ野路ノ笹原

入 夏山家

夏麻ヒク片山陰ニ見ルモノハ蚊ヤリノ煙ユフ顔ノハナ

「秋風ヤカネテ忍ヒニカヨフラム夏モス、シキマツカケ（松蔭）ノイホ（菴）」
＊まつかせや忍ひて秋

入 夏河

夏川ノ岸ニタ、シテ若年魚ノ瀬ノホル見レハ日モカタフ（傾）キヌ

入 夏筵　重出

夏夜ノ月ノ影シク菅ムシロスカ〲シサヲ何ニタグ（比）ヘム

入 卯花

卯花ヲ月カ雪カト見ル比ノ菴ノ垣根ハ夕ヤミモナシ

入 雨中郭公

静カナル雨夜ヲマチテ名ノルコソ深キ心ノ山郭公

耳ウトキ我為ナレヤ郭公雨シツカナル夜ハノヒト声

*人ナラハ雨ハレテトモ云ヘキヲコ（心）、ロアリケルホト、キスカナ
ハレテノチトモ　いはマシを　雨ニサハラヌ　ヌレツ、来ナク山郭公

入
*竹亭納涼

（17オ）

*若竹の露ふく軒の夕かせにはしゐの袖をぬらしつる哉

入
朝時鳥

朝ケ（食）タク里ノ煙ノヲチカタ（遠方）ニ一声ムセフ（咽）ヤマホト、キス

アサ顔ヲマタ（未）キ咲セシ柴ノ門サシテ来ナクカ山ホト、キス

一声ニアシタノ眠リオトロクヤ近キ軒ハノヤマホト、キス

アサツユノヒル（干）マヲマタヌ時鳥ハナタチハナ（花橘）ノカケニナク也

入
池蛍

「ユキカヘリ」（行帰）テラスヲミレハ蛍サヘスミ（住）ナレケリナ宿ノ池水

「ス、」（涼）シサヤ心ニカナフ池水ノ芦ノ忍ヒニカヨフ蛍ハ

入
水鶏

月マツトサ、（鎖）テヤスラフ柴ノ戸ノイツク（何処）ヲタ、ク（叩）水鶏ナルラム

ナレ（汝）故ノネサメ（寝覚）モツラシ柴ノ戸ヲ忍ヒテタ、ク水鶏トモカナ

入
夏雲多奇峯

筆とりてたれ画にかゝん夕立の空に峯なす雲のすかたハ

第三ミな月ノ

聚八仙也
紫、、、ハ非ト
云

入紫陽花

クモリナキ空ノ色ニモ似タルカナ我小垣内ノアチサヰノハナ（紫陽花）

入江蛍

ウツモレヌヒカリ（光）ヲ夏ハアラハシテ玉江ノ芦ニスタク（集）蛍カ

入梔子花

山吹ニ実アリトキケハ花ノ名ノ口ナシ迚モタノマレヌ哉

入名所納涼

墨のえの松かけ残る涼しきハ夏忘草生にけるかも

入夏旅

旅人ノトモシ（点）ツレタル松ノ火モ木ノ間ニシラム夏ノ短夜

夏夜ハオクレサキ立松ノ火ニ旅行人ノカキリヲゾシル

「*旅衣日モユフクレ（夕暮）ニ立出テ夏ハ山路ヲヨルソコユ（越）ヘキ」

（17ウ）

「雑也」　蝸牛

争ヒノ心ノハシハ見セ乍ラモノソコナ（損）ハヌカタツフリ（蝸牛）カナ

カタツフリ思ヒノ宅ノクルシ（苦）サニ涼シキ竹ノ陰ヤモトムル

入松間夏月

夏夜ノ月ハレヌレハ松陰ニシケ（敷）ルイサ（砂）コモ霜ノ村消　富春兼

山マツノ葉コシノ影ヲアフキ見テ夏ヲワス《ウタ》ル、カフ月ノ涼シサ

マツカセ（松風）ハ秋ヲモイマタ告ナクニ枝モル月ノ涼シキヤナゾ

入古寺蓮　六月廿二日　自坊会

寺フリテ池アセヌレト匂ヒ香ハ世ニモハチス（蓮）ノハナサキ（咲）ニケリ

フル寺ニムソチ（六十）年ヘシハナハチスノコリ（残）テケフ（今日）ニアヘル楽シサ

入同シ日ヨミテ人ニ見セシ

我イホ（菴）ノハチスモ今日ハ面タチヌムツタマ（睦魂）アヘル君ニトハ（訪）レテ

巖大夫ノカヘシ

言ノ葉モ池ノ蓮ノ色ニアエテ（ヘカ）世ニ濁リナキハナ（花）トコソミレ

入六月立秋ヲ

かけミれハまたミな月の有明に一葉をさそふ秋のはつかせ（初風）

（三行空白）

（18オ）

（空白）

（六行空白）

鹿苑山秋声寺

いにしへの鹿のそのふの秋の声をいまかく《つたへて》ふくか軒のまつかせ
（鹿の声こそ忍るれしかのそのふの秋（とて））

秋（折り目書）

△「入」名所初秋
フク音モハシメテ秋ニナラサカヤ児ノ手カシハノツユノ朝風

△「入」置ツユモ日ニケニソハム初アキノ山口シルキ風ノ涼シサ

（19オ）

△「入」＊アキ（秋）風ニウ（動）コクスタレ（簾）ノヒマ（隙）トメテ（求）サヤ（清）ニ入クル夕月ノカケ（影）

初秋風

「入」△秋トイヘハ身ニシム音ノカハル（変）哉昨日モ吹シ荻ノ上風

「入」△置初ル暁ツユノ枕ヨリ涼シクカハルカセ（風）ノオト（音）カナ

初秋月

「入」△三日月ハマタ初秋ノハツカ（二十日）ナル光乍ラモサヤ（明）ケカリケリ

早涼到

「入」△露サヘソ袖ニ涼シキ秋告テチ（散）ルハ木末ノ一葉ノミカハ

禁中早涼

「入」△宮人ノ袖ノ涼シサイカナラム一葉今朝チ（散）ル桐壺ノ秋

初秋雨

「△○」一葉今朝サソフ梢ノ風ノミカフル（降）アメサヘニ秋ノ声ナル

初アキノ歌アマタヨミシ中ニ

「△入○」ナニトナク老カ涙モチリソ添露吹今朝ノ荻ノ葉風ニ

七夕梶

「△入」タナハタハウクヤ受スヤヨム歌ノ数モ七葉ノ梶ノ手向ヲ

七夕河

万世ニ流レテ猶モ久シカレ星ノイモセ（妹背）ノ中川ノミツ

七夕

(19ウ)

「△入」今モ（世ニトモ）カモ浮木ノ道シ絶サラハ行テヲ見マク星合ノハマ

*「△入」ハカナシヤ（果無）月ノカツラノ棹カチ（梶）モホシアヘヌマノホシノチキリ（契）ハ

「△入」初秋ノ片ワレ（割）月モタナハタ（七夕）ノ願ヒハ空ニ満ル夜ハ哉

七夕雨

「△入」彦星ヤ袖打カサシ渡ルラム紅葉ノハシ（橋）ノ夕暮ノ雨

七夕別

古歌ノマキトモ入タル也

「七夕糸 入△
神世ニヤムスヒ初ケムタナハタノ糸ノ秋ヘテ絶ヌ契リハ」

「△入 七夕車
カソフレハ今日ハ文月ノ七車来ルマオソシト星ヤマツラム」

△入「ヒキ出テヒモトク文モ七車ナヌカノケフノ星ノ手向ニ」

「入」△天川年ノヘタテハ何ナラテ別ヤ星ノウキ瀬ナルラム

七夕衣

「入」△秋マチテ逢テフ星ノヌレキヌ（濡衣）ハイクソ（幾十）ノ恨カサネ来ヌラム

萩

「入」△秋風ノアルカナカ（中）ニモ身ニシム（沁）ハ萩ノ葉渡ル夕クレ（暮）ノ声

暁萩

「入」△秋風ノフケトモ萩ノ音セヌハ暁ツユヤ葉ニソハルラム

「入」△「手枕ノユメヲイツクニ吹ステヽ吾ネサメトフ萩ノ葉風ソ」

萩風

吹ノコス露ハアリトモ見エナクニ猶袖ヌラス萩ノ上風

クレ（暮）ユカ（行）ハ宿カル月ノ影モ見ム露吹ノコセ萩ノ上風

入「ユフクレ（夕暮）ニセメテモ物ノカナシキハマツ風ヨリモ萩ノ上カセ」

入「オクツユ（露）ニシハシ（暫）ヤトカル月モミムヤヨフキタユメ（弛）萩ノ上カセ」

(20オ)
入「マ*スラヲ（益荒男）ノ心ヲ秋ニナスモノハ松風ヨリモ萩ノ上カセ」

入「萩ハ只ヒトモト乍ラ寂シサノ庭ニミチタルカセ（風）ノオト（音）カナ」

去入秋風ノフケハ必ス萩ノ葉ノコタフル音モ耳ナレニケリ

月

△○「イヤテリ《照》ニテレ《照》ル月カモ天ツチ《地》ヲ一ツヒカリ《光》ノウチニヲサメテ

△○「*「クモルニモサヤ《明》カナルニモアキ《秋》ハタ《只》、ソラ《空》コソ月ニアフキ《仰》見ラルレ」

月前星

△○「スム《澄》月ノ光ヲキヨミ大空ノ星ハアリト《アマタ》モ見《モトモ》エヌ夜ハカナ

月前雲

△○「アフキ《仰》見テウシ《憂》トカコ《託》タヌ人モアラシコヨヒ《今宵》ノ月ニカ、ル浮雲

月下犬

△○「スム月ニ大路ヲミレハ人モナシ犬ノ声ノミ遠ク聞エテ

○△「里ノ犬ハ何ヲトカ《咎》メテナク《鳴》ナラム秋風寒ク月白キ夜ニ

△○「月前蟹
ヨコニノミ走ルヲ常ノ沢カニモ月ニハエコソソムカサリケレ」

「○」沢月

△秋カセニサソ《誘》ハレ出ルウキ《浮》草ヤ野沢ノ月ノクマ《隈》トナルラム

「○」雲間月

△カツ《且》カクレ《隠》カツアラハレ《現》テ浮雲ノ空定メナキ月ニモアルカナ

井月

初秋
此あさけ《朝またき》きりの一葉を山の井にうけて秋くむ木かくれの庵汲て秋しる共

揚也

「△○」月キヨミ（清）筒井ノ底ニスム魚ノヒレ（鰭）フルサヘモ見ユル夜ハカナ

「△○」＊サヽレイシモコヨヒ（今宵）ノ月ニカソフ（数）ヘクトルヘク見ユル山ノ井ノ水」」

（20ウ）

独見月

「入○△」月モ亦アハレト思ヘ秋ヲヘテ同シ心ノ友モナキ（無）身ヲ

「入△○」○＊「ツキ見ツヽ昔思ヘハヒトリ（独）ヱミ（笑）ヒトリ（独）ナカル（泣）ヽ夜ハニモアルカナ」

海上月

「△○」真砂地ニイク度影ヲ運フラム月ニ汐汲秋ノ浦人

名所月

「△○」秋ヲヘテ人コソアラネスミ（住、澄）渡ル月ハ昔ノマヽノツキハシ（継橋）

「入」樵夫帰月

「○△」同シクハ月ノ桂モ折ソヘヨ山路クラシテカヘ（帰）ル柴人

秋月揚明輝

「△○」サヤケ（明）サノ類ヒナキ名モ秋ナラテ又イツ（何時）カハノ空ノ月影

月前竹風

「○△○」山窓ニ末葉ノツユヲ吹カケテ月影ヌラス竹ノサヨカセ（小夜風）

「○」竹間月△
呉竹ノ枝モルル月
ハイクチ丶ノ黄
金ヲ窓ニチラス
ヒカリソ

「○」△「*月カケヲ葉分ニミセテアキ（秋）風ハ玉ノ声ナス庭ノ竹ムラ（叢）」

閑窓月

「○」△枝ナカラ窓ニウツ（映）シテ見ル月ノ影面白キ軒ノ山マツ（松）

蕭寺月

「○」△文ヨムニ明ラカナラハ山寺ノ軒モルツキ（月）モ法ノトモシ火

「○」△近江ノ海サ丶ナミ（小波）遠クスム月ヲ我立杣ニ見ルコヨヒ（今宵）哉

*富士秋月

「○」△*たく（類）ひなきかけとそあふく（仰）ふし（富士）の嶺の雪にミかける秋夜の月

（21オ）

八月十五夜

「○」△高キ名ヲクラヘハ富士ノ峯モ亦コヨヒ（今宵）ノ月ノ影ニオヨ（及）ハシ

「○」△スム月ノ桂男モ彦星ニ年ニヒト夜ノ名ヲヤカリ（借）ケム

△九月ニウル
フ有ケル年
「○」十三夜ニ
長月ノ名ニオフ
月ヲ一トセニフ
タ丶ヒミルモ命
也ケリ

九月十三夜

「○」△言サヘクモロコシ（唐）ハイサ日本ノ秋ニ名ニオフ長月ノカケ（影）

「○」△「*サク菊ノマカキ（垣）ニコヨヒ（今宵）見ハヤサ（栄）ム夜ヲ長月ノ名ニシオフカケ（影）」

「○」△菊紅葉折モオカ（ヲカ）シキ《なつかしき》長月ノ月ヤコヨヒ（今宵）ノ秋ヲマチケム

△停午月

「○」フケ（更）ヌルカ筒井ノ底ノサヽレ（細）石モ数ミルハカリスメル月カケ（影）

△都月

「○△」海山ノ何処ノ影ニクラフ（較）トモシカ（如）シミヤコ（都）ノ中空ノ月

△河月

「△○」秋ノ月イク世カコヽニスミタ（墨田）川都ヲ鳥ノ名ニ忍ヒツヽ

「○」△
鳥の名にミやこ
の秋を忍はせて
こゝみた川原月
のさやけさ

湖月

「△○」ユフナキ（夕凪）ニ出シ堅田モ見ルハカリ照スカヽミ（鏡）ノ山ノハ（端）ノツキ（月）

「△○」秋ノ夜ノイフキ（伊吹）オロシニ雲消テサヽナミ（小波）清クスメル月カケ（影）

（21ウ）

「入」閑居月

「△○」寂シサニ堪テスム身ヲアハレ（哀）トハ萱カ軒モル月ソ知ラム

「入」松間月

「△○」モル月ノ影モ夜ヲヘテ身ニソシム（沁）秋ヤ梢ニタケクマ（武隈）ノマツ（松）

△「入」田上月

「△○」心シテ筑波根オロシ雲払ヘスソワ（裾回）ノ田井ノ月ノヨ（夜）スカラ

「入」海月

△「○」山ノハニ唐人ヤマツラカタ《（松浦潟）》塩《（潮）》ノ八百重ヲ照ス月カケ《（影）》

「入」古寺月

△「○」寺フリ《（古）》テ軒カタフケト傾カヌ月ハアスカ《（明日香）》ノ明日モ見ヨトカ

△「○」*「ヨシサラハ軒モル月ヲ灯ニカヘテ文見ム秋ノ山テラ《（寺）》」

「入」田家月　「鰒玉三」

△「○」菴サス小田ノ穂向ノ秋風ニ露シク床ノ月ヲ見ルカナ

「入」野月

△「○」ムサシ《（武蔵）》野ノ月ハ入カタ出ル方マチ《（待）》惜ムヘキ山ノハ《（端）》モナシ

「入」月下友

△「○」独見テアカスハヲシ《（惜）》ト月ニトヒ《（問）》月ニ問ル、言ノ葉ノ友

「入」「○」月下鹿

○去サヲシカ《（小牝鹿）》*ノ声サヘスミテ聞エケリ軒端ノ山ニ《「松ノ木ノマニトモ」》月出ル比《松に月出る比》

△さをしかの声のミ《きは》高くきこえけりノキハ山ま月

*さをしかの□月ハきこえけり月ハ外山の雲間にか《いつるころ》くれて
○キコユ也トモ

「入」江月

△難波江ニシツク（滴）月影玉ナラハカツ（潜）キテマシヲシツク月カケ（影）

「入」月前煙

△○古寺ノ軒モル月ノ桂ニモソフハ樒ノケフリナリケリ

△「*月見ツヽタツ（立）ルケフリノヒト（一）スチハヨシ（葭）ヤ芦ヤノナタ（灘）ノシホヤキ（汐焼）」

「入」△
「波ノ上ニ月ソホノメクシホカマノ煙タヽスナ夜ハノウラ風」

「入」隣月

△サヤケサヲメツ（愛）ルアルシ（主）ノ物話モレテ聞ユル月ノ中垣

「入」都月

△フ（更）ケユケハス（須）サカ（坂）ノ大路人断テ月カケ（影）ノミソ澄ワ（渡）タリケル

野虫

△「○」狩人ノ帰ルスソ（裾）野ニ聞ユ也鷹ノ尾フサノ鈴虫ノ声

△
「露底虫「○」
アサチフノ露ニカクレテ鳴ラメトウキテキコユル虫ノ声哉」

故宅虫

△「○」月独人ニカハリテモ（守）ル宿ヲコトトヒ（言問）顔ノキリ〳〵ス哉

虫声近枕△

暁虫

「○」露ヲワカカナシム老ノ友顔ニ手「アト」枕「ナル」近キコホロキノ声
虫ノ声カナ

△「秋フカキ花野ノツユヲ分ユケハ虫ノ音サヘニチクサ也ケリ」「○」

×○去之
垣越テ隣ニ花ノ咲モヨシ生カマヽナル宿ノ朝顔

「○」△
「必文字ヲ上ニ置テ朝顔ノ歌ヲト乞シニ
ルリニサキクレ

(22ウ)

△「○」アカツキ（暁）ノ荻ノ葉風ハ吹絶テ身ニシミカハル虫ノ声カナ

雨後虫

「○」△ハレヌマ（間）ハ雨ニマキレシ虫ノ音ノ枕ニ高キ秋ノ夜ハ（半）カナ

「○」「山里ハ雨ノナコリ（名残）ノキリ（霧）コメテタクレサムキコホロキノ声」*

荻下虫

「○」△イカナレハ錦トミユル秋萩ニカク（隠）レテ虫ノツヽ（綴）リサス（刺）ラム

△「○」虫声非一

△女郎花多カル野ヘニナク虫ハツヽ（綴）リサス（刺）アリハタ（機）オルモアリ

日クラシ

△「○」限アル命思ヘハ哀ナリ短キ秋ノ日クラシノ声

朝顔

△「入」○同シクハキリノマカキ（籬）ノ朝顔ヲ月ノユフヘニサ（咲）カセテシ哉

入△朝顔ハ日影マツマ（間）ノ露ヨリモモロ（脆）キヤ花ノ心ナルラム

入△人ノ世ニアヘルモカクヤ露ノマ（間）ノ栄エ争フ朝顔ノハナ（花）

「入」△柴ノ戸ノ内外ニ栽テ朝顔ノハナ（花）ノアル「翁ト」シト人ニイハレム

ナヰニ咲アサ顔
ハ見処多キ花ニ
ソアリケル」

○従是可考

薄露△入
物思フ人ノ袖ト
モ見ユルカナマ
ソホノス、キツ
ユヲカケツ、

「女郎花露△入
ヲミナヘシアタ
ナル露ノ契リニ
ハナヒカヌ花ノ
心トモカナ」

（23オ）

△月前草花

入 女郎花ナマメク野ヘノタツユ（露）ニ桂男モアヒ宿リセリ

薄

△入 ミマ草ニカ（刈）リモラサレシ山陰ノ垣ホ《ネ》ノス、キ穂ニ出ニケリ

女郎花

△入 人言ノ嵯峨野トキクヲ女郎花ナト夕暮ニヒトリ立ラム

△入 「*ヲミナヘ（女郎花）シナヒキヤス（易）サヲ見セシトテツユ（露）ニハサコソ心オクラメ」」

藤*袴

「入」△ フチ（藤）ハカマ（袴）タレニコ（心）、ロヲユルシ色ノ花ノ下紐トケテ見ユラム

「入」△ *ワヒ（侘）人ノカキ（垣）根ニ咲ル藤ハカマ（袴）色ヨシトテモ誰カ来テミム

野外萩

「入」△ ウヘ（宜）シコソ錦ト見ユレハタオリ（機織）ノ鳴野ニ咲ル秋ハキ（萩）ノハナ（花）

秋田風

△ 心ナクタ（立）テル案山子ヲ動カシテ稲葉吹シク小田ノ秋風

△ 「風*ワタ（渡）ル小田ノナルコ（鳴子）ハ守人モヒ（引）カヌニサワクムラス、メ（群雀）カナ」

栗

△○○「秋ハウキ《憂》コトノ多カル世トシラ《知》テ軒ノサヽ栗何ニヱム《笑》ラム

△○○「拾*フ人ナクテヤ只ニ朽ハテム我山カケ《陰》ノニハ《庭》ノ落クリ《栗》」

「○」初紅葉

△初時雨木末ヲ過ル裎《程》モナク染ル一葉ヤ秋ノ山クチ《口》

「○」月下菊

△色モ香モ正木ノカツラ《葛》長月ノ影ヲ留メシキク《菊》ノサカリハ

「○」松下菊

△鶴ノ栖此マツ《松》陰ニ咲菊ハ色香モ千トセ《歳》万世ノアキ《秋》

「○」暮秋

△菊ノ露打払フマ《間》ニ秋クレヌ長月ノ名ハ言ニシアリケリ

秋夕

△「○」涙サヘ露サヘ荻ノ上風ニコホレテモロキ秋ノ夕クレ《暮》

△「○」世ノ中ノウキ《憂》ヲ身ニ添影ソトハ思ヒ知テモ秋ノ夕クレ《暮》

（23ウ）

山家秋夕

「不入」ユフヘ〳〵ナクサメカネシ心ニハミヤコノ秋モ伯母ステノ山」

「晩雁「○」△越テ来ル雁ノツハサモ見ユハカリ有明月ノ高キ山ノハ」

「○△」菴シメテ塵ノ外ソトタノミコシミヤマ（深山）モ同シ秋ノユフクレ（夕暮）

川霧

「△○」吹ノホル川カセ（風）見エテ山モトノ梢ハレ（晴）ユク瀬々ノ朝キリ（霧）

関霧

「△○」鳥ハヨモ空音ニアラシ関ノ戸ノ明ヌヤ霧ノヘタ（隔）テナルラム

○沢鴨

「△○」露寒キ沢田ノウキ（泥土）ニイツナレテ秋ノ夜カレ（離）ヌ鴨ノハネカキ（羽掻）

雁

「△○」秋風ノシラ（調）ヘ悲シキ松原ニ琴柱立タル雁ノ一連

雁初来

「△○」ウスキリ（薄霧）ノ梢コメタル夕暮ニ是ソ今年ノ初雁ノ声

雲間初雁

「△○」サラヌタニナカ（眺）メカチナル夕暮ノ雲間ニサムキハツカリ（初雁）ノ声

田上雁

「△○」此朝ケキケハ寒シモ山田モル（守）賤カツヽリ（綴）ノ衣カリカネ

「○」△秋ノ霜ムスフ門田ヲ見渡セハオクテ雁カネ今ソ聞ユル

（24オ）

「○」△「東*西紅葉」

△「九*重ノ秋ハ西山東山イツレノ尾《よりまつ共》ヨリモミチカリ（紅葉狩）セム」

○小倉山秋

△小倉山梢ノ色ニ忍フカナ時雨フリ（降）ニシ秋ノミユキ（御幸）ヲ

朝鹿

「○」△真萩サ（咲）ク小野ノ朝露分捨テ山路ニ帰ルサヲシカ（小牡鹿）ノ声

擣衣到暁

△永キ夜ノ思ヒヤ何レカラ（唐）衣聞アカス吾ト打アカス人

月下擣衣

△小夜フケテ《ウチタユム》賤カ砧ニ置霜ノ白キハ月ノ光ナリケリ

△月ミ（見）ツヽ秋サリ衣打ツチ（槌）ノ音サヘ空ニスメル夜ハ（半）哉

海辺擣夜

△アマ人ハホ（干）サヌ袖師ノ浦浪ニヨル（寄、夜）ヨルイカテ衣ウツラム

△秋山家

△「○」暮秋鹿
ツマコヒノカキリ知レトヤ長月ノアリアケ月ニ鹿ノナクラム

○△
アキサムミキヌタニムスフシモカトテ月カケハラフアキノ里人

「○」月前紅葉△
「時雨ノミモル山ナラテモミチ葉ノカケフム月ノヨハモアリケリ」

「滝紅葉△「○」
竜田姫タキノ白糸イツソメテオリ出シタル木々ノ錦ゾ」

○山紅葉△
小倉山フルキミユキノアキノ色ニ今モシクル、峯ノモミチ葉
○△松独峯ニノコシテ稲葉山木々ハシクレノ千入八千入

△ハフ（這）蔦ノ紅葉ニ秋ノ色ミセテ梢シクル、松陰ノ菴

紅葉浅深

「○」△枝カハスハ、ソ（柞）一木ヲイカニ（如何）シテ露モ時雨モソメノコシ（染残）ケム

「○」△*「立ナラブ木々ハ千入ノアキ（秋）山ニヒトリハ、ソ（柞）ノウスキイロ（色）カナ」

「○」山寺紅葉

△イリアヒ（入相）ノ鐘キコエテノ後モ猶紅葉ニクレヌ秋ノ山寺

古寺紅葉

（24ウ）

△「○」モミチスル雲ノ林ハ墨染ノ袖モ錦ノ色ニナルコロ

紅葉浅深

「山紅葉トモ」

「○」△ウスクコク（濃）夜ノ間ニ霜ヤ染分シ秋ノ錦ノ二村ノヤマ

小倉山秋

△「○」今モ猶《カモ》ミユキ（御幸）マツ（待）ラム小倉山梢ノ錦秋ヲ重ネテ

暮秋雲

「○」△秋ハシモイツチ（何方）行ラム夕日サス雲ニ紅葉ノ色ヲノコシテ

暮秋灯

「○」△文ミツ(見)、タカ(誰)秋ヲシム(惜)窓ナラム木間ニ寒キ夜ハ(半)ノ灯

暮秋庭

「○」△菊ハマタサカリ(盛)乍ラニ秋クレテ時雨ヲ運フ軒ノ松カセ(風)

「古歌ニ有るよし、可考也」

「○」△*「長月ノアキ(秋)モカキリ(限)トキクモ(聞、菊)ミチ(紅葉)カサシテ(挿頭)庭ニヒト(一)日クラサム」

山寺秋

「○」△一夜寝テ鹿ノ音聞ン山寺ノ紅葉ノ木陰秋寒クトモ

山家秋

「○」△ウス霧ノハレヌ軒端ニ雁ナキテ此コロサム(寒)シ山カケ(陰)ノアキ(秋)

秋山　「鰒玉三」

「○」△里ハマタ初雁カネモ聞ナクニ今朝雪フレ(降)リ「リヌトモ」越ノ白山

岐蘇のみたけ(嶽)にふれるはつ雪

(25オ)

*「時雨フル松ノモトニ鹿立リ」

「○」△*「シクルレト松ハツレナキ岡ノヘニオノ(己)カ秋シル(知)サヲシカ(小牡鹿)ノ声」

秋雨

「フキアレシ野分ノ窓ノトモ云ヘキカ」

「○」△野分ニハ堪ス破レシハセヲ(芭蕉)葉ニツレナクソヽ(注)ク雨ノ音哉

「朱子作
未覚地塘芳草夢
満階梧葉已秋声」

花に寝し小てふ
のゆめもさめな
くに

桐ノ葉ノオツルハ夢カ
桐の葉ちりて秋かせのふく

毎山紅葉

「○△」村時雨通フ高山短山八十隈オチス染ルアキ（秋）カナ

樵路紅葉

「△○」身ニオハヌ錦ト云ハシ山人ノタキヽ（薪）ニ添シ枝ノモミチ葉

高雄槙《マキ》ノ尾ノ紅葉ヲリ（折）コメタル扇ニ

「○」ウスクコ（濃）ク染シ梢ノアキ（秋）ノ色ニ其名モ高雄マキノ尾ノ山

稲妻

「△○」秋ノ田ノ穂ノ上キリアフ夕暮ニ露ヲ尋ヌル稲ツマノカケ

山家擣衣

「△○」山ニテモ猶ウ（憂）キ秋ヲワヒ人ノヨソニ告テヤ衣ウツラム

蔦

「不入」シクル（時雨）レト松ハツレナキアキノ色ヲ枝ハ（這）フツタノ紅葉ニゾミル

「不入」「＊シクレテモツレナキマツ（松）ニ秋ノ色ヲカケテ見セタルツタノモミチカ（紅葉）」

「△○」「＊山賤ノヤト（宿）《菴トモ》ニハヲシ（惜）キ色ナレヤ垣ハ（這）フツタノアキ（秋）ノクレナヰ」

秋山

△「○」白山ハ日ニケニ白クナリソユク門田ノ晩稲色カハルコロ（頃）

暮秋紅葉

△「○」立田姫秋モ今ハノ袖ノ色ヤシクレ（時雨）ニヌル、峯ノモミチ葉

（25ウ）
△「○」「*サ、クリ（栗）ハヱミ（笑）テオツ（落）ヘクナリニケリ柴ノ戸サム（寒）キ秋ノクレカタ（暮方）」

○山家暮秋

△○「○」秋寒ミ軒ノナラシハウラ枯テ時雨降ヘク早ナリニケリ

「山里ハシクル、毎ニ秋タチテ木スヱノ色ソフカクナリユク」「○」△

露

△「○」日クルレバ必ズ露ノヤトリトハイツヨリナレシコケノ袂ソ

虫

△「○」松虫ノハナヤカニナク夫ヨリモ老ハマクラノコホロキノ声

関暮秋

△路モセニチルハ桜ノ葉ナリケリ奈古曾ノ関ノ秋ノクレカタ

「サクラノモミチイマソチルトモ」

閏月七夕

△「○」ヲトメラヨ梶ノ七葉ヲ一年ニフタ度トルモ命ナラズヤ

秋人事

社頭暮秋

「○○△」ウスクコキ紅葉ノ錦神垣ニヌサ《幣》トチラシテ暮ル秋カナ　「手向テ秋ソクレユク」

秋大原女

「△○」大原女カミヤコニ秋ヲ運フトテ妻木ニ添シ枝ノモミチ葉

秋人事

「○△」オトロ《驚》カヌ雀ネタ《妬》シトウナヰ《髫髪》ラハ門田ノナルコ《鳴子》引ニコソヒ《引》ケ

秋夜

「△○」月キヨ《清》ク雁カネサムクナリニケリ老ノ寝サメ《覚》モ此コロ《頃》ノ秋

（26オ）

山中秋興

「○△」秋ノ日ハモミチノ陰ニクレ《暮》ニケリ帰ルサ送レ峯ノサヲシカ《鹿》　「作例アルカ可考」

「○」旧都月

△イニシヘヲアフ《仰》キ見ヨトヤ秋ヲヘテ月モ高津ノ故ミヤ処

△「月*ヒトリムカシ《昔》ノ秋ニタカ《誰》国ノミヤ《宮》ハ草葉ノツユ《露》フカ《深》クシテ」

「○○」十月中比色ヨキ紅葉ヲ折コシケレハ

山陰ノ老木ノモミチイカ《如何》ナレハ昔ニマサル色ヲ見スラム

以下六首冬部ニ可入カ

アマタ度シクレシ山ノカヒヤ是ニシキ（錦）カサレル枝ノモミチ葉

「○」カヘシ（返）　松洞（河島）

ムカシ（昔）ニモマサルモミチ（紅葉）ト詠ムルヤメツル心ノフカキ（深）ナルラム

ニシキ（錦）トモキミ（君）コソハ見レ山陰ニ老ヤツレタル枝ノモミチヲ

「○」十月ノ末紅葉ニソヘテ、宜益ヨリ

「十月也」

△冬ニ入 マツカケ（松陰）ニ露霜シラヌモミチ葉ハ此比秋ノ色見エニケリ

○返シ

△乙 冬ニ入 マツ（松）陰ノモミチトキケ（聞）ハ是モ又千世ノカサシトタノマルヽカナ

草花　「鰒玉三」

△「入」浪カケテ洗フ錦ト見ユルカナ尾花ニ交ル野ヘ（辺）ノ秋萩

△「入」カセ（風）ワタ（渡）ル真葛カ原ノ女郎花《ハナスキヽ》恨ミテナトカ人招クラム

萩

△「入」吾イホ（庵）ノ垣根ノ真萩咲ニケリ人マツ虫ヨ声タ（立）テヽナケ（鳴）

△「入」*ウヘシコソ錦ト見ユレハタオリ（機織）ノナク（鳴）野ニ咲ル秋ハキ（萩）ノハナ（花）

暮秋

「○」△サヲシカノ妻問シツル声ノミカ秋ノ草木モウラカレニケリ

「入」△「呉竹ヲ窓ニウツシテウス墨ノ画トモ見セタル月ノサヤケサ」

「入」△の月「山窓ニ月ノウツセシ呉竹ハオノツカラナルスミ画ナリケリ」。

月前竹風「入」△「○」山窓に葉末ノ露を吹かけて月影ぬらす竹のさよかせ

△「○」空*ミレハ雁カネ寒シ長月ノ在明月夜ウチシクレツヽ

△「○」山*松ノ常葉乍ラニ秋クレテ梢ノアラシ音ソシグルヽ

「○」月前萩

(26ウ)

「入」△アキ（秋）ハキ（萩）ヲ夜ノ錦ニナサシトヤ花野ノツユ（露）ニ月宿ルラム

「○」萩映水

「入」△萩カ花ウツラフ影ヲシカラミニ水ノ秋セク野路ノ玉川

「入」原月

△モロコシカ原トハキケ（聞）ト虎モ居スカケル（駈）ハ月ノ兎也ケリ

月前竹

「入」△ウス墨ヲ《カセソヨク》竹一モトヲウス（薄）墨ノ画ニアラハセル窓ノ月カナ

△○カケ（影）見レハウス（薄）墨ノ画ニ似タリケリ《るかな》月ハル（霽）丶夜ノ窓ノ竹村

「入」ミる

△月スメハウス墨ノ呉竹《画ノ》ニ風ノソヨキモ見ユル山窓

△○ウススミ（墨）ノ竹一ムラ《もとへ》ヲ風ナカラ《山まとに》ウツシ出セル《こよひも》窓ノ月カナ《のさやけさ》

ワカマトモ

折紅葉

△○「 ヲリ《（折）》マセテ今日ノ山路ノツト《（苞）》ニセムヌルテ《（柞）》ハ、ソノコ《（濃）》キモウス《（薄）》キモ

松ニ蔦ノモミチ《（紅葉）》ノカヽリタル

△○○「 秋ノ色ハシ《（知）》ラヌマツ《（松）》ソト云人ニ見セハヤカヽルツタ《（蔦）》ノモミチ《（紅葉）》ヲ

橋辺聞鹿

△○「 カツ《（葛）》ラキ《（城）》ノ峯ノ嵐《よあらしさよふけて》ニサソハレテ岩ハシ《（橋）》ワタ《（渡）》ルサヲシカ《（小牡鹿）》ノ声

ヤ　ヤサソ《（誘）》フラム

菊交薄

△○○「 立ヨリテ見ヨトマネ《（招）》クカハナスヽ《（花芒）》キヒトツ籬ノ菊ノ盛ヲ」

鹿声遠近*

(27オ)

「○△ *サヲシカ《（小牡鹿）》ノ妻恋野山カハルラシ遠キニ近キ声ノ交レル

秋月入簾

「△○ 「不入」「此歌古メカシキニヤ可考」 クマ《（隈）》モナクサシ入軒ノ月カケハ《ニ》カヽケヌヲスノウチモマハユシ

古宅月

△○ カクマテニ月モルヘシト思ヒキヤサコソアレタル軒葉《（端カ）》ナリトモ

真泉題
早涼到「○△」
タレカ今日秋トモシラム涼シサ

ヲ真ノ泉ヨリテ
クマスハ

松間紅葉

○△染テシモ松ハツレナキツユシモニヒトリヌルデ（白膠木）ゾ秋ヲ見セタル

月前酌酒

「不入」思フトチクムサカツキソカクハシキ月ノカツラノ影ヲウカヘテ

磯月

△○影モ又（玉）波トクタケテチル波ハミルメアリソノ月ノ満シホ

△「入」＊コヨヒコソ月ノミルメモミツ汐ヤ岩コス波ハ玉トクダケテ

△「入」荒磯ノ波ニユ（揺）ラル、サ、レ石モカキカ（数）ソフヘキ月ノ夜ハ（半）カナ

旅宿虫　真泉当坐

「○」△草マクラ虫ノ音高シ故郷ノ垣根ノ萩モ今カチ（散）ルラム

月前霧

「入」△秋かせの月かけミかく門田にも霧ハ猶こそ消のこりけれ

蓼

△「○」河風ニ柳ハチリテ蓼ノ穂ノクレナヰ寒キ《ノコルモサムキ》秋ノ水カナ

（27ウ）

△○人ノモトニテ林間煖酒焼紅葉トイヘル句ヲ分チテ、人々

詩作リ歌ヨミケルニ、紅字ヲトリテ

イニシヘ《古》モツミ《罪》ユルサレシワサ《業》ナレヤ木末ヲリ《折》タリ秋ノクレナヰ

暮秋荻

△○「ウラカレ《末枯》ノ荻ノ葉風ノ音ヲノミ宿ニハ留テクル、秋カナ《ハとゝめてアキハイヌメリ》

古寺紅葉

△○「イニシヘ《分ナレシ》ノ鹿ノソノフ《園生ノ》ヲノ秋ノ色ヲ紅葉ニ忍フ峯ノ古寺

朱子詩　未覚池塘芳草夢満階梧葉已秋声

△○若草ノナヒク塘ト見シヤ夢桐ノ葉オトス軒ノアキ風《キリノオチ葉ニ風ワタル秋》

△花にねし小蝶のゆめもさめなくにきりの葉ちりて秋かせのふく

△暮秋ノウタ《歌》ノ中ニ

「○△長月ノ在明月ヨカキクモリ《曇》シクレ《時雨》フル《降》ヘクナリニケルカナ

月前述懐

「○△長月ノハツカ《廿日》アマリノ影ミレハ我世ノアキ《秋》モフケ《更》ニケルカナ

山紅葉

△「○白雲ニマカヒシハナ《花》ノ木々モ又秋ハニシキ《錦》トミヨシノ《御吉野》、山

樵夫帰月

△入 柴人ノカヘ(帰)ル山チ(路)ハクレ(暮)ニケリ木ノ間ノ月ヨシルヘトモナシ

△ ＊サヤカナル月ニコヨヒ(今宵)モ送ラレテ柴打ニナヒ《マシハカロケニ》(汝)カヘ(帰)ル山人

(28オ)

秋＊朝早発

△ 朝＊きりにこま(駒)のいなゝきき(聞)こゆるハもミちにいそく都人かも

雁成字

△○「 ウス《アサ》キリ(霧)ノ空ニカキケツ(消)玉ツサ(章)ハ人ニ見セシノカリ(雁)ノツカヒ(使)カ

△○「 キリ(霧)ノ上ニカキツラ(連)ネテ《ヌト》ハ見ユレトモヨ(読)ムコト(事)カタ(難)キカリ(雁)ノ玉章

擣衣

△○「 あつふすま(衾)なこやか下にミるゆめをおとろけと打し□□きぬたか

「入」月下萩

△○「 月かけをまちて匂へる秋はきをかる□□きとたれか云へき

「入」川月　又名所月

△○「 とりの名にミやこの秋をしのはせてすミたかはらの月のさやけさ

名所月

菅とりの羽かせやきりをはらふらんほそ江にすめる秋の夜の月

人の紫あまた送りけるに

とりませて錦とミゆる秋草にすゝむし一ツ栖せてしかな

秋草の花のにしきに願はくハすゝむし一ツ栖せてしかな

〔秋草の花のにしきに〕

「鈴むしのふりなる音をもあへてきかはや」

（28ウ）

（空白）」

（29オ）

冬（折り目書）
○「○」初冬月入《可去コト》
山ハマタシクレ
モ初ヌ木ノ間ニ
モ冬ヲ見セタル
夕月ノ影

冬池

「○」、芦ノ雪ミキハノ鴛ノトリ〳〵ニ心ヲヨ（寄）スル池ノサヽナミ（小波）

「○」初冬

里ハマタ時雨モソメスシカラキ（信楽）ノ外山ノ雲ハ冬ニタテトモ

山初冬

「○」秋ヨリモアラシ（嵐）ノ音ソ正木チル山ハ時雨ノハレミクモリミ

初冬時雨

「○」ハレクモル時雨ヲ冬ノ初ニテ落葉カハ《ワ》《ミ》カヌ山陰ノ庭

鐘《シグ》礼《レ》

「○」菊紅葉見シハキノフ（昨日）ノ秋篠ヤ外山シクレテ冬去ニケリ

雨後冬月

「○」小夜時雨ハルレハ又モ冬カレ（枯）ノ木末ヲ窓ニウツス月カケ（影）

○遠山晴雪

、冬枯ノ野ヘ（辺）ニ朝ノ雲消テ見渡シ寒キ雪ノ遠山

霙

「○」雪ナラハ下ヲレ（折）マシヲ風マセ（籬）ノミソレ（霙）ニナヒクイサヽ村竹

名所雪

「○」初雪ノ志賀ノ花園ハナ（花）ヨリモ見処多キ雪ノ花ソノ（園）

雪中見松

（29ウ）

「○」ツモラセテ時ヽ（×折々）払フ風越ノ峯ノ松ニハ雪ヲレ（折）モナシ

初冬時雨

「○」冬来ヌトツケノマクラ（枕）ニ音タテ（立）ヽ老ノ寝サメヲ問時雨カナ

○時雨

「○」フキカヘテモラ（洩）ヌ板屋ノ時雨ニモ猶コソヌルレ老ノ袂ハ
「冬述懐ニモ入」
「老カタモトハ猶ソヌレケルトモ」

時雨雲

○山カセニハル、ト見テシウキ（浮）雲ノ又立帰リフ（降）ル時雨カナ

朝時雨

○知スタ（誰）カ朝ノ雲ノナカメ（眺）ヨリ時雨モユメノ余波トフラム

夜時雨

○古枯ニ音ヲ残シテ小夜時雨ハルレハハル、窓ノ月影

都時雨

○浮雲ハ貴船衣笠メクリ来テ又モ都ニ《ミヤコノソラニ》フ（降）ル時雨カナ

朝落葉

○朝霜ハ日影ニ消テウスクコキ落葉ノ色ニカヘル庭カナ

木葉チリシ（敷）キタル宿ニシクレ（時雨）フ（降）レリ

○初霜ノ今朝ハウツムト見シ庭ヲ紅葉ノ色ニカヘス雨カナ

（30オ）

暁霜

「○」置ワタ（渡）ス垣根ノ霜ハ在明ノ消ヌヒカリ（光）ニマカフ色カナ

閑庭霜

「○」冬川
花紅葉流レ〳〵シハテナレヤ氷ニ淀ム冬ノ山川

「○」在明ノヒカリ（光）ハ消テ初霜ノ垣根（オチ葉トモ）ニ白キ山陰ノ庭

川氷

「○」大原女カ冬川ワタリヒク牛ノヒツメ（蹄）ニクタクウス氷カナ

寒夜衾

「○」取カサ（重）ネカツキテ寝レト夜ソサム（寒）キコヤ芦ノ穂ノ入シフスマ（衾）カ

窓寒月

「○」フケ（更）テ添軒ノツラヽ（氷柱）ノツラ〳〵ニ影ミ（見）ル窓ノ月ノサム（寒）ケサ

冬夜ノヒトリ言ニ

「○」思ヒ出ルオヤ（親）ノメク（恵）ミノアツフスマ（衾）ナコヤカ下ニ独寝サメテ

寒夜灯

「○」カヽクレト光ハソハズ雪モヨ（夜）ノ窓ノ灯アフラ（油）コホ（凍）リテ

網代

「○」アシロ守夜床ノ氷袖ノ雪イカ（如何）ニ堪テカ氷魚ヲ待ラム

河千鳥

「○」衣手ノ田上川ニ月フケテ山カケ（影）サムク千鳥ナクナリ

（30ウ）

松雪

「○」ウツ（埋）モレシ松ヲアラシ（嵐）ノ吹ホトハハレ（霽）テモツモル庭ノ白雪

社頭雪

「○」ユフカケヌ杉ノ木末モナカリケリ今朝初雪ノフルノ神垣

雪中馬

「○」黒カリシコマ（駒）モ月毛トナリニケリ下柴払フ雪ノ岡越

「○」「ウチハラ（払）フソテ（袖）モ真白ノコマ（駒）トメテサカ野ノ雪ニタ（立）ツ人ハタ（誰）ソ」

雪中鳥

「○」雪ヲ（折）レノ枝ヤネクラニサハルラム林ノ鳥夜ハ（半）ニナクナリ

雪中柳

「○」冬枯ノ軒ノヤナキ（柳）ニ雪フ（降）リテミナ白糸ヲカケテケルカナ

雪中灯

「○」消ノコル光モサム（寒）シ雪ヲ（折）レノ声キク竹ノ窓ノトモシ（灯）ヒ

連夜時雨

「○○」冬ノ来テ空定メナキ時雨故コヨヒモクモル窓ノ月カケ（影）

○シクレニハトチケル窓ヲ今朝ハ又アケテ向ヒノ岡ノハツ雪

「関雪○逢坂ヤ戸サヽヌ関モ降雪ニ易クハイカテ杉ノ下路」

雪

「○」アトイトフ庭ノ白雪フリ《降》ハヘ《延》テトハ《訪》ヌモ人ノ情ナリケリ

「○」日ヲフレトカヒナキ物カヲリ〳〵ノハレマ《晴間》ニ消ル庭ノシラユキ《白雪》

(31オ)「○」フリ《降》ソハヽ折モヤスルト朝戸出ニ小松カウレ《末》ノ雪払フナリ

岡雪

「○」冬枯ノ木々モウモレテ松ハタヽ花ト並ヒノ岡ノ白雪

「○」「*ウチハラヒ《払》今朝人《タニ》ノ越ワヒシ岡ヘ《辺》ノマツ《松》ノ雪ノ下ヲレ《折》」

古寺雪

「○」谷水ニアカ《閼伽》汲人ノ袖モ今朝墨染ナラヌ雪ノ古寺

海辺雪

「○」マチ恋シ雪ハツモリヌイサ子トモ《供》朝トク出テミツノハママツ《浜松》

「○」海上雪

難波カタ《潟》シクレテアケシ波ノ上ニ初雪ミ《見》ユル紀路ノ遠山

雪中鷹狩

「○」ハシタカ《鷹》ノ尾フサノ真スヽフル《降》雪モ日数ツモ《積》レルミカリノ《御狩野》ヽ原

連日鷹狩

「〃暮ニ」ケリアス（明日）ト契リテ帰ルサモ昨日ニ似タル小野ノミカリ（狩）場

炉火

「○」何ト身ヲ思ヒ起シテ埋火ノ世ニカク（隠）レナキ名ヲモ留マシ

炭竈

「○」世ワタ（渡）リノアルカ中ニモ炭竈ハ思ヒアカレルスサヒナリケリ

「○」*「スミヤキ（炭焼）ハ年寒カレト祈ルラシオノカツヽリノタモト（袂）忘レテ」

（31ウ）

仏名

「○」モヽチヽノ仏ノ御名ニカヘテ吾今日唱フルモ阿弥陀也ケリ

歳暮

「○」タラチネノ老ノ齢ヲカソ（数）ヘテモ惜マサルヘキ年ノ暮カハ

「○」老ハ只火オケ（桶）ノ炭ノ消ヤ（易）スキ寝覚ヲカコツ年ノクレ（暮）カナ

「○」*「年クレヌハル（春）ハ花ミ（見）ントハカリヲアケクレ老カコトクサ（言種）ニシテ」

歳暮木

市歳暮

「市歳暮」「○」
「春ヲマツ心ハ猶
モカルノ市ヤ身
ニウル年ノ数ハ
オモハデ」

「○」春ヲマツ《待》人ニヲラ《折》レテ弓絃葉ノ緑アラハス雪ノ中カナ

歳暮人事

「○」大原女カ歳ノ市路ニウル《売》モノハオノカ《己》子山ノホナカ弓絃葉

除夜ニ鐘ヲ聞テ

「○」モロ人ノナヤラ《儺遣》フ声モ小夜フケテ春ニ近ツク鐘ノ音哉

シハス《師走》ツコモリ山寺ニコモリテ

「○」ナヤラヒノ声モ聞エス山寺ハ入相ノ鐘ニ年ヲ送リテ

冬暁

「○」アケ《暁》ヌルカ霜ノ林ニ月落テミヤマ烏ノ軒ワタルコヱ

冬田

「○」朝日サス山田ノクロ《畔》ノ霜解ニ落穂争フ村雀カナ

「○」「*カケステシ小田ノナルコ《鳴子》ハ縄クチ《朽》テヒツチ《穭》ノシモ《霜》ニ風ワタ《渡》ルナリ」

「○」「*ハツユキ《初雪》ノフルノ山田ハ稲モナシソホツ《カヽシ》ヒトリ《一人》ヲクロ《畔》ニタ《立》ヽシテ」」

（32オ）

冬*庭

「○」朝*日サス庭ノオチ《落》葉ノ霜解ニカツ〳〵見ユル秋ノクレナヰ

雪竹
ことしおひの竹のしるしか初雪のふりたわめたる三もと四もとハ

冬木

「○」冬枯ノ木ニモ桜ハ知ラレケリ春見シハナ（花）ノ面替リセテ「忘レトモ」

冬灯

「○」カヽケテモ寒キ光ヤ雪霜ニ朽シ蓬カ窓ノ灯

冬野

「○」雲ハルヽ冬野ノ原ノ明仄ニ一ムラ白キ雪ノトホヤマ（遠山）

山家初冬

「○○」焚スサフシツ（賤）カマシハ（真柴）ノシハ〳〵ニ軒端シクレ（時雨）テ冬去ニケリ

「○」嶋雪

浦浪ノ緑ノ末ニ雪ヲ今朝一ムラ見セテ浮フシマ（島）山

「○」磯霰

風寒キ磯松カ根ニヨル浪ノ玉トク「モトモニ」「、、、」タケテチルアラレ（霰）カナ

「○」屋上霰

ヨヒ（宵）ノ間ハシクルト聞シサヽ（笹）ノヤ（屋）ニフ（更）ケテ霰ノ音サヤク也

冬述懐

「○」定メナキ世ニフルモノハ此比ノシクレノ雨ト我身也ケリ」

「○」スサマシトイトハレツヽモ世ニスム《住》ハシハス《師走》ノ月ト我トナリケリ」

「○」「*世ノナカ《中》ニフレトカヒ《甲斐》ナキ老ノ身ハマツソテ《袖》ヌラス小夜シクレカナ

「○」「*フキカヘテモ《洩》ラヌ板屋ノシクレ《時雨》ニモ老ノタモト《袂》ハ猶ソヌレ《濡》ケル」

水鳥

「○」池ニスム鴛ノ心ハトケテシモトケ《解》ヌ氷ノトコヤ寒ケキ」

（32ウ）

歳暮述懐

世ノウサモシ《知》ラテ春マ《待》ツウナヰ《髫髪》ラカ年ノ暮コソウラヤマレケレ

オユラクノイソチ《五十路》ノ上ニ加フヘキ今一サカ《坂》モ近ツキニケリ

老カ身ヲ忘レテハル《春》ヲマツ《待》ノミヤ昔ニ似タルコヽロ《心》ナルラム

「イタツラニ今年モクレツキリ火オケナツルヲ老ノ手スサヒニシテ」

待雪

アサナ〳〵立出テ見レト遠山モマタ白雪ノキヌ《絹》ハキサリキ

「*ミトリナル遠山マユモ白タヘ《妙》ニ面カケカヘン雪ヲコソマテ」

「*ツモラ《積》セテ見ハヤトマテハアヤニクニコトシ《今年》ハユキ《雪》ノオソキ《遅》山ノハ《端》」

江雪

雪ハレテサム《寒》キ入江ノ柳カケツリ《釣》ノ翁ノ袖コホルラシ

「○」「田上雪キノフマテオシ子守テシ小山田ノカヽシニツモ

ル雪ヲ見ルカナ」

竹雪

「○」ヒトカタニナヒ（靡）キハ（果）テタル雪ノ日ノ竹ハ千尋ノ姿トモナシ

深夜聴雪

「○」夜アラシハフケ（更）テシツ（静）マル山窓ニ音ナキ雪ノ音ヲキクカナ

寒夜ノ独言ニ

思ヒ出ルオヤ（親）ノメク（恵）ミノアツフスマ（衾）ナコヤカ下ニヒト（独）リ寝サメテ

早梅

「○」マタキサ（咲）ク梅ハ木末ノ雪ノ色ニ似テ似ス高キ花ノ薫リヤ

雪ノウチ（内）ニカツ咲出ルウメ（梅）ヲコソハル（春）マ（待）ツ宿ノカサシトハセメ

冬ノ初山家ニテ

○ナカ〲ニ日影ナカ（長）シトオホユルハ梢ハレタル冬ノ山サト（里）

○時雨*

吹*まよふあらし（嵐）の末にくもるさとはるゝ里わく村時雨哉」

冬嶺雪孤松*

（33オ）

「○」冬*枯もしら（知）ぬ尾上のひと（一）つ松此ミさ（操）をこそ万世の陰

霰

松陰ノ苔ノ上ニハオトモセデ軒ニハケシキ玉アラレカナ

「○」歳暮雨

春ノ来ル道ニハ雪ヲアラセシト只フリ（降）ニフル（降）今日ノ雨カモ

埋火

山賤カホタ（榾）ノ埋木《火》吾ナレヤ世ニ知ル人モナ（無）クテコソ消メ

連日鷹狩　「鰒玉四」

「○」クレニケリ明日ト契リテ帰ルサモ昨日ニ似タル小野ノミカリ（御狩）場　「ミカリ野ノ原」「鰒四」

月前落葉

○夜アラシノ誘フモミチニ久堅ノ月ノカツラ（桂）モチリ（散）ヤソ（添）フラム

海辺落葉

「○」イソ（磯）山ノモミチ（紅葉）吹オロス木カラ（枯）シニアマノトマヤ（苫屋）モ錦サラセリ

山家時雨

「○」山メクル雲ヲリ〳〵ハサシ《タチ》ヨリテ柴ノアミ（網）戸ヲトフ（問）シクレ（時雨）哉

寒草

「○」葛ノ葉ノ秋ノ恨モカレ（枯）果テ霜ヲイタヽク女郎花カナ

網代　「鰒玉三」

閑居霰
いさミれハおち葉のつゆときへにけりはけしと聞し軒のあられも
あさ戸出の庭の木のはのぬれいしにかるのあられのなこりとそミる
こけの上にのこるをミれハあかつきのゆめとくたきしあられともなし

「○」更ヌルカイサヨフ波ノ音サエテ篝火クラキ宇治アシロ《網代》木

薄雪

山陰ノオチ《落》葉カ上ノハツ《初》雪ヲ錦ニ添シワタ《綿》トコソ見レ

雪中早梅

「○」さき《咲》たらんはる《春》まつ《待》庵のうめ《梅》かはな《花》にかつちる《且散》ゆき《雪》も花の面かけ

(33ウ)

旧詠 雪中竹

「○」ヲレ《折》フスハタヽ《只》一本ノ呉竹ニヨソ《他所》マテハラフ《秡》枝ノ白ユキ《雪》

井氷

「○」朝戸出に板井の清水むす《結》ふ手の雫もやかてこほる《氷》比かな

冬川

「○」山川の上ハこほれる岩間よりむせひておつる水のおとかな

冬人事

「○」かも《賀茂》川の薄き氷りを朝な〳〵ふみ《踏》てミやこ《都》にいつ《出》る柴人

関暁雪

「○」うつ《埋》もれぬ鳥かね《音》さむ《寒》しあかつき《暁》の雪しつかなる関のわらや《藁屋》に

化身土云、按楞厳和尚解義証拠門中第十八願者、開顕別願中之別願△

（法）

（34オ）

○落葉如錦

もミち《（紅葉）》葉のふる《（古）》きをよそにやりすてゝにしき《（錦）》をかふる庭の木からし

さそひ来て庭にあらし《（嵐）》のおり出すにしき《（錦）》ハ木々のもミち也けり」

一*念多念のけちめを歌に乞れて

数つミて参ると思ふな御助けハたゝ一念の《そ》南無あミた《（阿弥陀）》仏

一念の後かたときも《もいのちの》世にあらハ御恩忘るな南無阿ミた仏

○其仏本願力　聞名欲往生　自致不退転　皆悉到彼国

たれか我《この》むつのまよひ《ちまた》をはなるへき南無阿弥陀仏の御名をきかすハ

○極重悪人無他方便唯称弥陀《念仏要集》得生極楽

あミた《（阿弥陀）》仏のほか《（他）》にたれ《（誰）》かハすくふ《（救）》へき我後の世の永き迷ひを

往生要集五ノ廿四紙四ニ八、観至云、極重悪人无他方便、唯称念仏得生極楽、化身土ニ曰、観△至ノ定散諸機者、勧ニ励《玉へり》極重悪人唯称弥陀一ト也、ト宣フ、然レハ汲レ流者ハ、化身土ノ部語ヲ可用歟、」

（34ウ）

唯有浄土一門可通入路

たつねミよ弥陀のひら《（開）》きし門ならて我《門》ならて我参るへき浄土やハある

○定善入曠劫来流転云道尽皆迷到処無余楽
ゆきめくりいく（幾度）たひ袖をくたしけんまよひも云の道芝のつゆ（露）
釈厳教十楽弥陀ふついとまめやかなる志を愛て　戊五月廿七日
あミた仏に此世後の世まもられて思ふ事なき老を楽しめ
○億念弥陀仏本願自然即時入必定唯能常称如来号応超大悲弘誓息
一念の《を》のやかて定聚ときく《シル》ときハとなふる弥陀ハ報謝也けり
普*門品によりて観音大士薩埵を
ミそちあまり此身とかへて人救ふ法のちかひのたのもしきかな
○世をすくふためとあまたに身をかへてさらぬ身《サト》もなきめくミかな
無量寿量のこゝろによりて
○たくひなきちゐのひかり（光）にあふ（逢）人ハミつのちまたのや（闇）ミものこ（残）らす
勢至菩薩を
元暁太古の弥陀をほめ奉りて本ゐ凡夫といはれしによりて

（35オ）

○示珠指出選択私集鈔○待暁天商客驚鶏鳴喜還欣浄土行人得病患偏楽ト出タリ

おろかにて下のしもなり《なる》人をまつすくふまことハミたにこそあれ

十種盃知恩報念　おなしく兼為悪人

もゆるひのなかを分てもきくへきを此ま〻そとハなむあミた仏

◦称名のけたいをなけ（歎）きて

いかなれハ定聚のかす（数）とき（聞）〻なからとなふる御名のものうかるらん

極重悪人無他方便唯称洵得生極楽

おろかにて下の下なる人をまつ救ふミのリハ南無阿ミた仏」

報恩の称名のおこたりかちなることをなけ（歎）きて

逢かたくえかたき法と知つ〻もわす（忘）れやすきハ南無あミた仏

心念阿弥陀応時為現身

にこり江の水にも月ハすむものをきよ（清）くてこそはおもひける《何おもふらん》哉

異口同音讃極楽冥衆護持　般舟賛

かへりミてつ〻（慎）しむ心つね（常）にあれかミ（神）とほとけ（仏）に守らる〻身ハ

他心通

ナヘテ世ノ人ノ心ニオモ（思）フコト見シアキラムルコトノ貴トサ

大悲西化ヲカクシテ驚テ火宅ノ門ニ入ト云ルフミヲヨミテ

浮雲ニ在明月ノカクル《（隠）》、ハイツコ《（何処）》ノヤミ《（闇）》ヲテラス《（照）》ヒカリ《（光）》ゾ

△心多歓喜

⊙ヒトスチ《（一筋）》ニ弥陀タノム身ハ世ノ中ノウキヲノマヽ《ヲモキかて》《ニツケテモイ》《ヲソノマヽ》法ノヨロコヒ

○冥衆護持

⊙カヘリ見テツヽシム《（慎）》心常ニアレ神ト仏ニマモラル《（護）》、身ハ

玄義分　大悲隠於西化驚入火宅之門

法（折り目書）
一冥衆護持
二至徳具足
三転悪成善
四諸仏護念
五諸仏称讃
六心光照護
七心多歓喜
八知恩報徳
九常行大悲
十入正定衆聚
年ノウチニハル立云云

（36オ）

二尊遣喚ノコヽロヲ

来ヨトヨヒ《（呼）》ユケ《（行）》トス、ム《（勧）》ル父母ノヲシヘ《（教）》ノマヽニ南无阿弥陀仏

恨衆生疑不疑　「般舟賛」

イカニセム疑フマシキ疑ヒニ又モ空ク此世スキナハ

元来是我法王家　般舟賛

クルシ《（苦）》ミノ其名ヲタニモ《「名ヲタニイマハトモ」》聞ヌカナ実ノ親ノ家ニ生レテ

光明无量

露ムスフ草ノ葉毎ノ影ヲ見ヨ《アキノツユムスフクサハノカケヲ見ヨ》月ハ至ラヌクマナカリケリ

郷故―

郷
他魔||

サトリエシ目ニハ見ノコス方ソナキヨシノタツ田ノハナモモミチモ

護　正字也

「正坐西向諦観於日西ニコソ心ハカクレユフ日影カタフク空ヲ見ルニツケツヽ」

出口ムラノ尼講ヘツカハセシ法語ノ奥ニ添シ歌

(36ウ)

寿命无量

カキリ（限）アル命ナリセハ限リナキ人ノ迷ヒヲイカテ救ハム

○正定聚

年ノウチ（内）ニ春タツコトノウレシ（嬉）サヲ梅ハ色ニモ見セテケル哉

天眼通

世ノ中ニアリトアラユル花紅葉見残ス方《サマ》モナキサカリ（盛）カナ

ヒラキ得シサトリノ眼ニハウハ玉ノヤミ（闇）トテサハルウミ（海）山ソナキ

真実信心必具名号

後ノ世ヲ弥陀ニマカセシ人ナラハ心ニ思ヒクチ（口）ニトナ（唱）ヘヨ

六賊常随三悪火坑臨々欲入「定善義」

トモシ（灯）火ニ入テコカル、夏虫ヲ身ニカヘテトモ思ヒケルカナ

噫弘誓強縁多生難値真実浄信億劫難獲

逢難ク得カタキ法ト知ツ、モ忘レヤスキハ阿弥陀仏ソカシ

浄土荘厳諸聖衆籠々常在行人前「法事賛」

朝ナユフ（夕）ナ身ニソフ（添）影トナリニケリナ（七）、ノ ナ、ヘノ又 ウヱ（植）木モ数ノホトケ（仏）モ

アスシラヌ命ナリケリサキタ、ハ是ヲカタミト水クキノアト「是ヤカタミノトモ」

元暁遊心安楽道云　故知浄土宗意本為凡夫兼為聖人
オロカニテ下ノ下ナル人ヲマツ《先》救フミノリハ弥陀ニ限レリ
カシコクテ自ラサトル法ノ師モ猶コソタノ《頼》メ弥陀ノ誓ヒハ
心念阿弥陀応時為現身　「易行品」
月ヲナト高ク遠シト思フラムウツ《映》セハ水ニ在明ノ影
夢ニ冥慮ト云事ヲ
カヘリ見テ仏ニイカテ恥サラム世ノ月花ニウツルコヽロ《心》ヲ
不覚年命日夜去如灯風中滅難期　「日没无常偈」
人ノ世ハ風ニマタ、ク灯ノキエ《消》ヌヒカリ《光》ヲタノム也ケリ　「シハシノカケヲトモ」
「消*ズトテ何タノムベキ人ノ世ハカゼニマ、タク灯ゾカシ」
（37オ）
慶得人身聞要法　頓捨他郷帰本国　父子相見非常喜　「般舟」
メクリ逢其ウレシサハイカナラム実ノ親ノ家ニ生レテ
弥*陀たのむそのつき〳〵に□此世のうさハ身にな□□参り
三界无安猶如火宅
モユル火ノ中トモシラスイタツラニ月ヨ花ヨト何求ムラン

「サクハナノウテナノハルヲマツ身ニハ旅ノカリヤノイフセサモナシ」
「迷ヒ来シ此マホ

ロシノ世ヲステヽイソケヤタレモハナノフル里」

「蓋シ此一首ハ帰去来魔郷不可停ト云語ノ歌トモ云ヘシ」

御歩行ノ図ニ
法の為ひなの長路に年をへていくたひ持し墨のたもとそ

宝の池にあそふ日
さこそ浮世の

（37ウ）

宗祖ノ御笠ヲ自ラ写シテ

ツマ朽シヒノ木《アシロ》《網代》ノ小笠スヱツヒニ天ノ下ヲモオホ（覆）ヒケルカナ

夏釈教

法ノ水ソヽキテ救フヨシモカナ迷ヒハナレヌ夏ム（虫）シノ身ヲ

亀井ヲ汲テ

ヒムカシ（東）ニ流レテ深キ我ノリ（法）ハカメ（亀）井ノ水ノヨロツ（万）代モスメ（澄）

設有大火充満三千大千世界

モユル火ノナカヲ分テモ聞ヘキヲ此マヽソトハ南无阿ミタ仏

被毛戴角何時了「般舟」

鳥トナリ毛モノ（獣）トマテモ身ヲカヘ（変）テ迷ヒノハテヲ知ヌナリケリ「カナシサ」

元日言志

ヒト（一）夜アケ（明）テ心ハ春ニカハレトモカハ（変）ラヌモノハ南无阿弥陀仏

」

憶我闍浮同行人

マツ思フウキ（浮）世ノ友ハタレ（誰）ナラムサトリヒラ（開）ケシ花ノ台ニ

ハチス咲宝ノ池ニ此秋ハサコソ昔ノトモヲマツラメ

弥陀告言諸仏子　極楽何如彼三界　新往化生倶欲報　合掌悲
咽不能言　「般舟賛」
イカニトモコタヘマツランコトソナキ迷ヒ来シ世ノ昔トハレテ

「論註曰　抜苦曰慈与楽曰悲依慈故抜一切衆生苦依悲故遠離無安衆生心」

仏心者大慈悲是
露ムスブ草ノ一葉モ漏サジトテラスヤ《ソ》月ノ心ナルラム
テラスソ界《月》のこゝろ《マコト》なりける　マコトナリケル
地獄遠キニ非ス、極楽モ亦眼ノマヘナルヨシヲ乞シニ
峯ノ月谷ノモミチモウスキリ（薄霧）ノ只ヒトヘ（一重）コソヘタテナリケレ
名留半坐乗華葉　待我閻浮同行人
ハチス（蓮）葉ノナカハ（半）ヲ分テ友マツ（待）モ我ヤオクル（遅）、人ヤサキタツ（先立）
（此世はかりのまよひ也けり《上かみ此》
たひ心ハこの世かきり也けり
（まよひハ此世かきりとをしれ
此世かきりの迷ひ
（まよひし此世かきり也けり
たひハ此此世かきりのたひ寝也けり

十益ノ中
心光照護　常行大悲
あみた仏の光にてらしまもられて此世からなる法のよろこひ
(38オ)
⊙
むさしの《シルシラス》ゝゆかりもとめてひろめはや又うへもなき法のまことを」
護也

冥衆護持　至徳具足　転悪成善　諸仏護念　諸仏称賛　心光照護
心多歓喜　知恩報徳　常行大悲　入正定聚

○真実功徳大宝海

人としてたれ（誰）かはからんかきり（限）なき海にたとへしのり（法）のまこと（誠）を

○右　貪愛水汚普心

そこひなき海を忘れてあま小ふね（舟）我身か事とたのミける哉

○中　能生清浄願往生心

あふけ（仰）たゝ池の心のにこり《ハにこるとも　にこれとも》まに空にもらさぬ月のまことを

（38ウ）

左　瞋憎之火焼功徳

つミためし法のたから（宝）も身にそはすむね（胸）のほのほ《ホムラ》にあ《た》へすや（焼）かれて

玄入哉　彼喚此遣豈容不告也

釈迦、此方発遣
弥陀、即彼国来
迎彼喚此遣豈容
不去也、

○来よとよひゆけとをしふる（×すゝむる）ちゝはゝのこと葉のまゝ《下に》に南無あミた仏

○三塗黒闇蒙光啓

○迷フヘキ三ツノチマタ（巷）ノヤミハレテ月サヤカナルアキ（秋）ノソラ（空）カナ

現在目前故各近縁

月ヲナト遠ク高シト思フラムウツ（映）セハ水ニ在明ノカケ

皆従无量寿極楽界中出

ツユムスフ草ノ葉毎ノカケヲ見テ月ノ都ヲ思ヒコソヤレ

○宗祖ノ噫弘誓云云

逢カタクエ（得）カタキノリ（法）トキ（聞）、ツ、モワ（忘）スレヤスキハアミタ（阿弥陀）仏ソカシ

○化土巻　竊以聖道　諸教行証久廃　浄土真宗証道今盛

星ハミナ光カクレテ月ヒトリ心ノマ□□スメルソラカナ」（39オ）

寛猛

ヒロクアレ又猛クアレ是ソ此国ヲ、サ（治）ムルモノ、フ（武士）ノミチ

鍾馗

大君ノミユカニ《ハシニ》鬼ヲアラセシトユメ（夢）ニ入来シ手力ノ神

石

カモ川ノサヽレ苔ムス大岩トナラン世マテモ君ハマシマセ

蘭亭会飲図

モロコシノコトハノハナモ我国ニ流レテ匂フモヽノサカツキ

囲碁

カキクツシ又打ソムル石ノオト（音）ノハテン其期ハイツト知ラレズ

アル人ノ七十賀ニ

ナヽ（七十路）ソチハイキノマツハラ（松原）今ヨリノ緑モサゾナ千代ノハルアキ（春秋）

嶋田ノ駅長オキシホ藤四郎ノモトヘ

江戸ヨリカヘリテ後

大井川フカキナサケ（情）ハ忘レネドヨセテト浪《フヘキ》ノマヅナキ　○ヨセテトイハン

旅

草マクラ（枕）カハル夜毎ニフルサトノユメヲノコ（残）シテ《見サシテ》オキワカ（別）レツヽ

寄水述懐

心コソスムコトカタ（難）キ世ナリケレカケ（筧）ヒノ清水汲ハナレ（馴）テモ

煙

里コトニ民ヤスキ世ソシラ（知）レケルカシ（炊）キノ煙雲トナヒキテ

（39ウ）

旅ノヤトリヲ立テ

タヒ衣タチ出テミレハ小夜フカシネクラノカケ（影）ヤ時タカヘケム

披書知音

ケフ《（今日）》モ又イニシヘ《（古文）》フミノヒモトキテ我魂アヘル友ヲモトメム

嶋浦正誼六位昇進に

わか《（若）》まつ《（松）》のミとりをうつすそて《（袖）》の上にかねてそミゆる千世のさかえ《（栄）》ハ

まつか枝のミとりを色のたもと《（袂）》にハふくはる風も万世の声

（五行空白）

」

（40オ）

雑（折り目書）

救窮民

天地ノ中ニ生レテ世ヲメクム心ノナキヲ人トイハメヤ

世ノ人ノウキヲ吾ミノウキニシテ救フマコトハ神ソ知ルラム

梺川トイヘル盆石ニ

フモト川瀬ニオリ立テ香ヲクメハ尾上ノ雲ハサクラナリケリ

松有歓声

万世ト君ヲコトホク《（寿）》声ス也是ヤハコヤノヤマノマツカセ《（松風）》

言ノ葉ノ栄エヲ見セテ《のミかハ》万世ノ声ソヘケリ《うらなる》《ヤフヘに》ナ軒ノ松カセ

ハルカセノマツフクさへにヨロツヨノ声

寄国祝

浪風ハオト《（音）》モ聞エスウラヤス《（浦安）》ノ国ノ名シルキ御世ニモ有哉

△蟻

人ノ九十賀に
花モミチシヲリ
ニシツヽ老ノ坂
コエユクスヱヤ
千世ノハルアキ

ハカナシヤアスノ烟ノ世ヲシラテ朽木カクレノアリノスサヒハ

人ノ八十賀ニ寄竹祝

○老タリト見ユル（節）シナキ此君モ今年ヤソチト聞ハマ（真）コトカ

暮山雨

△袖ヌレテ帰ル木コリノ声モナシ山陰寒キ夕ク（暮）レノアメ

海

△塩フケハ空ニ雨ナス大魚ノスムワタツ（海）ミヲ誰カ測ラム

陶淵明ノ画ニ

○シ（知）ラス〳〵五モト柳老ニケリ浮世ノコトノ遠サカルニモ

六歌仙ノ賛

○影ウツス花モ六田ノヨトミナク世々ニ薫レル大和言ノ葉

「*言ノ葉ノハ（花）ナモム（六）ツ田ノヨトミナクナ（流）カレテノ世ニ《世々ニ》匂フハ（春風）ルカセ」」

(40ウ)

鐘キ道

大君ノミユカニ
鬼ヲアラセしと
ユメニ見エ来シ
神ソ此神
手力ノカミ

駅路鈴声

東路ノハ（駅馬）ユマノ真鈴サ（清）ヤ〳〵ニ音ソチ（近付）カツク霜白き夜ニ

暁述懐

夢ハトク宵ニ見ハテ、鳥カネ《音》ヲマツナラハ《習》シモウキ寝サメカナ

「アワレワカヨハ《齢》ヒモ西ニシ《ミ》ニ《ミ》カタフ《傾》キヌ六十ニチカキ在明ノツキ《月》」

人ノモチタル桂園一枝ニ、思フコトコ、カシコニ書付テ

久カタノ月ノカツラ《桂》ニコ、ロ《心》ナククカケテクヤ《悔》シキ風ノ浮雲

桓武天皇

万代ヲタヒラ《平》ノ宮ト高ミクラ《御座》基ヰ定メシ事ノタフト《尊》サ

二位禅尼

ワタノ底ニ君ヲサソヒシアマコソハ尽ヌ恨ミヲ世ニ残シケレ《「衣ウラミヲ世々ニノコシケルカナトモ」》

旧都

河ノ瀬ニアラヌアスカ《飛鳥》ノ都サヘ跡ナクナリヌ世々シヘ《経》ヌレハ

江戸ニ在ケル臼井年胤カモト《許》ヘヨミ《詠》テ贈リシ歌

心ニハ忘レスナカラ老ニケリ見テヤ果マシムサシ《武蔵》野ノ月

年胤カヘシ

イソチヘ《五十路経》シ老ノスサ《荒》ヒニ此アキ《秋》ハトク見ニ来マセムサシ《武蔵》野ノ月

枇杷ノ画ニ

常盤子也

＼渥美友鷹亭ニテ、五月ノコロ
忘レメヤ軒ノ若竹ワカカヘテ緑ス、シキ今日ノ円居ハ

＼河上何某カ六十一ヲコトホキテ、
寄鶴祝
老ノ浪ムソヂヲコエシ川上ニアソブヤヤカテ千世ノ友ツル

＼鶏ノ画ニ
庭ニスムカケテフ鳥ノ上ニスライツ、ノノリハアル世ナリケリ
牡丹ニ蝶ノ画
ヌル蝶ノユメオ

(41オ)

都人此ハル（春）腰ニツケタリシカネ（金）ノ鈴トモ思ヒケルカナ
*常盤子

○*ヨルノ鶴ノ翅ヲ仇ニ「仇ニツハサヲ」カハシ、モ子ユヱノヤミト聞ハカナシキ

○*ナテシコ（撫子）ノ花ノカレナンクルシサニ泣々ムスフ露ノ契リカ

湖

岩ムラノコ、シキ山ニイカテ此筥根ノウミ（湖）ハタ、ヘタルラム《ソメケムトモ》

名所市

オコタラス（怠）明クレ辰ノ市ニコソウルマノ清水ウルコトモアレ

「*ウルワサ（売業）ノ何ハアリトモ世ノミチ（道）ニヤス（易）クハイカテタツノ市人」

山家　「鰒玉三」

アラシ（嵐）吹松ノ下柴引ムスヒ庵トナシテモ年ハヘ（経）ニケリ

我イホハシメユフ（標結）垣モナカリケリ庭ヲ木コリ（樵）ノ通路ニシテ

深クシテ濁ランヨリハ庵ムスフ吾山水ヨキヨ（清）クアサ（浅）カレ

汲分テスム友ヒトリ（一人）エ（得）テシカナ吾山水「井」「ミ」ハヨシアサ（浅）クトモ

軒近キカケヒ（寛）ノ水ヲ汲ツ、モスミ（澄）ハマサラヌ吾心カナ

トロカス風モナシ花ハサカリノ春ノオハシマ

△「山家雲
山ノ井ニ峯コス雲ノ影ヲ見テ浪ノ立カト思ヒケル哉」

（41ウ）

*山サトニ聞テモ見テモ静ケキハカケヒノ清水軒ノマツカセ《松風》

小督局 局正也

イカニ《如何》センコ、モ浮世ノ嵯峨ノ庵軒モル月ノカク《隠》レナキ身ヲ

陶淵明カ菊ヲ見タル　「鰒玉四」

カハリユク《「ウツリユク」》代ノ名モ知ラス山陰ノ菊ニ心ヲ染ル秋カナ」

山家友

△世ヲ厭フ心モ同シ心ニテヒトツ板井ノ水ヲコソクメ《汲》

山家客来　「鰒玉四」

山スミ《住》モ心ノ奥ヲ知ル人ニトハ《訪》ル、ハカリウレ《嬉》シキハナシ

山家夢

庵ムスフ峯ノ椎柴シハシコソ浮世ニ通フ夢モ見テシカ

「*谷水ノオト《音》キクイホ《庵》ノアケ《明》クレハミルユメ《夢》サヘソアハ《淡》シカリケル」

「*山アサキ心ノアトヤチリ《塵》ノ世ニヲリ〳〵カヨフユメ《夢》ノウキハシ《浮橋》」

志津嶽懐古

シツ《賤》カ嶽シツカ《静》ナル世ニ矢サケヒノ昔ヲ残ス松風ノ音

「言ノ葉ノノリトハナサジナユ竹ノフシモ見エズテタワム姿ヲ」
「○寄竹述懐
言ノ葉ノ世ニシラルヘキヒトフシモナリテヤ朽ン窓ノ呉竹」
「呉竹ノ直キ姿ヲマカレルニカヘテ枯ユク言ノ葉ノ道」
「ナヨ竹ノヨワキ姿ヲモトトセハコレヨリカレム大和コトノハ」

（42オ）

閑庭松
世ノ塵ヲ軒ニ留メヌ松風ハ琴ノ調ニカヨ（交）フノミカハ

名所松
岸ニ生ル松《クサ》コソアラメ住吉ノ松ハ神世ノコトモ忘レシ

椎
思ヒキヤ林カクレノ椎ノ実ノ零フレテ人ニ拾ハレムトハ

竹
塵ノ世ノウキフシキカテカキコ（籠）モル竹ノ葉山ノ陰ソ楽シキ

閑居竹
ウキナカニウ（嬉）レシキフ（節）シモ交リケリ我吾《山》陰ノ窓ノ呉竹

物語*
窓*ノウチニカ（語）タルヲキ（聞）ケハ人モ又身ノウ（憂）キフ（節）シノ外ナ（無）カリケリ

○道鏡法師*

天
糠*尽テヨ（米）ネヤ、近クナリニ《テ》シヲアナロヲシ（惜）トイ（憤）キトホリケム

大空ノ緑ニマサル（優）モノソナキ世ニサマ〳〵（様々）ノイロ（色）ハアレ（在）トモ

薄暮雲

夕月ハマタ影ウスキ山ノハ（端）ニタナヒキ消ルカセ（風）ノウキ（浮）雲

白山

六月ノ望ニモ消ス初秋ノ空ニ雪見ルコシ（越）ノシラ（白）山

ナル神ヲ埜ノ方ニ聞棄テ雲分ノホルコシノシラ山　鰒玉四

フシ（富士）ハイサシラス登リテ眼サムルハ白山ノ雪ユキノ白山

*「月ノカツラ星ノハヤシ（林）モ分ツヘクヲルヘク見ユルコシノシラヤマ」

*「白山ハオホ空近キ高峰トテ雲ヲハルカノフモトニソ見ル」

礼シレル山ハ白山世ノツネ（常）ニサヤケキ雪ノ意須比トリキテ

石

軽クヤハ思ヒ棄ヘキサヽレ石ノ是モ岩ホノ遠キユクスエ（行末）

*いかに（如何）せん名のミめて（愛）ゝ行てわかミる事かたき（難、堅）つほのいしふミ（石碑）

水

ヨシヤ只アササシト人ニ汲ルトモ板井ノ清水濁ラサリセハ

「白山ニ夏迚神ハトヽロケト登ル旅人雪ヲコソフメ」

「白山ニ六月登ル旅人ハ雪ノ雫ヤ命ナルラム」

「神代ヨリツモレル雪ノ白山ニ塵ノシコ名ハ負セサラナム」

「白山ハ雲ノ上行峯ニシテ月ノカツラモ折ツヘク見ユ」

「ウハ玉ノ黒ユリノハナ白山ノ雪ノ消間ニ見ルモ珍ラシ」

寄水述懐水

「澄ト云コトハ聞エス山水ノ下リユクコソ世ノ姿ナレ」

（42ウ）

山水ノ画ニ

モロコシ《唐土》ノタキツ《滾》山川タレ爰ニウツ《映》シテ人ノ老ヲセクラム

流水浸雲根

△オチ《落》タキツ河音スメリ白雲ノタヘサル山ヲ水上ニシテ

述懐

草ノ葉ニ風マツ露ノ世ヲ知レハ身ニソフ《添》ミツノムサホ《貪》リモナシ

月前述懐

見シ人ハアラスナリユク蓬生ニ心カヘスモスメル月カナ

滝

白雲ヲナカ《半》ハニカケテハル《晴》、日モ空ニ雨ナス布引ノタキ《滝》

イクチヒロ《幾千尋》限リモ奈智《那智》ノ大滝ハ天ノ川セヤ水ノ水上

「李白詩、飛流直下三千尺疑是銀河落九天」

淵

月草ノ色ニ淀メル岩淵ハ松ノオチ《落》葉ノ塵タニモナシ《無》

河　「寄河述懐トモ」

イタツ《徒》ラニ今日ハ昨日ノアスカ《飛鳥》川カハリハテヌモ世ノ中ソカシ

海上眺望

見サクレト青海原ハ山モナシ入日ヤ波ノ限リナルラム

暮カヽル礒山遠キ波間ヨリホノ見エ初ルアマ（海人）ノイサリ（漁）火

「ユフナミ（夕波）ニ入日ノナゴリ（名残）ツキハテ（果）ヽ《ミエシ入日ノカケキエテ》ウラ〳〵出ルアマノイサリ火」

鳥鳴山更幽

（43オ）

ナキ

カハツ（蛙）ナク（鳴）沼ノ浮草シケヽレト匂フ小ナキノ花ハカクレス

浪洗石苔

片渕ノ岩ホハ浪ニアラ（洗）ハレテイヨ〳〵苔ノ緑ナルカナ

○「*ウラナミ（浦波）ノヨセ（寄）テハアラ（洗）フ岩ホスラコケ（苔）ノコロモ（衣）ハキル（着）世ナリケリ」

筆草

神ノ世ニハマ（浜）ツ千鳥ノ跡トメ（止）シフミテ（筆手）ノ朽テナレル草カモ

言ノ葉ハ神ノ助クル道ナレハ《トテヤ》草ニモ筆ノアル世ナリケリ《ルラム》

世ノ人ノタクミ（巧）ヲカラテ天地ノマニ〳〵ナレル筆草ソ是

「玉石トノミ見ル人多キ世ニハ又玉アリトテモウツモレテマシ」

犬

林間煖酒焼紅葉ト云詩ヲ、分ちて歌よミしを、紅ノ字
いにしへもつミゆるされしわさなれや木末とりたる秋のくれなゐ

芦たつの千世よろつ世も君ならてたれまつふさにかそへしるへき

（43ウ）

○ウツ杖ノ下ニ在テモ尾ヲフル（振）ハカハル（飼）、犬ノコヽロ（心）也ケリ

龍

時マチテ雲井遙ニ分ノホル（昇）龍ハアヤシキ手力ノ神

文詞

皆人ノ詞ノ花モサクラ木ニヱリテ後コソ匂ヒマシ（増）ケレ

硯

文案ニオヤ（親）ノ手ナレシツマ硯軽キモ重キ宝トソミル（見）

筆取テイサメシ親ノ面影ハ今モ硯ノ海ニ浮ヘリ

正月ノ始、陸奥ヨリ出シ五雅筆ヲ人ニ贈ルトテ

匂ヒアル言葉ノハナヲ世ニ見セヨ筆ノ林ハ春アサクトモ

上皇修学院　御幸ノ御歌トモヲ見奉リテ

カシコ（畏）シヤ紅葉ノ錦代々ヲヘテ絶タルヲツク君カミユキ（御幸）ハ

寄鶴祝

オノカヘム千代ノ半ヲ此ハル（春）ハ君ニユツルノ声キコユナリ

「君*ハ千代君ハ千代トソヨハフナルムレトフ（群飛）タツノヒトツ〳〵ニ」

○「君*ナラテタレ《誰》マツフサ《真具》ニカソフヘキ鶴ノ其子ノ千世モ八千世モ《又チトセ万世トモ》」
君カ為ヨハヒユツルノ名モ高ク空ニ聞ユルヨロツ世ノ声
「ツル《鶴》*ノ子ノ千世万世ノ生サキハキミ《君》ゾツブサニカソヘシルヘキ」

寄弓祝

武士ノ家ニツタヘテ弓ハ只国ノシツメトナレルオホ御世
ヲサ《治》マレル代ニモ弓絃ノユル《弛》ヒナクヒキナラハスヤ益荒雄ノトモ

義家朝世

本朝語園
康平五年
厨川ノ戦也

○言ノ葉ノミヤ《雅》ヒニ愛テ梓弓ヒカヌ情ソ世ニキコ《ヒ、キ》エケル

囲碁ノスサヒヲ益ナシト見テ

カチマケ《勝負》ヲ石ニ争フカコヒ碁ハ心ヲサヘヤ打乱スラム

加藤清正*

*ヲヽシ《雄々》カルコヽロ《心》ニハサソカラ《唐》国ノ虎ヲ犬トモ思ヒタルラメ」

（44オ）

闘省堕閑庭

鏡

アラ《新》玉ノ年々フカク《深》ナリユクハ鏡ノ影ノ雪ニサリケル

宝　「鰒玉三」

（二）フタツナキ命ヲタニモカフトイヘハ世ハ黄金コソ宝ナリケレ

「テヘハ今ノ宝ハ黄金也ケリトモ、此方玉ニ入」

紙ノ衾ヲ自ラ物シテ

雲鳥ノアヤオルキヌ（絹）モ何カセン紙ノ衾ニ事タレル身ハ

閑中灯

イカニセン老カ寝覚ノ灯トカ、ケテモ猶クラキ光ヲ

幽霊ノ画ニ

イツク（何処）ヨリタカ亡タマノ通ヒ来テケフリニ似タル姿ミスラム

楊貴妃

大君ノカサシノ花ノ一枝モ誘フ野カセハスヘナカリケリ

花山僧正

面影ヲノコス言葉ノ花山ニ昔ノハル（春）ヲ猶忍フカナ

唐玄宗

初秋ノ夜ハノ契ヲ聞モウシ只マホロシ（幻）ノカリノタヨリニ

藺相如

真柱（真木ハシラトモ）ニカウヘ（頭）クタ（砕）カハ此玉モトモニト云《ノリ》シコトノヲヽシサ

紀注　柱此云美簸肯邏

（44ウ）

孟母断機

機糸ヲ断テ諌メシ誠コソツヒニ錦ノ名ハナシニケレ

平忠度

狐川オチ（落）ユク水ノ立帰リアハレヲ留シヤマト（大和）言ノハ

*「タチカヘリ（立帰）ミヤコ（都）ニトメ（留）シコトノ葉ハサ、ナミトホ（遠）クキコエケルカナ」

盛衰記　景季ハ心モ剛ニ云云、梅花ヲ箙ニ添テソ云云、

可也　梶原景季

梅ノハナ（花）箙ニサシ、武士ハカクハシキ名ヲ世々ニノコセリ

可也　佐藤嗣信

アタノ射ル矢サキニカケテ玉ノ緒モ君カ為ニハ惜マサリケリ

琉球国使

ウルマ（宇留馬）人来ツ、アフクヤ富士ノ嶺ノイヤ高知ス君カ大御世

あをうなはら

孔子　「鰒玉三」

青梅原筏ニ乗テ出タ、ム世ニハ道ナシ来ヨ「イテコ」ヤマスラ「鰒玉」ヲ

渡唐天神

○モロコシノ春ニハイカテ薫リケム心ツクシ（尽）ノ梅ノヒト（一）枝

「兼好法師
サクハナニ並ヒ
ノ岡ノナラヒナ
キ名ヲ世ニトメ
シ大和コトノ葉」

（45オ）

基綱卿を
いくかへり心待
て□の月をミて
ミやこの秋をし
のひましけん

細江漁波とよ
へる宣ひし也

寄川述懐
アスカ川カハル
フチセハヨソナ
ラテ只此コロノ
人ノ世ノナカ

国司
楽ミニオクレウレ（憂）ヒニサキタヽハ国ノ司ノカヒアリヌベシ

上陽人
ヒト日タニ君カ園生ノ春シラテ老シモクヤ（悔）シミヤノ鶯
双ヒ栖宮ノツハメヲ羨ミシ春ノ心モ昔ナリケリ

源三位頼政
木隠レテ見シ世ノ月ハ晴ヌレト《シカト》晴ヌ恨ヤ宇治ノ川霧

木曾義仲
世ニ朽ヌイサヲ（勲）ハアレトカケ橋ノアヤ（危）フキヲフム木曾ノ山人
「*小車ヲカケ（掛）ハシヨリモオソ（恐）レシハ《ヤ》キソ（木曾）山人ノマコト（誠）ナリケリ《ルラム》」

山法師
トモスレハ日枝ノ山風吹アレシ其世ノ余波今モナシヤハ

夢
我乍ラアヤ（怪）シイカナル心ヨリ心ノ外ノユメハ見ルラム
タラチネヲ昔ノマヽニ見ツルカナ夢ハイカナル神ノチハヒ（幸）ゾ

月花ニ遊フト見ルモ人ノ世ハトモニ小蝶ノ夢ノ間ソカシ

「思」フコトアリケルコロ、牧治部少輔ニ見セケル歌

老ノ浪ツハサ（翼）ニカケシ芦タツノ力ナキニモ音ソナカレ《コソナカルレ》ケル

述懐

露ノ身ヲ置ハカリナル草ノ庵竹ノ籬ノヨシヤ世ノナカ

「*竹ウマ（馬）ニノリ（乗）シムカシ（昔）ノ友トヘハ今ハヒトリ（一人）モナキ世ナリケリ」

「*カソ（数）フレハイソチ（五十）ヘニケリ竹馬ノアソヒ（遊）ニ心トメ（留）シ昔ヲ」

秋ハテヽ世ニ引人ノナキモノハ小田ノナルコ（鳴子）ト吾身也ケリ

「ヒキ、　忠友論定也
蓋真淵文章ニ根サス処ノヒクキニヨレリトアリ」

（45ウ）

寄道述懐

世ノ末トイヘハカシコ（畏）シ位山高キモ低キ言ノ葉ノ道

竹

世ヲ厭フ竹ノ下庵ウキフシ（憂節）ヲウレシキ（嬉）フシ（節）ニカヘ（変）テケルカナ

寄硯述懐

志ウスキ瓦ノツマ（爪）スヽリ（硯）カケタル名ヲヤ家ニノコサム

「庭」ニ落チリタル木枝ナトツフネ（下部）カ拾フサマヲ

人にかりたるふミ、久しく見えさりしに、物のかけ〔より出カ〕□□□たるをよろこほひてうれしさハしミてふむしのすミ処ともならて出たるこれの五まき

「燕子花ノ画ニ
カキツハタハルサクノミノタネナラデカレヌ匂ヒノハナモアリケリ」

（46オ）

カクテ世ヲスキ（杉）ノオチ葉ノ夕煙マツ（貧）シカル名ハタチヌトモヨシ「モヨシタ、ハタテトモ」

鯖江ノ花火ヲ

秋萩ノ匂フ上野ノ花火ニハアマツヲトメ（天津乙女）モホ、ヱミヌベシ

益荒雄カアクル花火ハ香具土ノ神ノミイツ（御稜威）ヤソラニソフラム

ヲサマリシ世ノ秋見スル花火ニモ動クハ人ノ心ナリケリ

「玉江」ノ芦ノ形ヲ物セシ短尺ヲ見テ

ウツモレシ玉江ノ芦モアラハ（現）レツマツヘキモノハ時世ナリケリ

アル人ノ文藻入置ヘキ料ノ筥ヲ友千鳥ト名付テ

硯ノ海筆ノ林ノ月雪ニ通ヒナル、ヤ吾友千鳥

アル人ノモタル古泉ノ筥ヲ宝ノ友ト名付テ

伝ヘユク是ソ宝ノトモ千鳥世ニモマレ（稀）ナルアトヲ留メテ

鬼ノ念仏スル画ニ

墨染ニ袖ハ替テモ替ヤラヌモトノ心ノ辱カシノ身ヤ

西行上人冨士見処

○今モ世ニ冨士ノ煙ノ高カリシシラヘヲ仰ク大和コト（言）ノ葉

「カルカヤ書ル扇ニ
スヽシサヲ扇ノカセニカルカヤハ葉末ノ露モミルコヽチセリ」

「松カサノ画ニ
アメツユノイタツラニ木陰ニ朽ンコトモヲシ松カサ拾ヘ里ノアケマキ」

北条泰時

ネチケタル「ナホカラヌトモ」オノカ蓬ノコヽロモテ世ニ麻ナシトカコチケルカナ

茶ノ歌トテ乞シニ

コ（心）ヽロサヘ淡《アハ》シキ道ノ交ハリハ汲ニヨロシキ（ニムカシヲモ汲ム）マツ陰ノ水（第四改 汲トニコラヌ）

*（宇治）「ウチ山ノ木ノメハルカセ（春風）天ノ下ニイタラヌクマ（隈）モナキ薫リカナ」

*心サヘアハ（淡）シキ友ノ交ハリハクメトニコラヌ山カケノ水

塵ノ世ヲ忘ルヽ道ノ友ヤ是（シラヌ心ヲノカレシイホノ友ヤ足／ハナレシイホノ）カケヒ（筧）ノ清水マツカセ（松風）ノオト（音）

*世ノチリ（塵）ヲイトフ心ノ友ヤ是カケヒノ〔清水マツカセノオトカ〕

「名」取川ノ埋木ニテ造レル硯ヲ間部（詮勝）殿ニ進ラストテ

万歳ノ画ニ

名取川底ニ世々ヘシウモレ木モ君待テコソ顕ハレニケレ

ツヽミ打立マフ袖モ若緑ハル（春）ニハエ（映）アルマツカケ（松陰）ノヤト（宿）

醜女ノ画ニ

（46ウ）

花ニノミ心ヲカケテ谷陰ノ松ノミサヲ（操）ハ云人モナシ

大将軍

人ミナノアフク（仰）光ヤムサシ（武蔵）野ノ空ニ曇ラヌ弓ハリ（張）ノ月

福禄寿

世ノ人ノホリ（欲）スルミツ（三）のサキハヒ（幸）ヲ其名ニオヘル（負）神ソ此神「ミハシラノトモ」

秋田ニ雀ノ画ナルコモアリ

風フケハヒカヌナルコ（鳴子）モナルゾカシオトロ（驚）カデ只アサレ小ス、メ（雀）

正容翁ノ三年ノ忌ニ

春霞年ノ三トセ（年）ヲヘタ（経）テ、モ面影チラヌ山サクラ（桜）哉

「秀」乗法師身マカリシニ、俊子カヨメル（詠）

野ヘ（辺）ニ立ケフリヲ見レハイト、シク心モクレ（暮）テ南无阿ミタ仏

此返シ

マ（目）ノアタリツヒ（終）ノ煙ヲ見シ人ノ歎キ聞ニモ南无阿弥陀仏

「北山」永隆、本居宣長翁ノ説コトトモヲ書アツメテ、鈴屋遺響

ト名付テ、歌乞シニ

サヤ（清）〳〵ノヒ、キ（響）ソ猶モノコ（残）リケル是ヤ神世ノ真鈴ナルラム

源*義経

大*君ノ御フネ《船》沈ムヲヨソ《他処》ニ見シシコ《醜》ノマスラヲ《益荒雄》ハテ《果》ヨカラメヤ

大*君ハ神ニテマスヲワタクシ《私》ノ仇トナシ（見ツ、）テヤ救ハサリケム　又アタトナシテヤ

我*国ノ道ニクラマ《鞍馬》ノ児サクラサキテ間モナクチリ《散》ニケルカナ

（47オ）

祝

山ノハ《端》ニ出入ル月日限リナク久シキモノハ君カ大御世

孝養

至於到犬馬皆能有養不敬何以別乎

チ、ハ、ヲ養フノミハ人ノ道カハ

ウヤマ《敬》ヒノ心オコセヨ父母ハヤシナフ《養》ノミニタル《足》ト思ハテ

山家水

○年モヘヌ今ハカケヒ《筧》ノミツカラ《自》モ心スメリトタノ《頼》ムヤマサト《山里》

「心*ニモ塵ハト、メス山陰ノニハ《庭》ノヤリ水キヨク《清》ナカレ《流》テ」

「○」アサ*クトモヨシヤ又クム《汲》人モアラシワレニコトタル山ノ井ノ水「古歌ニアリ」

豊年ヲトリノ画ニ書付テ、間部殿ニ進ラセシ

「\」桜サク方ニトム

琴ヲ愛セシ人ノ三年忌「古歌ニ号数ありや可考」

緒ヲ断シフルコトヲサヘ語リイテヒキ《弾》出テ音ヲソ《添》フルケフ《今日》哉

頼朝卿

レテヲトル子ノ
タモトモ花ノ錦
也ケリ

「楽シミノ声ニマ
キレテミヤコ人
今年ハ聞ジ初ホ
トヽキス」

秋草ノ色々
咲タル野ニ、
月出タル画
ニ

月ヒトリシルヤ
千草ノ花野ニモ
鹿音ソハヌ恨ミ
アリトハ

（47ウ）

思ヒキヤヒル（蛭）カ小嶋ノナカレ（流）木ニ天カ下ヲモノセン（乗）モノトハ

下ツ枝ヲハラ（払）ヒツ（尽）クシテキミ（君）ヒトリ（一人）カマクラ（鎌倉）山ノ月見ケンカモ

樋口宜益江戸ニテ没セシニ

スミ（隅）田川キエ（消）シミナワ（水輪）ノアト、ヘ（訪）ハシラスオホエズヌル（濡）、吾袖

アツマ（東）路ハイキ（生）テ帰ラヌ旅ソトモ知ス別レシ事ノクヤ（悔）シサ

冨士

青雲ノタナヒク（棚引）空ニ白雪ヲ夏モ見セタル山ハ冨士ノ峯

「＊松原ハカスミ（霞）ニコメテアクル夜ノ雲井ニ白キ雪ノフシ（富士）ノ峯」

「＊ナミトホク（浪遠）三保ノウラマツ（浦松）カス（霞）ム日モ真白ニアフ（仰）ク雪ノフシ（富士）ノ峯」
「又 雲井ニアフク冨士ノ白雪」

巌雄主ノ越後送行ニ

親シラ（知）ズ子シラズトキク荒磯モ君カ往日ハ《いゆる日ハ》ナギ（凪）ヌベシ

「松洞（河島）」カ寄水述懐ニ、「法ノ水フタ（再）、ヒスマ（澄）ン折ヤアルトマツ」

カヒナクテ身ハ老ニケリ、ト云歌ヲ見テ

法ノ水オノ（己）カ心ノヒキ〳〵ニ濁スヤカル、ハシメ（初）ナルラム

鶴樹子カ初テ江戸ヘ行ニ

「寄水述懐
世ヲ救フ法ノマ
シ水汲カネテ吾
コソニゴセ法ノ
マシ水
世ヲ救フ法ノマ
シ水ハテハ吾国
ニト、マルコト
ソカシコキ」

蓮生法師ノ
画
西ニヒク心ノコ
マソタ、ナラフ
たゆみいとまな
き身ハ東チノツ
ユ分シ日モ

（48オ）

此タヒ（度）ハシハシ吾妻ノ都鳥ミヤヒナラヒテ帰レ吾伴

竹ノ画ニ

一筆ニカケル呉竹イカナレハコト（異）ナルフシ（節）ノアマタ見ユラム

メツ（珍）ラシキフシ（節）ノアマタ（数多）ニ見ユルカナ何処ノ竹ノ根サシナルラム

山陰ノイサ、村竹イサ、カモ浮世ノチリ（塵）ニソマ（染）ヌ色カナ

「大」虫ノ祠官守節翁（岡野吉伴）ノ八十賀ニ寄松祝

神垣ノマツ（松）ハヤ（八十）ソチノ霜ヲヘテ守ルミサヲノ名ソカク（隠）レナキ

田家烟

真柴焚烟乎里乃眼志留之尓分留毛遠キ田居ノホソ（細）路

「大」郷信斎翁ノ七十賀ニ

ウラヤスクモ、トセ（百歳）コエテカヘリ見ヨナ、ソチ（七十）ハ猶老ノ山クチ（口）

「柴」人時鳥ヲ聞タルカタニ

一声ノ山ホト、キス（時鳥）山ツトニサクラ（桜）ナリセハヲリソヘ（折添）マシヲ

。たゆみいとまなき桜ノ画ニ

風フケ（吹）トチル（散）一花モ見エネハゾ此八重サクラ（桜）画トハ定メシ

近江国木ノ本ニ住ル何某ナル親ノ五十回忌ニ春懐旧
ナコリ《（名残）》ナク散シサクラ《（桜）》ノ木ノ本ニ昔ノハル《（春）》ヲ見ルユメ《（夢）》モカナ

茄子ノ画ニ
吾ユメ《（夢）》ニ見ルヨシモ哉ウツシ画ノ此ハツナスヒ《（初茄子）》ミ《（三）》ツカヒト《（一）》ツモ

渥美友尚テフ人ニ見ス
千サト《（里）》ユク駒モアカキニ心セヨ高クサカシキ世ノナカ《（中）》ノ路

冨士ノ画梺ニ桜アリ
雲払フ冨士ノ嶺オロシ《（颪）》心セヨ裾野《「フモトトモ」》ノ花ハ今サカリ《（盛）》也

山中ノ温泉ニテユクリナク友ニ逢テ
浅クヤハ思ヒ汲ベキ君モ亦コヽニ出湯ノオナシ《（同）》アソビ《（遊）》ヲ

浴雨
クロカネ《（鉄）》ノ鎧ノ袖モ朽ニケリ《ヌヘシトモ》知ラヌ野山ノ露ニ時雨ニ

梳風
秋風ニ蓬ノ髪ヲフリ乱シ太刀トリムカフ《（向）》イツノヲタケビ《（雄叫）》

楠公
贈正三位也

（48ウ）

モノ、フノマコト《（誠）》ハアセスミナト《（湊）》川帰ラヌ水ノアワ《（泡）》ト消テモ

弓

イクタビ《（幾度）》モオノレニカヘレ放ツ矢ノ的ノアタリヲカケテネガ《（願）》ハヾ

物名　ヨルノオト《（音）》、トモシ《（灯）》ヒ

ウラ《（浦）》浪ノヨル《（夜）》ノオト《（音）》、ク高ケレハ見ル夢トモシ独寝ニシテ

物名　ミノカサツヱアシタ

身ノタメ《（為）》ハ耻ヲカサネツヱヒマトヒアシタチ《（足立）》兼テ肩ニヨルヒト

弾正大弼仲国

キミ《（君）》恋ル琴ノ音ナクハイタ《（徒）》ツラニ嵯峨野ノ千草分ワヒマシヲ

三味線ノ歌トテ乞シニ

タヲヤ《（手弱）》女ガ三スヂ《（筋）》ノシラ《（調）》ベナドカクハ人ノ心ヲソラニナス《ヒク》ラム

人ノモチタル垣根ノ小草テフ集ヲ見テ心ユカスオホ《（覚）》エケレハ

匂ヒナキ垣根ノ小草花トノミイハ、都ノ名ヲヤクタサム

父ノ墓ニマウ《（詣）》テ、

世ニ在トイフ名ハカリノ手向草葉末ニ散ハ露カ泪カ

墨

アケクレニスリヘラシタル武佐スミハノコリアリトテイクホトノ世ソ

「芥川希由没後、其ムスコニ贈ル

朽テ見シハカナキ世ノハルソトモ軒端ノ花ヤ知ラデ咲ラム」

「身マカリシ母ノ、年コロタノミ申サレシ誓願寺ノ如来前ニ、其フル衣ヲサ、クトテ添ケル歌
老ノ波ナ、ソチ越シアマ衣浮フヲ見テモ袖ハヌレケリ」

「宜益主ノ母ヲ失ヒシニ
ナキアトヲ慕フマクラノ音信ハサソナ卯月ノ山ホトトキス」

「直江万徳寺一子ヲ失ヒシニ
ミタタノム心ヒトツニナクサメヨユクモトマルモカリノ此世ヲ」

（49オ）

アル《或》人ノ東武送行ニ

ムサシ《武蔵》野ノ月草ニスリ萩ニスリ君カ袂「真袖」ソニシキ《錦》ナルヘキ　」

熊谷直実

音タテ、平山カセ《風》ノ誘ハスハ我ト若木ノ花ハチラ《散》サシ

蟹

直ニユク道ヲ忘レテ沢カニ《蟹》ノ只ヨコハシル《横走》世ニコソ有ケレ

山田重貞一子ヲ失ヒシニ

今ハ只アトトフ法ニ慰メテカヘラヌ道ノナケキ《歎》ト、メヨ

青木貞中東武送行四月ナリケレハ

コトノ葉ノシラヘモイカニ高カラム冨士ノスソ野ノ初郭公

牛

名ニシオフモ《百》、ノハヤシ《林》ヤ爰ナラン草ハム牛ノウラヤスケナル

「小車ノワツカ《僅》ト思フオコタ《怠》リモ報イハウシ《牛》ノアサ《浅》マシノ世ヤ」

「*ヤセ《痩》ウシ《牛》ト人ニイハ《云》ル、身ソヤスキオモキ《重》クルマ《車》ノウレヒ《憂》ノカレテ」

「*メクリ《巡》来ム世ハカクコソト小車ノ牛ノアヘキ《喘》モヨソニヤハミル」

「青木貞幹追悼三首
雪分シ都ノ旅ノ道カヘテハカナヤ君カ死出ノ山フキ」

「今年又サソヒサソハレ花ミムト思ヒシコトモ夢ノ世ノナカ」

「言ノ葉ノ道ノムツヒヲ忘レスハ我ヲモサソヘ一ツハチスニ」

「三香子友人ノ歌ナリトテ、見セ□□ユカヌ処々オチモナク書付テ返ストテ、ユメ人ヲ誣ルニ非ス言ノ葉ノ道ニウハラノフサカレハ也」

（49ウ）

荻彦身マカリシニ

思ヒヤ歎キノ雲ヲ柴ノ戸ノ此サミタレ《五月雨》ニカケソヘ《添》ントハ

竹ニ雀画

呉竹ヲ寝クラニシメテ村雀アサユフ《朝夕》去ス千世トナク《鳴》也

松一木ノ下ニ庵アリ

真山ニモスメ《住》ハスマ《住》ル、世ナリケリ一木ノ松ヲ吾トモ《友》ニシテ

堅田落雁

アサ《朝》ホラケサ、ナミ《波》遠クキリ《霧》ハレ《晴》テ落ルカタ《堅》田モ見ユルカリ《雁》金

京ナル友ノモト《許》ヘ

アス《明日》シラヌ老ノ身乍ラモロトモ《諸共》ニ思ヒタ、ハヤムサシノ《武蔵野》、月

鶴樹子ノ京ニテ

返シ

モロトモ《諸共》ニ花ヲ都ノ秋ハ又モミチヲリ《折》得テモノ話ラハヤ

浅カラヌ心ノ色モ見エテケリ紅葉ノ秋ヲ契ル言ノ葉

菱花

「江戸へ旅立人ニ
立カヘリマタ見ヌ吾ニカタレ人冨士ノ白ユキムサシ野ノ月」

○文政十三年ノ秋、都ニ地震ノ変アリシト聞テ、フリハヘノホリシコロ
「〱」マカコトハフルヒヤラヒテ国ツチヲアラタニス

(50オ)

フル《古》池ノマコモカクレノ菱ノハナサケト匂ヘト見ル人ハナシ

三井晩鐘

サヽ浪ニ月シロ《代》高クナリニケリ三井ノフル《古》寺鐘モ聞エテ

太刀

物部ノ身ノ守リテフ太刀ツルキ《「ツルキ太刀」》只外ノミヲ飾ル世ノ末

星

千万ノ星ニサキタツユフ《夕》ツヽノヒカ《光》リヲ仰ク西ノ山ノハ《端》

瓶花ノ画ニ

ウツ《移》ロハテ盛リ久シキ花ヲノミタレ《誰》コヽニシモサシツトヘケム

牡丹ノ陰ニ猫ノ寝タル蝶モアリ

花ニ来テ遊フ小蝶トヌル猫ト心フカサハ何レナルラム

山中温泉ニテ桂ノ清水

山深キ木陰ノ清水イカナレハ月ノカツラ《桂》ノ名ニ流ルラム

□ノ学ヒニトテ旅立人ニ

ツトヨハニユメオコタ《怠》ラス家ノ名ヲフタ《再》ヽヒ揚ヨマスラヲノトモ《伴》

ナル神ノ心カ「シハ〳〵」〳〵ニツチハ動ケトウコカヌハ此ノ大ミヨノ堅メナリケリ

○青木貞中正月ノ始京ニ上リヽ程モナク江戸ニオモムクヨシヲ聞テ

「ムサ〳〵」シ野ノハルヲ心ノウクヒスモシハシミヤコノ花ニカタラヘ

三両微々竹末星随風□□□似□蛍と云詩の心を

若竹ノ風ノナヒキニ星ヲ見テ蛍トノミモ思ヒケル哉

四月ハカリ京ニ登ルト聞テ、アル人ノヨメル

カヘ（帰）ランニシカシトソナク郭公聞ステマスナ旅ノ空ニハ

カヘ（返）シ

ホト、キス（郭公）聞ヤワヒナン帰ルサヲサラテモ急ク旅ノ空ニハ

布袋和尚　易ノ坤ノ六四ノコト葉（言）ニ、括嚢无咎先誉トアルヲ取テ

ウマ人ノク、レル咎《ふくろ》メナクホマレ（誉）モナキヲタカラ（宝）トハセン
「ホマレナキコソタカラナレトヤ」

明智光秀

○小栗栖ノ竹ノ下露身ニカ、ルトキハ今トモ知スヤアリケム

斎藤実盛

ヒタ、レ（直垂）ノ錦ヲツヒノ門出ニト思ヒ立シモアハレ（哀）ナラズヤ

大塔宮

○人ミナノナヒキシ竹ノ園アレテ苔ムスタモト月モ宿ラス
「ハテハカナシキコケノ下ツユトモ」
「其スヱハキクモ悲シキ苔ノ下ツユトモ」

伯夷叔斉

○ワ（我）カナラヌ粟ハハ（食）マシトカキワラ（笑）ヒモ（萌）ユル春ヲヤマツノ下イホ（庵）
モユヘキハルヲ
（ランハルヲ

卯五月廿六

(50ウ)

生駒文驥詩幾人来拾宝珠時トアルニ

忘レメヤ夏モ涼シキ高ト（殿）ノニカタ（語）リナクサ（慰）ム今日ノ此時（トスヘシ）

同

斉藤策順利傑詩玉山咫尺夏堂清トアルニ

草深キ我山モトノウ（埋）モレ水タレカハ汲ン心清シト

間部正恭主ノ加禄ヲ祝シテ

人ミナノア（仰）フク栄エヲ七十ノ霜ノ後見ル宿ノ喬マ（松）ツ

古戦場

「故関アフサカハ昔ノ関ノアト、ノミイヒツ、見ツ、コユル大御世」

○消テ又モ（燃）ユル鬼火ノ其イロモ「イロサヘニトモ」「ミミ」青野カ原ノ雨ノ夕クレ「夜スカラ」

モ（燃）ユル火モ青野カ原ノ秋風ハ猶矢サケヒノ声ヲノコセリ

田

アシヒキノ山モナ（半）カハ、ニ（新）ヒハ（墾）リノ田ツ（面）ラトナレル君カ大御代

ハ（春）ル雨ノフルノ山田ヲシ（賤）ツノヲカカヘス〲ソムカ（昔）シコ（恋）ホシキ

猿ノ子ヲ負タルカタ

○是モ亦人マ（真似）ネストヤ笑ハレム世ニ老サ（猿）ルノ子ヲ思フ身ヲ

還俗尼

棄シ世ニフタ《再》、ヒカヘルアマ《尼》衣ウスキ心ノ色モ見エケリ

和気清麻呂

此君ノマコト《誠》ヒトツ《一》ソ雲井マテ弓削ノ川浪登ラサリシモ

大神ノ宣ノマニ〱聞エアケシ清マロ《麻呂》ノ名ハマコト《誠》也ケリ

○源実朝

岡ノ名ノ鶴ノチトセ《千歳》ヲ見モ果デ木ノ下露ト消シ君カナ

和漢三才図会ニ出

義英《ヒデ》「○」「○」／「央正也」

○吉良少将義央*

タハカリ《謀》ノアリト知ツヽ鶴カ岡ナト夕霜ニ身ヲ朽シケム

雪*ハレテシハス《師走》ノ月夜キフ〱シ身ヲフシ《伏》柴モカヒ《甲斐》アラハコソ「ナカリケリ」

蓮要法尼三井寺ニ詣テ玉ヒ、湖月ト云題ニテ自ラモヨミ、人々ニモヨマセテ見セ玉ヒシカハ

月モイカニソヘシ光ヲサヽナミノナミニ□

（51オ）

大石良雄

カヘリ見テイクタ《幾度》ヒムネ《胸》ヲコカシ《焦》ケム煙ツヽ《続》カヌアコノシホカマ《塩竈》

○色ニ香ニ動クト見セシマスラヲ《益荒男》カ心ノ奥ヤ山シナ《科》ノサト《里》

暁鐘述懐

○なりいてん身のあらましハむかし《昔》にていたつら《徒》にきくあかつき《暁》のかね《鐘》

「漁夫
老ノ波ヨルトモ知ジ魚ヲノミアケクレネラフツリノ翁ハ」

田家煙

小柴垣カコフ田中ノハナレ《離》庵ソレトシラ《知》レテ煙タツ《立》ナリ

アセ《畦》ツタヒ《伝》遠キ田中ノハナレ《離》庵タレ《誰》スミ《住》ナレテ煙タツ《立》ラム

漁舟

ユフナキ《夕凪》ニ沖ヘヲ見レハ鰹ツリ《釣》鯛ツル《釣》フネ《舟》ノ処セキカナ

寄鳥述懐

雲ノ上ノイナオホセ《稲負》鳥イナモウモカクス伝ヘハトハ《問》ストモヨシ

「*芦タツ《鶴》ニヨシヤヨハヒ《齢》ハカエヌトモ我ノミチトセ《三千歳》アリテナニ《何》セム」

晩鐘

ツク〳〵トナカメ《眺》テ今日モ入相ノカネ《鐘》ヲ空シクキク《聞》ユフ《夕》ヘカナ

清少納言

玉スタレ《簾》雪ニカヽケテカラ《唐》ウタ《歌》ノ心サトクモ《サヲ》見ユル《セシ》キミ《君》カナ

藤房卿

タカス山峯ノシラ《白》雲今モ猶カクレシ君カ面影ニ立

ノカル《逃》トテ空行雲ニ宿トヒ《問》シ心タカスノヤマトコト《大和言》ノ葉

三芳野ノ花ト月トニ九重ヲイクハル（春）秋カ忍ヒマシケム

後醍醐帝

」

（51ウ）

白山

白山ヲナカ（半）ハ登リテ人ミナ（皆）ニ身ソキ（禊）セヨトノ出湯ナルカモ

岩ムラノ上ニタ（立）ヽシテ三越路ヲシツモリイマス白山ノカミ（神）

雪キエ（消）ヌ白峯ニモ猶カクツチ（香具土）ノ神ノアラヒハアル世也ケリ

登リテハ月ノカツラ（桂）ノ一枝モヲル（折）ヘク見ユルコシ（越）ノシラ（白）山

白山モムカシ（昔）ハ冨士トモロトモ（諸共）ニケフリ（煙）立シト云ハマコト（誠）カ

白山ノ峯ハヒワタ（這渡）ル五葉松イツモカハ（変）ラシ神ノ御威稜ハ

池ノ名ノチヽノヲロチ（大蛇）ハ世ニモ《ヨモトモ》出シ白根ニ雪ノアラン《キエヌ》カキリ（限）ハ

人見レハチヽトナキツヽ松カケ（陰）ヲイユキモトホル鵯ノ鳥カナ

ミナ（水無）月ノテル日ニ神ハトヽロ（轟）ケト猶雪ヲフム（踏）コシ（越）ノシラ（白）山

「入」「夏雪」白山ニ我モ登リテ六月ノテル（照）日ノ影ヲ雪ニワスレキ

「入」「同」六月ノテル（照）日カシコ（畏）ムタヒ（旅）人モアユヒヲ雲ニヌラス（濡）シラ（白）山

「入」「夏山」五月雨ノハレマ（晴間）ニ見テモ白山ハ猶シラユキ（白雪）ノタカネ（高嶺）ナリケリ

らい鳥の画に

白山の雪分のほりむかし吾まつふさに見しとりそ此鳥

六月ニ白山ノホル旅人モアユヒ《足結》ヲ雪ニヌラ《濡》サヌハナシ
六月ニ登リテ雪ヲフム《踏》コトハ冨士ヨリモ吾コシ《越》ノシラ《白》山
ツモリ《積》アケミカキ《磨》アケタル白山ノ雪ノ姿ハナニ《何》、タトヘ《譬》ム
時アリテクシキ《奇》ヒカリ《光》ヲヲロカムト白山モリ《守》ハ常ニ云メリ
白峯ニテモノ、ヤクルハナルカミ《鳴神》ノ落ルニハ非スヨコハシ《横走》ルテフ
白山ニ神ノナル日ノ稲ツマ《妻》ハタ、クレナヰ《紅》ノキヌ《衣》引ガ如
白山ニ昔登リヲ夏フカキ雪ニアユヒヲワレ《我》ソヌラ《濡》セシ

朝日に高波かけるに

あくる《明》まで聞し千鳥の声きえ《消》て浦なミ《波》たかく登る日の影

平経《時》正

さ、なミ《小波》にまきれぬ声の程たにもいりきて□へきよつの《君かしるへし》緒琴□

孟軻

臣トシテ君ヲソシレ《誹》ルカラ《唐》心尊トム世トハイカテナリケ《モナリニケルカナ》□〔ムカ〕

孟子をよミ見て

○

我国の神の御魂にあはすして海にしつめる書とこそ□〔きけカ〕

かめの画に
そこひなきふち
にかくれてすむ《ヲ》
かめのよはひの
《タレカ》ほとたれか知る
らむハカリシル
ヘキ

(52オ)

足利義満

モロコシ《(唐土)》ノカ、フリ《かうふり》受シ身ノ恥ハ北山シグレ《(時雨)》ハル、世ソ《ヤ》ナキ

安倍仲麻呂

カシコ《(畏)》ミテヨミシ《(詠)》カラウタ《(唐歌)》ヤマトウタ《(大和歌)》ニツノミコソ世ニ伝ヘケ《ノコリ》□《(リカ)》

○「三笠山月ノ面輪ヲ浦ナミ《(浪)》ノ心ニカケテアフキ《(仰)》見シカナ」

「陪ト書非也」

目鏡

カラ《(唐)》大和フミノ老テモヨマル《(読)》、ハ目カネ《(眼鏡)》ノ玉ノアレハナリケリ

○目カネ《(眼鏡)》テフ玉世ニナクハ老人ノ書見筆トル道モ「ハ」絶ナム

寄笹述懐

言ノ葉ハマタ山口ノ小笹原何ヲ我世ノ一フシ《(節)》ニセム

(52ウ)

義仲
木曾山の峯かきわけてひとたひハミヤこの秋をおほひけるかな
粟津野のまつの雫そ袖にちる消しあさ日のむかし思へハ

井

○立ヨレハヤカテモ底ノ見ユルコソ我山ノ井ノ心ナリケレ

蝸牛

○争ヒノ心ノハシハ見セ乍ラモノソコナ《(損)》ハヌカタツフリ《(蝸牛)》カナ

カタツフリ《(蝸牛)》思ヒノ家ノクル《(苦)》シサニ涼シキ竹ノ陰ヤ求ムル

初五
行カヘリトモ

遊女

ヒトヨノ□テ
ウシトヤカコツ
ウレシトヤ思フ
河竹ノ身ニモミ
サヲノ一フシハ
アルヘキモノヲ
シル人ヤナキ

○

匡衡

壁ノヒマモル《（漏）》灯ニ書ヨメ《ミ》ハ《テ》ヌル《（寝）》テフコトモ《ヤ》ワス《（忘）》レタリケム

壁

白ナミ《（並）》ノカヘ《（壁）》ウカツ世トキ、乍ラヌルコトヲノミ思フワリナサ

隣家

君カ世ハ里ハナレタル家ソナキ隣ニ隣軒ヲナラ《（並）》ヘテ

○常ニ吾四モ《（方）》ノトナ《（隣）》リニ乞見テモ憂ヒシラズハナキ世也ケリ

君カ代ニスメ《（住）》ハ田中ノフセ屋ニモ必ストナ《（隣）》リアリテタノ《（頼）》モシ

古寺烟

○山寺ハシキミノ烟ヒト《（一）》スチ《（筋）》モ世ヲサトルヘキ処ナリケリ

シキミタクホソキ烟ノヒト《（一）》スチ《（筋）》ニ仏サヒタル峯ノ古寺

古寺

世ヲテラ《（照）》スヒカリ《（光）》モ今ハイカナラム灯キエ《（消）》シ峯ノ古寺

（53オ）

田家

君カ世ニスメハ田中ノフセ屋ニモ必ス隣アリテタノモシ

筆

○スル墨ニヨハヒ（齢）カリテモ永カレト思フハ筆ノ命ナリケリ

○月花ニトメル雲井ノ言ノ葉モ筆ノ林ノカケヨリソチル

言ノ葉ノヨキモアシ（悪）キモ世ニチラシ筆ノ林ノ陰ナカリセバ

筆ナクハモノ書スサヒイカニセンカミ（紙）ハアリトモスミ（墨）ハアリトモ

○世ニチラス言ノ葉ナキヲ見テモ知レフミ手ノハヤシ浅キ学ヒハ

きく人のなき声をうれなミ緒をたちし世のふることそ耳にとまれる

伯牙

世ニハ又琴ノ心ヲミル人モアラシト見テヤヒ（弾）カスナリ「ヲ、タエニトモ」ケム

寄鶴祝　七月朔真泉寺会当坐

マツ陰ニ神ト君トノ万世ヲヨハフニ、タル芦タツノ声

社頭杉　同兼題

神垣ノ杉ノ真直ニウルハシキ姿ヲウツセ大和言ノ葉

「木曾路ノカタカケル画ニ」

「カケハシヲフミ（踏）ツ、ユケハ白雲ノ底ニオト（音）スル木曾ノヤマ（山）川」

「寄剱述懐」

閑居小声
我心すませとならしかき根行いさゝ小川のおとのさやけさ

（53ウ）

「モノヽフノハカ（佩）セルツルキ君カタメミカク（磨）ヲツネノ心トモカナ」

淵亀

山河ノフチ（淵）ニカクレ（隠）テスム（住）カメ（亀）ノヨハヒ（齢）ノホトヲタレ（誰）カ知ヘキ《ヲタレカハカリ知ヘキ》

白菊の一枝かける

秋毎ニカサシナレテモ白菊ハ打置難キ色香也ケリ

山家橋

今ハ世ノ人ニトハ（問）ルヽ便トモカケテタノマヌ庵ノタナハシ（棚橋）

木村意水カ六十ノ賀　マキ（牧）田重樹ニカハル

シツカ（静）ナル老カコヽロ（心）ノ水カヽミ（鏡）ウツ（映）ルハ千代ノ面影ニシテ

斎藤翁ノ六十一のことほき（寿）に

登ルトテクル（苦）シキ老ノ坂モナシナムアミタ（南無阿弥陀）仏ニ道ヒカレツヽ

旅宿月

行メクリ（巡）草ノマクラ（枕）ノツユ（露）トフヤ見ステヽ出シフルサト（故郷）ノ月

煙

スム（住）人ノアリトモ知ラシタケフリ（煙）松一ムラノオク（奥）ニタヽズハ

（54オ）

桃園結義

モヽソノ《桃園》ヽカケ《陰》ニチカヒ《誓》シマスラヲ《益荒雄》ハハナ《花》ニウツサヌ心也ケリ

「世ノ為身ヲモヲシマサリケリ」

朝くら《倉》氏の大城のあと《跡》にて

物部のゆみや《弓矢》のほまれ《誉》夫もたゝゆめ《夢》なりけりな峯のまつかせ《松風》　」

五月はかり都にのほりてこゝかしこ心ありきけるに、上賀茂のこなた《此方》なる窪堂の庵なる、とめ来してふ梅のもとにて

梅よし《知》れ必す花の折にとも老ハ命のさためなき身を

あるしの□□□月ゟ後にきゝつけてよめる

しはし共いひて梅さく《咲》折こと《毎》に必すとへ《訪》な木のもとの庵

いはほ《巌》の画に

衆めてはこれ《是》もむかし《昔》ハさゝれ《細》いし《石》といはれし世ゝのありけん物を

寄雨懐旧　大慶院とのゝ廿五めくりにあたりて、八月廿二日

むかし思ふ心をしり《知》てけふ《今日》も又くもる《曇》かそて《袖》の秋の村雨

三国浦にあそひたる眺望の歌

真帆なりし舟の片帆にかはれるハ白峯おろし《颪》やおき《沖》にふく《吹》らん

久世英則妻ヲ失タルニ

アラタ《新》シキ柳ノ風ニ此ハル《春》ハイヨ〱高キ梅ノカヲリ《香》ヤ

梅かえ《枝》に松ヲソ《添》ヘタル画ニ

ウメ《梅》カ枝ニ松をり《折》そへて山さと《人》のハル《春》ヲミセタル家つとやこれ
「マツカエニウメヲソヘテ」

（54ウ）

千歳坂次第ニ登ル君ナレハ初メテ家ニ枝ツキ乃ノ字

秋深キ林ニ入テ酒酌メバ顔ニ紅葉ヲ焚夕日哉

康秀ハ秋ノ草木テ酔タフ《顔》リ　文覚ハ袈裟ヲ肩ニモ手ニモカケ（手ニカケタ袈裟文覚肩ニカケ）

元切テ売店買手損カ行　仲麿ハ唐デ大キナ山ヲ云ヒ

一ノ渓蕎麦ト桜ニ名ガ残リ　簪デ済処方士念ヲ入レ

詠日枝山狂句

冨士示波多知和加伊賀京弖鬼門也

毛止之名遠於江戸辺送里駿河加良高伊其名乎加留京之山

「世ノ末ノカハツ《蛙》ウタヨミミス□□□雨乞ストモ空ハ曇ラシ」
「鵜ノ子□□ヨリ御大事ト早太云ヒ道鏡ノ物御勅使ハ笏ヲ当テ」

「ナヨ《弱》竹ノヨワ《弱》キ姿ヲ杖トセハ歌モ狂哥モ腰ヲレ《折》ヌヘシ」

其の亭主《主人》若イガ□家ガ杖ヲ突キ□月ノ身フル頼政上手也

（55オ）

老ヌレハイヨ〳〵歌モコシヲレ（腰折）テ枝ツキ乃の字《又ハ休メ文字》爰も休メ字

羊ノ賛

これも又人に見せしとひめ（秘）おかハひつし（羊）をし（惜）むの名をや流さん

牛ノ賛

はるの野に草はむうし（牛）の心にハ何くかもゝのはやしならさる

やせうし（痩牛）と人によは（呼）るゝ身そやす（安）きおも（重）き車のうれひのかれて

山家水

年ヲヘテ《木かくれて》うら山すむ（澄）もにこる（濁）も世の人にそれと問れぬ山井の水

急流に舟さす人あり

山川のたきつはやせ（早瀬）に《も》ミなれ（水馴）棹のかろらかに世をわた（渡）る一葉か

柳にすゝめ（雀）の画に

青柳のいと（糸）や心をつなくらん我庵さら（去）すなるゝ雀ハ」

（55ウ）

韓信跨

○忍　修身斉家のおこな（行）ひ、治国平天下のこゝろ（心）、其もとたゝ此一字にあり、韓信か跨下をくゝり《の恥を忍ひし》英名を四海にしらるゝに至る、故人歌ありよミえて好

末つひに海となるへき山水もしはし木の葉の下くゝるらん也

○永祖氏妻を失ひしに

とにかくに此世ハてふの蝶そかしきのふ（昨日）花もけふ（今日）の白雪

○江戸に達猊の居られしころ（頃）

このたひ（度）ハしはしあつま（東）の都鳥名を世にあけてはや（早）かへりませ

」

春補（折り目書）

（56オ）

夕花

入＼アヒ（相）ヲマチ（待）テ色ソフ（添）サクラ（桜）カナ月ノカツラ（桂）ノツユ（露）ヤ《添フ》チル（散）ラム

月前花

入 聞ナレテナシ（無）トコタ（答）ヘムコヨヒ（今宵）カハ月トハナ（花）トノアタラ色香ヲ

アル人イト大キナル花ノ枝ヲ送リケルニ

アサ（浅）カラヌ人ノ心ノハナサクラ（花桜）ヌカ（額）ニサヽ（捧）ケテチル（散）マテハ見ム

行路柳

「入」花＼見ニト出立袖ノ行スリニ露マツ乾ク青柳ノ糸

柳露「入」

青柳のいとより

糸にうつされて

玉ぬくかせのつ

ゆもめつらし

雪中鶯

「入」＼春浅ミ打チル雪ノ花園ニ匂フモ寒キ鴬ノ声

梨

＼霞サヘ浮世ヘタ（隔）テシ山里ニ物思ヒナシノ花咲ニケリ

＼山寺ノ春ニウヘコソ匂ヒケレ問トハルヘキ妻ナシノハナ（花）

「入」谷落花

＼山桜誘フ嵐ノ道見エテ《セトモ》谷ニ渡セル花ノ浮ハシ（橋）

「入」折花

山守カユルス心ノ色香ヲモソヘ（添）テカサスヤ花ノ一枝

（56ウ）

「水上ノ落花浮水トモ」

川落花

入山川ハイツクニハル（春）ヲ誘フラム今日モサクラ（桜）ノ浮テ流ル、

入＼流レテハ帰ラヌ春ノ川淀ニシハシ（暫）チリ（散）浮山サクラ（桜）カナ

ツハキ（椿）

入＼カキコモル賤カ園生ノヤフ（藪）ツハキ（椿）夫ニモ花ハアル世也ケリ

水郷春望

入大井川水上遠ク霞ム日ハスサキ（洲崎）ノ松ノ春風モナシ

暮春

入 花園ノ露ニムツ（睦）レシ小蝶サヘチリ〴〵（散々）ニナルハル（春）ノクレ（暮）カタ

志賀花園春

入 宮人ノ舞モ小蝶ノユメ（夢）ノ世ニ見ヌ春忍フ志賀ノハナ（花）園

江山春興多

入 雪消テ山モ此コロ（頃）カスム（霞）江ノミキ（汀）ハノタツ（鶴）ヤハル（春）ヲシル（知）ラム

家前鶯

入 をりかけし窓の呉竹雪消て世ハはる（春）なれや鶯のなく

不入 鶯ハ春の長歌うたふ也梅もほゝゑむ窓の日かけに

曲水宴*

入 流*レ来ル桃の盃まてしはしまたことの葉ハよミも浮へす

入「サカツキニチリウクモ、ノ一ハナヲアナウレシトモメツルケフカナ」

（57オ）

入 元日*

人*もかく楽しき物かあらた（新）しきこよミ（暦）に向ふけさ（今朝）の心ハ

山吹

不入 行はるをとゝめたつねてこゆる哉山吹匂ふ賤かかきね《（垣根）》ハ

待花

入 とくさか《（咲）ケ》ハとくちる《（散）》花の心ともしら《（知）》て我まつ《（待）》ことのわりなさ

春雨

入 まつほともつれ〳〵《（×なく）》なりし雨の音を花より後の窓にきくかな

すゝしろ

入 きのふ《（昨日）》わか雪間にとめしすゝしろも花さく《（咲）》までにくゝ《（茎）》たちにけり

里鶯

入 花ハまた枝にこもりて鶯の声まつ匂ふさくらゐ《（桜井）》の里

谷花

入 ひかり《（光）》なき谷とたか《（誰）》いふ山さくら《（桜）》にほ《（匂）》ふ一木のはる《（春）》をわすれ《（忘）》て

端花

入 一枝ハ中垣こえてさく《（咲）》花や我にゆるせるいろか《（色香）》なるらん

庭前花

入 むら〳〵にこけ《苔》のミどり《緑》ハのこり《残》けりさくら《桜》ちり《散》しく庭の木かくれ

山吹

入 これも又さくら《桜》の後の一ふしや我竹垣の山ふき《吹》の花」

(57ウ)

松上花

入 松にこそ心よせけれふぢなミ《藤波》ハはな《花》にあまた《数多》のあるかなか《中》にも

山家鴬

入 「柴」の戸のたるひ《垂氷》ハはる《春》もそれなからまつ打とくるうくひす《鴬》の声

雨中青草

不入 ミしか《短》しと見えし草葉も春雨の霧なひくまて立のひにけり

梅

入 いつの間にこそのたるひ《垂氷》ハとけ《解》「ニケリ」ぬらん軒は《端》を梅の花にゆつり《譲》て

春山家へまかるミち《道》にて

入 我物と「ムスホレシ」賤かしめゆふ《注連結》園の梅も薫りハ人にゆる《許》しける哉

しはすに弘化と改元ありて、やかて春立しに

入 「めつ」らしく年の号をさへ雪のうちにあらた《改》めて立春かすミかな

草庵ノ花サカリナルコロ、ヒトリ言ニ

「〵」ヨソニノミ心チラ（散）サハ柴ノ戸ノ花ヤアル（主）シノワレ（我）ヲウラ（恨）ミム

川落花

入 チル（散）ハナ（花）ノウキ（浮）テ流レヌ川淀ハ水ノ心も春深ク見ユ

余花

入 春山ニモレシ一木ノハナ（花）コソハ夏ニ入テノハツサクラ（初桜）ナレ

*暮春神祇

（58オ）

*手向山クレ（暮）ユクハル（春）ノ色モヲシ（惜）木末ノハナ（花）ヲヌサ（幣）トチラ（散）シテ

禁中花

キヌ（絹）ノ色モサクラ（桜）重ネトナリニケリ花立ナラス雲ノ上人《ハルノミヤ人》

開花述懐

山サクラ（桜）コトシ（今年）モサケ（咲）リ春知ヌ身ノ埋木ハウモレ木ニシテ

菫

紫ノ色ナツカシミ我ソト（問）フタ（誰）カスミレ（菫）トモ知ヌ垣ネヲ

落花

入谷水ニ浮テ流ル、ハナ《花》見レハ山ニモハル《春》ハトマラサリケリ

三月廿七日朝トク、東ノ方ニ有明月ノホソク《細》ノコリ《残》タルヲ見テ

「弥生」山在明月ニ大空ノ春ノカキリ《限》ヲ見ハテ《果》ツルカナ

山家花

入ハナ《花》見ントトヒクル《問来》人ニハツル《恥》カナワカ《我》サクラ《桜》戸ノアサ《浅》キスミカ《住家》ヲ

入暮春水

サクラ《桜》ハナ《花》ウキ《浮》テ流ル、ヤリ《遣》水ニトナリ《隣》ノハル《春》ノナコリ《名残》ヲゾクム《汲》

鶯　句題　山モカスミテ

ウメ《梅》サクラ《桜》ミルヘキハル《春》トナリニケリワカ《我》手マクラ《枕》ノ山モカスミテ

同ウクヒス《鶯》ノミヤ《宮》　菅公鶯ノミヤ《宮》分テシノハム

ハル《春》ハ只ウクヒス《鶯》ノミヤ友ナランカスミ《霞》カクレ《隠》ノ蓬生ノヤト《宿》

山家花　此歌不取

知シラス人モトヒ《訪》来テ身ヲカクス《隠》山ノカヒ《甲斐》ナキハナ《花》ノコロ《頃》カナ

（58ウ）

春雪

入「」さえ（冴）かへるきさし《兆》を見せて夕暮の雨また雪とかはる空かな

入「ワラヒモユル野ニキ、シアリアツサ弓ハルハキ、シノツマコ

ヒヲ色ニモミセテモユルワラヒカ」

「梅風」

「柳ニハ《モ》フク《吹》トハミエ《見》ヌハル《春》風ノタヨリ過サス梅薫ル也」

「初春祝」

入「天ノ下イツクノタレ《誰》カシラ《知》サラン世ハハナトリ《花鳥》ノハル《春》ノメクミ《恵》ヲ」

入「コヽロム《試》ルフテ《筆》ニハシ《初》メテトホナカ《遠永》キハル《春》ニサカエ《栄》ヨ大和コトノハ《言葉》」

画三

「山路ニサクラ《桜》多シ」

入「フモト《麓》ヨリ雲ト見エシモサクラ《桜》ニテ花ノ外ナキ岩ノカケミチ《崖道》」

「春曙」

「追川ノ水ノ煙モカスム《霞》也ミタ《三太》ノ舟ツ《津》ノハル《春》ノアケホノ《曙》」

立春

入 雉子なく里の竹村雪消て霞たな引はる《春》立らしも

初春鴬

入 松の音にはるを知れとや梅ハまたふゝめる枝に来なく鴬

入 鴬もけふ《今日》をはつ《初》音の小松原まつひかるゝハ心也けり

子日花下送日

（59オ）

ちれハ又咲つく花をミよしの《御芳野》ゝよしや旅ね《寝》のかすつもる共

関花

関越て行もかへ《帰》るも此比ハ花ミ《見》る友にあふさか《逢坂》の山

立春

梅ミ《見》れハいまたふゝめりしかすがに鴬来鳴春立らしも

霞

「春来ても白峯の雪ハ夫なから霞たな引こし《越》の国原

雉

入すみれ《菫》さく園のふるはたふる《古》き世をなれ《汝》も忍ひてなくきゝ《雉子》すかも

ス、シロ

入七草につミ《摘》もらされし山かけ《陰》のはた《畑》のすゝしろくき《茎》立にけり

遠山さくらと云ことを入て

消のこ《残》る雪かと計云人にミ《見》せんハあたらとほ《遠》山桜

谷鴬

入春来ても梅ハふゝめる谷ノ戸ニ独はる《春》知うくひす《鴬》の声

としの内にはる立けるに

入　冬枯の梢の風も梅かか《香》を浮ふにこそハはる《春》としら《知》るれ

立春

入　つけ《告》わたるかけの八声もはなやかに軒はかすミ《霞》て春ハ来にけり

春曙

入　追川の水のけふりもかすむ也ミた《三太》の舟津のはる《春》のあけほの《曙》

「落花」

(59ウ)

入「枝ヨリハチリ《散》シサクラ《桜》モヒトサカリ《盛》匂フカ苔ノ上ニツモリ《積》テ」

「梅辺酌月」

「月モヤ、影シク梅ノハナ《花》ムシロ《蓆》ヒサコ《瓢》ノサケ《酒》ハ尽ルトモヨシ」

「朝花」　「舟津会」

入「日影サシ露マタオチ《落》ヌ朝戸出ノハナ《花》ソ色香ノカキリ《限》ミセ《見》ケル」

入「見テモ又ミタ《三太》ノ舟津ノ花サカリ《盛》アシタノカスミ《霞》立ナカリシソ」

入　風定花猶落

春風ノ音ハ梢ニ絶テシヲ猶チリ《散》ニチル山サクラ《桜》カナ

（60オ）

入　隣落花

ちる《（散）》花のなか《（半）》はをかき《（垣）》のこなたにとさそ《（誘）》ふや《□の》かせ《（風）》のなさけ《（情）也けん》なるらん

入　花初散

ちる《（散）》といへハしつ心なしさくら《（桜）》花あまたか中の三ひら四ひらも

入　蝶

ちりそむる花と見えしハ小蝶にて又も梢にかへる立まひ

梨

入　サクラ《（桜）》ニハ似テ似ヌ花ヲカラ《（唐）》人ハタクヒナシトモオモ《（思）》ヒケルカナ　」

二月ノ末本覚寺ニ一夜トマリテ、又ノ日

ウレ《（嬉）》シクモ大木ノ花ノ陰ニネテ《（寝）》ヒトヨ《（一夜）》小テフ《（蝶）》ノユメ《（夢）》ヲ見シカナ

社頭落花

入　ヲシ《（惜）》メトモ神垣コエテユクハル《（春）》ノ塵ニマ《（混）》シハルハナ《（花）》ノシラユキ《（白雪）》

入　花ノウタ《（歌）》ノナカ《（中）》ニ

世ノ中ノサカ《（坂）》山サクラ《（桜）》サキノマ《（間）》モナク《（無）》テチル《（散）》コソアハレ《（哀）》世のサカ《（坂）》

入　落花

ちる《散》花のうき《浮》てなかる《流》ゝやり《遣》水にとなり《隣》のはる《春》のなこり《名残》をそくむ《汲》

余空

さへかへるあらしをもやてゆふくれの雨また雪とかはる空かな

川落花

入
ちる《散》花の浮てなかれ《流》ぬ川淀ハ水の心もはる《春》ふか《深》くミ《見》ゆ

暮春神祇

入
手向山くれ行はる《春》のいろ《色》もをし《惜》梢の花をぬさ《幣》とちらし《散》て

禁中花

きぬ《絹》のいろ《色》もさくらかさね《桜重》となりにけり花立ならす雲の上人

菫

紫ノ色ナツカシミワレ《我》・ソ《×ト》トフ《問》タカ《誰》スミレ《菫》トモシラ《知》ヌカキ《垣》根ヲ

落花

入
谷水ニウキ《浮》テ流ル、ハナ《花》ミ《見》レハ山ニモハル《春》ハトマラサリケリ

山家花

入
花ミ《見》にととひ《訪》くる人にはつるかな我サクラ《桜》戸ノアサ《浅》キスミカ《住家》ヲ

暮春水

入 さくら《（桜）》うき《（花脱カ）（て脱カ）》なかるゝやり《（遣）》水にとなり《（隣）》のはる《（春）》のなこり《（名残）》をそ汲

（60ウ）

二月の末本かく《（覚）》寺にやとをかりて

うれしくも大木の花の陰に寝て一夜小てふ《（蝶）》のゆめ《（夢）》をミし《（見）》かな

春池

入 杜若咲る《にほふる》かうへにふちなミの紫さ《迄》へに匂ふ《うつハ》池水

春夢

入 おもひ寝の枕にかけてミよしの《（御吉野）》ゝ花そ小てふ《（蝶）》のゆめ《（夢）》の浮はし《（橋）》

暮春川

山さくら《（桜）》ちり《（散）》うく川のいつくにかしから《（柵）》ミかけてはる《（春）》をとゝめん

松にさくら《（桜）》

はる《（春）》をしむ《（惜）》人の為にと此庭にさかり《（盛）》ミせ《（見）》ける松にさくら《（桜）》かも

暮春鐘

入 ゆくはる《（行春）》をしむ《（惜）》心もつきなくに在あけ《（有明）》のかね《（鐘）》ハなとひゝ《（響）》くらん

年内立春

不入 巻ノコス（残）コヨミ（暦）ノオク（奥）ニ春立テ有明月ノカスム（霞）ヲソ見ル

入 空言ニナサシト梅ヤマツ薫ル年ノマナカ（真中）モハル（春）ノ日カスヲ

花初散

チル（散）トイヘハシツ心ナシサクラ（桜）ハナ（花）アマタ（数多）カナカノ三ヒラ四ヒラモ

新春夢

きのふ（昨日）まてわかなりさひ（寂）しうつ（埋）み火をはな（離）れてはる（春）にたつ心かな

（二行空白）

夏補（折り目書）

（61オ）

夏草

夏山ノ木下露ニヌレテ咲ウケラカハナノ色モメツラシ

晩夏月

竹風夜涼

夏暁

夏蝶

海上納涼

ちる花にいとひしはるのあらし山　若葉

六月の末つかた秋立しに

影ミれハまた六月の有明にちらぬ一葉も秋のはつかせ（初風）

夏枕

「夏夜」ハトフシカクフスヒマモナク鳥ソハ声ヲツケノ小マクラ

夏月易明

（61ウ）

「入」舟留て《をりしきて》影ミるほともなかりけり入江の《玉江の》あし（芦）のミしか（短）夜の月

入「夫婦早苗ウヽ（植）ル処」「画讃」

「五月雨ノフルノ山田ニシツ（賤）ノヲカイモ（妹）ト並ヒテトルサナヘ（早苗）カナ」

入「書トモトリチラシテ虫ハラフ処」「同」

「カキ払ヒシミ（紙魚）ノスミカ（住処）トナシハテシ家ニツタ（伝）ハル文車ノ文」

入「卯花咲タル処郭公ナキタル」「同」

「此ユフヘ一声ナキテ宇（卯）ノ花ノヲリ（折）ヲ忘レヌ山ホトヽキス（時鳥）」

入「夏田家」

「夏フカキ賤カ門田ハ道モナシ粟生豆生ノカケ（陰）ニカクレテ」

「夏月入簾」

入「小\簾一重ヘタテ（隔）タリトモオホエ（覚）スハ更テ涼シキ月ノ高トノ（殿）」

入 山家夏月
山さともかやりハたけとゆふくれの空に夏なき月の涼しさ

井夏月

入 夏夜ノ月ヲウケ《のかけうく》タル山ノ井ハキリ（桐）ノ一葉モマタヌスヽ（涼）シサ

関時鳥

「\\」アフ（逢）坂ヤアクル木末ノホトヽキス今一声ハ関コエ（越）テナケ（鳴）　又関ノヲチカタトモ

「入」関守ノネサメ（寝覚）ニナノル郭公アフ（逢）坂コエテイツチ（何方）行ラム

五月雨晴

「不入」蓮葉ニ玉ナス露モナカリケリ五月雨ハルヽ宿ノ池水

（62オ）

競*馬

氏*人ノコマ（駒）ノウヘニモカチマケ（勝負）ヲ別（分）イカツチ（雷）ノ神ノヒロマヘ（広前）　不入

入　新樹妨月

露ノミカ月サヘモラ（洩）スナリニケリ若葉ノ楓枝シケ（茂）リツ、

関夕立

「入」逢坂ノ関カキ曇ル程モナク早夕立ハ杉ノ下道

舟中納涼

「入」此嶋ハ松カケ清シ舟ヨセ（寄）テス（涼）、ミカテラニ月ヲマ（待）タハヤ

オキツ風吹ノマニ〳〵大舟ノユタ（寛）ニス、ミテヒト日クラシツ

「照射」

入「カリ人ノホクシ（火串）ノカケニコ（焦）カレヨルシカ（鹿）計ナルアハレサハナシ」

「嶺照射」

「入」「五月山アケ（明）ユク雲ニ立ソ添ミネ（峰）ノホクシ（火串）ノマツ（松）ノケフ（煙）リモ」

納涼

「入」六月のてる日乍ラモいは（石）走るたき（滝）の音きけハすゝしかりけり

余花

入　うれ（嬉）しくものこりて花の匂ふ哉若葉のミそと《をたにと》入し山路に

扇

入　夏フカクヒ（開）ラク扇ニタ（誰）レシカモ涼シキカセヲコ（込）メテヲリケム

夕立

「入」いつはりのセミ（蟬）のしくれ（時雨）ハ音やミ（止）て梢をめくる夕立ノ雨

（62ウ）

夕立

入　「ゆ」ふたちハいそ山ちかく《つき雲はれて》虹立ちて《見えて》おきに出たるなるかミ（鳴神）のおと（音）

車中蛍

入　「下」スタレ（簾）糸タエ（絶）ケラシ小車ニ蛍モノホルタクレ（暮）ノ影

初夏にして燕子花の咲たる

入　「夏」ハまた浅沢水のかきつはた花はるへた（隔）てたるにほひトモなし

郭公

世にい（出）てん事や卯月の時鳥おの（己）か寝くらの雲になくらん《也》

（六行空白）

（63オ）

○佐藤泰郷　祖父（八十）母（七十）に竹政遐年

陰なれ
ちきりえて《うらやすく》千世とも（経）ふへき此君のまつ一ふし（節）や八十なゝそち（七十）

○備後三郎高徳（児島）　佐々木之支流ト云

君莫忘（空）勾践　時非無范蠡

天ト書一本アリ、可考、

（五行空白）」

（63ウ）（空白）」

（64オ）（空白）」

（64ウ）（四行空白）

文月ついたち超光寺大とちのもとにてよミける、即興の一首

涼しさを一村雨にはこはせてま（先）つ秋しるハこれの高殿

（三行空白）」

秋補（折り目書）

（65オ）「○」△ 初アキノ短夜ナカラ灯ノカケシタ（親）シクモナリニケルカナ

初秋灯

「不入」「○」サヤカナルアキノヒカリヲマツ見ルハ月カケヨリモ窓ノ灯

△○「マタヽ（瞬）クモ寂シト見ルヤ秋風ノコヨヒ（今宵）入タツ窓ノ灯

故郷秋風

△○「昔見シ垣根ヤイツコマレ（稀）ニ来テキクモウツラノ床ノアキ風

東西
鹿声両方

△○「小〵シカ（鹿）ナク山ハ白川嵯峨ノオク都ノ秋ヲ中垣ニシテ

荻

△○「荻ハタヽ一モトナカラ寂シサノ庭ニミチタル風ノオト（音）カナ

「○」七夕「琴」

△○「〵彦星ノマレニアヒミルツマ（妻）琴モシラヘ（調）ハ絶シ万世ノアキ」

△○「カキナラス秋ノシラヘヲタナハタ（七夕）ハウレシキコトヽウクヤウケスヤ」

「○」「七夕雲」

△○「タナハタハ雲ノハ（果）タテニツマヲ置シウラ見（恨）モトモニハルヽケフカナ」

△○「彦星ノチキリヘタテヌ雲ナラハタツトモヨシヤ天ノ川セニ」

△○「東山ノ大文字ノ画ニ」

「○」「初アキノコヨヒハカリノ《ハ》ヒカシ山月オソカレト思フ也ケリ」
」

(65ウ)

「山紅葉」

△「○」「小倉山フルキ《リシ》ミゆき（御幸）の秋の色にいまもしくるゝミねのもミち葉」

△「○」「白雲ニマカ（紛）ヒシハナノ木々モ又秋ハニシキ（錦）トミヨシ（御吉野）ノ、山」

「○」「月」

△「○」「スム月ノカツラ（桂）ヲ払フ秋カセニチリ計ナル浮雲モナシ」

深夜雁　舟ツ

△「○」ハツカリノ声ニメサメテ空ミレハアクル（明）ニチカキ月ノ色カナ

海辺擣衣　同

△「○」おきに《コキ出シトモ》出しつり（釣）のおきな（翁）も聞やしる我すむ浦のきぬ（た脱カ）也とハ

△「○」浦人ノシホナレ《舟ニアリテツリスルアマモトモ》（潮馴）衣打ツチ（槌）ノオトハナミニモマキ（紛）レサリケリ

河月

△「○」秋の水すむ山川のくひせ（杭瀬）にハ月のうさき（兎）のかけも見えけり

「草花」

△「○」「浪《白ナミノ》ヨセテアラフ錦トミゆる哉尾花ニ交ル野ヘノ秋ハキ」

「○」「暮秋鹿」月下鹿トモ

△「長月ノ月《カケ》モスヱ（末）野ノ有明にしかの音送る峰の秋かせ」

△「○」「ツマ恋ノアキレシラ《レ》トヤ長月ノ月モスヱ《アリ明月ニ》野ニ牡鹿ナクラム」

「○」旅宿月

△行メクリ草ノ枕ノツユトフヤ見棄テ出シ故里ノ月

「○」暮秋月

(66オ)

△行秋ノカタミ（形見）ノ月モ留マラテ薄キリカクレアカルカケ（影）カナ

「○」暮秋荻

△ウラカレ（末枯）ノ荻ノ葉風ノオトヲノミヤト（宿）ニト、メテクル（暮）、アキカナ

「○」栗

△位山ミネナル《行》人モ落タルヲ拾フハ路ノ小栗也ケリ

暮秋

△「○」山マツノトキハ（常盤）ナカラニアキクレテ梢ノアラシオトソシクル、

△「○」サヲシカ（小牡鹿）ノツマトヒ（妻問）シツル声ノミヤノヘ（野辺）ノ草木モウラカレ（末枯）ニケリ

△「○」長月ノ在明月ヨカキクモリシクレフルコトカナ（叶）ヒケルカナ

月下鐘

△○「チルハナニカコ（託）チシハルハユメナレヤ月ノユフ《野守》ヘノ入アヒノカネ

△○「カネハ早ユフヘヲ告ノ《ル》声ノウチニヒカ（光）リサシソフ山ノハノ月

△○「入アヒノカネニクハヽル月ノイロモ吾スミテシル秋の山寺

初秋萩

第四 マツウツシ見ル歟

△○「サキ初テキリ（桐）ノ一葉ニオクレヌヤ秋シル宿ノ萩カハナツマ（花妻）

△○「ホシ合ノ影マツ宿ノ池水ニ一枝ナヒク萩ノハツハナ

籬朝顔

△○「朝顔ノフヽミカソヘテウスキリノマカキ（籬）ニタヽヌユフクレゾナキ《モナシトモ》

△○「竹垣ノコナタカナタノ朝顔ハ何レカアルシ花ニトハヽヤ」

（66ウ）

八月十五夜、五十嵐老門主ノ家ニテ、定《ムカシ》家（藤原）君ノヨミマセシ天ノ原思ヘハカハル云々歌の文字を分ちて、おの〱秋の歌よミけるに

あ

△「○」秋草の花の匂ひもミそち（三十）あまりかくることなきけふ（今日）の楽しさ

る

△「○」るいもなき影とあふくや月こよひ（今宵）くもらぬ秋のやまとしまねに

き

△「○」きり〳〵す花野のつゆを身にしめてさすやにしきのつゝりなるらん

○翫月

△影さへ〔えカ〕（冴）ん木々なき月の高との（殿）に所えてミるけふの楽しさ

社頭月　舟津社にて

△「○」秋きりをミた（三太）山かせに払はせて神垣高くすめる月哉

暁初雁

△「○」ほとゝきすまち（待）し寝覚も此あけの空におとろくはつかりの声

秋里

△「○」かきりなく稲かけ渡しをふところのさとゆたかにもミゆる秋哉

秋雨

「△○」桐の葉に音せぬ程の村雨ハ月のかつらのつゆにや有らん

秋松

「△○」もミちして枝は(這)ふつた(蔦)のいろ見すハ秋共しらし軒の山まつ

*いろそめて枝はふつたのなかりせハ

もミちして梢につたのかゝらすハ秋ともしらし軒のたかまつ」

(67オ)

○名所擣衣

△衣打里ハ忍ふの忍ふにもたへぬ夜さむをよそにしれとか

政貞(橋本)久しく音信さりしに、ころハ長月の末つかた歌のたよりに

「△○」世につれてうときも人ハもミち葉のをりを過さぬ心共かな

月前鐘

「去」月ハはや山のは高く成にけり野守のかねの暮つくる比

△○かねハはや入あひ告る声のうちにひかりさしそふ山のはの月

「去」かねの音におとろかされて法の師のかへれハのほる峰の月哉

「△○」ちる花にかこちしはるハゆめ(夢)なれや月のゆふへの入相ノかね

「樵路の月トス」
「○」可考
かねのおとにおとろかされて紫

人の下れハのほる峰の月かけ

「○」△入あひのかねにくはゝる月のいろも吾すミてしる秋の山寺

月前烟

「○」△空たきのけふりを《ヤ》月に吹かけて《ソハルラム》かつらの影も薫る小夜かせ

重陽宴

「○」△入我モ人モ世ヲ長月ノ例ニトケフトリ《クミ》ハヤス菊ノサカツキ

閑居草花

初五　我いほハ

「○」△わかいほ《そひわたる》ハ垣の葛花をミなへし（女郎花）とりあつめても匂ふ秋哉

「○」△八重むくら（葎）とさし（閉）はてたる垣根ニモ萩の錦ハアル世也ケリ

「○」△ツユ（露）フカキアサチ（浅茅）カ庭ノフチハカマ（藤袴）タレ《イツ》キテカホ《人ノ》ホコロ（綻）ハシケム」

(67ウ)「○」△ひとりすむ庵にハをしき色なれや尾花か袖も萩の錦も

閑居秋興

「○」△遠山ノ鹿ノ音サヘニワカイホ（庵）ノ物トナリヌルハキ（萩）カハナツマ

「○」寺月

△アキ風ハ瓦ノ松ニ音ツレテ月クモリナキ峰ノフル寺

「○」月前灯

△柴ノ戸ハサシ入月ノクマ（隈）ナサニ灯タテヌ夜ハ（半）ゾ多カル

「○」思フコトアリケル秋、ミヤコニテ月ヲ見テ

△月ミテモナクサメ難キ身一ツハ都乍ラ《の秋も》ノオハステノヤマ（姥捨山）

△「○」山家月

△身ニソシム正木ノカツラ秋フカミクル人タエシイホノ月カケ

山家菊

△「○」都人モミチノ枝ニヲリソヘヨ我山陰ノ庭ノ小菊モ

「○」△アキフカキ板井ノ清水ムスフ手ニ色サヘ香サヘウツル村キク

閑居菊

△「○」オチクリ（落栗）ヲヒロ《ラ》フウナ井（髫）ニ思ハスモマカキ（籬）ノ菊ヲヲラレツルカナ

「○」秋煙

△都人茸狩スラシ秋山ノ松ノ木カケニ煙タツ見ユ」

(68オ)（空白）」

(68ウ)（七行空白）

しも月（霜）のころ、千丈かもとより花あまた付たる梅を根こしておくりけるに、そへし歌

あつさゆミ（梓弓）はるにさきたつ此花そ菊よりのちにミるへかりける

かへし

雪のうちもさく此はなのかをりかハはるかとそ思ふあはれこの花」

冬補（折り目書）

（69オ）

「○」雨後冬月

「不入」小夜時雨ハルレハ又モ冬枯ノ梢ヲ窓ニウツス月影

名所雪

「○」初雪ノ志賀ノ花園花ヨリモ見処多キ雪ノ花園

雪中灯

「○」消ノコル《カテノ》光モ寒シ雪折ノ声キク竹ノ窓ノ灯

「○」冬野

雲ハル、冬野ノ原ノ明仄ニ一村白キ雪ノ遠ヤマ

「○」冬田

朝日サス山田ノクロ（畔）ノ霜解ニオチホアラソフムラス、メ（群雀）カナ

「○」雪中松

ツモラセテ折々払フ風越ノ峰ノ松ニハ雪折モナシ
「○」シハスツコモリ（晦日）、山寺ニアリテ
ナヤラヒ（儺遣）ノ声モキコ（聞）エズ山寺ハ入相ノ鐘ニ年ヲ送リテ
「○」朝落葉
○朝霜ハ日影ニ消テ薄ク濃キ落葉ノ色ニ帰ル庭カナ
「○」初冬時雨
○菊紅葉見シハ昨ノ秋篠ヤ外山時雨テ冬サ（去）リニケリ

(69ウ)

○冬夜ノヒトリ言ニ
思出ル親ノ厚〔脱アルカ〕フスマナコヤカ下ニヒトリ寝サメテ
○歳暮竹
コト（言）ノ葉ノヒトフシ（一節）ナクテ年クレヌハル（春）ヲヤマタ（待）ン窓ノクレタケ（呉竹）
冬井
「○」朝またき井けたの雫こほる日も汲上る水のけぬるき（温）やなそ
暁時雨
「○」忘れてハ《わかれうき》たか暁の涙より時雨も空にかきくもるらん

「○」暁霜

忘れてハかき《（垣）》根の霜を消のこる有明月の影かとそ見る

「○」「ミヤツコ《（宮つ子）》火タキスル処　「画三《（賛）》」

「神垣ノ霜ハ火影ニ今朝消テキネ《（巫覡）》カ丸ネノ跡モノコラズ」

「○」「カハラケ《（土器）》ウル《（売）》人アリ、又ホナカ《（穂長）》ウルアリ」「同」

「穂ナガメセ《（召）》カハラケメセノヨヒ声ニミヤコ《（都）》ハ年ノクレ《（暮）》ソニギハ《（賑）》フ」

「時雨」

○「吹マヨフ嵐ノ雲ニクモル《（曇）》サト《（里）》ハル、サトワク村シクレカナ」

「不入」歳暮*

行*年を惜と云つゝ人皆の春まつ心豈なからめや」

連夜時雨

（70オ）

○「「冬ノ来テ空定メナキシクレユヱコヨヒ《（今宵）》モクモル《（曇）》窓ノ月カケ《（影）》」

「オトロカヌ《（驚）》ユメ《（夢）》モアリヤトマキノヤニコヨイモスクルムラシクレ《（村時雨）》カモ」

「○」「野雪」

「カヒ《（甲斐）》カネニミシハイクカノサキナランケサムサシノ《（武蔵野）》ニフレ《（降）》ルシラユキ《（白雪）》」

「○」霞

雪ヲコソ松ノ庇ノイタツラニ音立テフル玉アラレカナ

「不入」軒タカクツモラン雪ノハツシホニケサ《今朝》音タテ、フルアラレカモ

「○」冬神祇

神垣ノ榊葉白ク霜置テ打八ヒラ《枚》手ノヲトモサム《寒》ケニ

「○」冬ノ日女ハタオル

アハレ也冬ノ日クラシオル《織》ハタ《機》ニイタ《ト》ナキシツ《賤》カワサ《業》モシラレテ

ヲサ《筬》トメテ誰為物ハ思フラム日影短キ冬ノ窓ニモ

「○」歳中立春

「○」立そめて年のこなたの春の名を空ことにせぬ朝かすミ哉

「○」またき立はる《春》を名のミになさしとやたなひくかすミ《霞》かほる《をカ》うめ《梅》か香

「○」野雪

かひかねにミしハいくかのさきならんけさむさし《武蔵》野にふれ《降》る白雪」

残菊

（70ウ）

○初霜ヲ尾花カ袖ニオホ《覆》ハセテ冬モ盛リノ菊ヲミル《見》カナ

「○池残菊
フユアサキ池ノ
心モアラハレテ
キシニ匂ヘル白
キクノハナ」

「○」「オトロヘヌキク《(菊)》ノイロ《(色)》香ハ冬来テモノキ《(軒)》サム《(寒)》カラヌ宿ノシルシカ」

「○」「冬来テモイマタ氷ラヌヤリ水ニ色サヘ香サヘウツル白キク《(菊)》」

「○」嶋千鳥

カケ《(影)》サムキアカツキ《(暁)》月ニナク《(鳴)》ナルハワカレ《(別)》シ妹カシマ千鳥カモ

風アラキハナ《離》レ小シマ《(島)》ノ友千鳥ナキテ何クノ浦ツタフラム

村千鳥八十シマカケテナクナルハ此夕月ニシホ《(汐)》ヤミツラム

○「○」初冬暁

荻ノ葉ハ枯テオト《(音)》ナキアカツキ《(暁)》ノマクラ《(枕)》ニカハル初シクレ《(時雨)》カナ

○冬ノ来テシモ《(霜)》ノ林トナリシヨリイト、身ニシムアカツキノカネ《(鐘)》

「○」冬河

○ゆふ暮に棹さす袖も白貴川雪ヲノセタル舟ノカヨヒ《(通)》路

「○」冬山

○「イマイクカ《(今幾日)》アラハ尾上ニ雪ヲミム木末寂シキ冬カレ《(枯)》ノ山」

「○」冬川

○霜コホル川ヘノ穂タテ色クチテ冬フカ《(深)》クナル水ノ音カナ

○
山川ノ上ハ氷レル岩マヨリムセヒテオツ《（落）》ル水ノオト《（音）》カナ

「○」冬旅

旅人ハいつく泊《やとりを》りといそくらん暮ぬひかり《（光）》を雪にたの《（頼）》みて

（71オ）

○冬川

○
カモ川ノウスキ氷ヲアサナ〳〵フミテミヤコ《（都）》ニ出ル柴人

十月のはしめ北山氏のとはれしをよろこひて

冬かれ《（枯）》てことのは《（言葉）》もなきやとりともしらてことゝふはつ時雨かな

三喜子《（島津）》のもとへおなしころ

いくたひ《（幾度）》の時雨の後も明やらて我為近き冬のよそうき

（五行空白）

（71ウ）

（空白）

（72オ）

（法補）

玉

曇リナク民ノ心ヲテラセトテ《まこと心をうつせとて》神ノ授ケシ白玉ソ是

（八行空白）

（72ウ）

国恩
ウラヤスノ国ニ生レテ政タヽシキ御世ヲアフク民草
アフカサラメヤ
仏恩
かきりなきひかり（光）もとほき《長き》御いのち（命）もタヽ我ゆゑときくそうれしき
もゆる（燃）火のなか（中）を分てもきく（聞）へきを此まヽそとハ南無阿ミた（弥陀）仏
親恩
たらちねのおや《ふかき》のめくミ（恵）にくらへ（並）てハうミ（海）の千ひろ（尋）も物のかす（数）かハ
なほさりにおもふ（思）にしき（錦）きハたらちねの我をひた（養）セシ恵ミ也けり
うやまひ（敬）の心のなくてちヽ（父）はヽ（母）をやしなふ（養）のミハ人のミち（道）かハ
独述懐
いたつらに老て友なきをり〳〵のことの葉□□ハ世にも知られし
かたることきく人あらし
其恵あふかさらめや政正しき国にたミとうまれて
服部保昌ぬしことしハ六十一に《也》、そのこヽろの歌をと乞れしかハ
ウラヤス（浦安）クモヽトセ（百年）コエテかへり見よ六十あまり（余）ハ老の山端そ」

雑補（折り目書）
青木貞中
松花堂
同郷送信

（73オ）

寄松祝

コトノハ（言葉）ノサカエ（栄）モサソナ十カヘリノハナ（花）サクマツ（松）ヲ宿ノ名ニシテ

古泉書ノ奥ニ

「アカ（赤）金ハ貴トクモアルカイニシヘノ筆ノスサ（遊）ヒヲ今ニ遺シテ」

「閑中夢」

「シツケサヲツネノ心トスムイホ（庵）ニナトハナトリ（花鳥）ノ夢ハミ（見）ユラム」

「ハナトリノ夢ニ六十ノハル（春）モヘツサラハ小蝶ヲイホ（庵）ノ名ニセム」

杉一本書ルニ賛

サカユヘキシルシト三輪ノ神杉ヤその一もとをやと（宿）にうつして

瓜生野ノ歎訴ヲ狛氏ニ取ツキストテ、ソヘケル

葛ノ根ニイノチカケタルウリフ野ノ民ノナケキヲ君ヨコトワレ

瓦

尊と《人の》しとをく山寺の軒《にしも》はにも瓦のをにハすむ世也けり
古寺にいかてかはらのをにハすむらん　山寺も瓦の鬼はある世也けり

寄玉祝

一夜かる草の枕もふるさとのゆめにわかれぬあかつきそなき
かりそめの共

（73ウ）

日本ハうまし（美）くに（国）ゝてうつしほ（渦潮）のミちひる（満干）玉もかミ（神）のまに〳〵」

旅宿夢

露しけき草の枕もよしや吾都にかよふ夢しむすハ、

物名ニタニサク

ハル日影マツサスカタニサク梅ヲ北ノ窓ニハウヱ（植）シトソオモ（思）フ

琴　五十嵐家会

コヽロ（心）マツヒカルヽモノハウタマヒノナカニマシハル玉コトノコヱ（声）

此コトノシラヘキヽシル人ナクハ吾ヲヽタヽンアハレ此コト伯牙ノ賛ニモ可用、

古都　同当座

サヽナミハ昔ニカヘル音モナシアレテ久シキシカノハナ園

山里ヲ問シニ、アルシノアラサリケレハテフコトヲ

チリノ世ノコトハキカジト門トヂテノガレシアトカ軒ノマツカセ

琴

ナホサリノマツカセ（松風）トノミキク人ノ為ニハアタラ玉コトノ声

きく人のなきをうれたミをゝたちし世のふることそ耳にトマレル

五会法事賛
借問家郷何処在
極楽池中七宝台

（74オ）

寄硯祝　貞中（青木）ノ席上ニテ、貞中かもたるすゝりに歌をと乞れしに

朝ヨヒニ向フス《ナラス》、リノウミサチハツキ（尽）ヌコトハ（言葉）ノ玉モ也ケリ
ソコヒナキス、リノウミノヨハヒ（齢）モテ世々ニ玉モノヒカリ（光）アラハセ（顕）」
ふく井（松平慶永）太守の仁政をかしこミて弘化二年のはる
松かけに霜をのかれ（逃）し翁草おきふし（起臥）君をあふく（仰）春かな

狛帯刀初て東武送行

君まち（待）ていとゝひかり（光）もそは（添）るらんふし（富士）の白雪むさし（武蔵）野の月
〔むさし野の月カ〕
千万の神の守りに雨風のさはりもあらし

寄竹述懐

うき（浮）ふしハ老ていよ〳〵（弥）数そひぬあはれと思へ軒のくれ（呉）竹

豊彦かゝける岩保の画に

穴めてた是もむかし（昔）ハさゝれ石といは（云）れし世々のあり（在）けん物を

雪中に鴨の画木草もあり

冬かれ（枯）の嶋の草木ハ雪白しミとり（緑）をかも（鴨）の色にのこし（残）て

平忠度

立かへり（返）ミやこ（都）にとめ（留）しことの葉ハさゝなミ（小波）遠くきこえ（聞）ける哉

美人

たをやめハおの（自）か姿やたの（頼）むらんくしけ（櫛笥）のかゝミ（鏡）とりて見るにも

女もミちをひろ（拾）ふかたに

たをやめかひろふたもとのむらさき（紫）ももミち（紅葉）のあけ（朱）ハうはゝさりけり《エコソウハ、ネトモ》

渓雲

しらすわか友となるゝや谷の戸の雲ハこゝろ（心）のあり（在）やなし（無）やも」

円光寺三回忌に、寄雨懐旧

いとはやめ《もミ》三とせめくりて長月のゆめ（夢）のあととふはつ（初）時雨哉

間部正恭ぬし身まかりしに、香の包かミに

ひとたきの煙をやりて我そとふ（問）こゝにハ消し玉のあり《すミ》かを

願教寺実言一子をさき立しに

あととへよおや（親）にさき立此庵のわかれ（別）はかなき世そと知にも

百人一首ヲ写シテ人ニ遣ストテ、包紙ニ

小くら（倉）山のきは（軒端）の松のゆふ（夕）時雨世にふるされぬことのは（言葉）そこれ

寄硯述懐

もくつもてたまとおもふ《はらふ》ハ心さしあさ(浅)きすゝり(硯)のミつからそかし

寄玉祝

うかれこふあたこそなけれ我くにハしほひ(潮干)しほみつ(潮満)玉のひかり(光)に

しまつ(島津)三喜子か夫をさきたてし後、比ハ秋なりしかハ

ひとり寝にはつかりかね(初雁声)をきく(聞)老の手枕いかにつゆけかるらん

大慶院の二十五回忌に、寄雨懐旧

むかし思ふ心をしり(知)てけふも又くもる(曇)かそての秋のむらさめ(村雨)
そのころをり〳〵村雨のふりしゆゑ也

虎ノ画ニ

我国ノ弓矢ヲ見テハヨモ堪シサコソイサメル虎ニハアリトモ

松田延年カ始テ江戸ニ行ニ

イカナラム月モ名ニオフムサシ野ニ初テムスフ草ノマクラハ

淡海ノ松齢テフ法師の五十賀に、寄松祝

かそへ(数)しるいそち(五十)や二葉とほ花にさかえ(栄)ん松のよはひ(齢)おもへハ
第三、千世マテモトモ

大慶院の二十五回ニ、寄雨懐旧

むかし思ふ心をしりてけふも又くもるか袖の秋のむら《（村）》雨
その頃をり〳〵村雨のふりし也

「西行上人ヲ」

「杖トメテシキ《（鴫）》立サハノ秋ノ水フカキアハレヲ汲シキミカナ」

「アラマセシ身ノオハリコソタ、ナラネソノキサラキ《（如月）》ノ月トハナトヲ」

宝

伝へます三種の宝かけまくもかしこ《（畏）》き御代のしつ《（鎮）》め也けり

青木貞中始テ男子ヲウマセシニ

高マツ《（松）》ニ小マツヲソヘテ千世ニ又千代ノ栄エヲ見スル《ヘキ》宿カナ

高マツニ其子マツサヘ生立ヌイハテモシルシ千代ノサカエハ

亀

ヲサマ《（治）》レル世ニハフタ、《（再）》ヒ名クハシキ文オフ亀モ出サラメヤハ

「三国ニ遊ヒシニ、ヒヨリ《（日和）》山ニテ」

「真帆ナリシ舟ノカタ帆ニカハレルハ白峰オロシ《（颪）》ヤ沖ニフクラム」

「マレニ来テ楽シキアキ《（秋）》ノ日ヨリ山キク《（菊）》ヲリカサシ小栗ヒロ《（拾）》ハム」

「海上晩望」

「見サクレト蒼ウナ原ハ山モナシ入日ヤナミ（波）ノカキリ（限）ナルラム」

「石」

「いか（如何）にせん名ノミ聞ツ、ユ（行）キテ我見ルコトカタキツホ（壺）ノ石フミ」

「蓮生法師牛ニノリテ旅行カタニ」

「世ノ中ヲウシト見棄テ今ハ只一ツ心ノナムアミタ（南無阿弥陀）仏」

「宝」

伝ヘマス「三クサ（種）ノ宝カケマクモカシコ（畏）キミヨ（御代）ノシツ（鎮）メ也ケリ」

紙　舟ツ

イク十タヒスキ（漉）カヘサレテカミヤ（紙屋）川世ニウス墨ノ名ヲ流スラム

赤*　同

*クモ（曇）リナキ夕日ヲウケテサクキク（菊）ノ其色サヘニ赤ノ玉カキ（垣）

（76オ）

蝙蝠　同

蝶鳥ハクレテ《トモニ》シツマルタクレノ軒ヲ我世トカヨフカハホリ（蝙蝠）

老て《の》の後ミやこ（都）にのほりて、ちゝ（小倉見季）の墓にまうてけるとき

世にありと云名はかりの手向草葉末におくハつゆ（露）かなミた（涙）か

山家水

深くして濁らんよりハいほ《（庵）》むすふ我山水よききよ《（清）》く浅かれ

南極老人に梅松をそへたる画に

梅薫り松ハかすミて万代をゆたにへぬへき春のいろ哉

冬の山水の画に

人ハ皆かへり尽してゆふ霜の一筋白きまへの《ノチノ川ハシ》たなはし

夫婦ともに六十になる人の賀に

千世までも翅ならへん友つるのむそち《（六十）》の秋や老の山くち《（口）》

述懐

さき《（先）》の世のむくい《（報）》としらて身をかこち人をうらやミ過しける哉

山家橋

（76ウ）今ハ世ノ人ニトハ《（問）》レンタヨリ《（便）》トモカケテタノマヌイホ《（庵）》ノタナハシ」

「三国の水門なる中嶋何かしかもとより、かの家に物して菊

と名付し醤油を送りはた、これの賛をと乞しに」

「雲ノ上ニキコ《（聞）》エン秋モトホ《（遠）》カラシ此中シマノキク《（菊）》ノ薫リハ」

南極老人ノ図ニ

人ミナノアフクニ知ヌ万代ヲカサネテスマン星ノヤトリ《（宿）》ハ

星

コト国ニウツラスサラス北ニスム七ツノ星ノヤトリ高シモ

「チヨロツ《（千万）》ノホシニサキタツユフツヽノヒカリヲアフク西ノヤマノハ《（山端）》」

寄道述懐

天たか《（高）》く地ひろ《（広）》かれと身ひとつをたてやすからぬ世のなか《（中）》のミち

まこゝろ《（真心）》をのふるひとつハいにしへ《（古）》もいま《（今）》もかはらぬことのは《（言葉）》のミち

「山」

「面カケ《（影）》ハ消ス心ニノコリケリノホリ《（登）》テ見ツル白山ノユキ《（雪）》」

祐善法印ミつから雪月花のかたちしたる乾菓を製しておくるたる《とて》に

君ハまつ《（先）》いつれをとりてよしといはん月雪花のあるかなかにも

此かへし

「月雪ヲカシ《（菓子）》トニハアラス二月ノヲリミルモノハサクラナレハゾ」

松田延年のなり出をことほく

（77オ）

はるをへていやます〳〵にそひゆかん緑もしるき宿の若まつ」

「杖」

「老ノ坂ノホル六十ノタツカツヱ《手束杖》ツクトハスレト猶ソクルシキ」

「画賛　春野ニ殿上人ノ小マツヒク処」

「松モケフ雲井ノ庭ノ春ヤ知ル大宮人ノソテ《袖》ニヒカレテ」

物名にゆふか　舟津会

神垣の菊にもミち《紅葉》に秋の色のいやふかからんをりをこそまて《待》

八月廿六日、舟津にてあるし《橋本政貞》によミて見せし歌

まね《招》かれてひと日来てとふ山かけ《陰》の秋のミやひハ尾花のミかハ

かへし　政貞

とひ《問》来ますかひこそなけれ菊もミちまた秋あさき山かけにして

政貞久しく音信さりしに、ころハ長月のはつかあまり、かくよミてやる

「秋の部ニ入」

世につれてうときも人ハもミち《紅葉》葉のをりを過さぬ心ともかな

袖の月かけ

定家 モシホクム
俊成 ミチアルミヨノ
ハシメニソツク

（77ウ）

我なから年とそ思ふ六十まて秋をかさ（重）ねしそての月かけ

ミちあるミよの「原獣」

「道ヲタニワカヌ野原ノタソカレニ人マヨハシノ狐火ゾウキ」　」

披書逢古人

カミツ世ノ書ノ中ニモオノ（自）ツカラワ（我）カ玉アヘル人ハアリケリ

立カヘリワカ身其世ニアリセハト文ミテ忍フ人ノウ（上）ヘカナ

「鳩」

「オヤ鳥トヒトツ枝ニハ居ヌ鳩ノ其イ《ゐ》ヤマヒヲ心トモカナ」

「十月ハカリ歌ニマネ（招）カレタルニ、ケフノハ（晴）レヲ祈リタルヨシ、

主ノ云ケルニ」

「イノリテシ君カ心ノマコトヨリケフノヒト日ヤシクレサリケム」

「河シマ松洞カヨミオケル歌トモカキヌキテ、貞中（青木）カリ送ルトテ」

「冬枯シ老木カモトノモミチ葉ハヒロ（拾）フニツケテヌ（濡）ル、ソテカナ」

「画賛　雪フリタル嶋カケニカモ（鴨）浮タリ」

「冬枯ノ嶋ノ草木ハ雪白シ青羽《葉》ヲカモノ色ニノコシテ」

（78オ）

狛帯刀主東武送行

千万ノ神ノ守リニ雨風ノサハ（障）リモアラシイソノウマヤヂ

君マチテイト、ヒカリヤソハルラムフシノシラユキムサシノ、ツキ

松陰ニ霜ヲノカレシ翁草オキフシ君ヲアフク（仰）ハルカナ

◦福井ノ君（松平慶永）ニ造リクタモノ（果物）ヲ奉ルトテ

御筵の末に侍りてことほき奉る一首

玉くしけふたゝひ世をもおほふへきならのひろ葉のかけそかしこき」

東崕のうし（大人）の徳行から（唐）歌にむく（報）ゆ

念しれ六十のいま（今）も世のちり（塵）の外にハいてぬ老かまとひを

芥川帰山（舟之）のうしのから歌にむくゆ

あさつゆ（朝露）ハおもひ（思）汲へき呉竹のふた（蓋）をこ（込）めたるミちのえ（縁）にしを

青木貞中かふたゝひたひ立に

おもひきやとし（年）にふたゝ（再）ひか（帰）へる山か（帰）へりて又もわか（別）るへしとハ

おもひきや
めつらしく

此たひハとしにふたゝひかへる山かくてわかれのみちなくも哉

まち〳〵て　年にふたたひ　三たひのわかれときくかわひしさきかん物とハ

かへ（帰）る山名のミをきゝ（聞）て此たひ（旅）のわか（別）れに又もぬらすそてかな
かへる山名をのミきゝて　きこえて　ぬらす我袖

夏草に我山陰ハ色もなしいつこ分来て人のとふらん

　貴志何かし等かとひ来たるに

(78ウ)

　黒白の鼠ノ画　鳥井本専宗勧進　寄卯花懐旧

人ハ早此世ヘタテシウツ木垣面カケノミヲハナニト、メテ

人ハ世ヲ卯花垣根ヘタテ、モ心ニキエヌ雪ノ面影

　桂山ト云名ヲ人ニ遣ストテ

コトノハモツ（尽）キヌカツラ（桂）ノ山人ト世ニアフカレヨ我モタノマム

　七ふく神のさん（賛）に

こと国の神も交りてきミやとく民やすかれとまもる大御代

　オサ丸君ノ一周忌ニ、寄雨懐旧

昔思フ心ヲシリテケフモ又クモルカ袖ノアキノ村雨

　秋月院といへる名を久子につけたり、ときゝて

（79オ）

秋の月ことしなミたの袖にミんとハ
　弄花香満衣といへる詩句の心を
さくら花かさしなれたる袖の香を
つミ《（摘）》ためし花にたもとやかをるらんあとおふ蝶のふたつミつよつ
　○岩ニ菊ノ画ニ
動キナキ岩根に千世の秋こめて薫りなる《こと》にもさける白菊
△むかし宋の世に《名たかゝりし》朱文公《（朱熹）》といへるしゆ儒《人のものしりかへる》ありて夫かこと葉に、
ないひそけふ《（今日）》まな《（学）》はすとて又の日ありと、ないひそことし《（今年）》ま
な」はすとてつきにも年ありと、月も日もともにゆき、とし
我と延ることとなし、あゝ老にけり、これたかあやまちそやと
かける、ふミのこゝろを歌にと乞れて
あすありとたのむ心のおこたりに草木とともに朽んくやしさ
　おもひのとむる身のはてハ
朱文公勧学文

勿謂今日不学而有来日　勿謂今年不学而有来年
日月逝矣歳不我延　嗚嗚呼老矣是誰之愆
けふまなはすとてもあすありとないひそ、ことしまなはすと
ても又来ん年ありとないひそ、月日ともに《い》ゆきてとし我を延
る《へき》事なし、あゝ老にけり、これ《ハ》たかあやまちそやといひし、
此こゝろを歌にと乞れて
○宋の朱文公のこと葉に」
あすありと思ひのとむる身のはてハ草木と共に朽んくやしさ
文案の眠りいさめよけふも又ひまゆくこまの《ハ》あしもやすめす
けふも又日かけ西に日影のかたふきぬ灯とりてまなへ我とも

牡丹ニ蝶ノ画

フカミ草フカキイロ香ニナツ（夏）サヒテマカキ（籬）ハナレスアソ（遊）フ小テフカ
○むかし宋の世に名高かりし朱文公といへる人のこと葉に
けふまなはすとて又の日ありとないひそ、ことしまなはすと

てつき《又こん》にも年ありとなたのミそ、月日ともにいゆきて我を延ることなし、あはれ老にけり、こハたかあやまちそやとかける、文の心を歌にと乞れて

六十三翁東溟

けふも又西に日かけのかたふきぬともし火とりてまなへ我伴
あすありと思ひのとむる身のはてハ草木とともに朽んくやしさ」

（裏表紙見返し）「

寄蓮恋　自家ノ席

ツユ《（露）》ノ身ノ消ハイカニ《（如何）》ノウタカヒヲヒトツハチス《（蓮）》モエコソタノマネ

寄獣恋　（青木）貞中ノ席

吾思フ人ノイタケ《（抱）》ル猫ノ子ノネヨトナクサヘナツカシ《（懐）》キカナ

「寄藻恋」

「我身ニヨルト計モタノマレスナミ《（波）》ニウキモ《（浮藻）》ノウケル契リハ」

「寄杖」

「忍フ山入リソムルヨリ分マヨ《（迷）》フミチノシルヘニツク杖モカナ」

「老母ノ辞世ニ」

「年ヲヘテネカヒヲカケシミテノ糸ナムアミタ仏ヲトナヘテ《ノチカヒタカフナ》ソユク」

「寄木恋」

「ノチセ（後瀬）山ノ契も心《カレヌヘキ》トモシラテソ分シ峰ノシヒシハ（椎柴）」

夏恋

イモ（妹）ト我シハシハシ（端）居ノモノカタリ（物語）ナラスアフキ（扇）ノシメリワスレテ

寄火恋

さゝれいし（細石）《うち出ていはすともしれ》のなかのおもひ《ニコモレル》のありとハ《手マクラニウシヤ立ソフカヒノケフリハトモ》

からこ（唐子）らも鳥にならひしいもせ《道そとハ》そといひこしら《いもせそと》へてひきこゝろ（試）ミん

もののふもさくらハこへし谷《山》かけににほふさゆりの花もめつら（珍）し」

證誠寺歴代法主一覧

證誠寺歴代法主一覧

歴代	法灯	生年月日	往年月日	寂年	備考
宗祖	親鸞	承安三年四月一日	弘長二年十一月二十八日	九〇	承元元年越後に配流の途次、山元に留錫して、浄土真宗の教えを授く。
第二世	善鸞	承元元年十月十三日	建治三年九月十四日	七一	文暦二年越前丹生郡山元に住居し、本願一実の御法を説く。
第三世	浄如	嘉禎二年十二月二日	応長元年九月五日	七六	文永五年、山元に仏宇を造立し、相伝の宗風を継ぐ。
第四世	鸞如	文永二年二月十三日	康永元年一月十三日	七八	
第五世	旦應	元応元年二月二十三日	応永五年五月七日	八〇	
第六世	如顕	貞治三年九月三日	文安二年三月七日	八二	
第七世	道閑	至徳三年二月五日	文正元年六月三日	八一	
第八世	道性	永享十一年一月三日	大永元年九月九日	八六	文明七年、横越に移り、仏宇を造立する。
第九世	善充（善秀）	文正元年四月三日	天文二十年五月二十六日	八七	明応八年、上人号勅許、大僧都を拝任。
第十世	善壽	天文六年六月五日	天正十五年一月一日	五一	
第十一世	善教	永禄元年三月一日	慶長五年五月五日	七八	文禄二年、寺基村国村へ移る。
第十二世	善光	永禄五年一月五日	元和七年三月二十六日	六〇	

第十三世	善如	慶長七年九月二十日	正保元年五月二十六日	四三	
第十四世	善岌	元和五年二月三日	明暦二年一月十八日	三八	
第十五世	善養	寛永十三年一月五日	宝永五年十一月四日	七二	
第十六世	善應	承応二年五月三日	享保六年八月一日	六九	元禄三年、村国村より横越村に戻る。同六年十一月十八日、上人号勅許。
第十七世	善閑	元禄四年七月六日	宝暦四年八月三日	六四	
第十八世	善阿	享保七年五月一日	安永四年二月五日	五四	宝暦九年七月二十九日、上人号勅許。
第十九世	善念	寛延二年一月六日	享和三年五月三日	五五	寛政元年五月三日、上人号勅許。
第二十世	善超	天明五年一月一日	安政二年七月十三日	七一	文化八年十月十九日、上人号勅許。
第廿一世	善融	文化九年七月十五日	明治二十八年十二月二十七日	八四	明治十一年八月二十四日、権少教正を拝任、同年十月七日、上人号勅許。明治十七年十二月五日、管長職となる。
第廿二世	善住	嘉永五年八月十一日	大正十年十月十七日	七〇	明治十八年、権少教正を拝任。明治十八年、管長継職。
第廿三世	善瑩	明治十三年三月三日	昭和十三年十一月二十九日	五九	明治三十八年四月三日、管長継職。
第廿四世	善敬	明治四十二年二月六日	昭和五十九年五月十八日	七五	昭和五年一月十四日、管長継職。
第廿五世	善鷟	昭和二十一年十一月二日			昭和五十八年六月一日、證誠寺に入寺。昭和五十九年五月十九日、管長継職。

證誠寺略年表

證誠寺略年表

年月	事項
承安 三(一一七三)・四	宗祖親鸞聖人生れる。
建仁元(一二〇一)	親鸞、延暦寺を出て六角堂に参籠、霊告を得て吉水の禅堂に入る。
承元元(一二〇七)・二	親鸞、藤井善信の俗名をつけられ、越後国府に遠流さる。途中越前国丹生郡山元に滞在し、本願他力の法を説く。
〃 ・一〇	善鸞が誕生する。幼名鶴千代、のち慈信坊を名乗る。
文暦元(一二三四)	越前の門徒上京し、聖人再度の下向を渇仰、嫡子善鸞が越前山元に下向。
弘長 二(一二六二)・一一	親鸞入寂、年九十歳。
文永 五(一二六八)	三世浄如、山元に仏宇を造立する。
建治 三(一二七七)・九	善鸞入寂、年七十一歳。
応長元(一三一一)・九	浄如入寂、年七十六歳。
正和 二(一三一三)	越前長泉寺別当孤山、『愚闇記』を書いて一向宗を批判するのに対し、専修寺如道は、『愚闇記返札』を書き反論する。
文明 二(一四七〇)	八世道性のとき、山元兵火に罹り、長泉寺台徒の攻撃により上人山元を去り、足羽村に凡そ五年蟄居する。
〃 七(一四七五)・三	道性、山元の地より證誠寺の寺基を横越に移す。
〃 八(一四七六)・九	九世善充（善秀）、権大僧都に任官。

大永元（一五二一）・九	道性入寂、年八十六歳。
天文二〇（一五五一）・五	善充（善秀）入寂、年八十七歳。
天正一五（一五八七）・正	十世善壽入寂、年五十一歳。
文禄 二（一五九三）	善教入室し、善壽二女伊都姫と結婚し、十一世となる。義弟善照は善壽の長女伊弥女と結婚。分派の後、出雲路毫摂寺の旧号を襲ぐ。
〃	当山焼打ちに遭い、府中村国村に移る。
延宝 四（一六七六）	村国村に於て惑乱の儀あり、門末離散、滅亡に及ぶ処、福井藩の処置により門徒の大半旧に復し、横越に帰住する。
元禄 六（一六九三）・二	十六世善應、上人号勅許。
〃 七（一六九四）	有栖川宮幸仁親王より、山元山證誠寺の真筆を賜う。
〃 一一（一六九八）	越前国今立郡横越村、小浜藩領となる。
〃 一七（一七〇七）	小浜藩主酒井忠音より、開山堂再興のため松大木・柾木等を寄贈される。
寛延 二（一七四九）	小浜藩主酒井忠囿により開山堂等再建あり。歴代藩主の位牌を納めらる。
宝暦 五（一七五五）・七	十八世善阿、聖人遺骨の分骨由来記を作成する。
〃 九（一七五九）	善阿、上人号勅許。
天明 五（一七八五）・一	二十世善超（東溟）、西園寺家の庶流小倉見季朝臣の二男として生れる。
寛政元（一七八九）	十九世善念、上人号勅許。
〃 ・二	夜半当寺中より失火、各御堂焼失。
〃 三（一七九一）	季維、今出川大納言実種の猶子となる。
享和 三（一八〇三）・五	善念入寂、年五十五歳。
文化 三（一八〇六）・九	今出川季維、名を善慧（善恵）と改め、二十世法主として證誠寺へ入山する。

〃　四(一八〇七)・夏	舟津神社神主橋本政恒、今出川の君達入寺の祝の和歌を送る。後年東溟、橋本政恒・政貞父子の鯖江歌壇に参加する。
〃	善慧、勧修寺権中納言経則の妹と結婚。
〃　八(一八一一)・一〇	善慧、上人号勅許御礼に参内、小御所で天顔を拝す。ついで名を善超と改める。
〃　一二(一八一五)・秋	府中天野屋仁左ヱ門、独力で総墓を寄進。
文政　四(一八二一)・三	御影堂等炎上焼失。
〃　五(一八二二)・閏正	善超、本堂再建のため、信徒に「御再興御書」の御消息を発す。
天保　二(一八三一)	東溟(善超)、文政二年に書いた大和巡遊の旅日記等を『漫遊草稿』に著す。
〃　八(一八三七)	東溟、天保飢饉の折の高山郡代大井永昌の顕彰碑文を書す。
〃　九(一八三八)・夏	東溟、京都を巡遊し『うの花日記』を著す。
〃　一〇(一八三九)	善超、木像阿弥陀如来尊像の縁起一巻を著す。
嘉永　三(一八五〇)	善超、法主を二十一世善融に譲る。
〃　四(一八五一)	飛騨郡代小野高福、高堅らに招かれ、高山・古川を訪れ歌会などに参加する。十九世善念上人五十回忌法要。
〃　五(一八五二)	東溟、『梅窓小録』を著す。
〃　六(一八五三)	東溟、徳川斉昭の仏教軽視等に対し、『献策私評』を書き、反論する。
安政　二(一八五五)・七	東溟、京都東山の寓居にて入寂。八月二十日本山にて葬儀厳修される。
明治　五(一八七二)	小宗派の独立を禁ずる政府の布告により、本願寺派に所属。
〃　九(一八七六)	善鸞上人六百回忌法要。
〃　一一(一八七八)	本願寺派から独立し、真宗山元派を立てる。
〃　・八	善融、権少教正を拝任する。
〃　・一〇	善融、上人号勅許、明治天皇北陸道巡幸の際、福井東本願寺別院の行在所にて拝謁。

〃 一七（一八八四）・二	善融、管長を継職。
〃 一八（一八八五）	二十二世善住、権少教正を拝任する。管長を継職。
〃 一九（一八八六）	真宗山元派宗制寺法を定め、内務大臣の許可を受ける。
〃 二八（一八九六）・二	善融入寂、年八十四歳。
〃 三八（一九〇五）・四	二十三世善瑩、管長を継職。
〃 四四（一九一一）・三	宗祖親鸞聖人の六百五十回忌の大遠忌に際し、同行中に御消息を発す。
〃 四五（一九一二）・六	朝鮮慶尚北道に、倭館布教所を設置する（昭和八年段階で朝鮮での布教地は五箇所）。
大正一〇（一九二一）・一〇	善住入寂、年七十歳。
昭和 四（一九二九）・一	二十四世善敬、管長を継職。
〃 八（一九三三）・七	九州の戸畑・八幡・小倉などに真宗山元派説教所を設立する（十二月段階で全国で二十箇所）。
〃 一三（一九三八）・一一	善瑩入寂、年五十九歳。
〃 二三（一九四八）・四	失火により御影堂・阿弥陀堂・対面所・書院等を焼失する。 二十六年御影堂、三十九年阿弥陀堂、四十年対面所、五十年書院が再建される。
〃 五六（一九八一）	国道四一七号線拡張工事に伴い、境内地が削られ、庫裡・土蔵・庭園・五筋塀等の移転改築を余儀なくされ、約四年の歳月を経て完成する。
〃 五九（一九八四）・五	二十五世善鷲、管長を継職。 前管長の再建工事を完成し、さらに墓地の整備、鐘楼堂・御影堂への渡り廊下の改修や、御影堂・阿弥陀堂の内陣の荘厳が順次完成する。
平成一六（二〇〇四）・六	山門の新築、太鼓堂・廊下等の増改築を行い、東溟上人百五十回忌法要を厳修する。
〃 一九（二〇〇七）・三	『真宗山元派本山證誠寺史』を刊行する。

證誠寺歴代法主　花押・印章一覧

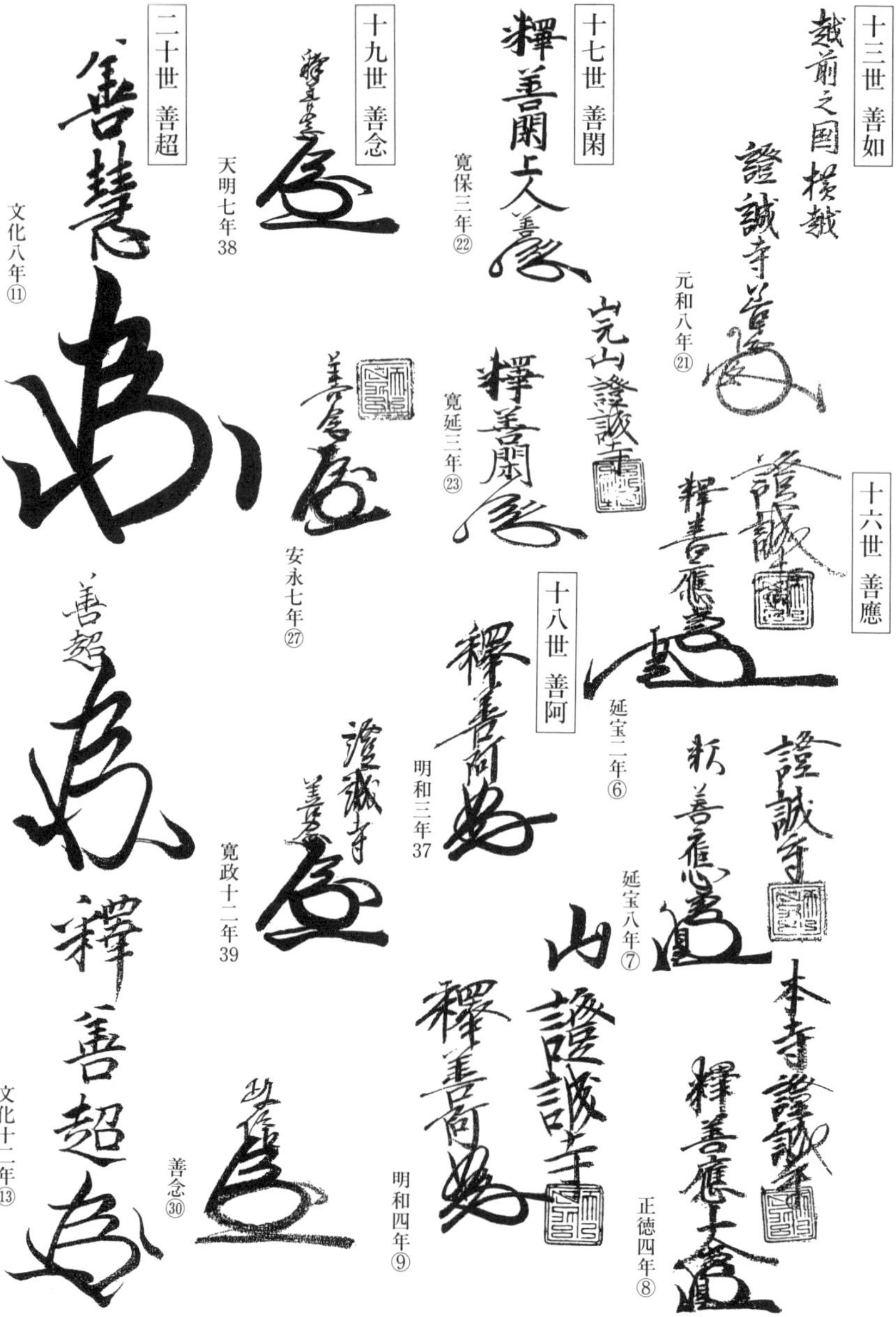

十三世　善如

元和八年㉑

十六世　善應

延宝二年⑥

延宝八年⑦

正徳四年⑧

十七世　善閑

寛保三年㉒

寛延三年㉓

十八世　善阿

明和三年37

明和四年⑨

十九世　善念

天明七年38

安永七年㉗

寛政十二年39

善念㉚

二十世　善超

文化八年⑪

文化九年⑫

文化十二年⑬

證誠寺歴代法主　花押・印章一覧

＊歴代順、編年順。出典の数字は、本書翻刻の證誠寺文書の番号、丸囲み数字は『圓誠寺文書目録』の番号を示す。（縮率は現物の約33%）

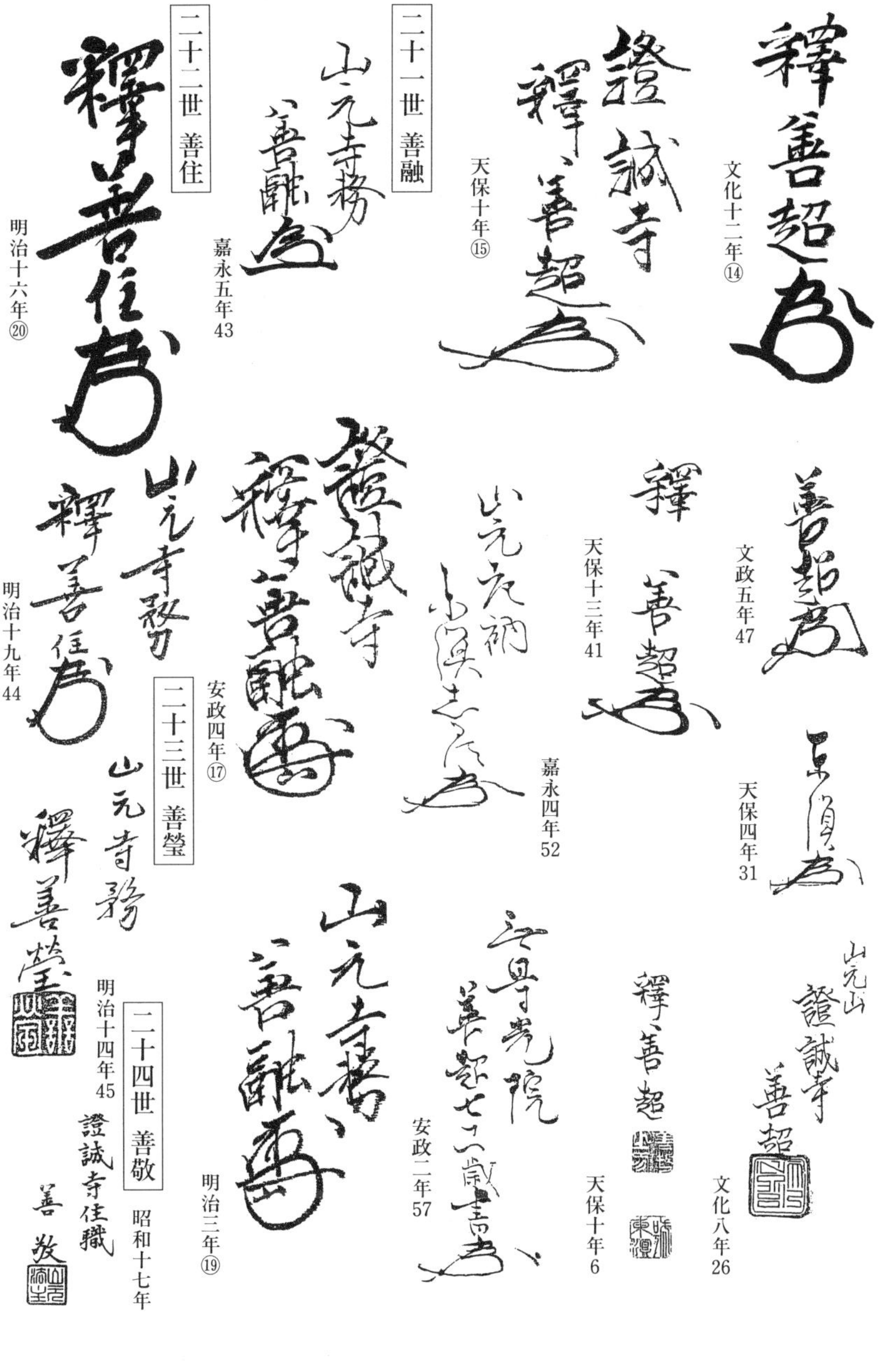

文化十二年⑭

天保十年⑮

二十一世　善融

嘉永五年43

二十二世　善住

明治十六年⑳

文政五年47

天保十三年41

天保四年31

嘉永四年52

安政四年⑰

明治十九年44

二十三世　善瑩

明治十四年45

文化八年26

天保十年6

安政二年57

明治三年⑲

二十四世　善敬

昭和十七年

あとがき

浄土真宗十派の一つ、真宗山元派本山證誠寺の寺伝を書き遺しておきたいという願望は、藤原光教現管長のかねてからの宿願であった由である。当寺は、度重なる災禍で多くの史料が失われたようであるが、幸いにも東溟上人（善超）に関するものなどは比較的多く伝存されていた。そして現法主は前々から伝来の史料の保存に意を尽されると共に、古文書解読に堪能な河端五平氏に度々その釈文を依頼されていた。

折しも平成十六年六月には、本山中興の祖といわれる東溟上人の百五十回忌の大遠忌を迎えることになり、その機会に上人の遺徳を顕彰するための「東溟上人伝」、及び本山の歴史を伝える史料集を纏めようとの企画が持ち上がり、平成十三年夏、編纂・編集の担当者の人選が進められ、同九月に初会合の運びとなった。会合は毎月一回の割で開かれ、第三回目には一般向けのわかり易い「本山由緒及び東溟上人」の刊行と、史料集としての「全集」を作ることの骨格が話合われた。これにより、本山関係文書、東溟上人の遺墨など一点〳〵の調査・解読、目録作りなどを分野別に分担して作業が進められた。同十四年夏には、翌々年の大遠忌までに一般向けの刊行物として「本山證誠寺と東溟上人」の書名で出すこととし、執筆項目が纏められた。また執筆の基礎となる史料についても、檀家の佐々木良一氏に協力して頂いてパソコン入力し、本文の粗稿を纏め上げる段階にまで漕ぎ着けることが出来た。さらに監修者の橋本政宣先生には定年を迎えられ鯖江に戻られ、第三十三回の例会からは毎回参加されて指導をいただき、刊行すべき本文・史料の綿密な監修校訂が行われた。

しかし、時流れ、東溟上人百五十回の大遠忌の時期が来て、法要は厳粛、盛大に執り行われたが、記念誌としての刊行は期待に応じられなかった。その上、その後刊行の大幅な修正が図られることになった。東溟上人の主要な遺作の、「東溟家集」を完全翻刻して含めようとする企画である。そのため早急に監修者・編纂委員の五人による釈文作成の分担を行い原稿化が進められた。そして数回の討議を重ねるなかで、記念刊行物の書名は『真宗山元派本山證誠寺史』とし、本文篇・史料篇・東溟家集を一冊に纏めることとなった次第である。また、印刷所も史料集の翻刻に実績のある出版社を選ぶこととなった。

本山当局、門信徒の方々には刊行が遅延して大変ご迷惑をかけることになり、ご批判も受けたが、編纂委員一同は将来にも永く遺るべき本山史を纏めることを目ざすこととし、努力をして来た。正式な会合だけでも五十回を越え、五年余の歳月を経たが、平成十九年三月、ここに漸く刊行の運びとなった。

その間、管長には殆んどの会合に出席いただき、犒いと励ましの言葉をいただいた。監修者の橋本政宣先生には全体の監修のみならず、史料篇・東溟家集の周到綿密な校訂、史料の標出、解題に到るまで、言語に絶するお力添えをいただき、後世に遺る寺史を刊行できたと自負している。また、出版社も続群書類従完成会から八木書店に引き継がれたが、関係者の献身的な働きで無事刊行に到ったことに対し、厚く御礼申し上げる。

最後に、この刊行に当たり、これまで温かく見守って下さった本山当局を初め、各末寺・門信徒の方々に、出版の遅れたことをお詫びするとともに、心から感謝を申し上げる次第である。

平成十九年三月　　　　　　　　　　　　　　　　編纂委員一同

委員構成、分担

編集委員会

上坂紀夫　奥田昭三　笠嶋忠孝　河端五平　窪田善昭　佐々木良一

竹内　実　角鹿尚計　橋本政宣　法水宣夫　水島直文　吉田　叡

編纂委員会

監修者	橋本　政宣	史料篇　東溟家集
委　員	上坂　紀夫	本文篇第二章第一節　同第二節一
同	笠嶋　忠孝	本文篇第二章第四節
同	河端　五平	本文篇第一章第四・五節　第二章第一節　史料篇
同	角鹿　尚計	本文篇第二章第二節二〜五　東溟家集
同	水島　直文	本文篇第二章第三節　東溟家集
同	吉田　叡	本文篇第一章第一節〜第三節　史料篇

真宗山元派本山 證誠寺史

平成十九年三月二十五日 印刷
平成十九年三月三十一日 発行

編集 本山證誠寺史編纂委員会
監修者 橋本政宣

発行 本山證誠寺
管長 藤原光教
〒九一六―〇〇三六
福井県鯖江市横越町一三―四三
電話（〇七七八）五一―〇六三六

製作 株式会社 八木書店
〒一〇一―〇〇五二
東京都千代田区神田小川町三―八
電話（〇三）三二九一―二九六五